2분 영어 말하기
스피킹 매트릭스
INPUT

KB106684

한국인을 위한 가장 과학적인 영어 스피킹 훈련 프로그램

스피킹 매트릭스
SPEAKING MATRIX

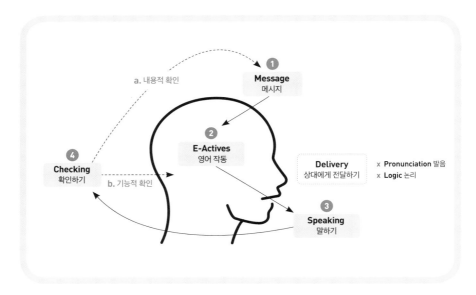

영어 강의 21년 경력의 스피킹 전문가가
한국인의 스피킹 메커니즘에 맞춰 개발하여
대학생, 취업 준비생, 구글코리아 등 국내외 기업 직장인들에게
그 효과를 검증받은 가장 과학적인 영어 스피킹 훈련 프로그램
『스피킹 매트릭스 Speaking Matrix』

이제 여러분은 생각이 1초 안에 영어로 완성되고
1분, 2분, 3분,… 스피킹이 폭발적으로 확장하는
놀라운 경험을 하게 될 것이다!

내 영어는
왜 5초를 넘지 못하는가?

당신의 영어는 몇 분입니까? 영어를 얼마나 잘하는지 확인할 때 보통 "얼마나 오래 말할 수 있어?", "1분 이상 말할 수 있니?"와 같이 시간을 따집니다. 영어로 오래 말할 수 있다는 것은 알고 있는 표현의 수가 많고, 다양한 주제를 다룰 풍부한 에피소드들을 가지고 있음을 의미합니다. 그래서 '시간의 길이는 스피킹 실력을 판가름하는 가장 분명한 지표'입니다.

스피킹 매트릭스, 가장 과학적인 영어 스피킹 훈련법! 영어를 말할 때 우리 두뇌에서는 4단계 과정 (왼쪽 그림 참조)을 거치게 됩니다. 그러나 보통은 모국어인 한국어가 영어보다 먼저 개입하기 때문에 그 과정이 원활하게 진행되지 못합니다. 『1분 영어 말하기』에서 『3분 영어 말하기』까지 스피킹 매트릭스의 체계적인 훈련 과정을 거치고 나면 여러분은 모국어처럼 빠른 속도로 영어 문장을 완성하고 원하는 시간만큼 길고 유창하게 영어를 구사할 수 있게 됩니다.

▶ 스피킹 매트릭스 훈련과정

1분 영어 말하기
눈뭉치 만들기 ⋯⋯⋯ 스피킹에 필요한 기본 표현을 익히는 단계

↓

2분 영어 말하기
눈덩이 굴리기 ⋯⋯⋯ 주제별 표현과 에피소드를 확장하는 단계

↓

3분 영어 말하기
눈사람 머리 완성 ⋯⋯⋯ 자신의 생각을 반영하여 전달할 수 있는 단계

▶ 스피킹 매트릭스 시리즈

독자의 1초를 아껴주는 정성!

세상이 아무리 바쁘게 돌아가더라도
책까지 아무렇게나 빨리 만들 수는 없습니다.
인스턴트 식품 같은 책보다는
오래 익힌 술이나 장맛이 밴 책을 만들고 싶습니다.

길벗이지톡은 독자여러분이
우리를 믿는다고 할 때 가장 행복합니다.
나를 아껴주는 어학도서,
길벗이지톡의 책을 만나보십시오.

독자의 1초를 아껴주는

정성을 만나보십시오.

미리 책을 읽고 따라해본 2만 베타테스터 여러분과
무따기 체험단, 길벗스쿨 엄마 2% 기획단,
시나공 평가단, 토익 배틀, 대학생 기자단까지!
믿을 수 있는 책을 함께 만들어주신 독자 여러분께 감사드립니다.

홈페이지의 '독자마당'에 오시면
책을 함께 만들 수 있습니다.

(주)도서출판 길벗 www.gilbut.co.kr
길벗 스쿨 www.gilbutschool.co.kr

mp3 파일 다운로드 안내

홈페이지 (www.gilbut.co.kr) 회원(무료 가입)이 되시면 오디오 파일을 비롯하여 다양한 자료를 이용하실 수 있습니다.

1단계 로그인 후 도서명 ▼ [   ] [검색] 에 찾고자 하는 책이름을 입력하세요.

2단계 검색한 도서에 대한 자료를 다운로드 받으세요.

2분 영어 말하기

스피킹 매트릭스

김태윤 지음

길벗
이지:톡

국내 1위 영어 스피킹 훈련 프로그램

스피킹 매트릭스: 2분 영어 말하기
Speaking Matrix: 2-Minute Speaking

초판 1쇄 발행 · 2020년 5월 30일
초판 6쇄 발행 · 2024년 5월 10일

지은이 · 김태윤 | **컨텐츠 어시스트** · 황서윤
발행인 · 이종원
발행처 · (주)도서출판 길벗
브랜드 · 길벗이지톡
출판사 등록일 · 1990년 12월 24일
주소 · 서울시 마포구 월드컵로 10길 56(서교동)
대표 전화 · 02)332-0931 | **팩스** · 02)323-0586
홈페이지 · www.gilbut.co.kr | **이메일** · eztok@gilbut.co.kr

기획 및 책임편집 · 임명진(jinny4u@gilbut.co.kr), 김대훈 | **디자인** · 황애라 | **제작** · 이준호, 손일순, 이진혁
마케팅 · 이수미, 장봉석, 최소영 | **영업관리** · 김명자, 심선숙 | **독자지원** · 윤정아

편집진행 및 교정교열 · 강윤혜 | **전산편집** · 조영라 | **일러스트** · 정의정
오디오녹음 · 와이알미디어 | **CTP 출력 및 인쇄** · 예림인쇄 | **제본** · 예림바인딩

ISBN 979-11-6521-136-3 04740 (길벗도서번호 300920)
© 김태윤, 2020

정가 12,000원

독자의 1초까지 아껴주는 정성 길벗출판사

(주)도서출판 길벗 IT교육서, IT단행본, 경제경영서, 어학&실용서, 인문교양서, 자녀교육서
www.gilbut.co.kr
길벗스쿨 국어학습, 수학학습, 어린이교양, 주니어 어학학습, 학습단행본
www.gilbutschool.co.kr

'국내 1위 영어 스피킹 훈련 프로그램'

스피킹 매트릭스가 출간된 지 어느덧 6년이라는
시간이 지나 20만 독자 여러분들과 만났습니다.
그동안 독자분들이 보내주신, 그리고 지금도 계속되는
소중한 도서 리뷰와 문의 및 요청의 글들을 보면서
저자로서 너무도 영광스러웠고 보답하고 싶다는 열망이 생겼습니다.

'영어를 모국어처럼 빠르게 말할 수 없을까?'

우리가 영어를 말할 때 그토록 고생스러웠던 것은
바로 '문장강박'이 있기 때문입니다.
한 단어 한 단어, 덩어리 덩어리 끊어 말해 보세요.
하나의 문장을 기본 단위로 생각하니까 어렵지
짧게 끊기 시작하면 이처럼 쉽고 편한 것이 없습니다.
끊어서 말하면 더 짧게 짧게 생각해도 됩니다.
그래서 스피킹이 원활해지기 시작하고, 그래서 재미있고,
그래서 더 빠르게 영어를 말할 수 있습니다.

굳이 '빨리 말해야지!'라는 각오는 하지 마세요.
오히려 반대로 느긋하게 여유를 부리세요.
그러면, 속도는 선물처럼 결과물로 드러나게 되어 있습니다.
제가 지난 10년간 숱하게 보아왔던 그 자유롭고 즐거운
영어 말하기의 시간을 이제 여러분께 선사합니다.

한국인의
스피킹 메커니즘을 밝혀내다!

15년 간 영어 강사로 활동하면서 어휘, 독해, 청취, 회화 등 영역별로 수많은 학습법과 자료들을 수집해 왔습니다. 그런데 스피킹을 가르치면서 실제 우리가 영어를 말할 때는 어휘, 독해, 청취 등의 다른 영역들이 종합적으로 작용한다는 것을 깨달았습니다. 특정 부분만 강조할 경우 전체적인 말하기 능력이 오히려 방해를 받게 되는 거죠. 그래서 저는 스피킹의 전 과정을 하나로 아우르는 영어 훈련법을 연구해 보기로 했습니다.

그동안 영어를 한마디도 못하는 왕초보자부터 글로벌 기업에서 일하는 외국인까지 다양한 수준의 학습자들에게 영어를 가르치면서 한국인의 스피킹 과정에 최적화된 학습법을 찾아왔습니다. 그리고 지난 10년 스피킹 강의를 하며 축적한 방대한 데이터와 산재해 있던 스피킹의 과정들을 응축하여, 마침내 하나의 그림을 그려낼 수 있었습니다. 이것이 바로 스피킹 매트릭스(Speaking Matrix)입니다. 스피킹 매트릭스를 정리하고 나니 사람들이 영어를 말할 때 어느 지점에서 어려움을 겪게 되는지 마치 X-레이처럼 선명하게 보였습니다. 문제의 원인과 상태를 파악할 수 있으니 정확한 훈련법도 제시할 수 있었습니다.

『스피킹 매트릭스』 3단계 훈련법은 이러한 과정을 거쳐 탄생했습니다. 저는 이 훈련법을 대학생, 취업 준비생, 구글코리아 등 국내외 기업 직장인들을 대상으로 실제로 적용해 보았습니다. 그 결과는 놀라웠습니다. 영어 한마디 못 했던 학생을 5개월의 훈련 과정을 통해 한국 IBM의 5,500명 지원자 중 수석으로 합격시켰고, 영어 시험 때문에 승진에서 누락될까 불안에 떨던 중견 간부의 얼굴에 미소를 찾아줄 수 있었습니다. 이제 오랜 연구의 결과물을 정제하여 여러분 앞에 선보이려 합니다. 이 책을 통해 오랜 영어 스트레스에서 벗어나 1초 안에 문장을 완성하고 1분, 2분, 3분 길고 유창하게 영어를 말하는 즐거움을 느껴 보시기 바랍니다.

그동안 강의 현장과 스터디룸에서 하루하루 절실함을 안고 저와 함께 노력해준 수많은 학생들과의 귀한 시간과 소중한 인연에 감사합니다. 그분들이 있었기에 이 책이 탄생할 수 있었습니다. 학생들은 곧 저의 가장 큰 스승임을 깨닫습니다. 이 책이 세상에 나올 수 있도록 길을 열어주고 함께해준 길벗 출판사와 늘 저의 신념을 공유하고 실현을 도와준 황서운 강사에게도 감사의 마음을 전합니다. 그리고 언제나 제 힘의 원천인 사랑하는 가족들, 하늘에서 흐뭇하게 지켜보고 계실 부모님, 사랑하고 존경합니다.

김태윤

한국인이 영어를 말할 때 머릿속에서 일어나는 사고의 진행 과정을 한 장의 그림으로 응축해낸 것이 스피킹 매트릭스(Speaking Matrix)입니다. 이 책의 모든 콘텐츠와 훈련법은 스피킹 매트릭스를 기반으로 각각의 프로세스를 원활히 하는 데 초점을 맞춰 제작되었습니다.

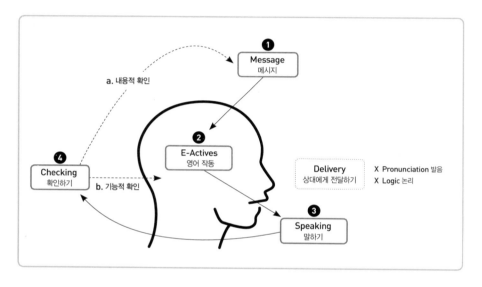

지금부터 스피킹 매트릭스의 각 단계가 어떤 식으로 흘러가는지, 단계마다 어떤 식으로 훈련하는 것이 효과적인지 차근차근 설명해 드리겠습니다.

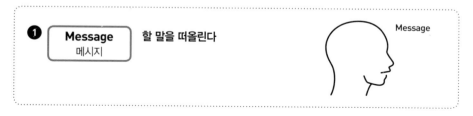

말하기의 가장 기본적인 전제는 어떤 할 말이 떠오른다는 것인데, 바로 이 할 말이

Message에 해당합니다. 말하고자 하는 '의도'라고 할 수 있습니다. 이 '의도'가 자연스럽게 올라오도록 기다려 주는 것, 이 '의도'가 올라오고 나서 그다음 과정을 진행하는 것이 매우 중요합니다. 이는 자연 질서 그대로의 말하기이며, 끊어 말하기로 가능해집니다. 한 단어 한 단어, 또는 표현 덩어리 덩어리 끊어 말하기는 스피킹의 가장 중요한 습관입니다. 그리고 여러분이 '문장강박'에서 벗어나 자유롭고 편한 영어 스피킹으로 가는 유일한 길이기도 하고요.

Message는 상황에 따라 좀 달라집니다. 때로는 아주 큰 이야기 덩어리일 수도 있고, 때로는 한 단어 수준으로 하나의 개념이 되기도 합니다. 이를 한 번에 말하면 '의도'라고 할 수 있습니다. 자기가 하고자 하는 말의 의도가 생기는 것이죠. 그 의도 자체를 Message라고 보셔도 좋습니다. 영어를 처음 할 때는 우리 머릿속에서 일단 모국어, 즉 한국어가 무의식적으로 진행되기 때문에 이 Message 자리에 한국어가 와서 기다리고 있는 경우가 대부분일 것입니다. 그래서, 영어 말하기가 숙달되지 않은 상태에서는 이 Message 부분이 거의 한국어 단어 또는 표현, 또는 문장이 되는 것은 자연스러운 일입니다. 하지만, 점점 시간이 지날수록, 즉 영어 말하기를 자꾸 진행해 숙달될수록 원래의 기능, 즉 '의도'가 더 강력한 작동을 하게 됩니다.

한 가지 신경 쓸 것은, 처음부터 긴 내용의 Message를 처리하는 것은 힘들어서 떠오르는 내용을 아주 짧게 만드는 것이 유리하다는 점입니다. 처음에는 떠오르는 것을 한 단어로 아주 짧게 만드세요. 단어로 짧게 영어로 말하는 것은 그래도 할 만한 일입니다. 그러다 좀 익숙해지면 약간 큰 덩어리(chunk)도 진행이 됩니다. 의미 덩어리는 점점 더 커져서 어느덧 긴 이야기도 할 수 있게 됩니다. 그러니 처음엔 한 단어씩 짧게 만들어주는 것이 당연하고 매우 수월하며 누구나 할 만한 작업이 되는 것이죠. 단어-단어, 덩어리-덩어리 끊어서 말하는 것은 첫 과정부터 수월하게 만들어 줍니다.

❷ E-Actives
영어 작동

메시지를 표현할 영어를 떠올린다

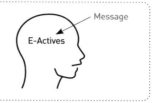

하고자 하는 말, Message에 해당하는 영어를 떠올리는 작업입니다. 처음엔 당연히 그 해당하는 단어나 표현을 찾는 데에 시간이 걸리겠죠? 영어 말하기를 할 때, 어떤 단어가 당장 떠오르지 않으면 너무 당황하고, 무슨 죄지은 사람처럼 긴장하고 눈치를 보게 되는데, 이 모두가 다 강박일 뿐입니다. 처음엔 하나하나의 단어를 찾는 데 시간이 걸린다는 것을 아주 당연하게 여겨야 합니다. 단어를 찾는 시간, 즉 아무 말을 하지 않는 시간을 아주 여유롭게 생각할 필요가 있습니다. 당연히, 점점 시간이 지날수록 시간이 짧게 걸립니다. 점점 원활해지는 것이죠. 아주 원활해져서 거의 자동적으로 떠오르는 영어 단어나 표현을 E-Actives라 합니다. * 여기서 E는 English(영어)입니다.

영어 말하기에 능숙한 사람은 E-Actives가 작동합니다. 즉 우리말보다 영어가 앞서 떠오르는 것이죠. 우리말 개입이 거의 일어나지 않고, 때로는 영어가 우리말에 영향을 주기도 합니다. 영어 표현에 숙달됐을 뿐 아니라 표현 방식도 영어식으로 발달해 있는 상황이죠.

한 가지 주의할 점은, 아무리 머릿속에 영어로 된 표현이 금방 떠올랐다고 하더라도, 이를 그대로 읽듯이 한 번에 죽 내뱉는 습관을 지양해야 한다는 것입니다. 한 덩이로 후루룩 말해버리게 되면 소리가 뭉쳐서 자칫 상대방이 못 알아들을 수 있습니다. 한국인에게는 발음보다 중요한 것이 '끊어 말하기'입니다. 머릿속에 영어가 덩어리로 떠올랐다고 하더라도 말을 할 때는 한 단어씩 천천히 의미를 두고 말하는 습관을 들여야 합니다. 그래야 같은 표현이라도 더 의미 있게 전달할 수 있고, 상대방도 더 잘 알아듣게 됩니다. E-Actives가 먼저 떠올랐다고 하더라도, 한 단어 한 단어 끊어 말하는 것은 여전히 중요합니다.

❸ Speaking
말하기

말을 한다

Message
E-Actives
Speaking

이런 진행 과정을 거쳐 구성된 말을 내뱉는 단계입니다. 이때 발음(pronunciation)과 논리(logic)는 상대방에게 내용을 전달(delivery)할 때 그 효과를 배가시켜 줍니다. 아무래도 발음이 정확하고 말이 논리적이면 내용 전달에 더 효과적이겠지요. 하지만 발음의 경우, 다소 부정확하더라도 말하는 내용의 전체 맥락에서 어느 정도 이해할 수 있으므로 의사소통에는 사실상 큰 문제가 되지 않습니다. 그러나 논리의 경우는 다릅니다. 여기서 말하는 논리란 말의 흐름이 자연스럽고 상황을 구체적으로 표현해서 상대방이 뚜렷하게 이미지를 떠올릴 수 있는 정도를 말합니다. 전달하고자 하는 말이 두서가 없거나 앞뒤 흐름이 이어지지 않거나 근거가 부족한 경우라면 상대방이 이해하기가 힘들겠지요.

특히, 떠오른 단어나 표현을 말하고 난 다음에는 반드시 '끝나는 감각'을 가져야 합니다. '이 말을 하고 나는 일단 끝난다'는 감각을 갖는 것은 모든 영어 말하기 프로세스에 있어서 가장 핵심입니다. 이것이 스피킹보다 리딩 중심의 언어 활동, 즉 말하기도 입보다 눈으로 더 많이 접해서 생긴 한국인의 '문장강박'에서 벗어나는 길입니다. 또한, 원래 영어 말하기의 자연 질서로 원위치시키는 길이기도 합니다. 일단 말을 끝내놓고, 다음 할 말은 천천히 생각하겠다는 여유를 가지세요. 자신을 믿고 자신의 뇌를 믿고 기다리면, 나머지 과정은 알아서 진행됩니다. 지극히 자연스럽고 편안한 형태로 말이죠.

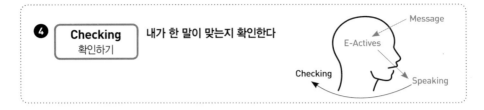

❹ Checking 확인하기 내가 한 말이 맞는지 확인한다

말을 하고 난 다음에는 방금 한 말이 자기가 원래 하려던 말인지 확인하는(checking) 과정이 진행됩니다. 이는 본능적으로 일어나는 과정이므로 말하는 사람이 미처 인지하지 못할 수도 있습니다. 하지만, 머릿속에서 아예 영작을 다 하고 난 다음 이를 읽는 식의 복잡한 프로세스를 가진 상태에서는 이 당연하고 본능적인 과정이 생략되어 버립니다. 자기 말을 듣지 않고 정신없이 계속 진행하게 되는 것이죠. 리딩 중심의 언어 활동, 즉 리딩하듯 스피킹을 하는 것은 이렇게 힘들고 복잡하고 말도 안 되는 상황으로 이어지는 폐단이 있습니다. 스피킹이 원활하게 진행되지 못하는 것은 당연한 결과입니다. 이 모든 어려움과 폐단을 해결하는 방법은 바로 '일단 자기가 한 말을 듣는 것'입니다. 당연히 한 문장을 후루룩 내뱉지 말아야 합니다. 한 단어, 또는 하나의 의미 덩어리(청크) 정도만 말하고 끝내놓은 다음, 자기가 한 말을 들어야 '문장강박'에서 벗어난 편하고 쉬운 영어 말하기 프로세스가 진행됩니다.

여기서 확인(checking)은 내용적인 확인과 기능적인 확인으로 나뉩니다.

4a. 내용적인 확인 │ 말할 내용을 제대로 전달했는지 확인한다

내용적인 확인은 거의 본능적으로 순식간에 이루어지기 때문에 대부분 의식하지 못하지만, 스피킹에서 매우 중요한 단계입니다. 말하는 도중 딴생각을 하거나 주의가 다른 데 가 있으면 자신이 의도했던 말과 다른 말을 해도 눈치채지 못하는 상황이 벌어지게 됩니다. 그런 경험 한두 번쯤은 있을 텐데요. 내용적인 확인이 제대로 진행되지 않았을 때 일어나는 상황입니다.

4b. 기능적인 확인 │ 문법, 표현, 어휘가 정확했는지 확인한다

오류 검토 작업이 이루어지기도 하고, 더 나은 표현이 떠오르기도 하는 등 다양한 상황이 벌어집니다. 그리고 오류를 알아차리는 순간 말을 반복하거나 정정하거나 다른 표현을 말하기도 합니다. 이 단계에서 잘 조정하면 말하기 흐름을 바로 원활하게 고쳐나갈 수 있습니다.

스피킹이 능숙한 사람은 내용적인 확인과 기능적인 확인이 동시에 진행됩니다. 반대로 스피킹이 익숙하지 않은 사람은 이 과정이 동시에 진행될 때 머리에 쥐가 나고 말문이 막히게 됩니다. 오류에 신경 쓰면 다음 말이 떠오르지 않고, 내용에 신경 쓰면 오류가 나는 것이죠. 하지만 걱정할 필요는 없습니다. 이는 여러분이 유창한 스피킹으로 가기 위해 거쳐야 하는 당연한 과정이니까요.

이렇게 확인 작업이 끝나면 다음에 할 말, 다음 의도, 즉 다음 Message가 떠오릅니다. 그리고 위의 과정이 반복해서 진행됩니다. 이 과정이 계속 원활하게 진행되는 것, 이것이 바로 자연 질서의 영어 말하기가 진행되는 과정, Speaking Matrix입니다.

〈스피킹 매트릭스 시리즈〉에는 짤막한 표현을 덩어리로 익히는 『1분 영어 말하기』부터 다양한 에피소드를 채워 대화를 풍부하게 하는 『2분 영어 말하기』, 그리고 자신의 의견을 구체적인 근거를 들어가며 설득력 있게 전달하는 『3분 영어 말하기』까지 여러분의 영어 실력을 과학적·체계적으로 확장해 주는 3단계의 훈련 과정이 준비되어 있습니다.

《 스피킹 매트릭스 3단계 훈련 》

 눈뭉치 만들기: 스피킹에 필요한 기본 표현을 익히는 단계

혹시 눈사람을 만들어 보셨나요? 빨리 만들고 싶다고 해서 한 번에 커다란 눈 덩어리를 만들 수는 없습니다. 아무리 큰 눈사람도 작은 눈뭉치를 두 손으로 단단하게 다지는 과정부터 시작합니다. 눈사람을 많이 만들어 본 사람일수록 처음에 시작하는 눈뭉치를 얼마나 단단하고 알차게 만들 수 있는지에 집중합니다. 그래야 이 작은 눈뭉치를 굴리고 굴려서 원하는 크기의 눈사람을 만들 수 있을 테니까요.

눈사람을 완성하기 위한 뼈대가 되어줄 단단하고 알찬 눈뭉치, 이것이 바로 『1분 영어 말하기』의 기본 표현입니다. 우리가 일상생활에서 자주 사용하고 어떤 주제에 대해 말하더라도 공통적으로 등장하는 표현들입니다. 가장 우선적으로 익혀야 하고 일단 익히고 나면 유용하게 쓸 수 있습니다. 영어를 못하는 사람일수록 이 기본 표현부터 눈을 뭉치듯 확실하게 입에 붙여야 합니다.

핵심 중의 핵심만 뽑았기에 분량은 많지 않지만 이 표현들로 할 수 있는 말은 상당합니다. 사용 빈도가 높은 표현들이기에 이것을 적용해서 말할 수 있는 상황도 많기 때문이죠.

눈덩이 굴리기: 주제별 표현과 에피소드를 확장하는 단계

일상생활에서 우리가 어떤 주제를 가지고 이야기할 때는 하게 될 말들이 **뻔~한** 경우가 많습니다. 자전거를 예로 들까요? 타고, 넘어지고, 브레이크 잡는 것 등에 대한 이야기는 늘 하게 되죠. 어차피 하게 될 이런 이야깃거리들을 미리 익혀둔다면 스피킹을 할 때 당연히 유리할 것입니다. 단어 따로 문법 따로 배우고 이를 조합해 만드는 것은 이 바쁜 시대에 어울리지 않는 더딘 방법이죠. 게다가 자기가 아는 단어들을 우리말식으로 조합해 만들 경우 실제로 영어에서 쓰이지 않는 어색한 표현이 되기 쉽습니다.

그래서 주제별 표현과 에피소드들을 통으로 익히는 과정이 필요합니다. 일단 입으로 한 번이라도 해본 말들은 아무래도 더 빨리 입에 붙게 됩니다. 제가 영어를 가르칠 때도, 다양한 에피소드들을 익힌 학생들은 일상생활에 관한 사소한 내용까지도 상당히 원활하게 영어로 말할 수 있는 실력을 갖게 되었습니다.

영어 말하기를 상황이나 기능별로 분류하여 익히는 접근법은 한계가 있습니다. 실제 우리가 영어로 말할 때 회화책에 나오는 대화 상황과 100% 일치하는 경우는 거의 없습니다. 영어의 기본 틀인 문법을 익히고 다양한 패턴을 외우는 것도 어느 정도는 도움이 되겠지만, 이런 것들만으로 다양한 주제에 대한 이야깃거리를 만들어내는 것은 어렵겠죠. 그래서 스피킹의 확장에서 결정적인 한계에 부딪히게 됩니다.

이런 접근법들이 갖고 있는 한계를 극복하는 가장 **빠르고** 확실한 지름길이 바로 에피소드 정복입니다. 『2분 영어 말하기』에는 우리가 일상에서 경험할 수 있는 다양한 주제와 관련된 에피소드들이 등장합니다. 여기에 나오는 에피소드만 제대로 입에 붙여도 여러분의 스피킹은 지금보다 훨씬 다채롭고 풍성해질 것입니다.

3분 영어 말하기

눈사람 머리 완성: 자신의 생각을 반영하여 전달할 수 있는 단계

눈사람 몸통을 아무리 잘 만들었어도 머리를 올리지 않으면 눈사람이라고 할 수 없습니다. 이건 말하기에서도 마찬가지입니다. 스피킹을 확장하다 보면 결국 자신의 생각이 반영되어야 하는 시점이 옵니다. 아무리 표현을 많이 알고 상황을 설명할 수 있다고 해도, 어떤 주제나 문제에 대해 자신의 생각을 말할 수 없다면 스피킹이 제대로 완성된 게 아닙니다.

실제로 스피킹 훈련을 하다 보면, 어떤 말을 해야 할지 몰라 말을 잇지 못하는 상황이 종종 있습니다. 영어를 제대로 말하려면 표현을 익히고 에피소드를 채우는 데서 더 나아가 사고(思考)가 늘어야 합니다. 그렇지 않으면 알고 있는 어휘와 표현들을 제대로 활용할 수 없습니다. 그래서 영어를 어느 정도 할 수 있게 되면 반드시 자신의 의견을 말하는 훈련이 필요합니다. 이때『1분 영어 말하기』에서 익힌 기본 표현을 활용하고, 자신의 의견을 뒷받침할 구체적인 예를『2분 영어 말하기』의 다양한 에피소드에서 찾아 응용해 말하면 되는 겁니다.

∶ 스피킹 매트릭스 3단계 훈련의 효과 ∶

	영어회화	OPIc	토익 스피킹
1분 영어 말하기	초급 이상	IM 2&3	5, 6등급 가능
2분 영어 말하기	중급	IH	7등급 가능
3분 영어 말하기	고급	AL	8등급 가능

{ INPUT & OUTPUT }

『1분 영어 말하기』에서 『3분 영어 말하기』까지 3단계의 훈련 과정은 표현과 에피소드를 채우는 훈련인 INPUT과 이것을 응용해 실제로 말하는 연습을 하는 OUTPUT의 두 가지 과정으로 이뤄집니다.

INPUT ▶ 기본 표현과 에피소드 익히기 → 실제 훈련 과정 반영

스피킹 교재는 내용도 중요하지만, 무엇보다 이 내용들을 실제 입으로 익힐 수 있는 훈련 구조가 가장 중요합니다. 이 책에 나오는 훈련 구조는 모두 제가 학생들과 실제로 훈련하는 과정을 그대로 담은 것입니다. 훈련 과정 하나하나 중요한 의도와 효과를 가지고 있으므로 그대로 따라 하면 자연스럽게 표현과 에피소드가 외워지는 동시에 스피킹 실력이 향상됨을 느낄 수 있을 것입니다. 크게 소리 내어 훈련하기 어렵다면 머릿속으로라도 따라 하고 훈련하세요. 스피킹 실력이 확실하게 향상되고 있음을 깨닫게 되실 겁니다.

OUTPUT ▶ 섞어 말하기 → 강력한 반복 구조로 효과 up!

『1분 영어 말하기』에서는 표현들을 하나씩 배우고 이를 서로 연결하고 섞어 문장을 길게 만드는 훈련을 합니다. 『2분 영어 말하기』에서는 주제별로 익힌 에피소드를 이리저리 섞어서 실제 스피킹 상황처럼 훈련합니다. INPUT에서 배운 내용들을 효과적으로 반복 훈련할 수 있는 더없이 좋은 응용 훈련이 바로 MIX, 섞어 말하기입니다.

『스피킹 매트릭스』세 권은 서로 유기적으로 연결되면서 반복 확장되는 구조입니다. 예를 들어, 『1분 영어 말하기』의 기본 표현이 계속 반복되면서 『2분 영어 말하기』(에피소드)와 『3분 영어 말하기』(에피소드 + 의견)에는 특정 상황에 필요한 어휘와 표현만 살짝 더해지는 식이죠. 기본 표현을 벗어나는 문법이나 표현은 최대한 제한했습니다. 그래야 배운 내용을 확실히 익히고 새로 추가되는 어휘와 표현도 제대로 소화할 수 있으니까요.

똑같은 표현이지만 여러 다양한 상황에서 디테일이 더해지면서 서로 유기적으로 연결되고 점진적으로 반복됩니다. 이는 단순히 암기하는 것과는 비교가 되지 않는 강력한 효과로 이어질 수 있습니다. 그래서 『3분 영어 말하기』의 OUTPUT은 1분, 2분, 3분의 총체적인 덩어리, 최종적인 종합 훈련의 장이 됩니다.

책장을 펼치고 MP3 플레이 버튼만 누르면,
어디든 나만의 영어 학원이 된다!

— 구글 본사 커뮤니케이션팀 이사 정김경숙 —

제 영어 인생에서 제 2막이 시작된 것 같습니다. 그동안 미국 유학 시절 배운 영어로 직장에서 그럭저럭 버텨왔습니다. 부족하다는 느낌은 들었지만, 도대체 어디서부터 어떻게 시작해야 할지 해결책을 찾지 못해 답답했었죠. 하지만 『스피킹 매트릭스』를 만나면서 달라졌습니다. 영어 실력을 한 단계 올려보겠다는 욕심이 생겼고, 무엇보다 영어에 자신감을 되찾게 되었습니다. 예전이라면 무심코 흘려보냈을 하루 몇 분의 자투리 시간을 아껴서 꼬박꼬박 영어 말하기를 연습합니다. 책장을 펼치고 MP3 플레이 버튼만 누르면 내가 있는 곳이 어디든 나만의 작은 영어 학원이 생깁니다. 이처럼 저에게 끊임없는 동기부여를 해주는 학습 구성이 참 좋습니다.

스피킹 훈련과 스피치 전문강사의 강의,
진정한 통합 스피킹 훈련 프로그램!

— 아웃백코리아 인사부 상무 김정옥 —

글로벌 시대를 사는 직장인이라면 누구나 한 번쯤 영어에 대한 고민을 하게 될 것이다. 하지만 대부분 바쁜 업무에 치여 영어 공부에 시간과 돈을 충분히 투자하기 어려운 것이 현실이다. 지금 이 순간, 영어 때문에 남모를 고민에 빠져 있는 분들께 『스피킹 매트릭스』를 추천하고 싶다. 이 책에는 1분, 2분, 3분, 여러분의 영어를 점점 더 길고 유창하게 만들어주는 독특하고 효과적인 스피킹 훈련법이 담겨 있다. 게다가 스피킹 전문가인 저자의 강의도 함께 들을 수 있으니 시간과 장소에 구애받지 않고 영어 실력을 향상시킬 수 있는 진정한 통합 스피킹 훈련 프로그램이라 하겠다. 『스피킹 매트릭스』로 여러분의 영어 고민을 해결하고 글로벌리스트로 거듭나기를 기원한다.

영어책이 이토록 과학적일 수 있다니 정말 놀랍다!

— 한국릴리 마케팅/부사장 김민영 —

김태윤 선생님의 강의는 기존의 영어 수업과 차별화되는 부분이 있다. 내가 가지고 있는 나쁜 언어 습관들, 스스로 인식하지 못하고 있던 부분까지 예리하게 짚어주면서 수업을 진행한다. 최적의 영어 표현들과 반복–확장을 통한 체계적인 훈련은 단순히 영어로 문장을 완성하는 데 그치지 않고 유창하고 논리적인 영어 말하기까지 가능하게 해주었다. 『스피킹 매트릭스』는 그의 노하우가 완벽하게 응축된 결정체이다. 스피킹의 메커니즘을 정확히 꿰뚫고 있으며, 그 어떤 영어책보다도 과학적·체계적으로 훈련시켜 준다. 바쁜 일상, 자투리 시간을 활용해 최단기간에 최대의 효과를 얻고 싶은 분들께 이보다 더 완벽한 스피킹 교재는 없을 것이다.

답답한 영어에 속시원한 해답을 제시해주는 책!

— 바슈롬코리아 재무회계 상무 김은경 —

그동안 영어 공부에 꽤 많은 시간과 노력을 투자해 온 것 같다. 하지만 하면 할수록 모국어가 아닌 외국어를 잘한다는 것이 얼마나 어려운 일인가를 깨닫게 되었고, 좀처럼 늘지 않는 실력에 조금씩 지쳐가고 있었다. 그러던 중 『스피킹 매트릭스』를 만나게 되었고, 그동안 내가 늘 궁금해하던 표현들이 여기에 모두 수록되어 있음을 발견했다. 일상생활에서 "이건 영어로 뭐라고 하지?" 궁금했지만 답답해하던 모든 이들에게 이 책이 속 시원한 해답을 제공할 것이다. 그리고 간단한 표현에서 시작해 점차 디테일하고 심화된 에피소드로 확장해가는 체계적인 학습 과정을 따라가다 보면 '와, 정말 스피킹 실력이 향상될 것 같은데!'라는 확신이 든다.

{ 이 책은 2분 영어 말하기를 위한 다양한 에피소드를 채우는 INPUT과 이를 활용해서 실제로 말하는 연습을 하는

쌓아라! 쌓인 만큼 말할 수 있다!

2분 영어 말하기 INPUT

표현을 많이 알아도 이야기 소재가 부족하면 영어 말하기를 이어가기 어렵겠죠. 그래서 2분 영어 말하기에 필요한 에피소드들을 다양하게 담았습니다.

STEP 1 끊어 듣기 🎧
MP3를 들으면서 영어를 의미 단위로 끊어 이해합니다.

STEP 2 우리말 보기 👁
어떤 내용인지 전체 의미를 파악하고 넘어갑니다.

STEP 3 따라 말하기 🗣
끊어 말하기(2회)와 자연스럽게 이어 말하기(1회) 훈련을 통해 에피소드들을 입에 붙여 봅니다.

STEP 4 혼자 말하기 🗣
이제 우리말을 보며 영어로 말하세요. 긴 문장이라 부담스럽다면 STEP 3의 영어를 참고하셔도 괜찮습니다.

{ INPUT 주요 표현 정리 }
INPUT 파트에 나온 중요한 표현들을 해설과 함께 정리했습니다.
함께 공부하면 더욱 깊이 있는 영어 스피킹 학습이 가능합니다.

혼자 공부하기 외로운 분들을 위한
스피킹 전문 강사의 해설 강의

🎧

경력 21년의 전문 영어 강사가 스피킹 훈련 시 유의해야 할 사항들을 하나하나 짚어 줍니다.

OUTPUT, 이렇게 2단계의 훈련 과정으로 구성되어 있습니다. }

말하라! 이제 당신은 네이티브처럼 말하게 된다!

2분 영어 말하기 OUTPUT

INPUT에서 배운 에피소드를 엮어 2분 동안 영어로 말하는 훈련을 합니다. 처음에는 1분씩 나눠 말하는 훈련을 하다가 적응이 되면 연결해서 말해 봅니다.

STEP 1 우리말 보면서 듣기

처음에는 부담 없이 우리말을 보면서 해당하는 영어 표현을 듣습니다.

2분 영어 말하기 : INPUT • Day 2 • Day 12
Step 1 우리말 보면서 듣기
01 중학교 다닐 때, 전 컴퓨터 게임에 중독되어 있었어요.
02 컴퓨터 게임을 하느라 밤을 종종 새웠죠.
03 그때는 게임 생각만 했어요.
04 학교 성적은 정말 나빴고, 거의 모든 시험에서 낙제였죠.

STEP 2 한 문장씩 끊어 말하기

한 문장씩 끊어서 말해 봅니다. MP3를 듣고 따라 하다가 익숙해지면 STEP 1을 영어로 말해 봅니다.

Step 2 한 문장씩 영어로 말하기	제한시간 2분
01 When I was • in middle school, • I used to be addicted • to computer games.
02 I often stayed up all night • playing computer games.
03 At that time, • I only thought about games.
04 My school grades were really bad • and I failed almost every test.

STEP 3 들으면서 따라 말하기

MP3를 들으면서 따라 말해 봅니다. 빈칸을 채워 가면서 내가 말한 내용을 확인합니다.

Step 3 들으면서 따라 말하기
When I _____ middle school, I _____ to be _____ to computer games. I often _____ all night _____ computer _____ that time, I only _____ games. My school _____ were really bad and I _____ almost _____ test. When I _____ high school, I _____ to study _____. I _____

STEP 4 2분 동안 영어로 말하기

우리말을 보면서 영어로 바꿔 말해 봅니다. 직접 써 보면 더 오래 기억에 남습니다.

Step 4 2분 동안 영어로 말하기	제한시간 2분
중학교 다닐 때, 전 컴퓨터 게임에 중독되어 있었어요. 컴퓨터 게임을 하느라 밤을 종종 새웠죠. 그때는 게임 생각만 했어요. 학교 성적은 정말 나빴고, 거의 모든 시험에서 낙제였고, 고등학교 입학을 시작하면서 전 열심히 공부하기로 결심했습니다. 이제 더 이상 컴퓨터 게임을 하지 않아요.

{ OUTPUT 스크립트와 표현 정리 }

OUTPUT 파트에 나온 스크립트와 표현 해설을 정리했습니다.
STEP 3 빈칸에 들어갈 표현들은 스크립트에 밑줄로 표시했습니다.

		DAY 01 게임 Games	p.10
		When I **was in** middle school, I **used** to be **addicted** to computer games. I often **stayed up** all night **playing** computer **games. At** that time, I only **thought about** games. My school **grades** were really bad and I **failed** almost **every** test. When I **started** high school, I **decided** to study **hard**. I **don't play** computer games **anymore**.	

이 책에 나오는 모든 예문들은 MP3파일과 QR코드를 통해 확인할 수 있습니다.

콕 찍기만 해도, 그냥 듣기만 해도 자동으로 외워지는
스피킹 훈련용 MP3 파일

차례 : Contents

2분
영어 말하기

INPUT

**2분
영어 말하기
OUTPUT**

2분
영어 말하기
SPEAKING MATRIX

우리는 영어를 잘하고 싶어 합니다. 네이티브처럼 막힘없이 길고 유창하게 말이죠. 어떤 상황에서 어떤 화제가 주어져도 쫄지 않고 영어로 말하는 내 모습은 상상만 해도 멋집니다. 하지만 현실은… 입도 떼기 어렵죠?

걱정 마세요. 이 책의 제목이 바로 『2분 영어 말하기』입니다. "애개, 겨우 2분?"이라고요? 이 2분이면 우사인 볼트가 자신의 최고 기록으로 1,200m 를 뛰고도 남는 꽤 긴 시간입니다. 주어진 주제에 관한 자신의 에피소드를 깔끔하게 이야기할 수 있는 시간이기도 하고요.

이 책에 우리가 영어로 말할 때 가장 많이 등장하는 주제들과 관련된 다양한 에피소드들을 머릿속에, 입속에 접착제처럼 딱 달라붙게 만드는 훈련법을 제시했습니다. 이 훈련을 끝내고 나면, 여러분은 하고 싶은 이야기를 다양한 에피소드를 곁들여 아주 길~고 유창하게 말할 수 있게 됩니다.

그래서 이 책의 훈련을 마치고 나면 지금 아는 쉬운 문장으로 2분 동안 하고 싶은 말을 마음껏 영어로 할 수 있습니다.

경고

이 책은 진지합니다.

어쩌면 조금 힘들지도 모릅니다.

하지만 확실한 실력 향상을 약속합니다.

영어를 할 때 꼭 말하게 되는 표현들을

머릿속에 확실히 탑재시켜주고

문장을 섞어서 자유자재로 요리하게 하며

앞뒤로 붙여 길게 말할 수 있는

놀라운 능력을 갖게 해줍니다.

그래서 여러분은 단 3개월이면,

지금 아는 쉬운 표현들을 가지고

1분, 2분, 3분 동안 네이티브처럼

하고 싶은 말을 마음껏 할 수 있게 됩니다.

평소 기초가 약하다고 생각하시는 분들, 매번 작심삼일로 끝나는 분들도
절대 부작용 없이 사용하실 수 있습니다.

2분
- 영어 말하기 -
INPUT

쌓아라!

쌓인 만큼 말할 수 있다!

여기에는 우리가 2분 동안 영어로 말하는 데 필요한 다양한 주제와 그와 관련된 핵심 에피소드들이 정리되어 있습니다. 에피소드에 쓰인 문장들을 보면 "이건 정말 영어로 어떻게 말하는지 궁금했어!" 하고 감탄이 절로 나오게 됩니다. 하지만 눈으로만 본다고 여러분의 것이 되는 게 아니죠. 스피킹의 핵심은 바로 반복 훈련! 주어진 상황에서 0.1초 내에 해당 문장이 튀어나올 수 있도록 부단히 노력해야 합니다. 다행히 이 책은 재미있는 에피소드와 과학적이고 체계적인 훈련으로 여러분의 부담은 싹 덜어주면서 영어 말하기의 자신감은 꼭꼭 채워줄 것입니다. 유창한 영어 스피킹의 고지, 이제 눈앞에 있습니다.

DAY
01

2분 영어 말하기 에피소드
가족과 형제

1 외동이라 혼자 놀았다

🎧 In 01-1.mp3

| Step 1 끊어 듣기 🎧 | Step 2 우리말 보기 👁 |

I liked * playing video games * when I was little. *
나는 좋아했습니다   비디오 게임 하는 것을   내가 어렸을 때.

I am an only child, * so I used to * play alone. *
나는 외동이었죠   그래서 나는 예전에 했었죠   혼자 놀기를.

When I was * in elementary school, *
내가 언제였냐면   초등학교에 다니는 상태에서

I made some friends. * They came to my house
나는 친구를 몇 명 사귀었어요.   그들은 우리 집에 왔죠

to play video games with me.
나와 함께 비디오 게임을 하기 위해서.

어렸을 때 비디오 게임 하는 것을 좋아했습니다. **외동이라서 혼자 놀곤 했죠.** 초등학교 다닐 때 친구를 몇 명 사귀었는데, 친구들이 우리 집에 와서 같이 비디오 게임을 했죠.

2 부모님이 아들을 원하셨다

🎧 In 01-2.mp3

| Step 1 끊어 듣기 🎧 | Step 2 우리말 보기 👁 |

When I was five, * my parents wanted * to have a baby
제가 다섯 살이었을 때.   우리 부모님은 원하셨죠   남자 아기를 하나 갖기를.

boy. * They were hopeful, * but it was a girl. *
        그분들은 기대하셨죠   그러나 그것은 여자아이였어요.

I was excited * to have a sister. * My sister and I are *
저는 신났습니다   여동생을 가지게 돼서.   제 여동생과 저는 있죠

best friends * now.
가장 친한 친구인 상태에 지금.

제가 다섯 살 때 부모님은 아들이 있었으면 하셨죠. 기대하셨지만 딸이었어요. 저는 여동생이 생겨서 신났습니다. 여동생과 전 지금 가장 가까운 친구죠.

3 형제자매가 많다

🎧 In 01-3.mp3

| Step 1 끊어 듣기 🎧 | Step 2 우리말 보기 👁 |

I have * two brothers and two sisters. *
저는 가지고 있습니다 두 명의 남자형제와 두 명의 여자형제를.

It is always crowded * in my house. * We used to *
그것은 항상 북적거리죠   우리 집안에서는.   우리는 예전에 했었죠

fight all the time * when we were little. *
항상 싸우곤   우리가 어렸을 때는.

But I like having * many siblings * now.
그러나 저는 가지고 있는 것이 좋습니다 많은 형제자매를   지금은.

It's fun * to spend time * together with them.
그것은 재미있어요 (그것이 뭐냐면) 시간을 보내는 것 그들과 함께.

제게는 남자 형제 둘과 여자 형제 둘이 있습니다. 집안이 항상 북적거리죠. 우린 어렸을 땐 늘 싸웠어요. 하지만 지금은 전 형제자매가 많은 것이 좋습니다. 형제자매들과 함께 시간을 보내는 것이 재미있어요.

제한시간 **2**분 (에피소드당 20초 내외)

Step 3 **따라 말하기** 😊 | Step 4 **혼자 말하기** 😊

I liked playing video games when I was little. I am an only child, so I used to play alone. When I was in elementary school, I made some friends. They came to my house to play video games with me.

 어렸을 때 비디오 게임 하는 것을 좋아했습니다. 외동이라서 혼자 놀곤 했죠. 초등학교 다닐 때 친구를 몇 명 사귀었는데, 친구들이 우리 집에 와서 같이 비디오 게임을 했죠.

 끊어 말하기 ⬜⬜ 자연스럽게 말하기 ⬜

only child 외동 | make friends 친구를 사귀다

Step 3 **따라 말하기** 😊 | Step 4 **혼자 말하기** 😊

When I was five, my parents wanted to have a baby boy. They were hopeful, but it was a girl. I was excited to have a sister. My sister and I are best friends now.

 제가 다섯 살 때 부모님은 아들이 있었으면 하셨죠. 기대하셨지만 딸이었어요. 저는 여동생이 생겨서 신났습니다. 여동생과 전 지금 가장 가까운 친구죠.

끊어 말하기 ⬜⬜ 자연스럽게 말하기 ⬜

 hopeful 희망에 찬, 기대하는 | be excited to do ~하게 되어 신이 나다

Step 3 **따라 말하기** 😊 | Step 4 **혼자 말하기** 😊

I have two brothers and two sisters. It is always crowded in my house. We used to fight all the time when we were little. But I like having many siblings now. It's fun to spend time together with them.

 제게는 남자 형제 둘과 여자 형제 둘이 있습니다. 집안이 항상 북적거리죠. 우린 어렸을 땐 늘상 싸웠어요. 하지만 지금은 전 형제자매가 많은 것이 좋습니다. 형제자매들과 함께 시간을 보내는 것이 재미있어요.

 끊어 말하기 ⬜⬜ 자연스럽게 말하기 ⬜

all the time 항상, 늘 | sibling 형제자매

27

4 옷을 언니에게서 물려받았다

Step 1 끊어 듣기 👂

I have an older sister. * When I was a kid, * I wore *
저는 언니 한 명을 가지고 있습니다.　　제가 아이였을 때는　　　저는 입었죠

my sister's hand-me-downs * all the time. *
　　제 언니의 제게 물려주는 옷을　　　항상.

As I grew up, * I became taller * than my sister.
저는 자라면서　　키가 더 커졌습니다　　　제 언니보다.

It felt good * to wear new clothes.
그것은 기분이 좋았죠　(그것이 뭐냐면) 새 옷을 입는 것.

Step 2 우리말 보기 👁

제겐 언니가 하나 있습니다. 어렸을 때는 항상 **언니가 물려준 옷을 입었죠.** 자라면서 제가 언니보다 키가 더 커졌습니다. 새 옷을 입으니 기분이 좋았죠.

---

5 명절에 대가족이 모인다

Step 1 끊어 듣기 👂

I have a big family * and many cousins. * On holidays, *
저는 대가족을 가지고 있습니다　　그리고 많은 사촌들을.　　　명절에는

we all gather * at my house. * Last Christmas, *
우리는 모두 모이죠　　우리 집에.　　　지난 크리스마스에는

we had dinner * together. * After dinner, *
우리는 저녁을 먹었습니다　　함께.　　　저녁식사 후에는

we went bowling. * It was fun. *
우리는 볼링을 치러 갔어요.　　그것은 재미있었죠.

We had a wonderful time.
우리는 즐거운 시간을 가졌습니다.

Step 2 우리말 보기 👁

우리 집은 대가족이자 사촌이 많습니다. **명절에는 모두 우리 집에 모이죠.** 지난 크리스마스에는 함께 저녁을 먹었습니다. 저녁식사 후에는 볼링을 치러 갔어요. 재미있었죠. 즐거운 시간을 보냈습니다.

---

6 가장 노릇을 했다

Step 1 끊어 듣기 👂

My father passed away * when I was young. *
제 아버지는 돌아가셨습니다　　제가 어렸을 때.

Since then, * I have been the breadwinner *
그 이후로　　저는 가장이었죠

in my family. I had a part-time job * after school, *
우리 집안에.　　저는 하나의 아르바이트를 가졌습니다　　방과 후에

and I had two part-time jobs * on weekends.
그리고 저는 두 개의 아르바이트들을 가졌습니다　　주말들에는.

I felt exhausted * every day.
저는 녹초가 된 기분이었죠　　매일.

Step 2 우리말 보기 👁

아버지는 제가 어렸을 때 돌아가셨습니다. 그 이후로 **제가 우리 집의 가장이었죠.** 방과 후에 아르바이트를 했고 주말에는 아르바이트를 두 개 했습니다. 저는 매일 녹초가 되었죠.

I have an older sister. When I was a kid, I wore my sister's hand-me-downs all the time. As I grew up, I became taller than my sister. It felt good to wear new clothes.

제겐 언니가 하나 있습니다. 어렸을 때는 항상 언니가 물려준 옷을 입었죠. 자라면서 제가 언니보다 키가 더 커졌습니다. 새 옷을 입으니 기분이 좋았죠.

 끊어 말하기 ☐☐  자연스럽게 말하기 ☐

hand-me-down(s) 물려받은 옷 | all the time 늘, 항상 | become taller than A A보다 키가 커지다

I have a big family and many cousins. On holidays, we all gather at my house. Last Christmas, we had dinner together. After dinner, we went bowling. It was fun. We had a wonderful time.

우리 집은 대가족이자 사촌이 많습니다. 명절에는 모두 우리 집에 모이죠. 지난 크리스마스에는 함께 저녁을 먹었습니다. 저녁식사 후에는 볼링을 치러 갔어요. 재미있었죠. 즐거운 시간을 보냈습니다.

 끊어 말하기 ☐☐  자연스럽게 말하기 ☐

big family 대가족 | on holidays 명절에 | gather 모이다

My father passed away when I was young. Since then, I have been the breadwinner in my family. I had a part-time job after school, and I had two part-time jobs on weekends. I felt exhausted every day.

아버지는 제가 어렸을 때 돌아가셨습니다. 그 이후로 제가 우리 집의 가장이었죠. 방과 후에 아르바이트를 했고 주말에는 아르바이트를 두 개 했습니다. 저는 매일 녹초가 되었죠.

 끊어 말하기 ☐☐  자연스럽게 말하기 ☐

pass away 돌아가시다 | since then 그 이후로 | breadwinner 가장, 집안의 기둥 | part-time job 아르바이트 | feel exhausted 녹초가 되다, 지치다

DAY
02

2분 영어 말하기 에피소드
게임

1 게임에 중독된 남동생

🎧 In 02-1.mp3

Step 1 끊어 듣기 🎧 | **Step 2 우리말 보기** 👁

My brother is always ∗ **in his room** ∗ **playing computer**
제 남동생은 언제나 있어요　자기 방 안에　컴퓨터 게임을 하면서.
games. ∗ **He eats and sleeps** ∗ **in his room.** ∗ **So** ∗
그는 밥을 먹고 잠을 잡니다　자기 방 안에서.　그래서
I barely see ∗ **him** ∗ **in the house.** ∗ **He is totally** ∗
저는 거의 못 봐요　그를　집 안에서.　그는 완전히 있습니다
addicted ∗ **to computer games.**
중독된 상태에　컴퓨터 게임에.

제 남동생은 컴퓨터 게임을 하면서 항상 자기 방에 있어요. 동생은 방에서 먹고 자고 합니다. 그래서 집안에서 동생을 거의 못 봐요. 동생은 컴퓨터 게임에 완전히 중독되었습니다.

2 머리 식힐 때는 게임이 최고

🎧 In 02-2.mp3

Step 1 끊어 듣기 🎧 | **Step 2 우리말 보기** 👁

Playing games ∗ **helps me** ∗ **release stress.** ∗
게임을 하는 것은　저를 도와줍니다　(뭐를 도와주냐면) 스트레스를 푸는 것을.
When I am overwhelmed ∗ **by life** ∗ **and have too many**
제가 압도될 때는　일상에 의해　그래서 너무 많은 것들을 갖고
things ∗ **to think about,** ∗ **I just play games** ∗
있을 때는　생각할　저는 그냥 게임을 하죠
for a few minutes. ∗ **It helps me** ∗ **forget about things.** ∗
몇 분 동안.　그것은 저를 도와줍니다　(뭐를 도와주냐면) 생각할 것들을 잊는 것을.
I feel better ∗ **after playing games.**
저는 기분이 더 나아집니다　게임을 하고 난 후에.

게임을 하면 스트레스 해소에 도움이 됩니다. 일상에 압도되어 생각할 게 너무 많을 때면 저는 몇 분 동안 게임을 하죠. 게임을 하는 동안 제 고민들을 잊게 되고, 게임을 하고 나면 기분이 좋아집니다.

3 게임을 하다 밤을 샜다

🎧 In 02-3.mp3

Step 1 끊어 듣기 🎧 | **Step 2 우리말 보기** 👁

Yesterday, ∗ **I bought** ∗ **a new computer game.** ∗
어제　저는 샀죠　하나의 새로운 컴퓨터 게임을.
It's called *The Hunter*. ∗ **I started** ∗ **to play it** ∗
그것은 '더 헌터'라고 불리죠.　저는 시작했습니다 그것을 하는 것을
and couldn't stop. ∗ **I ended up** ∗ **staying up** ∗
그러자 멈출 수가 없었습니다.　저는 결국 되어버렸죠　일어나 있게
all night ∗ **playing the game.**
밤새도록　그 게임을 하느라.

어제 저는 '더 헌터'라고 하는 새로운 컴퓨터 게임을 구입했죠. 게임을 시작하자 멈출 수가 없었습니다. 결국은 게임을 하느라 밤을 새고 말았죠.

제한시간 **2**분 (에피소드당 20초 내외)

Step 3 따라 말하기

Step 4 혼자 말하기

My brother is always in his room playing computer games. He eats and sleeps in his room. So I barely see him in the house. He is totally addicted to computer games.

제 남동생은 컴퓨터 게임을 하면서 항상 자기 방에 있어요. 동생은 방에서 먹고 자고 합니다. 그래서 집안에서 동생을 거의 못 봐요. 동생은 컴퓨터 게임에 완전히 중독되었습니다.

끊어 말하기 ☐☐　　자연스럽게 말하기 ☐

totally 완전히 | be addicted to A A에 중독되다

Step 3 따라 말하기

Step 4 혼자 말하기

Playing games helps me release stress. When I am overwhelmed by life and have too many things to think about, I just play games for a few minutes. It helps me forget about things. I feel better after playing games.

게임을 하면 스트레스 해소에 도움이 됩니다. 일상에 압도되어 생각할 게 너무 많을 때면 저는 몇 분 동안 게임을 하죠. 게임을 하는 동안 제 고민들을 잊게 되고, 게임을 하고 나면 기분이 좋아집니다.

끊어 말하기 ☐☐　　자연스럽게 말하기 ☐

release stress 스트레스를 해소하다 | overwhelmed 압도된

Step 3 따라 말하기

Step 4 혼자 말하기

Yesterday, I bought a new computer game. It's called *The Hunter*. I started to play it and couldn't stop. I ended up staying up all night playing the game.

어제 저는 '더 헌터'라고 하는 새로운 컴퓨터 게임을 구입했죠. 게임을 시작하자 멈출 수가 없었습니다. 결국은 게임을 하느라 밤을 새고 말았죠.

끊어 말하기 ☐☐　　자연스럽게 말하기 ☐

be called A A라 불리다 | end up -ing 결국 ～하게 되다 | stay up all night 밤을 새다

31

4 무료 게임만 한다

🎧 In 02-4.mp3

Step 1 끊어 듣기 🎧 | **Step 2** 우리말 보기 👁

I used to * spend a lot of money * on games. *
저는 예전에는 하곤 했죠   돈을 많이 쓰는 것을   게임들에.

New games kept coming out * and *
새로운 게임들은 계속 나왔어요   그리고

I just had to buy all of them. * However, * I can't afford *
저는 그것들을 모두 사야만 했으니까요.   하지만   저는 형편이 안 됩니다

to buy all the games * that I want to play * anymore. *
그 게임들을 모두 살   제가 하고 싶은   더 이상은.

I only play * free online games * now.
저는 하기만 합니다   무료 온라인 게임을   이제는.

예전에는 게임에 돈을 많이 쓰곤 했죠. 새로운 게임들은 계속 나왔고 저는 모든 게임을 사야만 했으니까요. 하지만 더 이상 하고 싶은 게임을 모두 살 형편이 안 됩니다. 지금은 온라인 무료 게임만 합니다.

---

5 게임 아이템 구입에 돈을 썼다

🎧 In 02-5.mp3

Step 1 끊어 듣기 🎧 | **Step 2** 우리말 보기 👁

When I play online games, * it is very easy *
저는 온라인 게임을 할 때   그것은 아주 쉽죠

to spend money * on in-game items. * For example, *
(그게 뭐냐면) 돈을 쓰는 것   게임 아이템들에.   예를 들면

I really wanted * to have * this nice sword and a suit *
저는 정말로 원했어요   갖게 되기를   이 멋진 검과 옷을

for my game character, * so I spent * 30,000 won *
제 게임 캐릭터를 위해서   그래서 저는 썼습니다   3만 원을

in just one minute.
불과 1분 안에.

온라인 게임을 하면 게임 아이템에 참 쉽게 돈을 쓰게 되죠. 예를 들면, 제 게임 캐릭터에 맞는 멋진 검과 옷을 꼭 사고 싶어서 불과 1분 만에 3만 원을 써버렸습니다.

---

6 점심 내기 게임에서 이겼다

🎧 In 02-6.mp3

Step 1 끊어 듣기 🎧 | **Step 2** 우리말 보기 👁

My friend and I are into this new game *
제 친구와 저는 이 새로운 게임에 빠졌습니다

called *Candy Crush*. * We played it * at Starbucks *
'캔디 크러쉬'라고 불리는.   우리는 그것을 했죠   스타벅스에서

today. * It was really fun * playing with my friend * and *
오늘.   그것은 정말 재미있었어요   (그것이 뭐냐면) 친구와 게임하는 것   그리고

I even won a lunch * on a bet. * I felt great.
저는 심지어 점심을 따기까지 했습니다   내기에서.   저는 기분이 완전 좋았습니다.

친구와 저는 '캔디 크러쉬'라는 새로운 게임에 빠졌습니다. 오늘 스타벅스에서 그 게임을 했죠. 친구와 게임하는 게 정말 재미있었고, 심지어 점심 내기까지 이겼습니다. 기분이 완전 좋았습니다.

I used to spend a lot of money on games. New games kept coming out and I just had to buy all of them. However, I can't afford to buy all the games that I want to play anymore. I only play free online games now.

◁》 예전에는 게임에 돈을 많이 쓰곤 했죠. 새로운 게임들은 계속 나왔고 저는 모든 게임을 사야만 했으니까요. 하지만 더 이상 하고 싶은 게임을 모두 살 형편이 안 됩니다. 지금은 온라인 무료 게임만 합니다.

끊어 말하기 ☐☐ 자연스럽게 말하기 ☐

---

keep -ing 계속 ~하다 | come out 나오다, 출시되다 | however 하지만 | can't afford to do ~할 형편이 안 되다 | free 무료의

When I play online games, it is very easy to spend money on in-game items. For example, I really wanted to have this nice sword and a suit for my game character, so I spent 30,000 won in just one minute.

◁》 온라인 게임을 하면 게임 아이템에 참 쉽게 돈을 쓰게 되죠. 예를 들면, 제 게임 캐릭터에 맞는 멋진 검과 옷을 꼭 사고 싶어서 불과 1분 만에 3만 원을 써버렸습니다.

끊어 말하기 ☐☐ 자연스럽게 말하기 ☐

---

for example 예를 들어 | sword 칼, 검

My friend and I are into this new game called *Candy Crush*. We played it at Starbucks today. It was really fun playing with my friend and I even won a lunch on a bet. I felt great.

◁》 친구와 저는 '캔디 크러쉬'라는 새로운 게임에 빠졌습니다. 오늘 스타벅스에서 그 게임을 했죠. 친구와 게임하는 게 정말 재미있었고, 심지어 점심 내기까지 이겼습니다. 기분이 완전 좋았습니다.

끊어 말하기 ☐☐ 자연스럽게 말하기 ☐

---

be into A A에 빠지다 | even 심지어 | win A on a bet 내기로 A를 따다

DAY
03

2분 영어 말하기 에피소드
놀이공원

1 스릴 만점의 롤러코스터를 탔다

🎧 In 03-1.mp3

| Step 1 끊어 듣기 🎧 | Step 2 우리말 보기 👁 |

I went on a new roller coaster * at an amusement park. *
저는 새 롤러코스터를 탔습니다   놀이공원에서.

It was so scary. * It was the most hair-raising roller
그것은 진짜 무서웠죠.   그것은 최고로 머리칼이 쭈뼛거리는 롤러코스터였습니다

coaster * I had ever gone on. * I felt sick and exhausted *
제가 이제껏 타본 것 중에서.   저는 속도 메슥거리고 완전 녹초가 됐어요

after the ride.
그 타기 뒤에.

저는 놀이공원에서 새로 나온 롤러코스터를 탔습니다. 진짜 무서웠죠. 이제껏 제가 타본 롤러코스터 중 가장 스릴 넘치는 것이었죠. 타고 난 뒤 속도 메슥거리고 완전 녹초가 됐어요.

2 저렴해서 일일 이용권을 끊는다

🎧 In 03-2.mp3

| Step 1 끊어 듣기 🎧 | Step 2 우리말 보기 👁 |

When I am down, * I go to an amusement park. *
저는 기분이 다운될 때   놀이공원에 가죠.

I go on every ride * because it makes me feel better. *
저는 모든 놀이기구를 탑니다   왜냐면 그것은 나를 기분이 나아지게 만들거든요.

It is so much fun. * I normally buy a one-day pass *
그것은 아주 재미있어요.   저는 보통 일일 이용권을 끊습니다

because it is cheaper.
왜냐면 그것이 더 저렴하거든요.

기분이 다운되면 전 놀이공원에 가죠. 기분이 나아지기 때문에 저는 모든 놀이기구를 다 탑니다. 아주 재미있어요. 더 저렴해서 보통 일일 이용권을 끊습니다.

3 기다린 건 1시간, 탄 시간은 30초

🎧 In 03-3.mp3

| Step 1 끊어 듣기 🎧 | Step 2 우리말 보기 👁 |

It was very crowded * in the amusement park. *
그것은 매우 붐볐습니다   그 놀이공원에서는.

I waited in line * for an hour * to go on a single ride. *
저는 줄 안에서 기다렸죠   한 시간 동안   놀이기구 단 한 개를 타기 위해서.

The ride was 30 seconds long. * It was so frustrating *
그 기구는 30초짜리였습니다.   그것은 매우 짜증스러웠어요

to wait in such a long line.
(그게 뭐냐면) 그렇게 긴 줄 안에서 기다리는 것.

놀이공원은 매우 붐볐습니다. 놀이기구 한 개를 타려고 한 시간을 줄 서서 기다렸죠. 그 기구는 30초짜리였습니다. 그렇게 긴 줄에 서서 기다리는 게 매우 짜증스러웠어요.

제한시간 **2분** *(에피소드당 20초 내외)*

| Step 3 따라 말하기 | Step 4 혼자 말하기 |

I went on a new roller coaster at an amusement park. It was so scary. It was the most hair-raising roller coaster I had ever gone on. I felt sick and exhausted after the ride.

🔊 저는 놀이공원에서 새로 나온 롤러코스터를 탔습니다. 진짜 무서웠죠. 이제껏 제가 타본 롤러코스터 중 가장 스릴 넘치는 것이었습니다. 타고 난 뒤 속도 메슥거리고 완전 녹초가 됐어요.

 끊어 말하기 ☐☐ 　 자연스럽게 말하기 ☐

go on a roller coaster 롤러코스터를 타다 | scary 무서운 | hair-raising 머리칼이 쭈뼛거리는 | feel sick 속이 메슥거리다

| Step 3 따라 말하기 | Step 4 혼자 말하기 |

When I am down, I go to an amusement park. I go on every ride because it makes me feel better. It is so much fun. I normally buy a one-day pass because it is cheaper.

🔊 기분이 다운되면 전 놀이공원에 가죠. 기분이 나아지기 때문에 저는 모든 놀이기구를 다 탑니다. 아주 재미있어요. 더 저렴해서 보통 일일 이용권을 끊습니다.

 끊어 말하기 ☐☐ 　 자연스럽게 말하기 ☐

ride 놀이기구 | one-day pass 일일 이용권

| Step 3 따라 말하기 | Step 4 혼자 말하기 |

It was very crowded in the amusement park. I waited in line for an hour to go on a single ride. The ride was 30 seconds long. It was so frustrating to wait in such a long line.

🔊 놀이공원은 매우 붐볐습니다. 놀이기구 한 개를 타려고 한 시간을 줄 서서 기다렸죠. 그 기구는 30초짜리였습니다. 그렇게 긴 줄에 서서 기다리는 게 매우 짜증스러웠어요.

 끊어 말하기 ☐☐ 　 자연스럽게 말하기 ☐

crowded 붐비는, 북적거리는 | second (시간 단위의) 초

4 놀이기구보다 퍼레이드가 더 재미있다

🎧 In 03-4.mp3

Step 1 끊어 듣기 🎧

Step 2 우리말 보기 👁

I prefer watching parades * **to going on rides.** *
저는 퍼레이드들를 보는 것을 더 좋아요   놀이기구들을 타는 것보다.

The amusement park is close to my house. *
그 놀이공원은 우리 집과 가깝습니다.

It takes 30 minutes * **by bus.** * **Sometimes I go there** *
그것은 30분 걸립니다   버스로.   가끔은 저는 거기에 가죠

only to watch the parades. * **They make me laugh.**
오로지 그 퍼레이드들을 보기 위해서요.   그것들은 나를 웃게 만듭니다.

저는 놀이기구 타는 것보다 퍼레이드를 보는 것이 더 좋아요. 놀이공원은 우리 집과 가깝습니다. 버스로 30분 걸립니다. 가끔은 퍼레이드만 보려고 그곳에 가기도 하죠. 퍼레이드를 보면 웃게 됩니다.

5 회전목마는 재미없어서 안 탄다

🎧 In 03-5.mp3

Step 1 끊어 듣기 🎧

Step 2 우리말 보기 👁

I love * **anything fast with drops and twists.** *
저는 무척 좋아합니다   떨어지고 꺾이고 하는 빠른 것들은 뭐든.

I can't do * **anything that spins round and round** *
저는 할 수가 없어요   뱅글뱅글 돌고 도는 어떤 것도

because it is boring * **and sometimes it makes me feel**
왜냐면 그것은 지루하거든요   그리고 가끔 그것은 내 속도 메슥거리게 하거든요.

sick. * **So I never go on merry-go-rounds.**
그래서 저는 절대로 회전목마는 안 탑니다.

저는 떨어지고 꺾이고 하는 빠른 것들은 뭐든 무척 좋아합니다. 계속 뱅뱅 돌기만 하는 것은 지루하고 가끔 속도 메슥거리게 해서 어느 것도 안 좋아해요. 그래서 회전목마는 절대 안 탑니다.

6 귀신의 집은 싫어한다

🎧 In 03-6.mp3

Step 1 끊어 듣기 🎧

Step 2 우리말 보기 👁

I don't like haunted houses * **because I don't want** *
저는 귀신이 나오는 집들을 싫어합니다   왜냐면 전 원치 않거든요

people in masks touching me. * **However,** *
탈들을 쓴 사람들이 저를 만지는 것을.   하지만

my little brother loves to be scared. *
제 남동생은 무서운 것을 무척 좋아해요.

He tortures himself with horror movies * **all the time.**
그는 공포 영화들 가지고 자신을 고문하죠   항상.

귀신이 나오는 집을 싫어하는데 탈을 쓴 사람들이 절 만지는 게 싫기 때문입니다. 하지만 남동생은 무서운 것을 무척 좋아해요. 항상 공포 영화를 보면서 자신을 고문하죠.

I prefer watching parades to going on rides. The amusement park is close to my house. It takes 30 minutes by bus. Sometimes I go there only to watch the parades. They make me laugh.

저는 놀이기구 타는 것보다 퍼레이드를 보는 것이 더 좋아요. 놀이공원은 우리 집과 가깝습니다. 버스로 30분 걸립니다. 가끔은 퍼레이드만 보려고 그곳에 가기도 하죠. 퍼레이드를 보면 웃게 됩니다.

 끊어 말하기 ☐☐  자연스럽게 말하기 ☐

parade 퍼레이드, 가두행진 | close to A A와 가까운

I love anything fast with drops and twists. I can't do anything that spins round and round because it is boring and sometimes it makes me feel sick. So I never go on merry-go-rounds.

저는 떨어지고 꺾이고 하는 빠른 것들은 뭐든 무척 좋아합니다. 계속 뱅뱅 돌기만 하는 것은 지루하고 가끔 속도 메슥거리게 해서 어느 것도 안 좋아해요. 그래서 회전목마는 절대 안 탑니다.

끊어 말하기 ☐☐ 자연스럽게 말하기 ☐

drops and twists 떨어지고 꺾이는 것 | spin round and round 빙빙 돌다 | go on a merry-go-round 회전목마를 타다

I don't like haunted houses because I don't want people in masks touching me. However, my little brother loves to be scared. He tortures himself with horror movies all the time.

귀신이 나오는 집을 싫어하는데 탈을 쓴 사람들이 절 만지는 게 싫기 때문입니다. 하지만 남동생은 무서운 것을 무척 좋아해요. 항상 공포 영화를 보면서 자신을 고문하죠.

 끊어 말하기 ☐☐  자연스럽게 말하기 ☐

haunted house 귀신 붙은 집, (놀이공원의) 귀신이 나오는 집 | people in masks 탈을 쓴 사람들 | love to be scared 무서운 것을 좋아하다 | torture 고문하다

37

DAY
04

2분 영어 말하기 에피소드
다이어트

1 절제하다가 하루 완전 폭식했다

🎧 In 04-1.mp3

Step 1 끊어 듣기 🎧	Step 2 우리말 보기 👁

I was on a healthy diet * for 5 days *
저는 건강한 다이어트를 했습니다   5일 동안

and I have been limiting myself. * But then *
그래서 제 자신을 절제해오고 있었습니다.   하지만 그러다

I binge ate yesterday. * I ate a slice of cake, *
전 어제 폭식을 했죠.   저는 케이크 한 조각을 먹었습니다

3 scoops of ice cream * and 5 pieces of chocolate *
아이스크림 세 국자   그리고 초콜릿 5개를

after dinner.
저녁식사 후에.

> 5일 동안 건강식으로 다이어트 하며 절제하고 있었습니다. 그런데, 어제 폭식을 했죠. 저녁 먹고 케이크 한 조각, 아이스크림 세 국자, 초콜릿 5개를 먹었습니다.

2 굶으며 살을 빼느라 스트레스를 받았다

🎧 In 04-2.mp3

Step 1 끊어 듣기 🎧	Step 2 우리말 보기 👁

I wanted to lose weight. * However, *
전 살을 빼고 싶었어요.   그러나,

I didn't want to exercise. * I decided not to eat. *
전 운동을 하고 싶지는 않았어요.   전 먹지 않기로 결심했죠.

I lost weight * by skipping meals. * I didn't eat anything. *
전 살을 뺐어요   끼니를 거르는 것으로써.   전 아무것도 먹지 않았습니다.

I felt stressed * because I was too hungry.
전 스트레스를 받았어요   왜냐면 너무 배가 고팠거든요.

> 살은 빼고 싶었지만 운동은 하기 싫었습니다. 전 먹지 않기로 했죠. 끼니를 거르면서 살을 뺐죠. 아무것도 먹지 않았습니다. 너무 배가 고파서 스트레스를 받았어요.

3 요요 현상으로 살이 더 쪘다

🎧 In 04-3.mp3

Step 1 끊어 듣기 🎧	Step 2 우리말 보기 👁

I didn't eat * for a week. * I lost weight *
저는 먹지 않았습니다   일주일 동안.   저는 살이 빠졌어요

but a week later, * when I started to eat again, *
하지만 일주일 뒤   제가 다시 먹기 시작했을 때

I gained even more weight. * It's called the yo-yo effect. *
오히려 살이 더 쪘어요.   그것은 요요 현상이라고 불리는 거죠.

I decided to go to the gym * to exercise. * I lost weight *
전 헬스클럽에 다니기로 결심했어요   운동하기 위해서요.   저는 살이 빠졌어요

and never gained it back.
그리고 다시는 안 쪘습니다.

> 저는 일주일 간 먹지 않았습니다. 살이 빠졌지만, 일주일 뒤 다시 먹기 시작하니 오히려 살이 더 쪘어요. 요요 현상이라 하는 거죠. 운동하러 헬스클럽에 다니기로 했어요. 살이 빠졌고 다시는 안 쪘습니다.

제한시간 **2**분 (에피소드당 20초 내외)

Step 3 따라 말하기	Step 4 혼자 말하기

I was on a healthy diet for 5 days and I have been limiting myself. But then I binge ate yesterday. I ate a slice of cake, 3 scoops of ice cream and 5 pieces of chocolate after dinner.

🔊 5일 동안 건강식으로 다이어트하며 절제하고 있었습니다. 그런데, 어제 폭식을 했죠. 저녁 먹고 케이크 한 조각, 아이스크림 세 국자, 초콜릿 5개를 먹었습니다.

 끊어 말하기 ☐☐   자연스럽게 말하기 ☐

be on a diet 다이어트 중이다 | limit oneself 절제하다 | binge eat 폭식하다

Step 3 따라 말하기	Step 4 혼자 말하기

I wanted to lose weight. However, I didn't want to exercise. I decided not to eat. I lost weight by skipping meals. I didn't eat anything. I felt stressed because I was too hungry.

🔊 살은 빼고 싶었지만 운동은 하기 싫었습니다. 전 먹지 않기로 했죠. 끼니를 거르면서 살을 뺐죠. 아무것도 먹지 않았습니다. 너무 배가 고파서 스트레스를 받았어요.

 끊어 말하기 ☐☐   자연스럽게 말하기 ☐

skip meals 끼니를 거르다 | hungry 배고픈

Step 3 따라 말하기	Step 4 혼자 말하기

I didn't eat for a week. I lost weight but a week later, when I started to eat again, I gained even more weight. It's called the yo-yo effect. I decided to go to the gym to exercise. I lost weight and never gained it back.

🔊 저는 일주일 간 먹지 않았습니다. 살이 빠졌지만, 일주일 뒤 다시 먹기 시작하니 오히려 살이 더 쪘어요. 요요 현상이라 하는 거죠. 운동하러 헬스클럽에 다니기로 했어요. 살이 빠졌고 다시는 안 쪘습니다.

 끊어 말하기 ☐☐   자연스럽게 말하기 ☐

yo-yo effect 요요 현상

4 양파 다이어트로 한 달 만에 5킬로를 뺐다

Step 1 끊어 듣기 | **Step 2 우리말 보기**

I lost 5 kg * **by eating onions.** * **I ate an onion** *
전 5킬로를 뺐습니다 양파들을 먹는 것을 통해서. 전 양파를 하나 먹었죠

before dinner * **and I only had small portions of food.** *
저녁을 먹기 전에요 그리고 전 작은 양의 음식을 먹기만 했죠.

Sometimes I just skipped dinner. *
때로는 그냥 저녁을 건너뛰기도 했습니다.

It was hard * **to eat onions,** * **but it worked.** *
그것은 힘들었어요 (그것이 뭐냐면) 양파들을 먹는 것 하지만 그것은 효과가 있었어요.

I also exercised * **three times a week.**
저는 또 운동을 했습니다 일주일에 세 번.

저는 양파를 먹으면서 5킬로를 **뺐습니다.** 저녁 먹기 전에 양파 하나를 먹고 음식을 조금만 먹었죠. 어떤 때는 저녁을 건너뛰기도 했습니다. 양파를 먹는 게 힘들긴 했지만 그래도 효과는 있었죠. 또 일주일에 세 번 운동을 했습니다.

---

5 다이어트의 정석으로 친구가 살을 뺐다

Step 1 끊어 듣기 | **Step 2 우리말 보기**

My friend lost 10 kg * **in just one month.** * **She said** *
제 친구는 10킬로를 감량했습니다 불과 한 달 안에. 그녀는 말했어요

she ate small portions of food. * **She also exercised**
자기는 작은 양의 음식을 먹었다고요. 그녀는 또 규칙적으로 운동을 했어요.

regularly. * **I tried to go to the gym** * **after work.** *
전 헬스클럽에 가려고 했죠 퇴근 후에.

It was hard. * **I ended up just going to the park** *
그것은 힘들더군요. 저는 결국 그냥 공원에 갔습니다

to take a walk.
산책하기 위해서요.

제 친구는 불과 한 달 만에 10킬로를 감량했습니다. 그 친구는 음식을 조금만 먹었다고 했어요. **친구는 또 운동을 규칙적으로 했습니다.** 저는 일을 마친 후 헬스클럽에 가려고 했어요. 힘들더군요. 저는 결국 그냥 공원에 산책을 하러 다녔습니다.

---

6 야식을 포기 못해 다이어트에 실패했다

Step 1 끊어 듣기 | **Step 2 우리말 보기**

I decided to go on a diet, * **so I went jogging** *
저는 다이어트를 하기로 결심했죠 그래서 전 조깅하러 갔어요

every day. * **I went to the park** * **in the neighborhood** *
매일. 저는 공원에 갔습니다 동네에 있는

to jog. * **However,** * **I couldn't give up eating** *
조깅하기 위해. 그러나 저는 먹는 것을 포기할 수 없었어요

late at night. * **I had late-night snacks** *
밤늦게. 저는 야식을 먹었죠

quite often. * **I failed to lose weight.**
꽤 자주. 저는 살을 빼는 데 실패했습니다.

저는 다이어트를 하기로 결심했고 매일 조깅하러 갔죠. 조깅하러 동네에 있는 공원에 갔습니다. 하지만 **밤늦게 먹는 것을 포기할 수 없었어요.** 야식을 꽤 자주 먹었죠. 살을 빼는 데 실패했습니다.

I lost 5 kg by eating onions. I ate an onion before dinner and I only had small portions of food. Sometimes I just skipped dinner. It was hard to eat onions, but it worked. I also exercised three times a week.

끊어 말하기 ☐ ☐   자연스럽게 말하기 ☐

🔊 저는 양파를 먹으면서 5킬로를 뺐습니다. 저녁 먹기 전에 양파 하나를 먹고 음식을 조금만 먹었죠. 어떤 때는 저녁을 건너뛰기도 했습니다. 양파를 먹는 게 힘들긴 했지만 그래도 효과는 있었죠. 또 일주일에 세 번 운동을 했습니다.

onion 양파 | small portion 소량

My friend lost 10 kg in just one month. She said she ate small portions of food. She also exercised regularly. I tried to go to the gym after work. It was hard. I ended up just going to the park to take a walk.

끊어 말하기 ☐ ☐   자연스럽게 말하기 ☐

🔊 제 친구는 불과 한 달 만에 10킬로를 감량했습니다. 그 친구는 음식을 조금만 먹었다고 했어요. 친구는 또 운동을 규칙적으로 했습니다. 저는 일을 마친 후 헬스클럽에 가려고 했어요. 힘들더군요. 저는 결국 그냥 공원에 산책을 하러 다녔습니다.

regularly 규칙적으로 | after work 퇴근 후에

I decided to go on a diet, so I went jogging every day. I went to the park in the neighborhood to jog. However, I couldn't give up eating late at night. I had late-night snacks quite often. I failed to lose weight.

끊어 말하기 ☐ ☐   자연스럽게 말하기 ☐

🔊 저는 다이어트를 하기로 결심했고 매일 조깅하러 갔죠. 조깅하러 동네에 있는 공원에 갔습니다. 하지만 밤늦게 먹는 것을 포기할 수 없었어요. 야식을 꽤 자주 먹었죠. 살을 빼는 데 실패했습니다.

go on a diet 다이어트를 하다 | eat late at night 밤늦게 먹다 | late-night snacks 야식

DAY 05

2분 영어 말하기 에피소드

독서

1 책을 읽다 보면 상상력이 풍부해진다

🎧 In 05-1.mp3

Step 1 끊어 듣기 🎧

Step 2 우리말 보기 👁

I read two to three books ∗ a month. ∗ It takes time ∗
저는 책들을 두 권에서 세 권까지 읽습니다   한 달에.   그것은 시간이 걸리죠

to read a book. ∗ I like reading ∗
(그것이 뭐냐면) 책을 읽는 것.   저는 책 읽는 것을 좋아합니다

because I can forget about things. ∗ I also think ∗
왜냐면 전 이런저런 것들을 잊어버릴 수 있거든요.   저는 또한 생각해요

I become more imaginative ∗ from reading books.
저는 상상력이 더욱 풍부해진다고   책들을 읽는 것으로부터.

저는 한 달에 책을 두세 권 읽습니다. 책을 읽는 데는 시간이 걸리죠. 잡다한 것들을 잊을 수 있어서 전 책 읽는 것을 좋아합니다. 또 독서를 하면서 상상력이 더욱 풍부해지는 것 같아요.

2 책에 밑줄을 그으며 읽는다

🎧 In 05-2.mp3

Step 1 끊어 듣기 🎧

Step 2 우리말 보기 👁

I like reading books. ∗ It calms me down. ∗ When I read,
저는 책들을 읽는 것을 좋아합니다.   그것은 저를 차분하게 해주죠.   제가 책을 읽을 때는

I underline the important passages. ∗ It is helpful ∗
전 중요한 구절들에 밑줄을 긋습니다.   그것은 도움이 되거든요

to read. ∗ I sometimes write down some notes ∗
읽는 데에.   저는 가끔씩 메모를 하기도 합니다

on the book ∗ when I think ∗ it is important.
그 책 위에   제가 생각이 들 때면   그것이 중요하다고.

저는 독서를 좋아합니다. 책을 읽으면 마음이 차분해지죠. 독서할 때 전 중요한 구절에 밑줄을 긋습니다. 읽는 데 도움이 되거든요. 가끔씩 중요하다고 생각이 들면 책에 메모를 하기도 합니다.

3 책을 읽고 나면 독후감을 쓴다

🎧 In 05-3.mp3

Step 1 끊어 듣기 🎧

Step 2 우리말 보기 👁

When I finish a book, ∗ I always write a book report ∗
저는 책을 한 권 다 읽고 나면   저는 항상 독후감을 쓰죠

on it. ∗ It helps ∗ to organize my thoughts. ∗
그것에 관해.   그것은 도움이 됩니다   제 생각들을 정리하는 데에.

Last weekend, ∗ I read an interesting novel. ∗ After that,
지난 주말에는   전 흥미로운 소설책을 한 권 읽었어요.   그러고 난 후

I spent two hours ∗ writing a book report ∗ on it.
전 두 시간을 보냈습니다   독후감을 쓰는 것에   그것에 관해.

책을 다 읽고 나면 저는 항상 독후감을 쓰죠. 그렇게 하면 제 생각을 정리하는 데 도움이 됩니다. 지난 주말에 흥미로운 소설책 한 권을 읽었죠. 그러고 나서 독후감을 쓰는 데 두 시간을 보냈습니다.

제한시간 **2**분 (에피소드당 20초 내외)

Step 3 **따라 말하기** 😄

I read two to three books a month. It takes time to read a book. I like reading because I can forget about things. I also think I become more imaginative from reading books.

끊어 말하기 ☐☐   자연스럽게 말하기 ☐

Step 4 **혼자 말하기** 😄

🔊 저는 한 달에 책을 두세 권 읽습니다. 책을 읽는 데는 시간이 걸리죠. 잡다한 것들을 잊을 수 있어서 전 책 읽는 것을 좋아합니다. 또 독서를 하면서 상상력이 더욱 풍부해지는 것 같아요.

imaginative 상상력이 풍부한

Step 3 **따라 말하기** 😄

I like reading books. It calms me down. When I read, I underline the important passages. It is helpful to read. I sometimes write down some notes on the book when I think it is important.

끊어 말하기 ☐☐   자연스럽게 말하기 ☐

Step 4 **혼자 말하기** 😄

🔊 저는 독서를 좋아합니다. 책을 읽으면 마음이 차분해지죠. 독서할 때 전 중요한 구절에 밑줄을 긋습니다. 읽는 데 도움이 되거든요. 가끔씩 중요하다고 생각이 들면 책에 메모를 하기도 합니다.

underline 밑줄을 긋다 | passage 구문, 구절 | helpful 도움이 되는 | write down 적어 두다

Step 3 **따라 말하기** 😄

When I finish a book, I always write a book report on it. It helps to organize my thoughts. Last weekend, I read an interesting novel. After that, I spent two hours writing a book report on it.

끊어 말하기 ☐☐   자연스럽게 말하기 ☐

Step 4 **혼자 말하기** 😄

🔊 책을 다 읽고 나면 저는 항상 독후감을 쓰죠. 그렇게 하면 제 생각을 정리하는 데 도움이 됩니다. 지난 주말에 흥미로운 소설책 한 권을 읽었죠. 그러고 나서 독후감을 쓰는 데 두 시간을 보냈습니다.

finish 끝내다, 마치다 | book report 독후감 | organize 정리하다

4 책을 깨끗하게 보는 편이다

🎧 In 05-4.mp3

Step 1 끊어 듣기 🎧 | **Step 2 우리말 보기** 👁

I like to keep my books ＊ clean. ＊ I try to take good care
저는 책들을 보관하는 것을 좋아합니다   깨끗하게.   저는 책들을 잘 관리하려고 노력하죠.
of the books. ＊ When I read, ＊ I never write on ＊
저는 독서할 때   전 절대로 뭔가를 적지 않습니다
or fold the pages. ＊ That's why I don't like lending my
또는 페이지들을 접지 않습니다.   그래서 저는 제 책들을 빌려주는 것을 좋아하지 않아요
books ＊ to friends. ＊ It bothers me ＊ when a friend
친구들에게.   그것은 저를 짜증 나게 합니다   친구가
returns the book ＊ with folded pages.
그 책을 돌려줄 때   접힌 페이지들 채로.

저는 책을 깨끗하게 보관하는 걸 좋아합니다. 책을 잘 관리하려고 노력하는 편이죠. 독서를 할 때 **절대 뭔가를 적거나 페이지를 접지 않습니다.** 그래서 제 책을 친구들에게 빌려 주는 걸 좋아하지 않아요. 친구가 페이지가 접힌 책을 돌려주면 짜증이 납니다.

---

5 책을 읽으면 아이디어가 떠오른다

🎧 In 05-5.mp3

Step 1 끊어 듣기 🎧 | **Step 2 우리말 보기** 👁

I used to read a lot. ＊ Recently, ＊ I have been reading ＊
전 예전에는 책을 많이 읽었죠.   최근에는   저는 책을 읽어오고 있습니다
less than before. ＊ I try to read more ＊
예전보다는 덜.   저는 책을 더 많이 읽으려고 합니다
because when I read a book, ＊ great ideas come to me. ＊
왜냐면 제가 책을 한 권 읽을 때면   기막힌 아이디어들이 제게 오거든요.
I prefer reading ＊ to watching TV ＊ when I need to think.
저는 독서를 선호합니다   TV 시청보다   제가 생각할 필요가 있을 때는.

예전에는 책을 많이 읽었죠. 최근에는 이전보다 책을 덜 읽습니다. 책을 읽으면 기막힌 아이디어들이 떠오르기 때문에 책을 더 많이 읽으려고 합니다. 생각을 좀 할 필요가 있을 때는 TV 시청보다 독서를 선호합니다.

---

6 어려운 책은 여러 번 반복해서 읽는다

🎧 In 05-6.mp3

Step 1 끊어 듣기 🎧 | **Step 2 우리말 보기** 👁

I read books ＊ to get useful information. ＊ However, ＊
저는 책들을 읽습니다   유용한 정보를 얻기 위해서.   하지만.
sometimes ＊ it is hard ＊ to understand certain books. ＊
때로는   그것은 힘들어요   (그것이 뭐냐면) 어떤 책들을 이해하는 것.
When I read a difficult book, ＊
저는 어려운 책을 읽을 때는
I need to reread the same sentences ＊ over and over ＊
전 같은 문장들을 다시 읽을 필요가 있습니다   몇 번이고 반복해서
to completely understand the paragraph.
그 구문을 완전히 이해하기 위해서.

저는 유용한 정보를 얻으려고 책을 읽습니다. 하지만 때로는 어떤 책은 이해하기 힘들 때가 있더라고요. 어려운 책을 읽을 때는 그 구문을 완전히 이해하기 위해 같은 문장을 몇 번이고 반복해서 읽을 필요가 있습니다.

I like to keep my books clean. I try to take good care of the books. When I read, I never write on or fold the pages. That's why I don't like lending my books to friends. It bothers me when a friend returns the book with folded pages.

 저는 책을 깨끗하게 보관하는 걸 좋아합니다. 책을 잘 관리하려고 노력하는 편이죠. 독서를 할 때 절대 뭔가를 적거나 페이지를 접지 않습니다. 그래서 제 책을 친구들에게 빌려 주는 걸 좋아하지 않아요. 친구가 페이지가 접힌 책을 돌려주면 짜증이 납니다.

✌️ 끊어 말하기 ☐☐   ✌️ 자연스럽게 말하기 ☐

keep A clean A를 깨끗하게 유지하다 | take care of A A를 관리하다, 보살피다 | fold 접다 | return 돌려주다

I used to read a lot. Recently, I have been reading less than before. I try to read more because when I read a book, great ideas come to me. I prefer reading to watching TV when I need to think.

 예전에는 책을 많이 읽었죠. 최근에는 이전보다 책을 덜 읽습니다. 책을 읽으면 기막힌 아이디어들이 떠오르기 때문에 책을 더 많이 읽으려고 합니다. 생각을 좀 할 필요가 있을 때는 TV 시청보다 독서를 선호합니다.

✌️ 끊어 말하기 ☐☐   ✌️ 자연스럽게 말하기 ☐

less than before 전보다는 덜 | ideas come to A A에게 아이디어가 떠오르다 | need to do ~해야 한다, ~할 필요가 있다

I read books to get useful information. However, sometimes it is hard to understand certain books. When I read a difficult book, I need to reread the same sentences over and over to completely understand the paragraph.

 저는 유용한 정보를 얻으려고 책을 읽습니다. 하지만 때로는 어떤 책은 이해하기 힘들 때가 있더라고요. 어려운 책을 읽을 때는 그 구문을 완전히 이해하기 위해 같은 문장을 몇 번이고 반복해서 읽을 필요가 있습니다.

✌️ 끊어 말하기 ☐☐   ✌️ 자연스럽게 말하기 ☐

get information 정보를 얻다 | understand 이해하다 | over and over 계속 반복해서

DAY
06

2분 영어 말하기 에피소드
동네 이웃

1 감시 카메라가 많아 안전한 편이다

🎧 In 06-1.mp3

Step 1 끊어 듣기 🎧 | **Step 2** 우리말 보기 👁

It is safe * **to live in my neighborhood.** *
그것은 안전합니다   (그것이 뭐냐면) 우리 동네에 사는 것.

There are many surveillance cameras * **in the area,** *
많은 감시 카메라들이 있죠   이 지역에는

so I feel safe * **to get around** * **late at night.** * **However,** *
그래서 저는 안전하게 느낍니다 돌아다니는 것을   밤늦게.   그러나

my mom always yells at me * **when I come home late.** *
우리 엄마는 언제나 나한테 호통을 치세요   제가 집에 늦게 올 때.

I want to live alone.
저는 혼자 살고 싶습니다.

우리 동네에 사는 건 안전합니다. **이 지역에는 감시 카메라가 많아서 밤늦게 돌아다녀도 안전하게 느껴집니다.** 하지만 제가 집에 늦게 들어오면 엄마는 언제나 호통을 치세요. 혼자 살고 싶습니다.

2 교통이 편리하다

🎧 In 06-2.mp3

Step 1 끊어 듣기 🎧 | **Step 2** 우리말 보기 👁

There is a bus stop * **in front of my house.** *
버스 정류장이 하나 있습니다   우리 집 앞에.

The subway station is just a few blocks away *
지하철역은 몇 블록 떨어진 곳에 있고요

from my house, * **so it is convenient** *
우리 집에서   그래서 그것은 편리합니다

to use public transportation. * **I always travel** *
(그것이 뭐냐면) 대중교통을 이용하는 것.   저는 늘 다닙니다

by public transportation.
대중교통으로.

우리 집 앞에 버스 정류장이 있습니다. 지하철역은 집에서 몇 블록 떨어진 곳에 있고요. 그래서 **대중교통을 이용하기가 편리합니다.** 전 늘 대중교통으로 다닙니다.

3 옆집에 누가 사는지도 모른다

🎧 In 06-3.mp3

Step 1 끊어 듣기 🎧 | **Step 2** 우리말 보기 👁

I live in an apartment * **but I don't get along with my**
저는 아파트에 삽니다   하지만 전 제 이웃들과 잘 지내지 않습니다.

neighbors. * **I actually don't even know** *
                 전 실은 심지어 잘 몰라요

who lives next door. * **But I think** * **it is important** *
옆집에 누가 사는지도.   하지만 생각합니다   그것은 중요하다고

to get to know your neighbors.
(그것이 뭐냐면) 당신의 이웃들과 알고 지내는 것.

저는 아파트에 살지만 이웃과 잘 지내지 않습니다. 실은 **옆집에 심지어 누가 사는지도 잘 몰라요.** 하지만 이웃과 알고 지내는 것은 중요하다고 생각합니다.

제한시간 2분 (에피소드당 20초 내외)

| Step 3 따라 말하기 | Step 4 혼자 말하기 |

It is safe to live in my neighborhood. There are many surveillance cameras in the area, so I feel safe to get around late at night. However, my mom always yells at me when I come home late. I want to live alone.

우리 동네에 사는 건 안전합니다. 이 지역에는 감시 카메라가 많아서 밤늦게 돌아다녀도 안전하게 느껴집니다. 하지만 제가 집에 늦게 들어오면 엄마는 언제나 호통을 치세요. 혼자 살고 싶습니다.

surveillance camera 감시 카메라 | get around 돌아다니다 | yell at A A에게 호통치다 | alone 홀로, 혼자서

| Step 3 따라 말하기 | Step 4 혼자 말하기 |

There is a bus stop in front of my house. The subway station is just a few blocks away from my house, so it is convenient to use public transportation. I always travel by public transportation.

우리 집 앞에 버스 정류장이 있습니다. 지하철역은 집에서 몇 블록 떨어진 곳에 있고요. 그래서 대중교통을 이용하기가 편리합니다. 전 늘 대중교통으로 다닙니다.

bus stop 버스 정류장 | convenient 편리한 | public transportation 대중교통 | travel 이동하다

| Step 3 따라 말하기 | Step 4 혼자 말하기 |

I live in an apartment but I don't get along with my neighbors. I actually don't even know who lives next door. But I think it is important to get to know your neighbors.

저는 아파트에 살지만 이웃들과 잘 지내지 않습니다. 실은 옆집에 심지어 누가 사는지도 잘 몰라요. 하지만 이웃과 알고 지내는 것은 중요하다고 생각합니다.

get along with A A와 잘 지내다 | live next door 옆집에 살다 | get to do ~하게 되다

47

4 최근에 동네에 강도 사건이 많이 일어났다

In 06-4.mp3

Step 1 끊어 듣기 | **Step 2 우리말 보기**

I usually come home * late at night. * However, *
저는 보통 귀가합니다   밤늦게.   그런데.

there have been a lot of robberies * in the neighborhood *
많은 강도 사건이 있어왔습니다   동네에

recently, * so I try to go home * early in the evening. *
최근에   그래서 전 집에 들어가려고 해요   저녁에 일찍.

But it is scary * to be home alone. * So when no one is
하지만 그것은 무섭습니다 (그것이 뭐냐면) 집에 혼자 있는 것.   그래서 집에 아무도 없을 때는

home, * I get together * with friends.
              저는 만나죠   친구들과.

저는 보통 밤늦게 귀가합니다. 그런데 최근 들어 동네에 **강도 사건이 많아서** 초저녁에 집에 들어가려고 해요. 하지만 집에 혼자 있는 것은 무섭습니다. 그래서 집에 아무도 없을 때는 친구들과 만나죠.

---

5 친한 이웃이 형제보다 낫다

In 06-5.mp3

Step 1 끊어 듣기 | **Step 2 우리말 보기**

I am very close to some of my neighbors. *
저는 몇몇 제 이웃들과 굉장히 가깝게 지냅니다.

We see each other * almost every day. * I think *
우리는 서로 만나죠   거의 매일.   저는 생각합니다

they are closer to me * than my siblings are. *
그들이 저랑 더 가깝다고   제 형제들이 그런 것보다.

I like spending time * with my neighbors.
저는 시간을 보내는 것을 좋아해요   제 이웃들과 함께.

저는 몇몇 이웃들과 굉장히 가깝게 지냅니다. 서로 거의 매일 만나죠. 이 분들이 제 형제들보다도 저랑 더 가깝다고 생각합니다. 이웃들과 시간을 보내는 것이 좋아요.

---

6 주차 때문에 싸우기도 한다

In 06-6.mp3

Step 1 끊어 듣기 | **Step 2 우리말 보기**

There are not enough parking spaces *
충분한 주차 공간들이 없어요

in my neighborhood. * It is difficult * to find a spot *
우리 동네에는.   그것은 힘듭니다 (그것이 뭐냐면) 자리를 찾는 것

when you try to park * late at night. * It is frustrating. *
당신이 주차하려고 할 때   밤늦게.   그것은 짜증스럽죠.

Some neighbors often argue * over parking.
몇몇 이웃 분들은 자주 언쟁을 벌이기도 합니다   주차하는 것에 관한 문제로.

우리 동네는 주차 공간이 충분하지가 않아요. 밤늦게 주차하려면 자리 찾기가 힘듭니다. 짜증스럽죠. **몇몇 이웃 분들은 주차 때문에 자주 언쟁을 벌이기도 합니다.**

I usually come home late at night. However, there have been a lot of robberies in the neighborhood recently, so I try to go home early in the evening. But it is scary to be home alone. So when no one is home, I get together with friends.

저는 보통 밤늦게 귀가합니다. 그런데 최근 들어 동네에 강도 사건이 많아서 초저녁에 집에 들어가려고 해요. 하지만 집에 혼자 있는 것은 무섭습니다. 그래서 집에 아무도 없을 때는 친구들과 만나죠.

끊어 말하기 ☐☐   자연스럽게 말하기 ☐

robbery 강도 사건 | scary 무서운

I am very close to some of my neighbors. We see each other almost every day. I think they are closer to me than my siblings are. I like spending time with my neighbors.

저는 몇몇 이웃들과 굉장히 가깝게 지냅니다. 서로 거의 매일 만나죠. 이 분들이 제 형제들보다도 저랑 더 가깝다고 생각합니다. 이웃들과 시간을 보내는 것이 좋아요.

끊어 말하기 ☐☐   자연스럽게 말하기 ☐

close to A A와 사이가 가까운. 친밀한 | each other 서로 | sibling 형제자매

There are not enough parking spaces in my neighborhood. It is difficult to find a spot when you try to park late at night. It is frustrating. Some neighbors often argue over parking.

우리 동네는 주차 공간이 충분하지가 않아요. 밤늦게 주차하려면 자리 찾기가 힘듭니다. 짜증스럽죠. 몇몇 이웃 분들은 주차 때문에 자주 언쟁을 벌이기도 합니다.

끊어 말하기 ☐☐   자연스럽게 말하기 ☐

enough 충분한 | parking space 주차 공간 | spot 장소 | argue over A A로 언쟁을 벌이다

DAY
07

2분 영어 말하기 에피소드
대중목욕탕

1 온탕에 30분 있다가 때를 밀었다

🎧 In 07-1.mp3

Step 1 끊어 듣기 🎧 | Step 2 우리말 보기 👁

I like scrubbing my body * at the public bath. *
저는 제 몸을 때 미는 것을 좋아합니다   대중목욕탕에서.

I went to the public bath * yesterday. *
저는 대중목욕탕에 갔죠   어제.

I first **went into a hot tub** * **and sat for 30 minutes** *
저는 먼저 온탕에 들어갔어요   그리고 30분 동안 앉아 있었죠

and then started scrubbing. * After scrubbing for 20
그러고 나서 때를 밀기 시작했습니다.   20분 동안 때를 밀고 난 후

minutes, * I felt * like I had lost 1 kg.
저는 기분이 들었어요   제가 1킬로를 뺀 듯한.

저는 대중목욕탕에서 때 미는 것을 좋아합니다. 어제 대중목욕탕에 갔죠. 먼저 온탕에 들어가 30분 동안 앉아 있다 때를 밀기 시작했습니다. 20분 동안 때를 밀고 났더니 1킬로는 빠진 듯했어요.

2 열쇠는 손목에 차고 있다

🎧 In 07-2.mp3

Step 1 끊어 듣기 🎧 | Step 2 우리말 보기 👁

The first time I went to a public bath, *
처음 제가 대중목욕탕에 갔을 때

I left my locker key somewhere * and I had to wait *
저는 제 사물함 열쇠를 어디엔가 놔뒀습니다   그래서 저는 기다려야만 했죠

for the owner * to find the spare key to my locker. *
그 주인이   제 사물함에 스페어 키를 찾는 것을.

Since then, * I always **wear a locker key** *
그 이후로는   저는 항상 사물함 열쇠를 찹니다

around my wrist * while bathing.
제 손목 둘레에   목욕하는 동안.

처음 대중목욕탕에 갔을 때 사물함 열쇠를 어디엔가 놔둬서 목욕탕 주인이 제 사물함의 스페어 키를 찾을 때까지 기다려야만 했죠. 그 이후로는 **목욕하는 동안** 항상 사물함 열쇠를 손목에 찹니다.

3 친구와 등을 밀어주면서 더 친해졌다

🎧 In 07-3.mp3

Step 1 끊어 듣기 🎧 | Step 2 우리말 보기 👁

I went to a public bath * with a friend * for the first time
저는 대중목욕탕에 갔습니다   친구 하나와   처음으로

not long ago. * He asked me * to scrub his back. *
얼마 전에.   그는 제게 부탁했어요   자기 등을 밀어달라고

After scrubbing his back, * he washed my back. *
그의 등을 밀어준 후   그가 제 등을 닦아주었습니다.

By washing each other's back, * I felt *
서로의 등을 씻겨 주는 것으로써   저는 느꼈어요

like we became closer to each other.
우리가 서로에게 더욱 가까워지게 된 것처럼.

얼마 전 처음으로 친구와 대중목욕탕에 갔습니다. 친구는 제게 등을 밀어달라고 했어요. 친구의 등을 밀어준 후 친구가 제 등을 닦아주었습니다. 서로의 등을 씻겨 주면서 우리가 더욱 가까워진 것처럼 느껴졌어요.

강의 및 훈련 MP3

제한시간 **2**분 (에피소드당 20초 내외)

 Step 3 따라 말하기

I like scrubbing my body at the public bath. I went to the public bath yesterday. I first went into a hot tub and sat for 30 minutes and then started scrubbing. After scrubbing for 20 minutes, I felt like I had lost 1 kg.

끊어 말하기 ☐☐　　자연스럽게 말하기 ☐

Step 4 혼자 말하기

🔊 저는 대중목욕탕에서 때 미는 것을 좋아 합니다. 어제 대중목욕탕에 갔죠. 먼저 온탕에 들어가 30분 동안 앉아 있다 때를 밀기 시작 했습니다. 20분 동안 때를 밀고 났더니 1킬로 는 빠진 듯했어요.

scrub (때를) 밀다 | public bath 공중목욕탕, 대중목욕탕 | hot tub 온탕

 Step 3 따라 말하기

The first time I went to a public bath, I left my locker key somewhere and I had to wait for the owner to find the spare key to my locker. Since then, I always wear a locker key around my wrist while bathing.

끊어 말하기 ☐☐　　자연스럽게 말하기 ☐

Step 4 혼자 말하기

🔊 처음 대중목욕탕에 갔을 때 사물함 열쇠 를 어디엔가 놔둬서 목욕탕 주인이 제 사물함 의 스페어 키를 찾을 때까지 기다려야만 했 죠. 그 이후로는 목욕하는 동안 항상 사물함 열쇠를 손목에 찹니다.

leave A A를 놔두다 | somewhere 어딘가에 | spare key 여분의 열쇠 | wrist 손목 | bathe 목욕하다

Step 3 따라 말하기

I went to a public bath with a friend for the first time not long ago. He asked me to scrub his back. After scrubbing his back, he washed my back. By washing each other's back, I felt like we became closer to each other.

끊어 말하기 ☐☐　　자연스럽게 말하기 ☐

Step 4 혼자 말하기

🔊 얼마 전 처음으로 친구와 대중목욕탕에 갔습니다. 친구는 제게 등을 밀어달라고 했어 요. 친구의 등을 밀어준 후 친구가 제 등을 닦 아주었습니다. 서로의 등을 씻겨 주면서 우리 가 더욱 가까워진 것처럼 느껴졌어요.

for the first time 처음으로 | not long ago 얼마 전에 | feel like ~인 듯한 기분이 들다

4 옷을 다 벗고 몸무게를 잰다

In 07-4.mp3

Step 1 끊어 듣기

I am on a diet. * I weighed 50 kg * a week ago. *
저는 다이어트 중에 있습니다. 제 몸무게는 50킬로였죠 일주일 전에.

I checked my weight again * in the public bath * today, *
저는 제 몸무게를 다시 재봤어요 대중목욕탕에서 오늘

and I still weighed 50 kg. * I took all my clothes off *
그리고 전 여전히 50킬로더군요. 저는 제 옷들을 다 벗었어요

and put them in a locker. * I weighed myself again. *
그리고 그것들을 하나의 사물함 안에 넣었습니다. 저는 다시 제 자신을 몸무게를 재봤죠.

I weighed 49 kg. * I felt better.
전 49킬로였습니다. 전 기분이 더 나아졌죠.

Step 2 우리말 보기

저는 다이어트 중입니다. 일주일 전에 50킬로였죠. 오늘 대중목욕탕에서 몸무게를 다시 재봤더니 여전히 50킬로더군요. 저는 옷을 다 벗어서 사물함에 넣었습니다. 다시 몸무게를 재봤죠. 49킬로였습니다. 기분이 좋아졌죠.

5 사우나에서 5분 있다 나왔다

In 07-5.mp3

Step 1 끊어 듣기

When I go into a hot sauna, * the first thing I do *
제가 뜨거운 사우나에 들어갈 때 가장 먼저 하는 일은

is to turn an hourglass over. * I just wanted to stay in *
모래시계를 뒤집어 놓는 것입니다. 저는 단지 안에 있고 싶었어요

for 5 minutes * but it was a 10-minute hourglass. *
5분 동안 하지만 그것은 10분짜리 모래시계였죠.

So when half of it ran out, * I turned it over *
그래서 그것의 반이 닳았을 때 전 그것을 돌려놓았어요

and left the sauna.
그리고 사우나를 나왔습니다.

Step 2 우리말 보기

뜨거운 사우나에 들어갈 때 가장 먼저 하는 일은 모래시계를 뒤집어 놓는 것입니다. 저는 5분만 있고 싶었는데 모래시계는 10분짜리였죠. 그래서 모래가 반 넘어갔을 때 그것을 돌려놓고 사우나를 나왔습니다.

6 목욕관리사에게 때를 밀었다

In 07-6.mp3

Step 1 끊어 듣기

I used to scrub my body * myself. * My mom always asks *
저는 예전에는 제 몸의 때를 밀곤 했죠 제가 직접. 우리 엄마는 항상 부탁합니다

the person who works there * to scrub her. *
거기에서 일하는 사람에게 자기를 밀어달라고.

I couldn't understand * at first, * but as I got older, *
저는 이해할 수 없었어요 처음에는 하지만 제가 나이가 들어가면서

I understood her * and recently I started to ask someone else *
전 엄마를 이해했어요 그리고 최근에는 저도 다른 사람에게 부탁하기 시작했어요

to scrub me. * She is so good at it. * I usually pay her
저를 밀어달라고. 그녀는 그것을 참 잘해요. 저는 보통 그녀에게 2만 원을 내요

20,000 won * for scrubbing and a brief massage.
때를 미는 것과 간단히 마사지에 대해.

Step 2 우리말 보기

예전에 전 제 몸의 때를 직접 밀곤 했죠. 엄마는 항상 목욕관리사에게 때를 밀어달라고 하십니다. 처음에는 이해할 수 없었지만 나이가 들면서 엄마를 이해하고 최근에는 저도 다른 목욕관리사에게 때를 밀어달라고 하기 시작했어요. 그 목욕관리사 아주머니는 때를 참 잘 밀어요. 보통 때를 밀고 간단히 마사지 받는 걸로 전 2만 원을 내요.

I am on a diet. I weighed 50 kg a week ago. I checked my weight again in the public bath today, and I still weighed 50 kg. I took all my clothes off and put them in a locker. I weighed myself again. I weighed 49 kg. I felt better.

🔊 저는 다이어트 중입니다. 일주일 전에 50 킬로였죠. 오늘 대중목욕탕에서 몸무게를 다시 재봤더니 여전히 50킬로더군요. 저는 옷을 다 벗어서 사물함에 넣었습니다. 다시 몸무게를 재봤죠. 49킬로였습니다. 기분이 좋아졌죠.

 끊어 말하기 ▢▢  자연스럽게 말하기 ▢

be on a diet 다이어트 중이다 | weigh 무게가 ~ 나가다 | take off (옷을) 벗다 | locker 사물함

When I go into a hot sauna, the first thing I do is to turn an hourglass over. I just wanted to stay in for 5 minutes but it was a 10-minute hourglass. So when half of it ran out, I turned it over and left the sauna.

🔊 뜨거운 사우나에 들어갈 때 가장 먼저 하는 일은 모래시계를 뒤집어 놓는 것입니다. 저는 5분만 있고 싶었는데 모래시계는 10분짜리였죠. 그래서 모래가 반 넘어갔을 때 그것을 돌려놓고 사우나를 나왔습니다.

 끊어 말하기 ▢▢  자연스럽게 말하기 ▢

the first thing I do 내가 제일 먼저 하는 일 | turn over 뒤집어 놓다 | hourglass 모래시계

I used to scrub my body myself. My mom always asks the person who works there to scrub her. I couldn't understand at first, but as I got older, I understood her and recently I started to ask someone else to scrub me. She is so good at it. I usually pay her 20,000 won for scrubbing and a brief massage.

🔊 예전에 전 제 몸의 때를 직접 밀곤 했죠. 엄마는 항상 목욕관리사에게 때를 밀어달라고 하십니다. 처음에는 이해할 수 없었지만 나이가 들면서 엄마를 이해하고 최근에는 저도 다른 목욕관리사에게 때를 밀어달라고 하기 시작했어요. 그 목욕관리사 아주머니는 때를 참 잘 밀어요. 보통 때를 밀고 간단히 마사지 받는 걸로 전 2만 원을 내요.

 끊어 말하기 ▢▢  자연스럽게 말하기 ▢

myself 내가 직접 | at first 처음에는 | brief 간단한, 잠깐의 | massage 마사지

DAY 08
2분 영어 말하기 에피소드
버스

1 막차가 떠난지 모르고 기다렸다
In 08-1.mp3

Step 1 끊어 듣기　|　**Step 2 우리말 보기**

I thought * there was still one last bus, * so I waited for it
저는 생각했죠　　아직 한 대의 막차 버스가 있을 거라고　　그래서 그것을 기다렸죠
for more than half an hour. * It turned out *
30분 넘을 동안.　　그것은 밝혀졌습니다
that the last bus had left * 5 minutes before I got there.
그 막차는 이미 떠난 상태였다고　　제가 거기 도착하기 5분 전에.

아직 막차가 한 대 있을 거라고 생각해서 30분 넘게 버스를 기다렸죠. 실제 막차는 제가 도착하기 5분 전에 이미 떠난 상태였습니다.

2 버스에서 자리를 양보했다
In 08-2.mp3

Step 1 끊어 듣기　|　**Step 2 우리말 보기**

I was sitting on the bus. * An older lady got on *
저는 버스에 앉아 있었죠.　　할머니 한 분이 타셨어요
and stood next to the person * in front of me. *
그리고 그 사람 옆에 섰습니다　　제 앞에 있던.
I thought * he would stand up, * but he didn't. *
저는 생각했죠　　그가 일어설 거라고　　하지만 그는 그러지 않았죠.
I felt bad * and gave up my seat to the older lady.
저는 마음이 불편해졌어요　　그리고 제 자리를 그 할머니께 양보했습니다.

저는 버스에 앉아 있었죠. 할머니 한 분이 타시더니 제 앞 사람 옆에 섰습니다. 그 사람이 일어설 거라고 생각했지만 그는 일어나지 않았죠. 저는 마음이 불편해져서 자리를 할머니께 양보했습니다.

3 자리가 없어 계속 서 있었다
In 08-3.mp3

Step 1 끊어 듣기　|　**Step 2 우리말 보기**

I was waiting at the bus stop * in the morning. *
저는 버스 정류장에서 기다리고 있었습니다　　아침에.
A packed bus came. * I normally don't get on those, *
만원 버스 하나가 도착했죠.　　저는 보통은 그런 것들에는 안 타요
but I was already late for work, * so I just got on. *
하지만 이미 회사에 늦었죠　　그래서 저는 그냥 탔습니다.
I ended up standing * for the whole ride. *
전 결국 서 있었죠　　타고 가는 내내.
It was very tiring.
그것은 매우 피곤했습니다.

아침에 버스 정류장에서 버스를 기다리고 있었습니다. 만원 버스가 도착했죠. 보통은 그런 버스는 안 타지만 이미 회사에 늦은지라 그냥 탔습니다. 결국 타고 가는 내내 서 있었죠. 매우 피곤했습니다.

54

제한시간 **2**분 (에피소드당 20초 내외)

Step 3 따라 말하기	Step 4 혼자 말하기
I thought there was still one last bus, so I waited for it for more than half an hour. It turned out that the last bus had left 5 minutes before I got there.	아직 막차가 한 대 있을 거라고 생각해서 30분 넘게 버스를 기다렸죠. 실제 막차는 제가 도착하기 5분 전에 이미 떠난 상태였습니다.

끊어 말하기 ☐☐　　자연스럽게 말하기 ☐

for more than half an hour 30분 넘게 | turn out ~으로 밝혀지다

Step 3 따라 말하기	Step 4 혼자 말하기
I was sitting on the bus. An older lady got on and stood next to the person in front of me. I thought he would stand up, but he didn't. I felt bad and gave up my seat to the older lady.	저는 버스에 앉아 있었죠. 할머니 한 분이 타시더니 제 앞 사람 옆에 섰습니다. 그 사람이 일어설 거라고 생각했지만 그는 일어나지 않았죠. 저는 마음이 불편해져서 자리를 할머니께 양보했습니다.

끊어 말하기 ☐☐　　자연스럽게 말하기 ☐

stand up 일어나다 | give up one's seat 자리를 양보하다

Step 3 따라 말하기	Step 4 혼자 말하기
I was waiting at the bus stop in the morning. A packed bus came. I normally don't get on those, but I was already late for work, so I just got on. I ended up standing for the whole ride. It was very tiring.	아침에 버스 정류장에서 버스를 기다리고 있었습니다. 만원 버스가 도착했죠. 보통은 그런 버스는 안 타지만 이미 회사에 늦은지라 그냥 탔습니다. 결국 타고 가는 내내 서 있었죠. 매우 피곤했습니다.

  끊어 말하기 ☐☐　　자연스럽게 말하기 ☐

packed 사람이 꽉 찬 | normally 보통, 대개 | for the whole ride 타고 가는 내내 | tiring 피곤하게 하는

55

4 내릴 때 카드를 다시 찍는다

In 08-4.mp3

Step 1 끊어 듣기	Step 2 우리말 보기 👁

I always try to scan my transit card *
저는 항상 제 교통카드를 찍으려고 해요

when getting off the bus * **because that way,** *
버스에서 하차할 때   왜냐면 그래야

I can get a free transfer * **to another bus or subway.** *
전 무료 환승할 수 있기 때문입니다.   다른 버스나 지하철로.

If I am not going to transfer, * **I just get off** *
제가 환승할 일이 없으면   전 그냥 내리죠

without scanning the card.
그 카드를 찍지 않고.

저는 버스에서 하차할 때 항상 교통카드를 찍으려고 해요. 그래야 다른 버스나 지하철로 무료 환승할 수 있기 때문입니다. 환승 일이 없으면 카드를 찍지 않고 그냥 내리죠.

---

5 사람이 많아 뒷문으로 탔다

In 08-5.mp3

Step 1 끊어 듣기	Step 2 우리말 보기 👁

There were so many people * **near the front door** *
너무 많은 사람들이 있었죠   그 앞문 근처에

that I went to the back door * **and got on.** *
(그래서) 저는 그 뒷문으로 갔어요   그리고 탔죠.

The bus driver told me off. * **He said** *
그 버스 기사 아저씨가 절 야단쳤습니다.   그는 말했어요

that it was dangerous * **to get on** * **from the back door.** *
그것은 위험하다고   (그것이 뭐냐면) 승차하는 것   뒷문으로.

I had no choice.
전 선택의 여지가 없었던 건데 말이죠.

버스 앞문에 사람들이 너무 많이 몰려 있어서 저는 뒷문으로 가서 탔죠. 버스 기사 아저씨가 절 야단쳤습니다. 뒷문으로 승차하는 건 위험하다고 하시더라고요. 어쩔 수 없었던 건데 말이죠.

---

6 버스 급정거로 넘어질 뻔했다

In 08-6.mp3

Step 1 끊어 듣기	Step 2 우리말 보기 👁

I almost fell * **when the bus made a sudden stop** *
전 거의 넘어질 뻔했죠   그 버스가 급정거할 때

because I wasn't holding onto a strap. *
왜냐면 전 손잡이를 잡고 있지 않았거든요.

It was embarrassing * **because everyone looked at me.** *
그것은 창피했습니다   왜냐면 모두들 저를 쳐다봤거든요.

I took out my cell phone * **and pretended to make a call** *
저는 제 휴대전화를 꺼냈어요   그리고 전화를 하는 척했어요

to my friend.
제 친구에게.

손잡이를 잡고 있지 않았기 때문에 버스가 급정거할 때 전 거의 넘어질 뻔했죠. 모두들 저를 쳐다봐서 창피했습니다. 저는 휴대전화를 꺼내 친구에게 전화를 하는 척했어요.

I always try to scan my transit card when getting off the bus because that way, I can get a free transfer to another bus or subway. If I am not going to transfer, I just get off without scanning the card.

🔊 저는 버스에서 하차할 때 항상 교통카드를 찍으려고 해요. 그래야 다른 버스나 지하철로 무료 환승할 수 있기 때문입니다. 환승할 일이 없으면 카드를 찍지 않고 그냥 내리죠.

✌️ 끊어 말하기 ☐☐   ✌️ 자연스럽게 말하기 ☐

scan 스캔하다 | that way 그런 식으로 하면 | free transfer 무료 환승

There were so many people near the front door that I went to the back door and got on. The bus driver told me off. He said that it was dangerous to get on from the back door. I had no choice.

🔊 버스 앞문에 사람들이 너무 많이 몰려 있어서 저는 뒷문으로 가서 탔죠. 버스 기사 아저씨가 절 야단쳤습니다. 뒷문으로 승차하는 건 위험하다고 하시더라고요. 어쩔 수 없었던 건데 말이죠.

✌️ 끊어 말하기 ☐☐   ✌️ 자연스럽게 말하기 ☐

near A A 근처에 | tell A off A를 야단치다 | have no choice 다른 도리가 없다

I almost fell when the bus made a sudden stop because I wasn't holding onto a strap. It was embarrassing because everyone looked at me. I took out my cell phone and pretended to make a call to my friend.

🔊 손잡이를 잡고 있지 않았기 때문에 버스가 급정거할 때 전 거의 넘어질 뻔했죠. 모두들 저를 쳐다봐서 창피했습니다. 저는 휴대전화를 꺼내 친구에게 전화를 하는 척했어요.

✌️ 끊어 말하기 ☐☐   ✌️ 자연스럽게 말하기 ☐

make a sudden stop 급정거하다 | hold onto A A를 꼭 잡다 | strap (버스나 지하철의) 손잡이 |
take out A A를 꺼내다 | pretend to do ~하는 척하다

DAY
09

2분 영어 말하기 에피소드

사진

1 항상 포토샵으로 사진을 보정한다

In 09-1.mp3

Step 1 끊어 듣기 🎧   Step 2 우리말 보기 👁

I **always retouch my pictures** * with **Photoshop** *
저는 항상 제 사진들을 보정합니다   포토샵을 가지고

before I post them * on Facebook. *
제가 그것들을 올리기 전에   페이스북에.

The pictures look much better * with Photoshop. *
그 사진들이 훨씬 더 멋있게 나오죠   포토샵을 가지면.

I think * Photoshop is the greatest thing * ever.
저는 생각해요   포토샵은 최고의 것이라고   역대.

저는 페이스북에 사진을 올리기 전에 항상 포토샵으로 제 사진을 보정합니다. 포토샵을 하면 사진이 훨씬 더 멋있게 나오죠. 포토샵은 역대 최고인 것 같아요.

2 휴대전화로 찍은 사진을 출력한다

In 09-2.mp3

Step 1 끊어 듣기 🎧   Step 2 우리말 보기 👁

I **used to use a Polaroid camera** * a lot *
전 예전엔 폴라로이드 카메라를 이용하곤 했어요   많이

but it was so annoying * to buy instant film * all the time. *
하지만 그것은 너무 짜증났죠   (그것이 뭐냐면) 인스턴트 필름을 사는 것   항상.

Now I can **take pictures** * with my cell phone *
지금은 전 사진을 찍을 수 있어요   제 휴대전화를 가지고

and **print them out.** * It is very convenient.
그리고 그것들을 출력할 수 있습니다.   그것은 매우 편리해요.

예전엔 폴라로이드 카메라를 자주 이용하곤 했지만 인스턴트 필름을 사는 게 항상 너무 짜증났죠. 지금은 휴대전화로 사진을 찍고 출력을 할 수 있습니다. 매우 편리해요.

3 유명인의 사진을 몰래 찍었다

In 09-3.mp3

Step 1 끊어 듣기 🎧   Step 2 우리말 보기 👁

I saw my favorite actor * at the restaurant. *
제가 제일 좋아하는 배우를 봤어요   그 식당에서.

I wanted to get an autograph * but I thought *
저는 사인을 하나 받고 싶었어요   하지만 전 생각했죠

it was rude to ask him * while he was eating. *
그에게 부탁하는 건 무례하다고   그가 식사 중에.

I decided to **take a picture of him secretly.** *
저는 몰래 사진을 찍기로 했습니다. *

My friend said * that was ruder * than asking him *
제 친구는 말했어요   그게 더 무례하다고   그에게 부탁하는 것보다

for an autograph.
사인해 달라고.

식당에서 제가 제일 좋아하는 배우를 봤어요. 사인을 받고 싶었지만 식사 중에 부탁하는 건 무례할 것 같더군요. 저는 몰래 사진을 찍기로 했습니다. 친구는 사인해 달라고 하는 것보다 그게 더 무례하다고 했어요.

훈련한 날짜 　　　　.　　　.

소요시간 　　　　　　　분

강의 및 훈련 MP3

제한시간 **2**분 (에피소드당 20초 내외)

Step 3 따라 말하기	Step 4 혼자 말하기
I always retouch my pictures with Photoshop before I post them on Facebook. The pictures look much better with Photoshop. I think Photoshop is the greatest thing ever.	저는 페이스북에 사진을 올리기 전에 항상 포토샵으로 제 사진을 보정합니다. 포토샵을 하면 사진이 훨씬 더 멋있게 나오죠. 포토샵은 정말 최고인 것 같아요.

끊어 말하기 ◯◯　　자연스럽게 말하기 ◯

retouch 보정하다

Step 3 따라 말하기	Step 4 혼자 말하기
I used to use a Polaroid camera a lot but it was so annoying to buy instant film all the time. Now I can take pictures with my cell phone and print them out. It is very convenient.	예전에 폴라로이드 카메라를 자주 이용하곤 했지만 인스턴트 필름을 사는 게 항상 너무 짜증났죠. 지금은 휴대전화로 사진을 찍고 출력을 할 수 있습니다. 매우 편리해요.

끊어 말하기 ◯◯　　자연스럽게 말하기 ◯

annoying 골치 아픈. 짜증 나는 | print out 출력하다

Step 3 따라 말하기	Step 4 혼자 말하기
I saw my favorite actor at the restaurant. I wanted to get an autograph but I thought it was rude to ask him while he was eating. I decided to take a picture of him secretly. My friend said that was ruder than asking him for an autograph.	식당에서 제가 제일 좋아하는 배우를 봤어요. 사인을 받고 싶었지만 식사 중에 부탁하는 건 무례할 것 같더군요. 저는 몰래 사진을 찍기로 했습니다. 친구는 사인해 달라고 하는 것보다 그게 더 무례하다고 했어요.

끊어 말하기 ◯◯　　자연스럽게 말하기 ◯

get an autograph 사인을 받다 | secretly 몰래, 비밀리에

59

4 다행히도 휴대폰을 백업해 놓았다

In 09-4.mp3

Step 1 끊어 듣기

I accidentally deleted all the pictures *
저는 실수로 모든 사진들을 지워버리고 말았습니다

on my cell phone. * I almost cried * but realized *
제 휴대전화상에 있는.　　　저는 거의 울 뻔했어요　　하지만 깨달았죠

that I had backed up my phone * a week ago. *
제가 제 휴대전화를 백업했다는 것을　　　일주일 전에.

I couldn't be prouder of myself.
저는 (이보다) 더 제 자신을 자랑스러워할 수는 없었을 거예요.

Step 2 우리말 보기

실수로 휴대전화에 있는 모든 사진을 지워버리고 말았습니다. 거의 울 뻔했지만 일주일 전에 휴대전화를 **백업했다**는 사실을 깨달았죠. 제 자신이 그렇게 자랑스러울 수가 없었어요.

5 찍은 사진 대부분이 흐릿했다

In 09-5.mp3

Step 1 끊어 듣기

I went to my favorite singer's concert. *
저는 제가 가장 좋아하는 가수의 콘서트에 갔습니다.

I took a lot of pictures of her *
저는 많은 그녀의 사진을 찍었어요

but most of them were all blurry. *
하지만 그것들의 대부분이 다 흐릿했어요.

I am such a bad photographer.
저는 정말 허접한 사진사입니다.

Step 2 우리말 보기

제가 가장 좋아하는 가수의 콘서트에 갔습니다. 그 가수의 사진을 많이 찍었지만 **사진 대부분이 다 흐릿했어요**. 저는 정말 허접한 사진사입니다.

6 사진이 잘 안 받는다

In 09-6.mp3

Step 1 끊어 듣기

My friend looks so pretty * in pictures. *
제 친구는 참 예뻐 보여요　　　사진들 속에서.

She is so photogenic. * On the other hand, *
그녀는 굉장히 사진을 잘 받죠.　　　반면에

I'm not very photogenic. * It is sad. * However, *
저는 그렇게 사진이 잘 받지 않습니다.　　그것은 슬프죠.　　하지만

I don't think * she is prettier than me * at all. *
저는 생각하지 않아요　　그녀가 저보다 더 예쁘다고는　　　전혀.

She is just photogenic.
그녀는 그냥 사진이 잘 받을 뿐입니다.

Step 2 우리말 보기

제 친구는 사진이 참 잘 나와요. 굉장히 사진을 잘 받죠. 반면에 **저는 그렇게 사진이 잘 받지 않습니다**. 슬픈 일이죠. 하지만 전 그 친구가 저보다 더 예쁘다고는 절대 생각하지 않아요. 그 친구는 그냥 사진이 잘 받을 뿐입니다.

I accidentally deleted all the pictures on my cell phone. I almost cried but realized that I had backed up my phone a week ago. I couldn't be prouder of myself.

🔊 실수로 휴대전화에 있는 모든 사진을 지워버리고 말았습니다. 거의 울 뻔했지만 일주일 전에 휴대전화를 백업했다는 사실을 깨달았죠. 제 자신이 그렇게 자랑스러울 수가 없었어요.

✌️ 끊어 말하기 ☐☐ ✌️ 자연스럽게 말하기 ☐

accidentally 실수로, 우연히 | **delete** 삭제하다 | **back up** 백업 저장하다 | **I couldn't be** + 비교급 더 이상 ~할 수 없었다

I went to my favorite singer's concert. I took a lot of pictures of her but most of them were all blurry. I am such a bad photographer.

🔊 제가 가장 좋아하는 가수의 콘서트에 갔습니다. 그 가수의 사진을 많이 찍었지만 사진 대부분이 다 흐릿했어요. 저는 정말 허접한 사진사입니다.

✌️ 끊어 말하기 ☐☐ ✌️ 자연스럽게 말하기 ☐

blurry 흐릿한 | **photographer** 사진사, 사진작가

My friend looks so pretty in pictures. She is so photogenic. On the other hand, I'm not very photogenic. It is sad. However, I don't think she is prettier than me at all. She is just photogenic.

🔊 제 친구는 사진이 참 잘 나와요. 굉장히 사진을 잘 받죠. 반면에 저는 그렇게 사진이 잘 받지 않습니다. 슬픈 일이죠. 하지만 전 그 친구가 저보다 더 예쁘다고는 절대 생각하지 않아요. 그 친구는 그냥 사진 잘 받을 뿐입니다.

✌️ 끊어 말하기 ☐☐ ✌️ 자연스럽게 말하기 ☐

photogenic 사진이 잘 받는 | **on the other hand** 반면에

DAY 10

2분 영어 말하기 에피소드

서점

1 서점에 가는 걸 좋아한다

In 10-1.mp3

Step 1 끊어 듣기 🎧 | **Step 2 우리말 보기** 👁

I like going to bookstores. * **It is fun** *
저는 서점들에 가는 것을 좋아합니다.   그것은 재미있어요

looking around a bookstore. * **When I have time,** *
(그것이 뭐냐면) 서점을 둘러보는 것.   저는 시간이 있을 때

I just go there * **and pick up some books** *
저는 그냥 거기에 가요   그리고 책들을 몇 권 집죠

even though there is nothing in particular * **I want to buy.**
특별히 아무것도 없어도   제가 사고 싶은 것이.

서점에 가는 걸 좋아합니다. 서점을 둘러보는 게 재미있어요. 시간이 있으면 특별히 사고 싶은 것이 없어도 그냥 서점에 가서 책 몇 권을 집죠.

2 찾는 책이 없었다

In 10-2.mp3

Step 1 끊어 듣기 🎧 | **Step 2 우리말 보기** 👁

The book I was looking for * **was not in stock** *
제가 찾고 있던 책이   재고 안에 없었어요

at the bookstore * **I went to.** * **So I called another**
그 서점에   제가 간.   그래서 저는 다른 서점에 전화했습니다

bookstore * **to see if they have a copy.** * **They did,** *
혹시 그들이 한 부 갖고 있는지 알아보기 위해서. 그들은 갖고 있었어요

so I went there * **and got it.**
그래서 저는 거기에 갔어요 그리고 그것을 구매했죠.

제가 간 서점에는 제가 찾는 책의 재고가 없었어요. 그래서 다른 서점에 혹시 그 책이 있는지 알아보러 전화했습니다. 그 서점에는 재고가 있어서 그곳에 가서 구매했죠.

3 사려고 했던 것보다 더 샀다

In 10-3.mp3

Step 1 끊어 듣기 🎧 | **Step 2 우리말 보기** 👁

I had a list of books * **that I needed.** *
저는 책들의 목록을 하나 갖고 있습니다 제가 필요로 했던.

I went to a bookstore * **with my list** *
저는 서점에 갔죠   나의 목록을 가지고

and got all excited. * **I ended up buying more books** *
그리고 완전 신이 났죠.   결국 저는 더 많은 책들을 사고 말았어요

than I needed.
제가 필요로 했던 것보다.

저는 필요한 책들의 목록이 있었습니다. 이 목록을 들고 서점에 갔고 저는 완전 신이 났죠. 결국 제가 필요한 책보다 더 많이 사고 말았어요.

제한시간 **2**분 (에피소드당 20초 내외)

Step 3 따라 말하기 😊

I like going to bookstores. It is fun looking around a bookstore. When I have time, I just go there and pick up some books even though there is nothing in particular I want to buy.

끊어 말하기 ☐☐ 자연스럽게 말하기 ☐

Step 4 혼자 말하기 😊

🔊 서점에 가는 걸 좋아합니다. 서점을 둘러보는 게 재미있어요. 시간이 있으면 특별히 사고 싶은 것이 없어도 그냥 서점에 가서 책 몇 권을 집죠.

look around 둘러보다 | pick up 집어 들다 | in particular 특별히

Step 3 따라 말하기 😊

The book I was looking for was not in stock at the bookstore I went to. So I called another bookstore to see if they have a copy. They did, so I went there and got it.

끊어 말하기 ☐☐ 자연스럽게 말하기 ☐

Step 4 혼자 말하기 😊

🔊 제가 간 서점에는 제가 찾는 책의 재고가 없었어요. 그래서 다른 서점에 혹시 그 책이 있는지 알아보러 전화했습니다. 그 서점에는 재고가 있어서 그곳에 가서 구매했죠.

be in stock 재고가 있다 | if ~인지 아닌지

Step 3 따라 말하기 😊

I had a list of books that I needed. I went to a bookstore with my list and got all excited. I ended up buying more books than I needed.

끊어 말하기 ☐☐ 자연스럽게 말하기 ☐

Step 4 혼자 말하기 😊

🔊 저는 필요한 책들의 목록이 있었습니다. 이 목록을 들고 서점에 갔고 저는 완전 신이 났죠. 결국 제가 필요한 책보다 더 많이 사고 말았어요.

list 목록 | end up -ing 결국 ~하게 되다

63

4 베스트셀러 진열대가 따로 있다

🎧 In 10-4.mp3

Step 1 끊어 듣기 🎧 **Step 2** 우리말 보기 👁

When I go to a bookstore, * I first go straight to the
저는 서점에 갈 때   저는 먼저 베스트셀러 코너로 바로 향하죠.

bestseller section. * There are shelves * for bestsellers
               선반들이 있습니다   베스트셀러들만을 위한.

only. * It is always fun * to see the books * on the shelves.
    그것은 언제나 재미있어요 (그것이 뭐냐면) 그 책들을 보는 것   그 선반들에 놓인.

저는 서점에 가면 먼저 베스트셀러 코너로 바로 향하죠. 베스트셀러들만 모아 놓는 선반이 있습니다. 그 선반에 놓인 책들을 보는 것은 언제나 재미있어요.

5 파본을 산 적이 있어서 꼭 확인한다

🎧 In 10-5.mp3

Step 1 끊어 듣기 🎧 **Step 2** 우리말 보기 👁

I once got a new book * at the bookstore *
전 한번은 새 책을 하나 구매했어요   그 서점에서

but it was damaged. * I had to go back to the bookstore *
그러나 그것은 파본이었어요.   저는 그 서점에 다시 가야 했죠

the next day. * Since then, * I always check *
다음 날.   그 이후로,   저는 항상 확인을 합니다

before buying a book.
책을 사기 전에.

한번은 서점에서 새 책을 구매했는데 파본이었어요. 다음 날 서점에 다시 가야 했죠. 그 이후로 저는 책을 사기 전에 항상 확인을 합니다.

6 도서 검색대에서 책을 찾는다

🎧 In 10-6.mp3

Step 1 끊어 듣기 🎧 **Step 2** 우리말 보기 👁

There are kiosks * for searching for books *
검색대들이 있습니다   도서들을 검색하기 위한

at the bookstore. * It is convenient * to use them *
그 서점에는.   그것은 편리하죠   (그것이 뭐냐면) 그것들을 사용하는 것

because I don't have to chase bookstore staff *
왜냐면 저는 서점 직원을 따라다닐 필요가 없거든요

to ask for help.
도움을 구하기 위해.

서점에는 도서를 검색할 수 있는 검색대가 있습니다. 서점 직원을 따라다니며 도움을 구할 필요가 없어서 사용하기에 편리하죠.

7 서점 직원에게 부탁해 책을 찾았다

🎧 In 10-7.mp3

Step 1 끊어 듣기 🎧 **Step 2** 우리말 보기 👁

I was having a hard time * finding a book. *
저는 쩔쩔매고 있었습니다   책을 하나 찾느라.

I looked it up * on the kiosk, * but it said *
전 그것을 검색해 봤어요 그 검색대에서   하지만 그것은 떴죠

the book was out of stock. * I really needed the book *
그 책은 재고가 바닥났어요.   저는 그 책을 정말 필요로 했어요

so I asked the bookstore staff * for help *
그래서 서점 직원에게 요청했죠   도움을

and he helped me * to locate it. * He was so nice.
그리고 그는 저를 도와주었습니다 그것의 위치를 찾을 수 있도록. 그는 매우 상냥했어요.

저는 책을 찾느라 쩔쩔매고 있었습니다. 검색대에서 검색해 봤지만 재고가 없다고 떴죠. 그 책이 정말 필요해서 서점 직원에게 도움을 청했고 그 직원이 책을 찾도록 도와주었습니다. 직원은 매우 상냥했어요.

When I go to a bookstore, I first go straight to the bestseller section. There are shelves for bestsellers only. It is always fun to see the books on the shelves.

🔊 저는 서점에 가면 먼저 베스트셀러 코너로 바로 향하죠. 베스트셀러들만 모아 놓는 선반이 있습니다. 그 선반에 놓인 책들을 보는 것은 언제나 재미있어요.

🖐 끊어 말하기 ☐☐ ✌ 자연스럽게 말하기 ☐

go straight to A A로 바로 가다 | section 구역 | shelf 선반

I once got a new book at the bookstore but it was damaged. I had to go back to the bookstore the next day. Since then, I always check before buying a book.

🔊 한번은 서점에서 새 책을 구매했는데 파본이었어요. 다음 날 서점에 다시 가야 했죠. 그 이후로 저는 책을 사기 전에 항상 확인을 합니다.

🖐 끊어 말하기 ☐☐ ✌ 자연스럽게 말하기 ☐

damaged 손상된 | check 확인하다

There are kiosks for searching for books at the bookstore. It is convenient to use them because I don't have to chase bookstore staff to ask for help.

🔊 서점에는 도서를 검색할 수 있는 검색대가 있습니다. 서점 직원을 따라다니며 도움을 구할 필요가 없어서 사용하기에 편리하죠.

🖐 끊어 말하기 ☐☐ ✌ 자연스럽게 말하기 ☐

kiosk 무인 정보 단말기 | search for A A를 검색하다 | chase A A를 쫓아가다 | staff 점원들

I was having a hard time finding a book. I looked it up on the kiosk, but it said the book was out of stock. I really needed the book so I asked the bookstore staff for help and he helped me to locate it. He was so nice.

🔊 저는 책을 찾느라 쩔쩔매고 있었습니다. 검색대에서 검색해 봤지만 재고가 없다고 떴죠. 그 책이 정말 필요해서 서점 직원에게 도움을 청했고 그 직원이 책을 찾도록 도와주었습니다. 직원은 매우 상냥했어요.

🖐 끊어 말하기 ☐☐ ✌ 자연스럽게 말하기 ☐

DAY 11

2분 영어 말하기 에피소드
쇼핑

1 여자친구가 쇼핑을 너무 오래한다

In 11-1.mp3

Step 1 끊어 듣기 🎧

I don't like going shopping * with my girlfriend. *
전 쇼핑하러 가는 걸 안 좋아해요   여자친구와.

When we go shopping, * it takes forever. *
우리가 쇼핑하러 갈 때   그것은(시간이) 끝이 없이 걸리니까요.

She usually spends five hours * on shopping. *
그녀는 보통 다섯 시간을 씁니다   쇼핑하는 것에.

She tries on everything. * It makes me feel stressed.
그녀는 모든 걸 다 입어 봐요.   그것은 저를 스트레스 받게 만듭니다.

Step 2 우리말 보기 👁

전 여자친구와 쇼핑하러 가는 걸 안 좋아해요. **쇼핑을 가면 끝이 없으니까요.** 여자친구는 보통 쇼핑하는 데 다섯 시간을 씁니다. 모든 걸 다 입어 봐요. 그것 때문에 저는 스트레스를 받습니다.

2 마트에서 시식을 많이 했다

In 11-2.mp3

Step 1 끊어 듣기 🎧

I like **trying samples** * at a food market. *
저는 시식하는 것을 좋아합니다   식품 마트에서.

I usually go grocery shopping * when I am hungry. *
저는 주로 장을 보러 가죠   제가 배고플 때.

Yesterday, * I went to the grocery store *
어제는   저는 식료품 매장에 갔어요

and **tried too many samples** * as always. *
그리고 너무 많이 시식했어요   언제나처럼.

I was too full * to have dinner afterwards.
저는 너무 배불렀죠   이후에 저녁을 먹기에는.

Step 2 우리말 보기 👁

저는 **식품 마트에서 시식하는 것**을 좋아합니다. 배고플 때 주로 장을 보러 가죠. 어제는 식료품 매장에 가서 **언제나처럼 너무 많이 시식했어요.** 너무 배불러서 이후에 저녁을 먹을 수 없었죠.

3 장볼 때 유통기한을 확인한다

In 11-3.mp3

Step 1 끊어 듣기 🎧

When I go grocery shopping, * I usually **check**
저는 장을 보러 갈 때   저는 대개 유통기한을 확인하죠

the expiration dates * before buying anything. *
                   무언가를 사기 전에.

It only takes 2 seconds * to check. * That way *
그것은 2초밖에 걸리지 않아요   확인하는 데.   그런 식으로

I don't have to worry about throwing away food.
전 음식을 갖다 버릴까 염려할 필요가 없습니다.

Step 2 우리말 보기 👁

장을 보러 갈 때 저는 대개 구매 전에 **유통기한을 확인하죠.** 확인하는 데 2초밖에 걸리지 않아요. 그렇게 하면 음식을 갖다 버릴까 염려할 필요가 없습니다.

제한시간 **2**분 *(에피소드당 20초 내외)*

| Step 3 따라 말하기 | Step 4 혼자 말하기 |

I don't like going shopping with my girlfriend. When we go shopping, it takes forever. She usually spends five hours on shopping. She tries on everything. It makes me feel stressed.

🔊 전 여자친구와 쇼핑하러 가는 걸 안 좋아 해요. 쇼핑을 가면 끝이 없으니까요. 여자친구 는 보통 쇼핑하는 데 다섯 시간을 씁니다. 모 든 걸 다 입어 봐요. 그것 때문에 저는 스트레 스를 받습니다.

✌️ 끊어 말하기 ☐☐   ✌️ 자연스럽게 말하기 ☐

---

forever 영원히 | try on A A를 입어 보다, 신어 보다

| Step 3 따라 말하기 | Step 4 혼자 말하기 |

I like trying samples at a food market. I usually go grocery shopping when I am hungry. Yesterday, I went to the grocery store and tried too many samples as always. I was too full to have dinner afterwards.

🔊 저는 식품 마트에서 시식하는 것을 좋아 합니다. 배고플 때 주로 장을 보러 가죠. 어제 는 식료품 매장에 가서 언제나처럼 너무 많이 시식했어요. 너무 배불러서 이후에 저녁을 먹 을 수 없었죠.

✌️ 끊어 말하기 ☐☐   ✌️ 자연스럽게 말하기 ☐

---

try samples 시식하다 | go grocery shopping 장보러 가다 | as always 언제나처럼 | afterwards 나중에, 이후에

| Step 3 따라 말하기 | Step 4 혼자 말하기 |

When I go grocery shopping, I usually check the expiration dates before buying anything. It only takes 2 seconds to check. That way I don't have to worry about throwing away food.

🔊 장을 보러 갈 때 저는 대개 구매 전에 유 통기한을 확인하죠. 확인하는 데 2초밖에 걸 리지 않아요. 그렇게 하면 음식을 갖다 버릴 까 염려할 필요가 없습니다.

✌️ 끊어 말하기 ☐☐   ✌️ 자연스럽게 말하기 ☐

---

expiration date 유통기한 | throw away 버리다

4 점원 때문에 그냥 나왔다

In 11-4.mp3

Step 1 끊어 듣기

I walked into a store ∗ and the sales clerk asked ∗
전 한 매장에 걸어 들어갔어요   그리고 그 매장 직원이 물었습니다

if I needed any help. ∗ I said no ∗ and walked around. ∗
제가 뭔가 도움을 필요로 하는지.   저는 괜찮다고 말했어요   그리고 (매장을) 둘러보았죠.

She followed me. ∗ It was annoying. ∗ I couldn't stand it ∗
그녀는 저를 따라다녔습니다.   그것은 귀찮고 짜증이 났어요.   저는 참을 수가 없었어요

and walked out of the store.
                    그래서 매장 밖으로 나왔죠.

Step 2 우리말 보기

한 매장에 들어가니 매장 직원이 도움이 필요하냐고 물었습니다. 저는 괜찮다고 말하고 매장을 둘러보았죠. 점원이 저를 따라다녔습니다. 귀찮고 짜증이 났어요. 저는 참을 수가 없어서 매장 밖으로 나왔죠.

---

5 영수증이 없어서 반품을 못했다

In 11-5.mp3

Step 1 끊어 듣기

If I am not happy with my purchase, ∗ I can return it. ∗
            제가 제 구매품이 마음에 들지 않으면   전 그것을 반품할 수 있죠.

However, ∗ I must have the receipt. ∗
하지만.   전 반드시 그 영수증을 갖고 있어야 합니다.

I tried to return an item ∗ without a receipt. ∗
제가 물건 하나를 반품하려고 했어요   영수증 없이.

But I could only exchange it ∗ for another item.
하지만 전 그것을 교환밖에 할 수 없었죠   다른 물품으로.

Step 2 우리말 보기

구매한 물건이 마음에 들지 않으면 반품할 수 있죠. 하지만 반드시 영수증이 있어야 합니다. 영수증 없이 반품을 하려고 했지만 다른 물품으로 교환밖에 할 수 없었죠.

---

6 노점에서 쇼핑하는 것을 좋아한다

In 11-6.mp3

Step 1 끊어 듣기

It is nice to shop ∗ at street stalls. ∗
쇼핑하는 것은 재미있어요   노점들에서.

I can get a cash discount. ∗ I always pay in cash ∗
전 현금 할인을 받을 수 있죠.   저는 항상 현금으로 계산합니다

when shopping at street stalls. ∗ I like getting a discount. ∗
          노점에서 쇼핑할 때에는.   전 할인받는 게 좋거든요.

I don't want to spend much money ∗ on shopping.
          저는 많은 돈을 쓰고 싶지 않습니다   쇼핑에.

Step 2 우리말 보기

노점에서 쇼핑하는 것은 재미있어요. 현금 할인을 받을 수 있죠. 길거리 쇼핑 시에는 항상 현금으로 계산합니다. 할인받는 게 좋거든요. 쇼핑에 돈을 많이 쓰고 싶지 않습니다.

I walked into a store and the sales clerk asked if I needed any help. I said no and walked around. She followed me. It was annoying. I couldn't stand it and walked out of the store.

🔊 한 매장에 들어가니 매장 직원이 도움이 필요하냐고 물었습니다. 저는 괜찮다고 말하고 매장을 둘러보았죠. 점원이 저를 따라다녔습니다. 귀찮고 짜증이 났어요. 저는 참을 수가 없어서 매장 밖으로 나왔죠.

끊어 말하기 ☐☐ 자연스럽게 말하기 ☐

walk into A A로 (걸어) 들어가다 | walk out of A A 밖으로 (걸어) 나오다

If I am not happy with my purchase, I can return it. However, I must have the receipt. I tried to return an item without a receipt. But I could only exchange it for another item.

🔊 구매한 물건이 마음에 들지 않으면 반품할 수 있죠. 하지만 반드시 영수증이 있어야 합니다. 영수증 없이 반품을 하려고 했지만 다른 물품으로 교환밖에 할 수 없었죠.

끊어 말하기 ☐☐ 자연스럽게 말하기 ☐

return 반품하다 | exchange 교환하다

It is nice to shop at street stalls. I can get a cash discount. I always pay in cash when shopping at street stalls. I like getting a discount. I don't want to spend much money on shopping.

🔊 노점에서 쇼핑하는 것은 재미있어요. 현금 할인을 받을 수 있죠. 길거리 쇼핑 시에는 항상 현금으로 계산합니다. 할인받는 게 좋거든요. 쇼핑에 돈을 많이 쓰고 싶지 않습니다.

끊어 말하기 ☐☐ 자연스럽게 말하기 ☐

street stall 노점 | cash discount 현금 할인

DAY
12

2분 영어 말하기 에피소드
스마트폰

1 요금이 엄청 나왔다

In 12-1.mp3

Step 1 끊어 듣기 🎧

Step 2 우리말 보기 👁

I like to watch YouTube video clips * on my phone. *
저는 유튜브 동영상을 보는 것을 좋아합니다   제 휴대전화 상에서.

I used too much data * for the Internet *
저는 너무 많은 데이터를 사용했어요   인터넷용으로

last month * on my phone * and I ended up *
지난달에   제 휴대전화상에서   그리고 전 결국 되어버렸죠

receiving an enormous bill * this month.
엄청난 액수의 청구서를 받게   이달에.

저는 제 휴대전화로 유튜브 동영상 보는 것을 좋아합니다. 휴대전화로 인터넷 데이터를 너무 많이 사용해서 결국 이달에 **엄청난 액수의 청구서를** 받게 되었죠.

2 휴대전화를 잃어버렸다

In 12-2.mp3

Step 1 끊어 듣기 🎧

Step 2 우리말 보기 👁

I lost my phone * on the subway. *
저는 휴대전화를 잃어버렸습니다   지하철에서.

I went to the lost and found, * but couldn't find it. *
저는 분실물 센터에 가 보았어요   하지만 그것을 못 찾았어요.

I went to buy a new phone, *
저는 새 휴대전화를 하나 사러 갔어요

but since I didn't have the old one, *
하지만 전 예전 것을 갖고 있지 않아서

I couldn't transfer all my contact numbers.
저는 제 모든 연락처들을 옮겨 넣을 수가 없었어요.

지하철에서 휴대전화를 잃어버렸습니다. 분실물 센터에 가 보았지만 못 찾았어요. 새 휴대전화를 사러 갔지만 예전 휴대전화가 없어서 **연락처를 모두 옮겨** 넣을 수가 없었어요.

3 택시기사 덕분에 휴대전화를 찾았다

In 12-3.mp3

Step 1 끊어 듣기 🎧

Step 2 우리말 보기 👁

I left my phone * in a cab. * I called my phone *
저는 휴대전화를 두고 내렸습니다 택시에.   전 제 전화로 전화를 걸었어요

and the driver picked it up. * He came * to where I was *
그리고 그 택시기사가 그것을 받았죠.   그 분이 왔어요   제가 있는 곳으로

with the meter on. * I gave him the cab fare *
미터기를 켠 채로.   저는 그 분께 택시비를 드렸습니다

plus 30,000 won * for finding it.
(거기에) 3만원을 더 얹어서   그것(휴대전화)을 찾아주신 것에 대해서.

저는 택시에 휴대전화를 두고 내렸습니다. 전 제 전화로 전화를 걸었더니 택시기사가 받았죠. 택시기사가 미터기를 켜고 제가 있는 곳으로 왔어요. 그 분께 택시비에 휴대전화를 찾아주신 값으로 3만 원을 더 드렸습니다.

제한시간 **2**분 *(에피소드당 20초 내외)*

Step 3 따라 말하기

Step 4 혼자 말하기

I like to watch YouTube video clips on my phone. I used too much data for the Internet last month on my phone and I ended up receiving an enormous bill this month.

저는 제 휴대전화로 유튜브 동영상 보는 것을 좋아합니다. 휴대전화로 인터넷 데이터를 너무 많이 사용해서 결국 이달에 엄청난 액수의 청구서를 받게 되었죠.

끊어 말하기 ☐☐　　자연스럽게 말하기 ☐

video clip 동영상 클립 | enormous (금액이) 엄청난 | bill 청구서, 계산서

Step 3 따라 말하기

Step 4 혼자 말하기

I lost my phone on the subway. I went to the lost and found, but couldn't find it. I went to buy a new phone, but since I didn't have the old one, I couldn't transfer all my contact numbers.

지하철에서 휴대전화를 잃어버렸습니다. 분실물 센터에 가 보았지만 못 찾았어요. 새 휴대전화를 사러 갔지만 예전 휴대전화가 없어서 연락처를 모두 옮겨 넣을 수가 없었어요.

끊어 말하기 ☐☐　　자연스럽게 말하기 ☐

lost and found 분실물 센터 | transfer 옮기다, 양도하다 | contact number 연락처 전화번호

Step 3 따라 말하기

Step 4 혼자 말하기

I left my phone in a cab. I called my phone and the driver picked it up. He came to where I was with the meter on. I gave him the cab fare plus 30,000 won for finding it.

저는 택시에 휴대전화를 두고 내렸습니다. 전 제 전화로 전화를 걸었더니 택시기사가 받았죠. 택시기사가 미터기를 켜고 제가 있는 곳으로 왔어요. 그 분께 택시비에 휴대전화를 찾아주신 값으로 3만 원을 더 드렸습니다.

끊어 말하기 ☐☐　　자연스럽게 말하기 ☐

cab 택시 | pick up (전화를) 받다 | with the meter on 미터기를 켜고 | cab fare 택시비

71

4 문자를 자주 보내 통화하는 게 어색하다

🎧 In 12-4.mp3

Step 1 끊어 듣기 🎧

Step 2 우리말 보기 👁

I often send text messages * **to my friends.** * **It is easy** *
저는 문자 메시지들을 자주 보내죠   제 친구들에게.   그것은 쉬워요

to use * **and more importantly,** * **it is free** * **to use.** *
사용하기가   그리고 보다 중요하게는,   그것은 무료라는 것이죠 사용하는 게.

I am so used to it * **that I rarely make calls.** *
저는 그것(문자 보내는 것)에 완전 익숙해요   그래서 전화는 거의 걸지 않습니다.

It even feels awkward * **to talk on the phone.**
그것은 심지어 어색하게 느껴진답니다   (그것이 뭐냐면) 전화 통화하는 것.

저는 친구들에게 문자 메시지를 자주 보내죠. 사용하기 쉽고 무엇보다 중요한 건 사용료가 무료라는 것이죠. 문자 메시지 보내는 데 완전 익숙해져서 전화는 거의 걸지 않습니다. 심지어 전화 통화하는 게 어색하게 느껴진답니다.

---

5 충전기를 갖고 다닌다

🎧 In 12-5.mp3

Step 1 끊어 듣기 🎧

Step 2 우리말 보기 👁

I do so many things * **with my phone.** *
저는 아주 많은 것들을 해요   제 전화로.

I listen to music * **and play games** * **on my phone.** *
저는 음악을 들어요   그리고 게임들을 하지요   제 전화상에서.

So I always carry a charger around *
그래서 전 항상 충전기를 들고 다녀요

because I use my smartphone very often *
왜냐면 전 제 스마트폰을 매우 자주 이용하거든요

and the battery dies so quickly.
거기다 그 배터리가 아주 빨리 닳거든요.

저는 휴대전화로 하는 게 아주 많아요. 휴대전화로 음악을 듣고 게임을 하지요. 그래서 항상 충전기를 들고 다니는데 스마트폰을 매우 자주 이용하는데다 배터리가 쉽게 닳기 때문입니다.

---

6 수업 중에 스마트폰을 꺼 놓는다

🎧 In 12-6.mp3

Step 1 끊어 듣기 🎧

Step 2 우리말 보기 👁

My phone rang * **in the middle of class.** *
제 전화가 울렸습니다   수업 도중에.

I turned it off right away, * **but the professor asked** *
저는 그것을 바로 껐어요   하지만 그 교수님께서 물으셨어요

whose phone it was. * **I stood up** *
그게 누구의 전화였는지.   저는 일어섰죠

and I was so embarrassed. * **Since then,** *
그리고 전 매우 창피했어요.   그 이후로.

I always turn my phone off * **during class.**
저는 항상 제 전화를 꺼 놓습니다   수업 중에는.

수업 도중 제 휴대전화가 울렸습니다. 저는 바로 껐지만 교수님께서 누구 휴대전화인지 물으셨어요. 저는 일어섰고 매우 창피했어요. 그 이후로 수업 중에는 항상 휴대전화를 꺼 놓습니다.

I often send text messages to my friends. It is easy to use and more importantly, it is free to use. I am so used to it that I rarely make calls. It even feels awkward to talk on the phone.

🔊 저는 친구들에게 문자 메시지를 자주 보내죠. 사용하기 쉽고 무엇보다 중요한 건 사용료가 무료라는 것이죠. 문자 메시지 보내는 데 완전 익숙해져서 전화는 거의 걸지 않습니다. 심지어 전화 통화하는 게 어색하게 느껴진답니다.

끊어 말하기 ☐☐   자연스럽게 말하기 ☐

---

be used to + (동)명사 ~에 익숙해지다 | rarely 거의 ~하지 않는 | awkward 어색한, 서툰 | talk on the phone 전화 통화하다

I do so many things with my phone. I listen to music and play games on my phone. So I always carry a charger around because I use my smartphone very often and the battery dies so quickly.

🔊 저는 휴대전화로 하는 게 아주 많아요. 휴대전화로 음악을 듣고 게임을 하지요. 그래서 항상 충전기를 들고 다니는데 스마트폰을 매우 자주 이용하는데다 배터리가 쉽게 닳기 때문입니다.

끊어 말하기 ☐☐   자연스럽게 말하기 ☐

---

carry around 가지고 다니다 | charger 충전기 | battery dies 배터리가 나가다, 배터리가 닳다

My phone rang in the middle of class. I turned it off right away, but the professor asked whose phone it was. I stood up and I was so embarrassed. Since then, I always turn my phone off during class.

🔊 수업 도중 제 휴대전화가 울렸습니다. 저는 바로 껐지만 교수님께서 누구 휴대전화인지 물으셨어요. 저는 일어섰고 매우 창피했어요. 그 이후로 수업 중에는 항상 휴대전화를 꺼 놓습니다.

끊어 말하기 ☐☐   자연스럽게 말하기 ☐

---

right away 바로, 즉시

DAY
13

2분 영어 말하기 에피소드

2분 영어 말하기 에피소드
식사

1 혼자 밥 먹는 걸 싫어한다

🎧 In 13-1.mp3

Step 1 **끊어 듣기** 🎧   Step 2 **우리말 보기** 👁

I don't like eating alone. ＊ **When I have no one** ＊
전 혼자 밥 먹는 걸 안 좋아해요.　　　　저는 사람이 아무도 없을 때

to eat with, ＊ **I just skip the meal** ＊ **and have some bread**
같이 밥 먹을　　　전 그냥 식사를 걸러요.　　　그리고 대신 빵을 좀 먹죠.

instead. ＊ **When I was taking classes by myself online,** ＊
대신.　　　　제가 온라인으로 혼자 수업을 들었을 때는

I lost 5 kg ＊ **in one semester.**
전 5킬로가 빠졌습니다.　　한 학기에.

전 혼자 밥 먹는 걸 안 좋아해요. 같이 밥 먹을 사람이 없으면 그냥 건너뛰고 대신 빵을 먹죠. 혼자서 온라인 강의를 들었을 때는 한 학기에 5킬로가 빠졌습니다.

2 밥 먹을 때는 소리 안 내고 조용히!

🎧 In 13-2.mp3

Step 1 **끊어 듣기** 🎧   Step 2 **우리말 보기** 👁

I was at lunch ＊ **and one of the people at my table** ＊
저는 점심을 먹고 있었어요.　　　그리고 우리 테이블에 있던 사람들 중 한 명이

was eating ＊ **with his mouth open.** ＊
먹고 있었어요.　　　자기 입을 벌린 채.

His noisy eating bothered me. ＊ **Furthermore,** ＊
그의 시끄러운 밥 먹는 소리가 제게 거슬렸습니다.　　　게다가

while he was talking, ＊ **some food spattered onto mine.** ＊
그가 말하는 동안　　　(그가 먹던) 음식이 제 거(음식) 위로 튀었어요.

I couldn't eat anymore.
저는 더 이상 밥을 먹을 수가 없었어요.

제가 점심을 먹고 있는데 우리 테이블에 있던 한 사람이 **입을 벌리고 먹고 있었어요.** 시끄럽게 **밥 먹는 소리가 귀에 거슬렸습니다.** 게다가 그가 말하는 동안 제 음식 위로 그가 먹던 음식이 튀었어요. 저는 더 이상 밥을 먹을 수가 없었어요.

3 반찬을 사 먹는다

🎧 In 13-3.mp3

Step 1 **끊어 듣기** 🎧   Step 2 **우리말 보기** 👁

I used to make side dishes myself. ＊ **However,** ＊
저는 예전에는 직접 반찬을 만들곤 했어요.　　　하지만

I don't have time ＊ **to cook** ＊ **anymore.** ＊
저는 시간이 없습니다　　　음식을 할　　　더 이상.

So I just buy some ＊ **at the grocery store** ＊
그래서 저는 몇 가지를 사요　　　식료품점에서

on my way home from work. ＊ **They taste pretty good.**
퇴근길에.　　　그것들은 맛이 상당히 좋아요.

예전에는 직접 반찬을 만들곤 했어요. 하지만 더 이상 음식을 할 시간이 없습니다. 그래서 저는 **퇴근길에 식료품점에서 몇 가지**를 사요. 맛이 상당히 좋아요.

제한시간 **2**분 (에피소드당 20초 내외)

 Step 3 따라 말하기 😁

Step 4 혼자 말하기 😁

I don't like eating alone. When I have no one to eat with, I just skip the meal and have some bread instead. When I was taking classes by myself online, I lost 5 kg in one semester.

🔊 전 혼자 밥 먹는 걸 안 좋아해요. 같이 밥 먹을 사람이 없으면 그냥 건너뛰고 대신 빵을 먹죠. 혼자서 온라인 강의를 들었을 때는 한 학기에 5킬로가 빠졌습니다.

끊어 말하기 ◯◯   자연스럽게 말하기 ◯

---

eat alone 혼자 먹다 | instead 대신 | by oneself 혼자서 | semester 학기

Step 3 따라 말하기 😁

Step 4 혼자 말하기 😁

I was at lunch and one of the people at my table was eating with his mouth open. His noisy eating bothered me. Furthermore, while he was talking, some food spattered onto mine. I couldn't eat anymore.

🔊 제가 점심을 먹고 있는데 우리 테이블에 있던 한 사람이 입을 벌리고 먹고 있었어요. 시끄럽게 밥 먹는 소리가 귀에 거슬렸습니다. 게다가 그가 말하는 동안 제 음식 위로 그가 먹던 음식이 튀었어요. 저는 더 이상 밥을 먹을 수가 없었어요.

끊어 말하기 ◯◯   자연스럽게 말하기 ◯

---

with one's mouth open 입을 벌린 채 | noisy 시끄러운 | furthermore 게다가 | spatter 튀다

Step 3 따라 말하기 😁

Step 4 혼자 말하기 😁

I used to make side dishes myself. However, I don't have time to cook anymore. So I just buy some at the grocery store on my way home from work. They taste pretty good.

🔊 예전에는 직접 반찬을 만들곤 했어요. 하지만 더 이상 음식을 할 시간이 없습니다. 그래서 저는 퇴근길에 식료품점에서 몇 가지를 사요. 맛이 상당히 좋아요.

 끊어 말하기 ◯◯   자연스럽게 말하기 ◯

---

cook 요리하다 | not ~ anymore 더 이상 ~ 않다

75

4 이제는 젓가락질이 능숙하다

| Step 1 끊어 듣기 🎧 | Step 2 우리말 보기 👁 |

When I was young, * I was bad at using chopsticks. *
저는 어렸을 때   전 젓가락질을 잘 못했죠.

My mom gave me * a fork to use instead *
우리 엄마는 제게 주셨죠   대신 쓸 포크를

but my dad always told me *
그러나 우리 아빠는 제게 항상 말씀하셨니다

that I should be able to use chopsticks well. *
제가 젓가락을 잘 사용할 줄 알아야 한다고.

I tried hard * and now I am pretty good at using them.
저는 열심히 노력했어요   그리고 이제는 그것들을 꽤 능숙하게 사용해요.

어렸을 때는 젓가락질을 잘 못했죠. 엄마는 대신 포크를 쓰라고 주셨지만 아빠는 제게 젓가락을 잘 사용할 줄 알아야 한다고 항상 말씀하셨습니다. 저는 열심히 노력했고 이제는 젓가락을 꽤 능숙하게 사용해요.

5 밥상 앞에서 기지개는 No!

| Step 1 끊어 듣기 🎧 | Step 2 우리말 보기 👁 |

I was having lunch * with my professor and classmates *
저는 점심을 먹고 있었어요   저희 교수님과 반 친구들과 함께

the other day. * I didn't get enough sleep *
일전에.   저는 잠을 충분히 못 잤어요

the night before, * so I was tired. * I stretched, *
전날 밤에   그래서 전 피곤했죠.   저는 기지개를 켰어요

but then the professor said * it was rude *
그런데 그때 교수님께서 말씀하셨어요   그것은 예의가 없는 거라고

to stretch in front of the table. * I didn't know. *
밥상 앞에서 기지개를 켜는 것은.   전 몰랐죠.

I was embarrassed.
전 창피했습니다.

일전에 교수님, 반 친구들과 함께 점심을 같이 했습니다. 전날 밤에 잠을 충분히 못 자서 피곤했죠. 그래서 기지개를 켰는데 그때 교수님께서 밥상 앞에서 기지개를 켜는 것은 예의가 없는 거라고 말씀하셨어요. 전 몰랐죠. 창피했습니다.

6 밤 10시는 아빠의 야식 시간

| Step 1 끊어 듣기 🎧 | Step 2 우리말 보기 👁 |

My dad comes home from work * at 7. * He eats dinner
우리 아빠는 회사에서 집에 오셔요   7시에.   그는 바로 저녁을 드시죠

right away * and then watches TV. * His habit is eating
                그리고 나서 TV를 보십니다.   그의 습관은 간식들을 드시는 거예요

snacks * at 10 p.m. * He always eats snacks with beer *
            밤 10시에.   그는 항상 맥주에다 간식들을 드시죠

and he has gained 5 kg * in a month. * I think he should
그리고 그는 5킬로가 쪘어요   한 달 만에.   저는 그가 밖에 나가 운동을

go out and exercise * instead of eating snacks at night.
하셔야 한다고 생각합니다   밤에 야식을 드시는 것 대신.

아빠는 7시에 퇴근해 집에 오셔요. 바로 저녁을 드시고 난 뒤 TV를 보십니다. 아빠의 습관은 밤 10시에 야식을 드시는 거예요. 아빠는 항상 맥주에다 야식을 드시는데 한 달 만에 5킬로가 쪘어요. 저는 아빠가 밤에 야식을 드시는 대신 밖에 나가 운동을 하셔야 한다고 생각합니다.

When I was young, I was bad at using chopsticks. My mom gave me a fork to use instead but my dad always told me that I should be able to use chopsticks well. I tried hard and now I am pretty good at using them.

🔊 어렸을 때는 젓가락질을 잘 못했죠. 엄마는 대신 포크를 쓰라고 주셨지만 아빠는 제게 젓가락을 잘 사용할 줄 알아야 한다고 항상 말씀하셨습니다. 저는 열심히 노력했고 이제는 젓가락을 꽤 능숙하게 사용해요.

✌️ 끊어 말하기 ⬜⬜ ✌️ 자연스럽게 말하기 ⬜

be bad at -ing ~을 잘 못하다 | chopsticks 젓가락 | be able to do ~할 수 있다

I was having lunch with my professor and classmates the other day. I didn't get enough sleep the night before, so I was tired. I stretched, but then the professor said it was rude to stretch in front of the table. I didn't know. I was embarrassed.

🔊 일전에 교수님, 반 친구들과 함께 점심을 같이 했습니다. 전날 밤에 잠을 충분히 못자서 피곤했죠. 그래서 기지개를 켰는데 그때 교수님께서 밥상 앞에서 기지개를 켜는 것은 예의가 없는 거라고 말씀하셨어요. 전 몰랐죠. 창피했습니다.

✌️ 끊어 말하기 ⬜⬜ ✌️ 자연스럽게 말하기 ⬜

the other day 일전에 | stretch 기지개를 켜다

My dad comes home from work at 7. He eats dinner right away and then watches TV. His habit is eating snacks at 10 p.m. He always eats snacks with beer and he has gained 5 kg in a month. I think he should go out and exercise instead of eating snacks at night.

🔊 아빠는 7시에 퇴근해 집에 오셔요. 바로 저녁을 드시고 난 뒤 TV를 보십니다. 아빠의 습관은 밤 10시에 야식을 드시는 거예요. 아빠는 항상 맥주에다 야식을 드시는데 한 달만에 5킬로가 쪘어요. 저는 아빠가 밤에 야식을 드시는 대신 밖에 나가 운동을 하셔야 한다고 생각합니다.

✌️ 끊어 말하기 ⬜⬜ ✌️ 자연스럽게 말하기 ⬜

habit 습관 | gain 5 kg 5킬로가 찌다

DAY
14

2분 영어 말하기 에피소드

약속

1 시간이 안 맞아 약속도 못 잡는다

In 14-1.mp3

Step 1 끊어 듣기 🎧

Step 2 우리말 보기 👁

My friend and I were planning * to have dinner together *
제 친구와 저는 계획을 하고 있었죠   함께 저녁을 먹는 것을

but we **couldn't make any plans** * **because it was hard** *
하지만 우린 어떤 약속들도 잡을 수가 없었어요   왜냐면 그것은 어려웠거든요

to set a time * that works for both of us. * I think *
(그것이 뭐냐면) 시간을 정하는 것   우리 둘 다에게 맞는.   저는 생각해요

she is too busy.
그녀가 너무 바쁘다고.

친구와 저는 함께 저녁을 먹을 계획이었지만 우리 둘 다에게 맞는 시간을 정하기가 어려워서 약속을 잡을 수가 없었어요. 제 친구가 너무 바쁜 것 같아요.

2 몸이 안 좋아 약속을 취소했다

In 14-2.mp3

Step 1 끊어 듣기 🎧

Step 2 우리말 보기 👁

I **didn't feel good** * all day. * I think * the pork I had last
저는 컨디션이 안 좋았어요   온종일.   저는 생각합니다   지난밤에 먹은 돼지고기가

night * had gone bad. * It was seasoned with sauce *
상했던 것이라고.   그것은 소스로 양념된 거였어요

so I couldn't really tell. * I had to **cancel on my friend** *
그래서 전 정말 분간할 수가 없었죠.   저는 제 친구와의 약속을 취소해야만 했어요

and go home and rest. * I felt bad.
그리고 집에 가서 쉬어야 했어요.   전 미안했습니다.

온종일 컨디션이 안 좋았어요. 지난밤에 먹은 돼지고기가 상했던 것 같습니다. 소스로 양념한 거라 상했는지 아닌지 정말 분간할 수가 없었죠. **친구와의 약속을 취소하고 집에 가 쉬어야 했어요.** 미안했습니다.

3 약속이 동시에 잡혀 고민이다

In 14-3.mp3

Step 1 끊어 듣기 🎧

Step 2 우리말 보기 👁

I have accidentally **double-booked myself** *
전 뜻하지 않게 제 시간을 이중으로 예약했습니다

for Friday dinner. * I don't want *
금요일 저녁식사로.   저는 원하지 않아요

to let any of my friends down. * I really don't know *
제 친구들 중 누구도 실망시키는 것을.   저는 정말 모르겠어요

what to do.
어떻게 해야 할지를.

뜻하지 않게 금요일 저녁식사 **약속을 두 개 잡았습니다.** 친구 중 누구도 실망시키고 싶지 않은데 정말 어떻게 해야 할지 모르겠어요.

강의 및 훈련 MP3

제한시간 **2**분 (에피소드당 20초 내외)

My friend and I were planning to have dinner together but we couldn't make any plans because it was hard to set a time that works for both of us. I think she is too busy.

 끊어 말하기 ○○ 자연스럽게 말하기 ○

친구와 저는 함께 저녁을 먹을 계획이었지만 우리 둘 다에게 맞는 시간을 정하기가 어려워서 약속을 잡을 수가 없었어요. 제 친구가 너무 바쁜 것 같아요.

plan to do ~할 계획이다 | set a time 시간을 정하다 | work 효과가 있다, 좋다

I didn't feel good all day. I think the pork I had last night had gone bad. It was seasoned with sauce so I couldn't really tell. I had to cancel on my friend and go home and rest. I felt bad.

끊어 말하기 ○○ 자연스럽게 말하기 ○

온종일 컨디션이 안 좋았어요. 지난밤에 먹은 돼지고기가 상했던 것 같습니다. 소스로 양념한 거라 상했는지 아닌지 정말 분간할 수가 없었죠. 친구와의 약속을 취소하고 집에 가 쉬어야 했어요. 미안했습니다.

go bad 상하다 | season 양념하다 | tell 알아차리다, 분간하다 | cancel on A A와의 약속을 취소하다

Step 3 따라 말하기 　　Step 4 혼자 말하기

I have accidentally double-booked myself for Friday dinner. I don't want to let any of my friends down. I really don't know what to do.

끊어 말하기 ○○ 자연스럽게 말하기 ○

뜻하지 않게 금요일 저녁식사 약속을 두 개 잡았습니다. 친구 중 누구도 실망시키고 싶지 않은데 정말 어떻게 해야 할지 모르겠어요.

accidentally 뜻하지 않게 | double-book 이중으로 약속을 잡다 | let A down A를 실망시키다 | what to do 무엇을 할지

79

4 약속 시간을 늘 어기는 친구

Step 1 끊어 듣기 🎧

I like to be on time, * but my friend Kim is always late. *
저는 제시간에 있는 것을 좋아합니다   하지만 제 친구 Kim은 항상 늦어요.

It is annoying. * So I told her to meet me * at 7 p.m. today *
그것은 짜증이 납니다.   그래서 전 그녀에게 저를 만나자고 말했어요   오늘 저녁 7시에

and I showed up at 7:30. * It worked. * She showed up
그리고 저는 7시 반에 나타났어요.   그것은 효과가 있었죠. 그녀가 7시 20분에 나타난

at 7:20. * I will always do this * from now on.
겁니다.   전 항상 이렇게 해야겠어요   이제부터는.

Step 2 **우리말 보기** 👁

저는 약속 시간 지키는 것을 좋아하지만 친구 Kim은 **항상 늦어요.** 짜증이 납니다. 그래서 Kim에게 오늘 저녁 7시에 만나자고 하고 저는 7시 반에 나타났어요. 효과가 있었죠. 친구가 7시 20분에 나타난 겁니다. 이제부터는 항상 이렇게 해야겠어요.

---

5 약속을 꼭 적어둔다

Step 1 끊어 듣기 🎧

I always write down plans * that I've made * because I
저는 약속들을 항상 적어 두죠   제가 정한   왜냐면 저는

easily forget things. * I started to use the memo function *
쉽게 잘 잊어버리거든요.   저는 메모 기능을 사용하기 시작했어요

on my smartphone * and it is very convenient. *
제 스마트폰상의   그리고 그것은 아주 편리합니다.

I can also set an alarm * for my plans.
전 또 알람을 맞춰 놓을 수도 있어요   제 약속들에 맞춰.

Step 2 **우리말 보기** 👁

저는 쉽게 잘 잊어버리기 때문에 **약속한 일들을 항상 적어 두죠.** 제 스마트폰에 있는 메모 기능을 **사용하기 시작했는데** 아주 편리합니다. 또 약속에 맞게 알람을 맞춰 놓을 수도 있어요.

---

6 약속을 깜빡해 친구를 바람 맞혔다

Step 1 끊어 듣기 🎧

I totally forgot about my dinner plans * with a friend. *
저는 제 저녁식사 약속에 대해 까맣게 잊어버렸어요   친구와의.

My phone was dead * and I stood her up *
제 휴대전화는 꺼져 있었어요   그래서 전 그녀를 바람맞히고 말았죠

even though I didn't mean to. * I felt so sorry for her. *
제가 (그러려고) 의도한 건 아니었지만.   저는 그녀에 대해 정말 미안했습니다.

I called her * after I got home *
전 그녀에게 전화를 걸었죠 제가 집에 온 뒤에

and she sounded really mad. *
그리고 그녀는 정말 화난 목소리였어요.

I am scared.
전 무서워요.

Step 2 **우리말 보기** 👁

저는 친구와의 저녁식사 약속을 까맣게 잊어버렸어요. 제 휴대전화는 꺼져 있어서 의도한 건 아니지만 **그 친구를 바람맞히고 말았죠.** 친구에게 정말 미안했습니다. 집에 온 뒤 그 친구에게 전화를 걸었더니 정말 화난 목소리였어요. 무서워요.

I like to be on time, but my friend Kim is always late. It is annoying. So I told her to meet me at 7 p.m. today and I showed up at 7:30. It worked. She showed up at 7:20. I will always do this from now on.

🔊 저는 약속 시간 지키는 것을 좋아하지만 친구 Kim은 항상 늦어요. 짜증이 납니다. 그래서 Kim에게 오늘 저녁 7시에 만나자고 하고 저는 7시 반에 나타났어요. 효과가 있었죠. 친구가 7시 20분에 나타난 겁니다. 이제부터는 항상 이렇게 해야겠어요.

✌️ 끊어 말하기 ☐☐   ✌️ 자연스럽게 말하기 ☐

be on time 늦지 않다, 제시간에 오다 | show up 나타나다 | from now on 이제부터

I always write down plans that I've made because I easily forget things. I started to use the memo function on my smartphone and it is very convenient. I can also set an alarm for my plans.

🔊 저는 쉽게 잘 잊어버리기 때문에 약속한 일들을 항상 적어 두죠. 제 스마트폰에 있는 메모 기능을 사용하기 시작했는데 아주 편리합니다. 또 약속에 맞게 알람을 맞춰 놓을 수도 있어요.

✌️ 끊어 말하기 ☐☐   ✌️ 자연스럽게 말하기 ☐

write down 적어 두다 | memo function 메모 기능

I totally forgot about my dinner plans with a friend. My phone was dead and I stood her up even though I didn't mean to. I felt so sorry for her. I called her after I got home and she sounded really mad. I am scared.

🔊 저는 친구와의 저녁식사 약속을 까맣게 잊어버렸어요. 제 휴대전화는 꺼져 있어서 의도한 건 아니지만 그 친구를 바람맞히고 말았죠. 친구에게 정말 미안했습니다. 집에 온 뒤 그 친구에게 전화를 걸었더니 정말 화난 목소리였어요. 무서워요.

✌️ 끊어 말하기 ☐☐   ✌️ 자연스럽게 말하기 ☐

totally 완전히 | my phone was dead 내 휴대전화가 꺼져 있었다 | mean to do ~할 의도이다 |
feel sorry for A A에게 미안해하다 | mad 화난 | scared 무서운, 두려운

81

DAY 15

2분 영어 말하기 에피소드

이메일

1 스팸 메일로 착각해 중요한 메일을 지워버렸다

🎧 In 15-1.mp3

Step 1 끊어 듣기 🎧

Recently, ∗ I have received so many spam mails ∗
최근에　　　　　　저는 너무 많은 스팸 메일들을 받아오고 있습니다

from loan services and adult websites. ∗ It is so annoying. ∗
대출업체들과 성인 사이트들로부터.　　　　　　그것은 매우 짜증스럽죠.

I once accidentally deleted an important email ∗
전 한번은 중요한 이메일 하나를 실수로 지워버린 적도 있어요

from my boss ∗ because I thought ∗ it was spam.
제 상사로부터 온　　　왜냐면 저는 생각했거든요　　그것은 스팸 메일이라고.

Step 2 우리말 보기 👁

최근 들어, 저는 대출업체와 성인 사이트로부터 스팸 메일을 너무 많이 받습니다. 매우 짜증스럽죠. 한번은 스팸 메일이라고 생각해서 상사로부터 온 중요한 이메일을 실수로 지워버린 적도 있어요.

2 파일 첨부를 깜박했다

🎧 In 15-2.mp3

Step 1 끊어 듣기 🎧

My boss told me ∗ to send him the itinerary ∗
제 상사가 제게 얘기했습니다　　자기한테 일정을 보내달라고

for our business trip. ∗ I emailed him ∗
우리 출장에 관한.　　　저는 그에게 이메일을 보냈어요

without attaching the itinerary file. ∗ I got yelled at ∗
일정표 파일을 첨부하지 않고.　　　　　전 크게 한 소리 들었죠

and had to send it again. ∗ I felt so stupid.
그리고 그것을 다시 보내야 했죠.　　제가 너무 멍청하게 느껴졌습니다.

Step 2 우리말 보기 👁

상사가 제게 자기한테 우리 출장 일정을 보내달라고 했습니다. 저는 일정표 파일을 첨부하지 않고 이메일을 보냈어요. 크게 한 소리 듣고 다시 보내야 했죠. 제가 너무 멍청하게 여겨졌습니다.

3 대용량 파일 첨부에 시간이 오래 걸렸다

🎧 In 15-3.mp3

Step 1 끊어 듣기 🎧

My friend asked me ∗ to send her the Power Point slides ∗
제 친구가 제게 부탁했습니다　　자기에게 파워포인트 슬라이드들을 보내달라고

that I used for my presentation. ∗
제가 제 발표용으로 썼던.

It took so long ∗ to attach this large file. ∗
그것은 너무 오래 걸렸어요　(그것이 뭐냐면) 이 대용량 파일을 첨부하는 것.

I think ∗ it almost took 30 minutes.
저는 생각해요　　그것은 거의 30분은 걸린 것 같다고.

Step 2 우리말 보기 👁

친구가 제가 발표 때 썼던 파워포인트 슬라이드를 보내달라고 부탁했습니다. 대용량 파일을 첨부하는 데 시간이 너무 오래 걸렸어요. 거의 30분은 걸린 것 같아요.

제한시간 **2**분 (에피소드당 20초 내외)

Step 3 따라 말하기 ⌣

Recently, I have received so many spam mails from loan services and adult websites. It is so annoying. I once accidentally deleted an important email from my boss because I thought it was spam.

 끊어 말하기 ☐☐    자연스럽게 말하기 ☐

Step 4 혼자 말하기 ⌣

🔊 최근 들어, 저는 대출업체와 성인 사이트로부터 스팸 메일을 너무 많이 받습니다. 매우 짜증스럽죠. 한번은 스팸 메일이라고 생각해서 상사로부터 온 중요한 이메일을 실수로 지워버린 적도 있어요.

loan service 대출업체 | boss 상사

Step 3 따라 말하기 ⌣

My boss told me to send him the itinerary for our business trip. I emailed him without attaching the itinerary file. I got yelled at and had to send it again. I felt so stupid.

 끊어 말하기 ☐☐    자연스럽게 말하기 ☐

Step 4 혼자 말하기 ⌣

🔊 상사가 제게 자기한테 우리 출장 일정을 보내달라고 했습니다. 저는 일정표 파일을 첨부하지 않고 이메일을 보냈어요. 크게 한 소리 듣고 다시 보내야 했죠. 제가 너무 멍청하게 여겨졌습니다.

itinerary 일정 | business trip 출장 | attach 첨부하다 | get yelled at 크게 한 소리 듣다

Step 3 따라 말하기 ⌣

My friend asked me to send her the Power Point slides that I used for my presentation. It took so long to attach this large file. I think it almost took 30 minutes.

 끊어 말하기 ☐☐    자연스럽게 말하기 ☐

Step 4 혼자 말하기 ⌣

🔊 친구가 제가 발표 때 썼던 파워포인트 슬라이드를 보내달라고 부탁했습니다. 대용량 파일을 첨부하는 데 시간이 너무 오래 걸렸어요. 거의 30분은 걸린 것 같아요.

slide 슬라이드 | large file 대용량 파일

4 다른 용도의 이메일 계정이 두 개 있다

In 15-4.mp3

Step 1 끊어 듣기 🎧

Step 2 우리말 보기 👁

I have two different accounts ✳ **from two different**
저는 두 개의 서로 다른 (이메일) 계정이 있어요   두 개의 다른 웹사이트들로부터.

websites. ✳ **One is Gmail** ✳ **and the other one is Hotmail.** ✳
하나는 Gmail이에요   그리고 다른 하나는 Hotmail입니다.

My Gmail account is for everything ✳ **including getting**
제 Gmail 계정은 모든 것들을 위한 계정이죠   쿠폰들을 받고

coupons and announcements for events. ✳ **I use the**
이벤트들에 대한 공지들을 포함한.   저는

Hotmail account ✳ **to keep in touch with my friends.**
Hotmail 계정을 사용해요   제 친구들과 연락하기 위해서는.

저는 두 웹사이트에 각각 다른 이메일 계정이 있어요. 하나는 Gmail이고 다른 하나는 Hotmail입니다. Gmail 계정은 쿠폰을 받고 이벤트 공지를 포함한 모든 것들을 위한 계정이죠. Hotmail 계정은 친구들과 연락용으로 사용하고요.

---

5 아이디와 비밀번호를 잊어버렸다

In 15-5.mp3

Step 1 끊어 듣기 🎧

Step 2 우리말 보기 👁

I had a job interview yesterday ✳ **and they told me** ✳
어제 취업 면접을 봤어요   그리고 그들은 제게 말씀해 주시더라고요

to check my email today ✳ **to see the result.** ✳
오늘 제 이메일을 확인하라고   그 결과를 확인하려면.

I forgot my ID and password, ✳
전 제 아이디와 비밀번호를 잊어버렸어요

so I can't check my email now. ✳
그래서 지금 제 이메일을 확인할 수가 없습니다.

I feel so stupid. ✳ **I don't know** ✳ **what to do.**
제가 너무 멍청하게 느껴져요.   저는 모르겠어요   어떻게 해야 할지.

어제 취업 면접을 봤는데 결과를 확인하려면 오늘 이메일을 확인하라고 말씀해 주시더라고요. 저는 아이디와 비밀번호를 잊어버려서 지금 이메일을 확인할 수가 없습니다. 제가 너무 멍청하게 여겨져요. 어떻게 해야 할지 모르겠어요.

---

6 장문의 메일이 날아가 버렸다

In 15-6.mp3

Step 1 끊어 듣기 🎧

Step 2 우리말 보기 👁

I wrote a long email ✳ **to my old friend.** ✳ **We haven't talked** ✳
저는 장문의 메일을 하나 썼습니다   저의 옛날 친구에게.   우리는 이야기를 못해왔어요

for almost 10 years ✳ **so I had so much** ✳ **to tell her.** ✳
거의 10년 간   그래서 전 무척 많았어요   그녀에게 할 말이.

The email was about 3 pages long ✳ **but suddenly**
그 이메일은 거의 세 페이지 분량이었죠   그런데 갑자기

the power went out. ✳ **I literally freaked.** ✳ **When I turned**
전기가 나가고 말았습니다.   저는 말 그대로 기겁을 했죠.   제가 제 컴퓨터를

my computer back on, ✳ **it was all gone.**
다시 켰을 때   그것은 모두 날아가 버리고 없었습니다.

저는 옛날 친구에게 장문의 메일을 썼습니다. 거의 10년 간 이야기를 못해서 그 친구에게 할 말이 무척 많았어요. 이메일은 거의 세 페이지에 가까웠는데 갑자기 전기가 나가고 말았습니다. 저는 말 그대로 기겁을 했죠. 컴퓨터를 다시 켰을 때 모두 날아가 버리고 없었습니다.

I have two different accounts from two different websites. One is Gmail and the other one is Hotmail. My Gmail account is for everything including getting coupons and announcements for events. I use the Hotmail account to keep in touch with my friends.

🔊 저는 두 웹사이트에 각각 다른 이메일 계정이 있어요. 하나는 Gmail이고 다른 하나는 Hotmail입니다. Gmail 계정은 쿠폰을 받고 이벤트 공지를 포함한 모든 것들을 위한 계정이죠. Hotmail 계정은 친구들과 연락용으로 사용하고요.

✌️ 끊어 말하기 ☐☐ ✌️ 자연스럽게 말하기 ☐

account 계정 | announcement 공지 | keep in touch with A A와 연락하고 지내다

I had a job interview yesterday and they told me to check my email today to see the result. I forgot my ID and password, so I can't check my email now. I feel so stupid. I don't know what to do.

🔊 어제 취업 면접을 봤는데 결과를 확인하려면 오늘 이메일을 확인하라고 말씀해 주시더라고요. 저는 아이디와 비밀번호를 잊어버려서 지금 이메일을 확인할 수가 없습니다. 제가 너무 멍청하게 여겨져요. 어떻게 해야 할지 모르겠어요.

✌️ 끊어 말하기 ☐☐ ✌️ 자연스럽게 말하기 ☐

have a job interview 취업 면접을 보다 | result 결과 | password 암호, 비밀번호

I wrote a long email to my old friend. We haven't talked for almost 10 years so I had so much to tell her. The email was about 3 pages long but suddenly the power went out. I literally freaked. When I turned my computer back on, it was all gone.

🔊 저는 옛날 친구에게 장문의 메일을 썼습니다. 거의 10년 간 이야기를 못해서 그 친구에게 할 말이 무척 많았어요. 이메일은 거의 세 페이지에 가까웠는데 갑자기 전기가 나가고 말았습니다. 저는 말 그대로 기겁을 했죠. 컴퓨터를 다시 켰을 때 모두 날아가 버리고 말았습니다.

✌️ 끊어 말하기 ☐☐ ✌️ 자연스럽게 말하기 ☐

the power went out 전기가 나갔다 | freak 기겁을 하다

DAY
16

2분 영어 말하기 에피소드
지하철

1 승강장에서 본 무례한 남자

🎧 In 16-1.mp3

> Step 1 **끊어 듣기** 🎧

> Step 2 **우리말 보기** 👁

I was waiting in line * **to get on the subway.** *
저는 줄을 서서 기다리고 있었습니다   그 지하철에 타기 위해.

Everyone was waiting * **behind the white line** *
모든 사람들은 기다리고 있었죠   하얀 선 뒤에서

on the platform. * **When the subway arrived,** *
승강장 위의.   그 지하철이 도착했을 때

a man rushed and tried to get on the train * **before the**
한 남자가 달려들어 열차에 올라타려고 했어요

passengers on the train got off. * **He was so rude.**
열차 위의 승객들이 내리기도 전에.   그는 매우 무례했습니다.

저는 지하철을 타기 위해 줄을 서 있었습니다. 모두가 승강장의 하얀 선 뒤에서 기다리고 있었죠. 지하철이 도착하자 한 남자가 달려들어 열차 승객들이 내리기도 전에 열차에 올라타려고 했어요. 매우 무례한 사람이었습니다.

2 환승역에서 갈아탔다

🎧 In 16-2.mp3

> Step 1 **끊어 듣기** 🎧

> Step 2 **우리말 보기** 👁

When I went to visit my friend, * **I first took subway line 2,** *
저는 제 친구를 방문하러 갈 때   전 먼저 지하철 2호선을 탔어요

but I had to transfer to line 3. * **I went to the transfer**
하지만 전 3호선으로 환승해야 했죠.   저는 환승역으로 갔어요

station, * **which was about 5 stops away,** *
그것은 다섯 정거장쯤 떨어져 있었죠

and transferred to subway line 3. * **It was easy.**
그리고 3호선으로 갈아탔습니다.   그것은 쉬웠어요.

친구 집을 방문하러 갈 때 먼저 지하철 2호선을 탔지만 3호선으로 환승해야 했죠. 다섯 정거장쯤 지나서 있는 환승역으로 가서 3호선으로 갈아탔습니다. 어렵지 않았습니다.

3 반대 방향 지하철을 탔다

🎧 In 16-3.mp3

> Step 1 **끊어 듣기** 🎧

> Step 2 **우리말 보기** 👁

On the first day of work, * **I remember being so nervous.** *
출근 첫날에.   저는 무척이나 긴장했던 기억이 납니다.

I took the subway * **but I got on the one** *
전 지하철을 탔죠   하지만 전 그 열차를 탄 것이었죠

going in the opposite direction. * **I realized it** *
반대 방향으로 가는.   저는 그것을 알아차렸어요

about three stops later * **and I ended up being late.**
세 정거장쯤 지나서   그리고 전 결국 지각을 하고 말았습니다.

출근 첫날, 무척이나 긴장했던 기억이 납니다. 지하철을 탔는데 반대 방향으로 가는 걸 탄 거 있죠. 세 정거장쯤 지나서야 알아차렸고 결국 지각을 하고 말았습니다.

제한시간 **2**분 (에피소드당 20초 내외)

Step 3 따라 말하기 〰️   **Step 4 혼자 말하기** 〰️

I was waiting in line to get on the subway. Everyone was waiting behind the white line on the platform. When the subway arrived, a man rushed and tried to get on the train before the passengers on the train got off. He was so rude.

🔊 저는 지하철을 타기 위해 줄을 서 있었습니다. 모두가 승강장의 하얀 선 뒤에서 기다리고 있었죠. 지하철이 도착하자 한 남자가 달려들어 열차 승객들이 내리기도 전에 열차에 올라타려고 했어요. 매우 무례한 사람이었습니다.

끊어 말하기 ⬜⬜   자연스럽게 말하기 ⬜

wait in line 줄 서서 기다리다 | platform 승강장 | rush 달려들다 | rude 무례한

Step 3 따라 말하기 〰️   **Step 4 혼자 말하기** 〰️

When I went to visit my friend, I first took subway line 2, but I had to transfer to line 3. I went to the transfer station, which was about 5 stops away, and transferred to subway line 3. It was easy.

🔊 친구 집을 방문하러 갈 때 먼저 지하철 2호선을 탔지만 3호선으로 환승해야 했죠. 다섯 정거장쯤 지나서 있는 환승역으로 가서 3호선으로 갈아탔습니다. 어렵지 않았습니다.

끊어 말하기 ⬜⬜   자연스럽게 말하기 ⬜

line (지하철) 호선 | transfer 환승하다

Step 3 따라 말하기 〰️   **Step 4 혼자 말하기** 〰️

On the first day of work, I remember being so nervous. I took the subway but I got on the one going in the opposite direction. I realized it about three stops later and I ended up being late.

🔊 출근 첫날, 무척이나 긴장했던 기억이 납니다. 지하철을 탔는데 반대 방향으로 가는 걸 탄 거죠. 세 정거장쯤 지나서야 알아차렸고 결국 지각을 하고 말았습니다.

끊어 말하기 ⬜⬜   자연스럽게 말하기 ⬜

nervous 긴장한 | go in the opposite direction 반대 방향으로 가다

87

4 잃어버린 가방을 분실물 센터에서 찾았다

Step 1 끊어 듣기 👂

I left my bag in the subway * this morning. * I had two bags *
저는 그 지하철 안에 제 가방을 두고 내렸습니다   오늘 아침에.   저는 두 개의 가방을 갖고 있었죠

and I realized * that I had left one of them behind. *
그리고 전 깨달았죠   제가 그것들 중 하나를 놔두고 내렸다는 것을.

I called the lost and found department right away *
저는 분실물 센터에 바로 전화를 걸었어요

but they didn't have it yet. * When I called them again, *
하지만 그들은 그것을 아직 갖고 있지 않았어요.   제가 다시 그들에게 전화를 걸었을 때

they had it * and I went there to get it.
그들은 그것을 갖고 있었죠   그리고 저는 거기에 가서 그것을 찾았습니다.

Step 2 우리말 보기 👁

오늘 아침 지하철에다 가방을 두고 내렸습니다. 가방이 두 개 있었는데 그 중 하나를 놔두고 내린 걸 깨달았죠. **저는 분실물 센터에 바로 전화를 걸었지만 거기에 제 가방은 아직 없었어요.** 다시 전화를 걸었을 때 그곳에 제 가방이 있었고 저는 그곳에 가서 가방을 찾았습니다.

---

5 졸다가 내릴 역을 지나쳤다

Step 1 끊어 듣기 👂

I stayed up so late * last night. * I was very tired *
저는 늦게까지 잠 안 자고 깨어 있었습니다 지난밤에.   저는 너무 피곤했어요

on my way to school. * I was dozing off * on the subway *
학교 가는 길에.   저는 꾸벅꾸벅 졸고 있었어요   그 지하철 위에서

and I ended up missing my stop. * I woke up *
그리고 그만 제 정거장을 놓치고 말았죠.   저는 잠이 깼어요

three stops later * and was really late for school.
세 정거장을 지나서야   그리고 학교에 아주 늦었습니다.

Step 2 우리말 보기 👁

지난밤 늦게까지 잠 안 자고 깨어 있었습니다. 학교 가는 길에 너무 피곤했어요. **지하철에서 꾸벅꾸벅 졸다가 그만 내려야 할 정거장을 놓치고 말았죠.** 세 정거장을 지나서야 잠이 깼고 학교에 아주 늦었습니다.

---

6 지하철에서 내리지 못했다

Step 1 끊어 듣기 👂

This morning, * I got on a packed train. *
오늘 아침에   전 사람이 꽉 찬 열차에 탔어요.

I usually take the bus to work *
전 보통 회사에 그 버스를 타고 가요

but I woke up late today * so I had to take the subway. *
하지만 전 오늘 늦게 일어났죠   그래서 전 그 지하철을 타야만 했습니다.

There were so many people on the train *
열차에 너무 많은 사람들이 있었어요

that I couldn't get off at my stop. * I was so upset.
그래서 전 제 정거장에서 하차할 수가 없었죠.   전 너무 화가 났어요.

Step 2 우리말 보기 👁

오늘 아침에 사람이 꽉 찬 열차에 탔어요. 보통 출근길에 버스를 타지만 오늘은 늦게 일어나서 지하철을 타야만 했습니다. 열차에 사람이 너무 많아서 **제가 내릴 정거장에서 하차할 수가 없었죠.** 너무 화가 났어요.

I left my bag in the subway this morning. I had two bags and I realized that I had left one of them behind. I called the lost and found department right away but they didn't have it yet. When I called them again, they had it and I went there to get it.

🔊 오늘 아침 지하철에다 가방을 두고 내렸습니다. 가방이 두 개 있었는데 그 중 하나를 놔두고 내린 걸 깨달았죠. 저는 분실물 센터에 바로 전화를 걸었지만 거기에 제 가방은 아직 없었어요. 다시 전화를 걸었을 때 그곳에 제 가방이 있었고 저는 그곳에 가서 가방을 찾았습니다.

✌️ 끊어 말하기 ☐☐   ✌️ 자연스럽게 말하기 ☐

lost and found department 분실물 센터 | **yet** (부정문에서) 아직

I stayed up so late last night. I was very tired on my way to school. I was dozing off on the subway and I ended up missing my stop. I woke up three stops later and was really late for school.

🔊 지난밤 늦게까지 잠 안 자고 깨어 있었습니다. 학교 가는 길에 너무 피곤했어요. 지하철에서 꾸벅꾸벅 졸다가 그만 내려야 할 정거장을 놓치고 말았죠. 세 정거장을 지나서야 잠이 깼고 학교에 아주 늦었습니다.

✌️ 끊어 말하기 ☐☐   ✌️ 자연스럽게 말하기 ☐

stay up 깨어 있다 | **doze off** 꾸벅꾸벅 졸다

This morning, I got on a packed train. I usually take the bus to work but I woke up late today so I had to take the subway. There were so many people on the train that I couldn't get off at my stop. I was so upset.

🔊 오늘 아침에 사람이 꽉 찬 열차에 탔어요. 보통 출근길에 버스를 타지만 오늘은 늦게 일어나서 지하철을 타야만 했습니다. 열차에 사람이 너무 많아서 제가 내릴 정거장에서 하차할 수가 없었죠. 너무 화가 났어요.

✌️ 끊어 말하기 ☐☐   ✌️ 자연스럽게 말하기 ☐

packed (사람이) 꽉 찬 | **get off at one's stop** 자신이 내려야 할 정류장에서 내리다

89

2분 영어 말하기 에피소드
패스트푸드점

1 항상 세트 메뉴를 시킨다

🎧 In 17-1.mp3

| Step 1 끊어 듣기 🎧 | Step 2 우리말 보기 👁 |

When I go to McDonald's, ＊ I always order a combo
저는 맥도날드에 갈 때　　　　　저는 항상 세트 메뉴를 하나 시킵니다.

meal. ＊ When I get just a cheeseburger, ＊
　　　　　제가 그냥 치즈버거만 주문할 때는

it costs 3,500 won. ＊ However, ＊ if I order a combo meal, ＊
그것은 3,500원이 들죠.　　　하지만,　　　제가 세트 메뉴를 하나 주문하면

it costs 5,000 won ＊ for a cheeseburger, ＊ a Coke, ＊
그것은 5,000원이 됩니다　　　치즈버거 하나와　　　콜라 하나

and French fries.
그리고 감자튀김에 대해서.

> 맥도날드에 가면 전 항상 세트 **메뉴를 시킵니다.** 치즈버거만 주문하면 3,500원이죠. 하지만 세트 메뉴를 주문하면 치즈버거와 콜라, 감자튀김까지 해서 5,000원입니다.

2 직원이 마이크에다 주문 내용을 반복해 말한다

🎧 In 17-2.mp3

| Step 1 끊어 듣기 🎧 | Step 2 우리말 보기 👁 |

When I order my food, ＊ the worker repeats it ＊
제가 제 음식을 주문할 때　　　그 직원은 그것을 반복해서 말하죠

into the microphone ＊ so that the kitchen staff can hear
마이크에 대고　　　　그 주방의 직원들이 그 주문을 들을 수 있도록.

the order. ＊ I remember that ＊ when I was young, ＊
　　　　　저는 기억이 납니다　　　제가 어렸을 때

it was interesting to see ＊
그것이 보기에 재미있었어요

and I wanted to try doing that job ＊ one day.
그래서 저도 그 일을 하기를 시도해보고 싶었던 것이　　　언젠가.

> 음식을 주문하면 **직원은** 주방의 직원들이 주문을 들을 수 있게 마이크에 대고 반복해서 말하죠. 어렸을 때 그게 재미있어 보여서 그렇게 해보고 싶었던 기억이 납니다.

3 콜라를 리필해준다

🎧 In 17-3.mp3

| Step 1 끊어 듣기 🎧 | Step 2 우리말 보기 👁 |

My friend and I went to Burger King. ＊ We only had 6,000
제 친구와 전 버거킹에 갔습니다.　　　우리는 6천 원밖에 없었어요

won ＊ so we ordered two burgers and one Coke. ＊
　　　그래서 우리는 햄버거 두 개와 콜라 하나를 주문했죠.

They give free soft drink refills ＊ so we decided to share
그들은 무료 소다 음료 리필들을 줘요　　　그래서 우리는 콜라 하나를 나눠 마시

one Coke.
기로 했어요.

> 친구와 전 버거킹에 갔습니다. 6천 원밖에 없어서 햄버거 두 개와 콜라 하나를 주문했죠. 그곳은 무료로 소다 음료를 리필해주기 때문에 우리는 콜라 하나를 나눠 마시기로 했어요.

제한시간 **2**분 *(에피소드당 20초 내외)*

Step 3 따라 말하기	Step 4 혼자 말하기

When I go to McDonald's, I always order a combo meal. When I get just a cheeseburger, it costs 3,500 won. However, if I order a combo meal, it costs 5,000 won for a cheeseburger, a Coke, and French fries.

🔊 맥도날드에 가면 전 항상 세트 메뉴를 시킵니다. 치즈버거만 주문하면 3,500원이죠. 하지만 세트 메뉴를 주문하면 치즈버거와 콜라, 감자튀김까지 해서 5,000원입니다.

✌끊어 말하기 ☐☐   ✌자연스럽게 말하기 ☐

combo meal 세트 메뉴 | **French fries** 감자튀김

Step 3 따라 말하기	Step 4 혼자 말하기

When I order my food, the worker repeats it into the microphone so that the kitchen staff can hear the order. I remember that when I was young, it was interesting to see and I wanted to try doing that job one day.

🔊 음식을 주문하면 직원은 주방의 직원들이 주문을 들을 수 있게 마이크에 대고 반복해서 말하죠. 어렸을 때 그게 재미있어 보여서 그렇게 해보고 싶었던 기억이 납니다.

✌끊어 말하기 ☐☐   ✌자연스럽게 말하기 ☐

worker 점원, 직원 | **repeat** 반복하다

Step 3 따라 말하기	Step 4 혼자 말하기

My friend and I went to Burger King. We only had 6,000 won so we ordered two burgers and one Coke. They give free soft drink refills so we decided to share one Coke.

🔊 친구와 전 버거킹에 갔습니다. 6천 원밖에 없어서 햄버거 두 개와 콜라 하나를 주문했죠. 그곳은 무료로 소다 음료를 리필해 주기 때문에 우리는 콜라 하나를 나눠 마시기로 했어요.

✌끊어 말하기 ☐☐   ✌자연스럽게 말하기 ☐

give free soft drink refills 무료로 소다 음료를 리필해 주다

4 5분 늦는 바람에 할인 메뉴를 못 먹었다

In 17-4.mp3

Step 1 끊어 듣기 🎧

Wendy's have their lunch menu * from 11:00 a.m. to 2 p.m. *
웬디스는 런치 메뉴를 갖고 있어요   오전 11시부터 오후 2시까지.

They offer the lunch menu * at 50% off. * I went there
그들은 런치 메뉴를 제공합니다   50% 할인된 가격으로.   저는 거기에 점심을

for lunch * yesterday * but it was 5 minutes past 2. *
먹으러 갔어요   어제   하지만 2시 5분이었죠.

They said * the lunch menu was not available *
그들은 말했습니다   런치 메뉴를 이용할 수 없다고

at that time. * I was very disappointed.
그 시간에는.   전 정말 실망스러웠어요.

Step 2 우리말 보기 👁

웬디스에는 오전 11시부터 오후 2시까지 런치 메뉴가 있어요. 런치 메뉴를 50% 할인된 가격으로 제공합니다. 저는 어제 거기에 점심을 먹으러 갔는데 2시 5분이었죠. 그 시간에는 런치 메뉴를 이용할 수 없다고 했습니다. 정말 실망스러웠어요.

---

5 패스트푸드는 뒤처리가 간편하다

In 17-5.mp3

Step 1 끊어 듣기 🎧

When I don't feel like cooking, * I just go out *
저는 요리하고 싶지 않을 때는   전 그냥 나가죠

to the fast food restaurant * in front of my house. *
패스트푸드점으로   우리 집 앞에 있는.

I pick up some food there, * come home * and eat. *
저는 거기에서 음식을 들고   집에 와요   그리고 먹습니다.

The good thing * about eating fast food at home *
좋은 점은   집에서 패스트푸드를 먹는 것에 관해

is that it is easy * to clean up. * I can just put the trash
그것은 쉽다는 것이죠 (그것이 뭐냐면) 뒤처리하는 것. 전 그저 그 쓰레기를 봉지 하나에 넣어요

in a bag * and throw it away.
그리고 그것을 버리기만 하면 됩니다.

Step 2 우리말 보기 👁

요리하기 싫을 때는 그냥 우리 집 앞에 있는 패스트푸드점에 가죠. 그곳에서 음식을 들고 집에 와서 먹습니다. 집에서 패스트푸드를 먹으면 좋은 점은 뒤처리가 쉽다는 것이죠. 먹고 나서 쓰레기를 봉지에 넣어 버리기만 하면 되니까요.

---

6 친구랑 빅맥을 나눠 먹었다

In 17-6.mp3

Step 1 끊어 듣기 🎧

When I went to McDonald's * with my friend *
제가 맥도날드에 갔을 때는   제 친구와 함께

the other day, * I was on a diet * so we ordered
지난번에   제가 다이어트 중이었어요   그래서 우리는 빅맥을 한 개

one Big Mac. * We cut it into four pieces *
주문했죠.   우리는 그걸 4조각으로 잘랐어요

and I was only going to eat one piece. * It was so good *
그리고 저는 한 조각만 먹을 생각이었습니다.   그것은 너무 맛있었어요

that we ended up eating two pieces each *
그래서 우린 각자 두 조각을 먹어버렸죠

and finished the burger.
그래서 햄버거를 모두 해치워 버리고 말았어요.

Step 2 우리말 보기 👁

지난번에 친구와 함께 맥도날드에 갔을 때는 제가 다이어트 중이어서 빅맥을 한 개 주문했죠. 그걸 4조각으로 잘랐고 저는 한 조각만 먹을 생각이었습니다. 너무 맛있어서 각자 두 조각을 먹어서 햄버거를 모두 해치워 버리고 말았어요.

Wendy's have their lunch menu from 11:00 a.m. to 2 p.m. They offer the lunch menu at 50% off. I went there for lunch yesterday but it was 5 minutes past 2. They said the lunch menu was not available at that time. I was very disappointed.

🔊 웬디스에는 오전 11시부터 오후 2시까지 런치 메뉴가 있어요. 런치 메뉴를 50% 할인된 가격으로 제공합니다. 저는 어제 거기에 점심을 먹으러 갔는데 2시 5분이었죠. 그 시간에는 런치 메뉴를 이용할 수 없다고 했습니다. 정말 실망스러웠어요.

✌️ 끊어 말하기 ☐ ☐ ✌️ 자연스럽게 말하기 ☐

offer 제공하다 | available 이용할 수 있는

When I don't feel like cooking, I just go out to the fast food restaurant in front of my house. I pick up some food there, come home and eat. The good thing about eating fast food at home is that it is easy to clean up. I can just put the trash in a bag and throw it away.

🔊 요리하기 싫을 때는 그냥 우리 집 앞에 있는 패스트푸드점에 가죠. 그곳에서 음식을 들고 집에 와서 먹습니다. 집에서 패스트푸드를 먹으면 좋은 점은 뒤처리가 쉽다는 것이죠. 먹고 나서 쓰레기를 봉지에 넣어 버리기만 하면 되니까요.

✌️ 끊어 말하기 ☐ ☐ ✌️ 자연스럽게 말하기 ☐

clean up 치우다, 청소하다 | trash 쓰레기 | bag 봉지

When I went to McDonald's with my friend the other day, I was on a diet so we ordered one Big Mac. We cut it into four pieces and I was only going to eat one piece. It was so good that we ended up eating two pieces each and finished the burger.

🔊 지난번에 친구와 함께 맥도날드에 갔을 때는 제가 다이어트 중이어서 빅맥을 한 개 주문했죠. 그걸 4조각으로 잘랐고 저는 한 조각만 먹을 생각이었습니다. 너무 맛있어서 각자 두 조각을 먹어서 햄버거를 모두 해치워 버리고 말았어요.

✌️ 끊어 말하기 ☐ ☐ ✌️ 자연스럽게 말하기 ☐

be on a diet 다이어트 중이다 | cut A into four pieces A를 네 조각으로 자르다

DAY 18

2분 영어 말하기 에피소드

온라인 커뮤니티(카페)

1 카페를 열고 운영자가 되었다

In 18-1.mp3

Step 1 끊어 듣기 🎧

I love biking ∗ **and I wanted to share information** ∗
저는 자전거 타는 것을 무척 좋아해요 그래서 전 정보를 공유하고 싶었습니다

on different bicycles ∗ **with other bikers.** ∗
여러 다양한 자전거에 관한   다른 자전거족들과 함께.

I looked up online ∗ **to find a bike club,** ∗
저는 인터넷을 뒤져봤어요   자전거 모임을 찾기 위해서

but couldn't find one. ∗ **I have good computer skills,** ∗
하지만 하나도 발견할 수가 없었죠.   저는 컴퓨터를 잘 다뤄요

so I decided to make an online bike club ∗
그래서 저는 온라인 자전거 모임을 만들기로 결심했어요

and become the manager of it.
그리고 그것의 운영자가 되기로요.

Step 2 우리말 보기 👁

저는 자전거 타는 것을 무척 좋아해서 다른 자전거족들과 여러 다양한 자전거에 관한 정보를 공유하고 싶었습니다. 저는 인터넷에서 자전거 모임을 찾아봤지만 하나도 찾을 수가 없었죠. 컴퓨터를 잘 다루기 때문에 저는 온라인 자전거 모임을 만들고 그 모임의 운영자가 되기로 결심했어요.

2 카페 분위기가 살벌해 탈퇴하기로 했다

In 18-2.mp3

Step 1 끊어 듣기 🎧

I once joined an online discussion club. ∗
한때 저는 온라인 토론모임에 가입했죠.

Members discussed a lot of different topics ∗
회원들은 많은 서로 다른 주제들에 대해 토론을 벌었어요

and it seemed interesting. ∗ **When I joined the discussion** ∗
그리고 그것은 매우 흥미로워 보였습니다.   제가 그 토론에 참여했을 때

for the first time, ∗ **I was surprised to see** ∗
처음으로   저는 보고 깜짝 놀랐어요

how people could get so aggressive. ∗
어떻게 사람들이 그렇게 공격적일 수 있는지를.

I felt very uncomfortable ∗ **and decided to drop out of**
저는 마음이 아주 불편해졌죠   그래서 그 모임을 탈퇴하기로 결정했습니다.

the club.

Step 2 우리말 보기 👁

한때 저는 온라인 토론모임에 가입했죠. 회원들은 여러 가지 다양한 주제에 관해 토론을 벌였고 매우 흥미로워 보였습니다. 처음 토론에 참여했을 때 어떻게 사람들이 그렇게 공격적일 수 있는지를 보고 깜짝 놀랐어요. 마음이 아주 불편해졌고 저는 그 모임을 **탈퇴하기로** 했습니다.

제한시간 **2분** *(에피소드당 20초 내외)*

Step 3 따라 말하기 ⟨⟩

I love biking and I wanted to share information on different bicycles with other bikers. I looked up online to find a bike club, but couldn't find one. I have good computer skills, so I decided to make an online bike club and become the manager of it.

끊어 말하기 ▢▢　자연스럽게 말하기 ▢

Step 4 혼자 말하기 ⟨⟩

저는 자전거 타는 것을 무척 좋아해서 다른 자전거족들과 여러 다양한 자전거에 관한 정보를 공유하고 싶었습니다. 저는 인터넷에서 자전거 모임을 찾아봤지만 하나도 찾을 수가 없었죠. 컴퓨터를 잘 다루기 때문에 저는 온라인 자전거 모임을 만들고 그 모임의 운영자가 되기로 결심했어요.

biker 자전거를 타는 사람 | **look up** 찾아보다, 검색하다

Step 3 따라 말하기 ⟨⟩

I once joined an online discussion club. Members discussed a lot of different topics and it seemed interesting. When I joined the discussion for the first time, I was surprised to see how people could get so aggressive. I felt very uncomfortable and decided to drop out of the club.

끊어 말하기 ▢▢　자연스럽게 말하기 ▢

Step 4 혼자 말하기 ⟨⟩

한때 저는 온라인 토론모임에 가입했죠. 회원들은 여러 가지 다양한 주제에 관해 토론을 벌였고 매우 흥미로워 보였습니다. 처음 토론에 참여했을 때 어떻게 사람들이 그렇게 공격적일 수 있는지를 보고 깜짝 놀랐어요. 마음이 아주 불편해졌고 저는 그 모임을 탈퇴하기로 했습니다.

topic 주제 | **aggressive** 공격적인 | **drop out of A** A에서 탈퇴하다

3 카페에 질문을 올리자 10명이 답을 올려줬다

🎧 In 18-3.mp3

Step 1 끊어 듣기 🎧 | **Step 2** 우리말 보기 👁

I recently joined an online book club. * We read a book *
전 최근에 온라인 독서모임에 가입했습니다.   우리는 책을 하나 읽어요

once a week * and share our feelings and thoughts *
일주일에 한 번   그리고 우리의 감상들과 생각들을 나누죠

about it. * It is so much fun. * I posted some questions *
그것에 관한.   그것은 정말 재미있어요.   제가 몇 가지 질문을 올렸죠

about this week's book * and 10 members responded.
금주의 책에 관해서   그리고 10명의 회원이 답을 해줬습니다.

> 전 최근에 온라인 독서모임에 가입했습니다. 우리는 일주일에 한 번 책을 읽고 그것에 관한 감상과 생각을 나누죠. 정말 재미있어요. 제가 **금주의 책**에 관해서 **몇 가지 질문을 올렸더니 회원 10명이 답을 해줬습니다.**

---

4 남동생의 축구 카페는 회원 수가 10만 명 이상

🎧 In 18-4.mp3

Step 1 끊어 듣기 🎧 | **Step 2** 우리말 보기 👁

My brother joined an online soccer community. * He told
제 남동생은 온라인 축구 커뮤니티에 가입했어요.   그애는 제게

me * that more than one hundred thousand members *
말했죠   10만 명이 넘는 회원들이

have joined this community. * They put up new
이 커뮤니티에 가입해 있다고요.   이들은 새로운 정보를 올려요

information * about their favorite teams and players *
자기들이 가장 좋아하는 팀과 선수들에 대한

and share video clips * with other members.
그리고 동영상들을 공유합니다   다른 회원들과.

> 남동생은 온라인 축구 커뮤니티에 가입했어요. 동생 말로는 **10만 명이 넘는 사람들이 이 커뮤니티에 가입해 있다고** 해요. 이들은 자신이 가장 좋아하는 팀과 선수들에 대한 새로운 정보를 올리고 다른 회원들과 동영상을 공유합니다.

---

5 카페에서 할인 이벤트를 하고 있다

🎧 In 18-5.mp3

Step 1 끊어 듣기 🎧 | **Step 2** 우리말 보기 👁

There is a brand-new ESL academy * that just opened *
새 ESL 학원이 있습니다   막 문을 연

near Gangnam station. * They are holding an event *
강남역 근처에.   그들은 이벤트를 벌이고 있어요

to offer a discount * when signing up for class. *
할인을 해주는   수강 신청을 하면.

If you join their online community * and bring one friend *
당신이 그들의 온라인 커뮤니티에 가입하면   그리고 친구를 한 명 데리고 오면

to sign up for the class, * they give you a 10% discount *
그 수업을 신청할   그들은 당신에게 10% 할인을 해 주죠.

on your tuition fee.
당신의 수강료에 대해.

> 강남역 근처에 방금 문을 연 새 ESL 학원이 있습니다. **수강 신청을 하면 할인해 주는 이벤트를 벌이고 있어요.** 거기 온라인 커뮤니티에 가입하고 친구를 데리고 와서 그 친구가 수강 신청을 하면 내 수강료의 10%를 할인해 주죠.

I recently joined an online book club. We read a book once a week and share our feelings and thoughts about it. It is so much fun. I posted some questions about this week's book and 10 members responded.

🔊 전 최근에 온라인 독서모임에 가입했습니다. 우리는 일주일에 한 번 책을 읽고 그것에 관한 감상과 생각을 나누죠. 정말 재미있어요. 제가 금주의 책에 관해서 몇 가지 질문을 올렸더니 회원 10명이 답을 해줬습니다.

끊어 말하기 ⃞⃞   자연스럽게 말하기 ⃞

book club 독서모임 | **post** 게재하다. 올리다

My brother joined an online soccer community. He told me that more than one hundred thousand members have joined this community. They put up new information about their favorite teams and players and share video clips with other members.

🔊 남동생은 온라인 축구 커뮤니티에 가입했어요. 동생 말로는 10만 명이 넘는 사람들이 이 커뮤니티에 가입해 있다고 해요. 이들은 자신이 가장 좋아하는 팀과 선수들에 대한 새로운 정보를 올리고 다른 회원들과 동영상을 공유합니다.

끊어 말하기 ⃞⃞   자연스럽게 말하기 ⃞

put up 올리다. 제시하다 | **video clip** 동영상 클립

There is a brand-new ESL academy that just opened near Gangnam station. They are holding an event to offer a discount when signing up for class. If you join their online community and bring one friend to sign up for the class, they give you a 10% discount on your tuition fee.

🔊 강남역 근처에 방금 문을 연 새 ESL 학원이 있습니다. 수강 신청을 하면 할인해 주는 이벤트를 벌이고 있어요. 거기 온라인 커뮤니티에 가입하고 친구를 데리고 와서 그 친구가 수강 신청을 하면 내 수강료의 10%를 할인해 주죠.

끊어 말하기 ⃞⃞   자연스럽게 말하기 ⃞

brand-new 새로 생긴 | **ESL** 제2언어로서의 영어 (English as a Second Language) | **hold an event** 행사를 벌이다 | **tuition fee** 수강료

6 카페 가입이 복잡해서 결국 포기했다

Step 1 끊어 듣기 🎧

Step 2 우리말 보기 👁

I heard about this discount event *
저는 이 할인 행사에 관해서 들었어요.

that a brand-new ESL academy is having. *
새로 생긴 ESL 학원이 갖고 있는.

I decided to join the online community *
저는 그 온라인 커뮤니티에 가입하기로 했죠

to get a discount. * **When I tried to sign up,** *
할인을 받기 위해.　　　　제가 신청을 하려고 했을 때

there were so many steps * to follow *
너무 많은 절차가 있었어요　　　　따라야 할

and it was confusing. * I tried it twice * and then **gave up.**
그리고 그것은 헷갈렸습니다.　저는 그것을 두 번 해봤어요　그러고선 포기해 버렸어요.

새로 생긴 ESL 학원이 하는 할인 행사에 대해 들었어요. 할인을 받기 위해 온라인 커뮤니티에 가입하기로 했죠. **신청을 하려고 해보니 따라야 할 절차가 너무 많고 헷갈렸습니다. 두 번 해보다가 포기해 버렸어요.**

7 등업하려면 게시물을 10회 올려야 한다

🎧 In 18-7.mp3

Step 1 끊어 듣기 🎧

Step 2 우리말 보기 👁

When I first joined an online book club, *
제가 처음 온라인 독서모임에 가입했을 때

I could only see 3 category posts * out of 10. *
저는 세 개 카테고리의 게시물들만 볼 수 있었죠　　열 개 중에서.

In order to see the rest of them, * my member status *
그것들 중 나머지도 보기 위해서는　　　　제 회원 등급이 업그레이드

needed to be upgraded. * **I had to write 10 posts** *
되어야 했어요.　　　　전 열 개의 게시물들을 작성해야 했습니다

to be upgraded.
등급 업그레이드를 받기 위해.

처음 온라인 독서모임에 가입했을 때 열 개의 카테고리 중에서 세 개만 볼 수 있었죠. 나머지 글도 읽기 위해서는 회원 등급이 업그레이드 되어야 했어요. **등급 업그레이드를 받기 위해 전 게시물 열 개를 작성해야 했습니다.**

8 독선적이던 회원이 강퇴 당했다

🎧 In 18-8.mp3

Step 1 끊어 듣기 🎧

Step 2 우리말 보기 👁

There was a member of the online discussion club *
온라인 토론모임에 한 회원이 있었습니다

who constantly raised his voice * during the discussion. *
지속적으로 자기 목소리를 높이던　　　　토론 중에.

He not only had strong opinions, *
그는 강한 주장들을 갖고 있을 뿐만 아니라

but when some people didn't agree with his opinion *
누군가가 자기 의견에 동의하지 않았을 때

he even cursed at those people. *
심지어 그 사람들에게 욕을 하기도 했죠.

The club manager ended up * **kicking him out of the club.**
모임 운영자는 결국　　　　그를 모임에서 내쫓았어요.

온라인 토론모임에서 토론 중에 지속적으로 언성을 높이던 한 회원이 있었습니다. 그는 주장이 강할 뿐만 아니라 누군가가 자기 의견에 동의하지 않으면 심지어 그 사람들에게 욕을 하기도 했죠. 모임 운영자는 결국 **그를 모임에서 강퇴시켰어요.**

I heard about this discount event that a brand-new ESL academy is having. I decided to join the online community to get a discount. When I tried to sign up, there were so many steps to follow and it was confusing. I tried it twice and then gave up.

새로 생긴 ESL 학원이 하는 할인 행사에 대해 들었어요. 할인을 받기 위해 온라인 커뮤니티에 가입하기로 했죠. 신청을 하려고 해보니 따라야 할 절차가 너무 많고 헷갈렸습니다. 두 번 해보다가 포기해 버렸어요.

get a discount 할인을 받다 | step 단계, 절차 | follow 따르다 | confusing 헷갈리는

When I first joined the online book club, I could only see 3 category posts out of 10. In order to see the rest of them, my member status needed to be upgraded. I had to write 10 posts to be upgraded.

처음 온라인 독서모임에 가입했을 때 열 개의 카테고리 중에서 세 개만 볼 수 있었죠. 나머지 글도 읽기 위해서는 회원 등급이 업그레이드 되어야 했어요. 등급 업그레이드를 받기 위해 전 게시물 열 개를 작성해야 했습니다.

out of A A 중에서 | the rest of A A의 나머지

There was a member of the online discussion club who constantly raised his voice during the discussion. He not only had strong opinions, but when some people didn't agree with his opinion he even cursed at those people. The club manager ended up kicking him out of the club.

온라인 토론모임에서 토론 중에 지속적으로 언성을 높이던 한 회원이 있었습니다. 그는 주장이 강할 뿐만 아니라 누군가가 자기 의견에 동의하지 않으면 심지어 그 사람들에게 욕을 하기도 했죠. 모임 운영자는 결국 그를 모임에서 강퇴시켰어요.

raise one's voice 목소리를 높이다 | have strong opinions 주장이 강하다 | agree with A A에 동의하다 | curse at A A에게 욕을 하다 | kick A out of B A를 B에서 쫓아내다

DAY 19

2분 영어 말하기 에피소드
편의점

1 과자, 음료수, 세면도구, 문구, 즉석 식품을 판다

In 19-1.mp3

Step 1 끊어 듣기 | **Step 2 우리말 보기**

I like looking around * at convenience stores. *
저는 둘러보는 걸 좋아하죠   편의점들에서.

They mainly sell * snacks, * beverages, * toiletries, *
그들은 주로 판매해요   스낵   음료   세면도구

stationery, * and instant food. *
문구류   그리고 즉석 식품을.

I hardly buy toiletries and stationery there *
저는 세면용품과 문구류는 거기서 거의 사지 않아요

because they are more expensive * than ordinary stores.
왜냐면 그것들이 더 비싸거든요   일반 가게들보다.

저는 편의점에서 둘러보는 걸 좋아하죠. 그곳에서는 주로 스낵과 음료, 세면도구, 문구류, 그리고 즉석 식품을 판매해요. 저는 세면용품과 문구류는 거기서 거의 사지 않는데 일반 가게들보다 더 비싸기 때문입니다.

2 생수를 사러 편의점에 간다

In 19-2.mp3

Step 1 끊어 듣기 | **Step 2 우리말 보기**

It is not safe * to drink the tap water * in my area. *
그것은 안전하지가 않아요 (그것이 뭐냐면) 수돗물을 마시는 것   우리 지역에서.

So my mom always tells me * to boil the tap water first *
그래서 우리 엄마는 항상 제게 말합니다   우선 수돗물을 끓이라고

and then drink it. * I used to boil it, *
그러고선 그것을 마시라고. 전 예전에는 그것을 끓였어요

but I recently started to drink bottled water. *
하지만 최근에는 병에 든 생수를 마시기 시작했어요.

I just buy the bottles * from the convenience store *
저는 그 병들을 사죠   편의점에서

on my way back home. * My mom is thinking *
집에 돌아가는 길에.   우리 엄마는 생각 중이십니다

of getting a water purifier * at home.
정수기를 들여 놓는 것을   집에.

우리 지역에서 수돗물을 마시는 것은 안전하지가 않아요. 그래서 엄마는 항상 제게 수돗물을 끓여서 마시라고 하십니다. 예전에는 물을 끓였지만 최근에는 병에 든 생수를 마시기 시작했어요. 집에 돌아가는 길에 편의점에서 생수를 사죠. 엄마는 집에 정수기를 들여 놓을까 생각 중이십니다.

제한시간 **2**분 (에피소드당 20초 내외)

 Step 3 따라 말하기  **Step 4** 혼자 말하기

I like looking around at convenience stores. They mainly sell snacks, beverages, toiletries, stationery, and instant food. I hardly buy toiletries and stationery there because they are more expensive than ordinary stores.

🔊 저는 편의점에서 둘러보는 걸 좋아하죠. 그곳에서는 주로 스낵과 음료, 세면도구, 문구류, 그리고 즉석 식품을 판매해요. 저는 세면용품과 문구류는 거기서 거의 사지 않는데 일반 가게들보다 더 비싸기 때문입니다.

끊어 말하기 ☐☐ 자연스럽게 말하기 ☐

look around 둘러보다 | mainly 주로 | toiletries 세면도구 | stationery 문구류

Step 3 따라 말하기 **Step 4** 혼자 말하기

It is not safe to drink the tap water in my area. So my mom always tells me to boil the tap water first and then drink it. I used to boil it, but I recently started to drink bottled water. I just buy the bottles from the convenience store on my way back home. My mom is thinking of getting a water purifier at home.

🔊 우리 지역에서 수돗물을 마시는 것은 안전하지가 않아요. 그래서 엄마는 항상 제게 수돗물을 끓여서 마시라고 하십니다. 예전에는 물을 끓였지만 최근에는 병에 든 생수를 마시기 시작했어요. 집에 돌아가는 길에 편의점에서 생수를 사죠. 엄마는 집에 정수기를 들여 놓을까 생각 중이십니다.

끊어 말하기 ☐☐ 자연스럽게 말하기 ☐

tap water 수돗물 | boil 끓이다 | bottled water 병에 담긴 생수 | water purifier 정수기

3 편의점이 비싸기는 하지만 이해한다

In 19-3.mp3

Step 1 끊어 듣기

Step 2 우리말 보기

Convenience stores usually charge higher prices *
편의점들은 보통 더 높은 값들을 부과하죠

than ordinary grocery stores or supermarkets. * I guess *
일반 식료품점들이나 슈퍼마켓들보다.   저는 생각합니다

it is because they don't buy as many products *
그것은 그들이 많은 제품들을 사지 않기 때문이라고

as large chain supermarkets. *
대형 체인 슈퍼마켓들만큼.

There is a big grocery store * right in front of my house, *
대형 식료품점이 하나 있습니다   우리 집 바로 앞에

so I rarely go to a convenience store.
그래서 저는 편의점에 거의 가지 않아요.

편의점은 보통 일반 식료품점이나 슈퍼마켓보다 가격이 더 비싸죠. 그건 대형 체인 슈퍼마켓들만큼 제품들을 많이 구매해 놓지 않기 때문이라고 생각합니다. 우리 집 바로 앞에 대형 식료품점이 있어서 저는 편의점에 거의 가지 않아요.

---

4 편의점 택배 서비스가 싸고 편리하다

In 19-4.mp3

Step 1 끊어 듣기

Step 2 우리말 보기

Convenience stores have recently started *
편의점들이 최근에 시작했습니다

a courier service. * They charge you 5,000 won *
택배 서비스를.   그들은 당신에게 5천 원을 청구합니다

per package. * I haven't used the service yet, *
소포 하나당.   전 아직 서비스를 이용해 보지 않았어요

but my friend said * it was cheaper and more convenient *
하지만 제 친구가 말했어요   그것은 더 싸고 편리하다고

than a regular post office service.
일반 우체국 서비스보다.

편의점이 최근에 택배 서비스를 시작했습니다. 소포 하나당 5천 원을 청구합니다. 전 아직 서비스를 이용해 보지 않았지만 친구가 일반 우체국 서비스보다 더 싸고 편리하다고 했어요.

---

5 편의점이 너무 많이 있다

In 19-5.mp3

Step 1 끊어 듣기

Step 2 우리말 보기

There are way too many convenience stores *
너무 많은 편의점들이 있어요

in the city. * You can find one * on almost every corner. *
도시에는.   당신은 하나를 발견할 수 있어요   거의 모든 모퉁이마다.

It is certainly convenient * that there are many of them *
그것은 분명 편리하기는 해요   (그것이 뭐냐면) 그것들이 많이 있는 것

around, * but we only have one bookstore *
주변에   하지만 우리는 서점은 하나만 있죠

in my neighborhood. * I think * that is a problem.
우리 동네에.   저는 생각해요   그건 문제라고.

도시에는 편의점들이 너무 많아요. 거의 모든 모퉁이마다 발견할 수 있어요. 주변에 편의점이 많은 게 분명 편리하기는 하지만 우리 동네에 서점은 하나뿐입니다. 문제라고 생각해요.

Convenience stores usually charge higher prices than ordinary grocery stores or supermarkets. I guess it is because they don't buy as many products as large chain supermarkets. There is a big grocery store right in front of my house, so I rarely go to a convenience store.

편의점은 보통 일반 식료품점이나 슈퍼마켓보다 가격이 더 비싸죠. 그건 대형 체인 슈퍼마켓들만큼 제품들을 많이 구매해 놓지 않기 때문이라고 생각합니다. 우리 집 바로 앞에 대형 식료품점이 있어서 저는 편의점에 거의 가지 않아요.

끊어 말하기 ☐☐   자연스럽게 말하기 ☐

charge 부과하다 | ordinary grocery store 일반 식료품점

Convenience stores have recently started a courier service. They charge you 5,000 won per package. I haven't used the service yet, but my friend said it was cheaper and more convenient than a regular post office service.

편의점이 최근에 택배 서비스를 시작했습니다. 소포 하나당 5천 원을 청구합니다. 전 아직 서비스를 이용해 보지 않았지만 친구가 일반 우체국 서비스보다 더 싸고 편리하다고 했어요.

끊어 말하기 ☐☐   자연스럽게 말하기 ☐

courier service 택배 서비스 | package 소포, 물품

There are way too many convenience stores in the city. You can find one on almost every corner. It is certainly convenient that there are many of them around, but we only have one bookstore in my neighborhood. I think that is a problem.

도시에는 편의점들이 너무 많아요. 거의 모든 모퉁이마다 발견할 수 있어요. 주변에 편의점이 많은 게 분명 편리하기는 하지만 우리 동네에 서점은 하나뿐입니다. 문제라고 생각해요.

끊어 말하기 ☐☐   자연스럽게 말하기 ☐

way too 너무 | on almost every corner 거의 모든 모퉁이에

🎧 In 19-6.mp3

Step 1 끊어 듣기 🎧	Step 2 우리말 보기 👁

Convenience stores usually have an ATM machine. *
편의점들에는 대개 ATM 기계가 하나 있습니다.

I almost never use the ATM * **in the convenience store** *
전 ATM은 거의 이용하지 않아요   편의점 내에 있는

because they charge you a 1,000 won fee *
왜냐면 그들은 당신에게 수수료를 1,000원이나 부과하거든요

when withdrawing money, * **which is insane.** *
돈을 인출할 때   이건 미친 거죠.

I always make sure * **I carry enough cash** * **with me.**
저는 항상 확인합니다   제가 충분한 현금을 갖고 있는지   저한테.

편의점에는 대개 ATM 기계가 있습니다. 전 편의점 내에 있는 ATM은 거의 이용하지 않는데 돈을 인출할 때 수수료를 1,000원이나 부과하기 때문이죠. 이건 미친 거죠. 저는 항상 현금이 충분히 있는지 확인합니다.

🎧 In 19-7.mp3

Step 1 끊어 듣기 🎧	Step 2 우리말 보기 👁

When the weather is nice outside, * **I usually go to a**
바깥 날씨가 좋을 때   저는 주로 편의점에 갑니다

convenience store * **in front of my house** *
집 앞에 있는

and have some beers there. * **They have a few tables** *
그리고 거기서 맥주들을 좀 마시죠.   그들은 몇 개의 탁자를 갖고 있어요

outside the store, * **so I usually sit there** *
매장 바깥에   그래서 저는 보통 거기에 앉죠

and have beers and snacks * **with my friends.**
그리고 맥주에 스낵을 먹어요   제 친구들과.

바깥 날씨가 좋으면 저는 주로 집 앞에 있는 편의점에 가서 맥주를 좀 마시죠. 매장 바깥에 탁자가 몇 개 있어서 저는 보통 친구들과 그곳에 앉아 맥주에 스낵을 먹어요.

🎧 In 19-8.mp3

Step 1 끊어 듣기 🎧	Step 2 우리말 보기 👁

I live alone. * **I don't like to cook for just myself** *
저는 혼자 살아요.   저는 저 혼자만을 위해서 밥 하는 걸 좋아하지 않아요

so I usually go to a convenience store * **on my way home.** *
그래서 전 보통 편의점에 들릅니다   집에 오는 길에.

I often buy Korean rice balls * **and instant cup noodles.** *
저는 자주 주먹밥을 사죠   그리고 컵라면을요.

They might not be good for my health *
그것들이 제 건강에는 안 좋을지 몰라요

but they certainly taste good.
하지만 그것들은 확실히 맛은 좋아요.

저는 혼자 살아요. 저 혼자 먹으려고 밥 하는 걸 좋아하지 않아서 보통은 집에 오는 길에 편의점에 들릅니다. 종종 주먹밥과 컵라면을 사죠. 건강에는 안 좋을지 모르지만 확실히 맛은 좋아요.

Convenience stores usually have an ATM machine. I almost never use the ATM in the convenience store because they charge you a 1,000 won fee when withdrawing money, which is insane. I always make sure I carry enough cash with me.

🔊 편의점에는 대개 ATM 기계가 있습니다. 전 편의점 내에 있는 ATM은 거의 이용하지 않는데 돈을 인출할 때 수수료를 1,000원이나 부과하기 때문이죠. 이건 미친 거죠. 저는 항상 현금이 충분히 있는지 확인합니다.

✌️ 끊어 말하기 ☐ ☐   ✌️ 자연스럽게 말하기 ☐

insane 미친, 정상이 아닌 | **make sure** 확인하다, 확실히 하다

When the weather is nice outside, I usually go to a convenience store in front of my house and have some beers there. They have a few tables outside the store, so I usually sit there and have beers and snacks with my friends.

🔊 바깥 날씨가 좋으면 저는 주로 집 앞에 있는 편의점에 가서 맥주를 좀 마시죠. 매장 바깥에 탁자가 몇 개 있어서 저는 보통 친구들과 그곳에 앉아 맥주에 스낵을 먹어요.

✌️ 끊어 말하기 ☐ ☐   ✌️ 자연스럽게 말하기 ☐

have some beers 맥주를 마시다

I live alone. I don't like to cook for just myself so I usually go to a convenience store on my way home. I often buy Korean rice balls and instant cup noodles. They might not be good for my health but they certainly taste good.

🔊 저는 혼자 살아요. 저 혼자 먹으려고 밥 하는 걸 좋아하지 않아서 보통은 집에 오는 길에 편의점에 들릅니다. 종종 주먹밥과 컵라면을 사죠. 건강에는 안 좋을지 모르지만 확실히 맛은 좋아요.

✌️ 끊어 말하기 ☐ ☐   ✌️ 자연스럽게 말하기 ☐

rice ball 주먹밥 | **instant cup noodles** 컵라면

DAY
20

2분 영어 말하기 에피소드
계절

1 봄에는 꽃가루 알레르기로 고생한다

🎧 In 20-1.mp3

Step 1 **끊어 듣기** 🎧

I am allergic to pollen. * **I have a runny nose** *
저는 꽃가루 알레르기가 있어요.   저는 (콧물이) 흐르는 코를 가져요

and itchy eyes * **in the spring.** * **It bothers me so much.** *
그리고 가려운 눈들을   봄이면.   그것은 저를 정말 성가시게 하죠.

Yesterday, * **I was doing a presentation in class** *
어제   저는 수업 시간에 프레젠테이션을 하고 있었어요

and my nose was running like water. *
그런데 제 코가 마치 물처럼 흘렀습니다.

I was so embarrassed. * **I can't stand spring.**
전 무척 창피했어요.   전 봄을 정말 참을 수가 없습니다.

Step 2 **우리말 보기** 👁

저는 꽃가루 알레르기가 있어요. 봄이면 콧물이 나고 눈이 가렵습니다. 정말 성가시죠. 어제는 수업 시간에 프레젠테이션을 하는데 콧물이 마치 물처럼 흘렀습니다. 무척 창피했어요. 봄은 정말 참을 수가 없습니다.

2 여름에 땀띠로 고생한다

🎧 In 20-2.mp3

Step 1 **끊어 듣기** 🎧

I sweat a lot in summer * **and I suffer from heat rash.** *
저는 여름에 땀을 많이 흘려요   그래서 전 땀띠로 고생하죠.

I don't like it * **because it makes my skin itchy.** *
전 그것(땀띠)을 좋아하지 않습니다 왜냐하면 그것은 내 피부를 가렵게 만드니까요.

It's frustrating. * **My friends used to make fun of me** *
그건 짜증스럽죠.   제 친구들이 (이걸로) 저를 놀리곤 했어요

when I was young. * **I prefer winter to summer.**
어릴 때는.   전 여름보다 겨울을 더 좋아합니다.

Step 2 **우리말 보기** 👁

저는 여름에 땀을 많이 흘려서 땀띠로 고생하죠. 땀띠가 나면 피부가 가려워져서 싫습니다. 짜증스럽죠. 어릴 때는 친구들이 이걸로 저를 놀리곤 했어요. 전 여름보다 겨울이 더 좋습니다.

3 겨울에 눈 치우느라 고생했다

🎧 In 20-3.mp3

Step 1 **끊어 듣기** 🎧

When I was in the army, * **I had to shovel up the snow** *
제가 군대에 있었을 때   저는 눈을 치워야 했습니다

in winter. * **It worried me** * **whenever it started to snow.** *
겨울에.   그것은 저를 걱정시켰죠   눈이 내리기 시작할 때마다.

I remember * **one time** * **I shoveled up the snow** *
전 기억이 납니다   한번은   눈을 치웠던

all day long. * **I was exhausted.**
온종일.   전 녹초가 다 됐죠.

Step 2 **우리말 보기** 👁

군대에 있을 때 저는 겨울에 눈을 치워야 했습니다. 눈이 내리기 시작할 때마다 걱정이 되었죠. 한번은 온종일 눈을 치웠던 기억이 납니다. 녹초가 다 됐죠.

제한시간 **2**분 (에피소드당 20초 내외)

Step 3 따라 말하기	Step 4 혼자 말하기

I am allergic to pollen. I have a runny nose and itchy eyes in the spring. It bothers me so much. Yesterday, I was doing a presentation in class and my nose was running like water. I was so embarrassed. I can't stand spring.

◁» 저는 꽃가루 알레르기가 있어요. 봄이면 콧물이 나고 눈이 가렵습니다. 정말 성가시죠. 어제는 수업 시간에 프레젠테이션을 하는데 콧물이 마치 물처럼 흘렀습니다. 무척 창피했어요. 봄은 정말 참을 수가 없습니다.

끊어 말하기 ☐☐　　자연스럽게 말하기 ☐

be allergic to A A에 알레르기가 있다 | pollen 꽃가루 | have a runny nose 콧물이 나다 | itchy 가려운 | do a presentation 발표하다

Step 3 따라 말하기	Step 4 혼자 말하기

I sweat a lot in summer and I suffer from heat rash. I don't like it because it makes my skin itchy. It's frustrating. My friends used to make fun of me when I was young. I prefer winter to summer.

◁» 저는 여름에 땀을 많이 흘려서 땀띠로 고생하죠. 땀띠가 나면 피부가 가려워져서 싫습니다. 짜증스럽죠. 어릴 때는 친구들이 이걸로 저를 놀리곤 했어요. 전 여름보다 겨울이 더 좋습니다.

끊어 말하기 ☐☐　　자연스럽게 말하기 ☐

sweat 땀을 흘리다 | suffer from A A로 고생하다 | heat rash 땀띠 | make fun of A A를 놀리다 | prefer A to B B보다 A를 더 좋아하다

Step 3 따라 말하기	Step 4 혼자 말하기

When I was in the army, I had to shovel up the snow in winter. It worried me whenever it started to snow. I remember one time I shoveled up the snow all day long. I was exhausted.

◁» 군대에 있을 때 저는 겨울에 눈을 치워야 했습니다. 눈이 내리기 시작할 때마다 걱정이 되었죠. 한번은 온종일 눈을 치웠던 기억이 납니다. 녹초가 다 됐죠.

끊어 말하기 ☐☐　　자연스럽게 말하기 ☐

shovel up 삽으로 뜨다 | all day long 온종일

4 겨울에 추위를 많이 탄다

In 20-4.mp3

I feel the cold * **more than others.** *
저는 추위를 느낍니다.　　　　남들보다 더.

I hated wearing a school uniform * **in the winter** *
저는 교복을 입는 것이 너무 싫었어요　　　　겨울에

because it is hard * **to keep warm and look cool** *
그것은 어렵기 때문이죠　　　몸을 따뜻하게 하면서 멋져 보이게 하기가

at the same time. * **Someone told me** *
동시에.　　　　누군가가 제게 말했어요

I needed to exercise regularly. * **Since then,** *
규칙적으로 운동을 해야 한다고.　　　그 이후로

I work out * **at the gym** * **every morning.**
저는 운동을 합니다　　헬스클럽에서　　　매일 아침.

저는 남들보다 추위를 더 잘 탑니다. 겨울에 교복을 입는 것이 너무 싫었는데 몸을 따뜻하게 하면서 동시에 멋져 보이게 하기가 어렵기 때문이죠. 누군가가 제게 규칙적으로 운동을 해야 한다고 그러더군요. 그 이후로 저는 매일 아침 헬스클럽에서 운동을 합니다.

5 가을에는 단풍 구경을 간다

In 20-5.mp3

My favorite season is fall * **because I like enjoying** *
제가 제일 좋아하는 계절은 가을이에요　　왜냐면 전 즐기는 것을 좋아하기 때문이죠

the fall leaves. * **There is a small mountain** *
단풍을.　　　작은 산이 하나 있습니다 *

behind my house. * **I often go to the mountain** *
우리 집 뒤에.　　　저는 자주 그 산에 갑니다

with my friends or family * **and look at the beautiful**
친구들이나 가족들과　　　그리고 아름다운 낙엽을 보곤 하죠

leaves * **in the fall.** * **I haven't been to the mountain** *
가을의.　　　저는 그 산에 가 보지 못했는데

this year yet * **so I am planning on going** * **next week.**
금년에는 아직　　　그래서 가 볼 계획입니다　　　다음 주에.

제가 제일 좋아하는 계절은 가을인데요, 단풍을 즐기기 때문이죠. 우리 집 뒤에 작은 산이 하나 있습니다. 저는 자주 친구들이나 가족들과 산에 가서 가을의 아름다운 낙엽을 보곤 하죠. 금년에는 아직 산에 가 보지 못했는데 다음 주에 가 볼 계획입니다.

6 봄, 가을이 점점 짧아지는 듯하다

In 20-6.mp3

Spring and fall are * **tending to get shorter.** *
봄과 가을이 있습니다　　　더 짧아지는 경향인 상태에.

Yesterday, * **the weather was beautiful.** * **It finally felt** *
어제는　　　날씨가 좋았습니다.　　　마침내 느껴졌죠

like winter was over * **and spring had arrived.** *
겨울이 가는 것처럼　　　그리고 봄이 온 것처럼.

However, * **today,** * **it is 86 degrees outside.** * **It feels** *
하지만　　오늘은　　바깥이 섭씨 30도였어요　　　느낌이 듭니다

like there are only two seasons: * **summer and winter.**
오직 두 계절들만 있는 것 같은　　　여름과 겨울.

봄과 가을이 더 짧아지는 경향이 있습니다. 어제는 날씨가 좋았습니다. 마침내 겨울이 가고 봄이 온 것처럼 느껴졌죠. 하지만 오늘은 바깥이 섭씨 30도였어요. 여름과 겨울 단지 두 계절만 있는 것 같습니다.

I feel the cold more than others. I hated wearing a school uniform in the winter because it is hard to keep warm and look cool at the same time. Someone told me I needed to exercise regularly. Since then, I work out at the gym every morning.

🔊 저는 남들보다 추위를 더 잘 탑니다. 겨울에 교복을 입는 것이 너무 싫었는데 몸을 따뜻하게 하면서 동시에 멋져 보이게 하기가 어렵기 때문이죠. 누군가가 제게 규칙적으로 운동을 해야 한다고 그러더군요. 그 이후로 저는 매일 아침 헬스클럽에서 운동을 합니다.

✌️ 끊어 말하기 ⬜⬜   ✌️ 자연스럽게 말하기 ⬜

school uniform 교복 | cool 멋진 | at the same time 동시에 | work out 운동하다 | gym 헬스장, 헬스클럽

My favorite season is fall because I like enjoying the fall leaves. There is a small mountain behind my house. I often go to the mountain with my friends or family and look at the beautiful leaves in the fall. I haven't been to the mountain this year yet so I am planning on going next week.

🔊 제가 제일 좋아하는 계절은 가을인데요, 단풍을 즐기기 때문이죠. 우리 집 뒤에 작은 산이 하나 있습니다. 저는 자주 친구들이나 가족들과 산에 가서 가을의 아름다운 낙엽을 보곤 하죠. 금년에는 아직 산에 가 보지 못했는데 다음 주에 가 볼 계획입니다.

✌️ 끊어 말하기 ⬜⬜   ✌️ 자연스럽게 말하기 ⬜

favorite 가장 좋아하는 | enjoy the fall leaves 단풍을 즐기다 | plan on -ing ~할 계획이다

Spring and fall are tending to get shorter. Yesterday, the weather was beautiful. It finally felt like winter was over and spring had arrived. However, today, it is 86 degrees outside. It feels like there are only two seasons: summer and winter.

🔊 봄과 가을이 더 짧아지는 경향이 있습니다. 어제는 날씨가 좋았습니다. 마침내 겨울이 가고 봄이 온 것처럼 느껴졌죠. 하지만 오늘은 바깥이 섭씨 30도였어요. 여름과 겨울 단지 두 계절만 있는 것 같습니다.

✌️ 끊어 말하기 ⬜⬜   ✌️ 자연스럽게 말하기 ⬜

tend to do ~하는 경향이 있다 | degree (기온의) 도 | outside 바깥에서

7 여름에 해가 길어 야외 활동하기 좋다

Step 1 끊어 듣기

Summer has a longer daytime * than winter, *
여름은 더 긴 낮 시간을 갖고 있습니다   겨울보다

but recently it feels * like the summer daytime has been *
하지만 최근에는 기분이 들어요   여름 낮 시간이 있어온 것 같은

much longer than before. * **I like it** * **because I enjoy**
전보다 더 길어진 상태에.   전 그것을 좋아합니다   왜냐면 전 야외 활동을

outdoor activities. * For example, * I play soccer *
즐기거든요.   예를 들어   저는 축구를 해요

every other day. * On the weekends, * I play baseball *
하루 걸러.   주말에는   전 야구를 하고요

after breakfast. * I feel good * after playing sports.
아침식사 후에.   저는 기분이 좋습니다   스포츠를 하고 나면.

Step 2 우리말 보기

여름은 겨울보다 낮이 깁니다. 하지만 최근에는 여름 해가 전보다 더 길어진 듯한 기분이 들어요. 전 야외 활동을 즐기기 때문에 이런 게 좋습니다. 예를 들어, 저는 하루걸러 축구를 해요. 주말에는 아침식사 후 야구를 하고요. 스포츠를 하고 나면 기분이 좋습니다.

8 여름에 모기 때문에 잠을 못 잔다

Step 1 끊어 듣기

I hate mosquitoes. * **I get easily bitten** * **by them.** *
저는 모기들을 싫어합니다.   저는 쉽게 물리죠   그것들에 의해.

I couldn't sleep last night * **because of mosquitoes.** *
전 지난밤에는 잠을 잘 수가 없었습니다   모기들 때문에.

I was stressed. * I got out of bed * and watched TV *
전 스트레스를 받게 되더군요. 저는 침대 밖으로 나왔어요   그리고 TV를 봤죠

until 3 in the morning. * I am so tired today.
새벽 3시까지.   전 오늘 매우 피곤합니다.

Step 2 우리말 보기

저는 모기를 싫어합니다. 모기에 쉽게 물리죠. **지난밤에는 모기 때문에 잠을 잘 수가 없었습니다.** 스트레스를 받게 되더군요. 침대에서 일어나 새벽 3시까지 TV를 봤죠. 오늘 매우 피곤합니다.

9 겨울에는 로션을 꼭 바른다

Step 1 끊어 듣기

My skin gets very dry * **in winter.** * Even though I don't
제 피부가 매우 건조해져요   겨울에는.   제가 많은 시간이 없더라도

have much time * in the morning, * **I never forget** * **to put**
아침에   저는 절대 잊지 않습니다

on moisturizing lotion. * However, * I slept in today, *
보습 로션을 바르는 것을.   하지만   저는 오늘 늦잠을 잤어요

and I literally had no time * to put any moisturizing lotion on
그리고 말 그대로 시간도 없었습니다   제 얼굴에 어떤 보습 로션을 바를.

my face. * I had to bring the moisturizing lotion with me *
                     저는 그 보습 로션을 챙겨와야 했어요

and apply it * on the bus. * It was a bit embarrassing, *
그리고 그것을 발라야 했죠 버스에서.   그것은 조금 민망했죠

but I had no choice.
하지만 선택의 여지가 없었어요.

Step 2 우리말 보기

겨울에는 제 피부가 매우 건조해져요. 아침에 시간이 많이 없더라도 **보습 로션을 바르는 것은 절대 잊지 않습니다.** 하지만 오늘 늦잠을 잤고 말 그대로 얼굴에 로션 바를 시간도 없었습니다. 로션을 챙겨와 버스 안에서 발라야 했죠. 조금 민망했지만 선택의 여지가 없었어요.

Summer has a longer daytime than winter, but recently it feels like the summer daytime has been much longer than before. I like it because I enjoy outdoor activities. For example, I play soccer every other day. On the weekends, I play baseball after breakfast. I feel good after playing sports.

🔊 여름은 겨울보다 낮이 깁니다. 하지만 최근에는 여름 해가 전보다 더 길어진 듯한 기분이 들어요. 전 야외 활동을 즐기기 때문에 이런 게 좋습니다. 예를 들어, 저는 하루걸러 축구를 해요. 주말에는 아침식사 후 야구를 하고요. 스포츠를 하고 나면 기분이 좋습니다.

 끊어 말하기 ☐☐ 자연스럽게 말하기 ☐

daytime 낮 | recently 최근에 | outdoor activities 야외 활동

I hate mosquitoes. I get easily bitten by them. I couldn't sleep last night because of mosquitoes. I was stressed. I got out of bed and watched TV until 3 in the morning. I am so tired today.

🔊 저는 모기를 싫어합니다. 모기에 쉽게 물리죠. 지난밤에는 모기 때문에 잠을 잘 수가 없었습니다. 스트레스를 받게 되더군요. 침대에서 일어나 새벽 3시까지 TV를 봤죠. 오늘 매우 피곤합니다.

 끊어 말하기 ☐☐ 자연스럽게 말하기 ☐

mosquito 모기 | get out of A A 밖으로 나오다 | tired 피곤한

My skin gets very dry in winter. Even though I don't have much time in the morning, I never forget to put on moisturizing lotion. However, I slept in today, and I literally had no time to put any moisturizing lotion on my face. I had to bring the moisturizing lotion with me and apply it on the bus. It was a bit embarrassing, but I had no choice.

🔊 겨울에는 제 피부가 매우 건조해져요. 아침에 시간이 많이 없더라도 보습 로션을 바르는 것은 절대 잊지 않습니다. 하지만 오늘 늦잠을 잤고 말 그대로 얼굴에 로션 바를 시간도 없었습니다. 로션을 챙겨와 버스 안에서 발라야 했죠. 조금 민망했지만 선택의 여지가 없었어요.

 끊어 말하기 ☐☐ 자연스럽게 말하기 ☐

put on ~을 바르다 | sleep in 늦잠을 자다 | literally 말 그대로, 문자 그대로 | apply ~을 바르다 | have no choice 별 도리가 없다

DAY 21

공원

1 공원에서 산책한다

In 21-1.mp3

Step 1 끊어 듣기   **Step 2** 우리말 보기

I usually **take a walk** * **in the park** * **on weekends.** *
저는 대개 산책을 하죠   그 공원에서   주말에.

It refreshes my mind and body. * I love having a cup
그것이 제 몸과 마음을 상쾌하게 해줍니다.   저는 커피 한 잔 마시는 것을

of coffee * at the park * after dinner. * I think *
매우 좋아해요   그 공원에서   저녁식사 후.   저는 생각합니다

it is my favorite time of the day.
그것이 하루 중 제가 가장 좋아하는 시간이라고.

저는 대개 주말에 공원에서 산책을 하죠. 산책이 제 몸과 마음을 상쾌하게 해줍니다. 저녁식사 후 공원에서 커피 한 잔 마시는 것을 매우 좋아해요. 하루 중 가장 좋아하는 시간 같습니다.

2 공원 식수대 물은 안 마신다

In 21-2.mp3

Step 1 끊어 듣기   **Step 2** 우리말 보기

I jog in the park * every morning. * After jogging, *
저는 그 공원에서 조깅을 합니다   매일 아침.   조깅 후에는

I get very thirsty, * but I never drink *
전 목이 매우 말라요   하지만 전 절대 마시지 않아요

from water fountains. * I worry about getting sick *
식수대들에서는.   전 탈이 날까 봐 걱정이 되거든요

from the water. * So I just wait * until I get home.
그 물로부터.   그래서 전 그냥 기다립니다   제가 집에 도착할 때까지.

저는 매일 아침 공원에서 조깅을 합니다. 조깅 후에는 목이 매우 마르지만 식수대 물은 절대 마시지 않아요. 그 물을 먹고 탈이 날까 봐 걱정이 되거든요. 그래서 집에 도착할 때까지 참습니다.

3 공원에서 가족들과 시간을 보냈다

In 21-3.mp3

Step 1 끊어 듣기   **Step 2** 우리말 보기

A week ago, * I went to the park * with my family. *
일주일 전에   저는 그 공원에 갔어요   우리 가족들과 함께.

We sat on the grass * with a mat. * We listened to music *
우리는 그 잔디밭 위에 앉았죠   돗자리를 하나 깔고.   우리 가족은 음악을 들었습니다

on my phone. * My mom read * and my dad slept. *
제 휴대전화상에서.   우리 엄마는 책을 읽었죠   그리고 우리 아빠는 주무셨어요.

We had a wonderful time * there.
우리는 멋진 시간을 보냈습니다   거기에서.

일주일 전에 가족들과 공원에 갔어요. 잔디밭에 돗자리를 깔고 앉았죠. 우리 가족은 제 휴대전화로 음악을 들었습니다. 엄마는 책을 보시고 아빠는 주무셨어요. 우린 공원에서 멋진 시간을 보냈습니다.

강의 및 훈련 MP3

제한시간 **2**분 (에피소드당 20초 내외)

Step 3 따라 말하기 👄	**Step 4 혼자 말하기** 👄
I usually take a walk in the park on weekends. It refreshes my mind and body. I love having a cup of coffee at the park after dinner. I think it is my favorite time of the day.	🔊 저는 대개 주말에 공원에서 산책을 하죠. 산책이 제 몸과 마음을 상쾌하게 해줍니다. 저녁식사 후 공원에서 커피 한 잔 마시는 것을 매우 좋아해요. 하루 중 가장 좋아하는 시간 같습니다.

 끊어 말하기 ☐☐  자연스럽게 말하기 ☐

take a walk 산책하다 | **refresh** 상쾌하게 하다 | **of the day** 하루 중

Step 3 따라 말하기 👄	**Step 4 혼자 말하기** 👄
I jog in the park every morning. After jogging, I get very thirsty, but I never drink from water fountains. I worry about getting sick from the water. So I just wait until I get home.	🔊 저는 매일 아침 공원에서 조깅을 합니다. 조깅 후에는 목이 매우 마르지만 식수대 물은 절대 마시지 않아요. 그 물을 먹고 탈이 날까 봐 걱정이 되거든요. 그래서 집에 도착할 때까지 참습니다.

 끊어 말하기 ☐☐ 자연스럽게 말하기 ☐

thirsty 목이 마른 | **water fountain** 식수대 | **get sick** 아프다, 병에 걸리다

Step 3 따라 말하기 👄	**Step 4 혼자 말하기** 👄
A week ago, I went to the park with my family. We sat on the grass with a mat. We listened to music on my phone. My mom read and my dad slept. We had a wonderful time there.	🔊 일주일 전에 가족들과 공원에 갔어요. 잔디밭에 돗자리를 깔고 앉았죠. 우리 가족은 제 휴대전화로 음악을 들었습니다. 엄마는 책을 보시고 아빠는 주무셨어요. 우린 공원에서 멋진 시간을 보냈습니다.

 끊어 말하기 ☐☐ 자연스럽게 말하기 ☐

mat 돗자리, 매트 | **on my phone** 내 휴대전화로

4 공원 벤치에 앉아 커피를 마셨다

🎧 In 21-4.mp3

Step 1 끊어 듣기 🎧

I went to the park * after lunch. * I sat on a bench *
저는 그 공원에 갔습니다   점심식사 후.   저는 벤치 하나에 앉았죠

with a cup of coffee. * It was relaxing. *
커피 한 잔을 들고.   그것은 마음을 느긋하게 해줬습니다.

I spent about an hour * there * and went back home. *
저는 한 시간 가량 보냈어요   거기에서   그리고 집으로 돌아왔어요.

When I was little, * I liked playing * at the park. *
제가 어렸을 때   저는 노는 것을 좋아했습니다   그 공원에서.

I used to spend * four or five hours a day * at the park. *
전 보내곤 했죠   하루에 네다섯 시간씩   공원에서.

I feel comfortable * when I'm there.
전 마음이 편안해집니다   제가 거기에 있을 때면.

Step 2 우리말 보기 👁

점심식사 후 공원에 갔습니다. 커피 한 잔을 들고 벤치에 앉았죠. 마음이 느긋해졌습니다. 그 곳에서 한 시간 가량 보낸 후 집으로 돌아왔어요. 어렸을 때 공원에서 노는 것을 좋아했습니다. 공원에서 하루에 네다섯 시간씩 시간을 보내곤 했죠. 공원에 있으면 마음이 편안해집니다.

5 공원에서 새에게 먹이를 줬다

🎧 In 21-5.mp3

Step 1 끊어 듣기 🎧

I went to the park * yesterday. * It was relaxing *
저는 그 공원에 갔습니다   어제.   그것은 마음을 느긋하게 해주더라고요

to sit on a bench. * I had crackers with me *
(그것이 뭐냐면) 벤치 위에 앉아 있는 것.   저는 제게 크래커를 좀 갖고 있었어요

so I decided to feed some birds. * After feeding the birds *
그래서 전 새들에게 모이를 주기로 했습니다.   그 새들에게 모이를 줬더니

for two minutes, * a flock of them came * to where I was. *
2분가량   그 떼들이 왔어요   제가 있는 곳으로.

They made me feel nervous. * I left the park.
그들은 저를 불안하게(긴장하게) 만들었어요.   저는 공원을 떠났죠.

Step 2 우리말 보기 👁

어제 공원에 갔습니다. 벤치에 앉아 있으니 마음이 느긋해지더라고요. 크래커가 좀 있어서 새들에게 모이를 주기로 했습니다. 2분가량 새들에게 모이를 줬더니 새떼들이 제가 있는 곳으로 왔어요. 새들을 보자 불안해져서 저는 공원을 떠났죠.

6 공원에서 자전거를 대여해 탔다

🎧 In 21-6.mp3

Step 1 끊어 듣기 🎧

I like riding a bike * through the park. * Last weekend, *
저는 자전거 타는 것을 좋아합니다   그 공원을 통하여.   지난 주말에

I went to the park * with my friend. * We rented two
저는 그 공원에 갔죠   제 친구와.   우리는 자전거 두 대를 빌렸죠

bicycles * and rode them * for a few hours. *
        그리고 그것들을 탔습니다   몇 시간 동안.

It was enjoyable. * After riding the bikes, * we sat on a
그것은 즐거웠어요.   그 자전거들을 탄 후   우리는 벤치 위에 앉았죠

bench * and rested. * We also had a great conversation. *
        그리고 쉬었습니다.   우리는 또 멋진 대화를 나누기도 했죠.

I like going to the park * with my friend.
전 그 공원에 가는 것을 좋아해요   제 친구와.

Step 2 우리말 보기 👁

저는 공원에서 자전거 타는 것을 좋아합니다. 지난 주말에 친구와 공원에 갔죠. 우리는 자전거 두 대를 빌려 몇 시간 동안 탔습니다. 즐거웠어요. 자전거를 탄 후 우리는 벤치에 앉아 쉬었습니다. 또 멋진 대화를 나누기도 했죠. 전 친구와 공원에 가는 것이 좋아요.

I went to the park after lunch. I sat on a bench with a cup of coffee. It was relaxing. I spent about an hour there and went back home. When I was little, I liked playing at the park. I used to spend four or five hours a day at the park. I feel comfortable when I'm there.

끊어 말하기 ☐☐   자연스럽게 말하기 ☐

🔊 점심식사 후 공원에 갔습니다. 커피 한 잔을 들고 벤치에 앉았죠. 마음이 느긋해졌습니다. 그곳에서 한 시간 가량 보낸 후 집으로 돌아왔어요. 어렸을 때 공원에서 노는 것을 좋아했습니다. 공원에서 하루에 네다섯 시간씩 시간을 보내곤 했죠. 공원에 있으면 마음이 편안해집니다.

go back home 집에 돌아가다

I went to the park yesterday. It was relaxing to sit on a bench. I had crackers with me so I decided to feed some birds. After feeding the birds for two minutes, a flock of them came to where I was. They made me feel nervous. I left the park.

끊어 말하기 ☐☐   자연스럽게 말하기 ☐

Step 4 혼자 말하기

🔊 어제 공원에 갔습니다. 벤치에 앉아 있으니 마음이 느긋해지더라고요. 크래커가 좀 있어서 새들에게 모이를 주기로 했습니다. 2분 가량 새들에게 모이를 줬더니 새떼들이 제가 있는 곳으로 왔어요. 새들을 보자 불안해져서 저는 공원을 떠났죠.

flock (새 등의) 떼, 무리 | nervous 불안한, 초조한

I like riding a bike through the park. Last weekend, I went to the park with my friend. We rented two bicycles and rode them for a few hours. It was enjoyable. After riding the bikes, we sat on a bench and rested. We also had a great conversation. I like going to the park with my friend.

끊어 말하기 ☐☐   자연스럽게 말하기 ☐

Step 4 혼자 말하기

🔊 저는 공원에서 자전거 타는 것을 좋아합니다. 지난 주말에 친구와 공원에 갔죠. 우리는 자전거 두 대를 빌려 몇 시간 동안 탔습니다. 즐거웠어요. 자전거를 탄 후 우리는 벤치에 앉아 쉬었습니다. 또 멋진 대화를 나누기도 했죠. 전 친구와 공원에 가는 것이 좋아요.

ride a bike 자전거를 타다 | rent 대여하다, 빌리다 | have a conversation 대화를 나누다

7 공원에서 미아 찾기 방송이 나왔다

In 21-7.mp3

Step 1 끊어 듣기

I go to the park * twice a week. * Yesterday, *
저는 그 공원에 가요   일주일에 두 번.   어제는

I saw a child * who was lost there. * He was crying *
전 아이를 보았습니다   거기에서 길을 잃은.   그는 울고 있었죠

in front of a tree. * I took him * to the main office. *
한 나무 앞에서.   저는 그 애를 데리고 갔습니다   관리 사무소로.

They made an announcement * to help locate his mom. *
그들은 방송을 했어요   그 애의 엄마를 찾는 데 도움이 되는.

His mom showed up * 5 minutes after the announcement. *
그 애의 엄마는 나타났습니다   그 방송 5분 후에.

It was meaningful * for me to help the little boy.
그것은 뜻깊었습니다   (그것이 뭐냐면) 제가 그 어린아이를 도와준 것.

Step 2 우리말 보기

저는 일주일에 두 번 공원에 가요. 어제는 공원에서 길을 잃은 아이를 보았습니다. 아이는 나무 앞에서 울고 있었죠. 저는 그 아이를 관리 사무소로 데리고 갔습니다. 그곳에서 **아이 엄마를 찾는 방송**을 했어요. 아이 엄마는 방송이 나간 지 5분 후에 나타났습니다. 그 어린아이를 도와준 일이 뜻깊었습니다.

8 공원에 볼거리가 많다

In 21-8.mp3

Step 1 끊어 듣기

There is a big park * in my neighborhood. *
큰 공원이 하나 있습니다   우리 동네에.

It is a 10-minute walk * from my house. * In the park, *
그것은 걸어서 10분이죠   우리 집에서.   그 공원에서

you can see a garden, * some statues, * and even a
당신은 정원을 볼 수 있죠   조각상 몇 점   심지어 작은 연못도.

small pond. * The park is a nice place * to spend time *
      그 공원은 멋진 곳입니다   시간을 보낼 수 있는

with my friends and family. * I go there often.
제 친구들이랑 가족들과 함께.   저는 그곳에 자주 갑니다.

Step 2 우리말 보기

우리 동네에 큰 공원이 하나 있습니다. 집에서 걸어서 10분이죠. 공원에서 **정원과 조각상 몇 점, 심지어 작은 연못도** 볼 수 있어요. 공원은 친구, 가족들과 함께 시간을 보낼 수 있는 멋진 곳입니다. 저는 그곳에 자주 갑니다.

9 공원에 놀이터가 있다

In 21-9.mp3

Step 1 끊어 듣기

There is a big playground * at the park. *
큰 놀이터가 하나 있어요   그 공원에.

The playground has slides, * swings and a jungle gym. *
그 놀이터는 미끄럼틀을 갖고 있습니다   그네와 정글짐도.

It is always crowded with little kids. *
그것은 항상 어린아이들로 북적이죠.

I used to play * in the playground * all the time. *
저도 예전에는 놀곤 했습니다   놀이터에서   늘.

It was my favorite place * in my neighborhood.
그것은 제가 가장 좋아하는 장소였지요   우리 동네에서.

Step 2 우리말 보기

공원에 큰 놀이터가 하나 있어요. 놀이터에는 미끄럼틀, 그네, 정글짐이 있습니다. 그곳은 항상 어린아이들로 북적이죠. 저도 예전에는 늘 놀이터에서 놀곤 했습니다. 우리 동네에서 제가 가장 좋아하는 장소였지요.

Step 3 따라 말하기

Step 4 혼자 말하기

I go to the park twice a week. Yesterday, I saw a child who was lost there. He was crying in front of a tree. I took him to the main office. They made an announcement to help locate his mom. His mom showed up 5 minutes after the announcement. It was meaningful for me to help the little boy.

저는 일주일에 두 번 공원에 가요. 어제는 공원에서 길을 잃은 아이를 보았습니다. 아이는 나무 앞에서 울고 있었죠. 저는 그 아이를 관리 사무소로 데리고 갔습니다. 그곳에서 아이 엄마를 찾는 방송을 했어요. 아이 엄마는 방송이 나간 지 5분 후에 나타났습니다. 그 어린아이를 도와준 일이 뜻깊었습니다.

끊어 말하기 ☐☐ 자연스럽게 말하기 ☐

be lost 길을 잃다 | in front of A A 앞에서 | take A to B A를 B로 데려가다 | make an announcement 방송을 하다

Step 3 따라 말하기

Step 4 혼자 말하기

There is a big park in my neighborhood. It is a 10-minute walk from my house. In the park, you can see a garden, some statues, and even a small pond. The park is a nice place to spend time with my friends and family. I go there often.

우리 동네에 큰 공원이 하나 있습니다. 집에서 걸어서 10분이죠. 공원에서 정원과 조각상 몇 점, 심지어 작은 연못도 볼 수 있어요. 공원은 친구, 가족들과 함께 시간을 보낼 수 있는 멋진 곳입니다. 저는 그곳에 자주 갑니다.

끊어 말하기 ☐☐ 자연스럽게 말하기 ☐

neighborhood 동네 | garden 정원 | statue 조각상 | pond 연못

Step 3 따라 말하기

Step 4 혼자 말하기

There is a big playground at the park. The playground has slides, swings and a jungle gym. It is always crowded with little kids. I used to play in the playground all the time. It was my favorite place in my neighborhood.

공원에 큰 놀이터가 하나 있어요. 놀이터에는 미끄럼틀, 그네, 정글짐이 있습니다. 그곳은 항상 어린아이들로 북적이죠. 저도 예전에는 늘 놀이터에서 놀곤 했습니다. 우리 동네에서 제가 가장 좋아하는 장소였지요.

끊어 말하기 ☐☐ 자연스럽게 말하기 ☐

playground 놀이터 | slide 미끄럼틀 | swings 그네 | jungle gym 정글짐

DAY 22

2분 영어 말하기 에피소드

날씨

1 틀린 일기예보 때문에 비를 맞았다

In 22-1.mp3

Step 1 끊어 듣기

Step 2 우리말 보기

It was supposed * to be sunny * today. * However, *
그렇다고 했습니다　　날씨가 맑다고　　오늘은.　　하지만

it rained * in the middle of the day * and I got wet. *
비가 내렸어요　　그날 한 중간에(낮에)　　그리고 저는 비에 젖고 말았죠.

It is frustrating * when the weather forecast is wrong. *
그것은 짜증이 나요　　일기예보가 틀릴 때.

I will just have to * carry around an umbrella * in my bag *
저는 그냥 해야겠어요　　우산을 가지고 다니기를　　제 가방 안에

all the time.
항상.

오늘은 날씨가 맑다고 했습니다. 하지만 낮에 비가 내렸고 저는 비에 젖고 말았죠. 일기예보가 틀리면 짜증이 나요. 그냥 가방에 항상 우산을 넣어가지고 다녀야겠어요.

2 심한 안개로 사고가 날 뻔했다

In 22-2.mp3

Step 1 끊어 듣기

Step 2 우리말 보기

It rained * last night. * It was really foggy * this morning *
비가 내렸어요　　지난밤에.　　안개가 심하게 꼈죠　　오늘 아침에

and it was hard to see. * I almost got in an accident *
그래서 앞을 보기가 힘들었습니다.　　저는 사고가 날 뻔했죠

twice. * I had a hard time * driving to work. *
두 번씩이나.　　전 매우 힘들었어요　　출근길에 운전하기가.

I hate going to work * when it's foggy * in the morning.
저는 출근하는 것을 정말 싫어합니다　　안개가 낄 때　　아침에.

지난밤에 비가 내렸어요. 오늘 아침에 안개가 심하게 껴서 앞을 보기가 힘들었습니다. 두 번씩이나 사고가 날 뻔했죠. 출근길에 운전하기가 매우 힘들었어요. 안개 낀 아침에 출근하는 게 정말 싫습니다.

3 축구 경기를 보다 더위 먹었다

In 22-3.mp3

Step 1 끊어 듣기

Step 2 우리말 보기

It was really hot * today. * I went to see a soccer game
정말 더웠어요　　오늘은.　　저는 축구 경기를 보러 갔죠

and sat outside * for three hours. *
그리고 야외에 앉아 있었죠　　세 시간 동안.

I got sick from the heat * and I felt so tired. *
전 그 더위에 컨디션이 나빴어요 (전 더위를 먹었어요) 그리고 전 너무 피곤했습니다.

I had to leave * in the middle of the game.
저는 나와야 했어요　　경기 중간에.

오늘은 정말 더웠어요. 저는 축구 경기를 보러 가서 세 시간 동안 야외에 앉아 있었죠. 더위를 먹고 너무 피곤했습니다. 경기 중간에 나와야 했어요.

118

제한시간 **2**분 (에피소드당 20초 내외)

Step 3 따라 말하기　　　　　　　**Step 4** 혼자 말하기

It was supposed to be sunny today. However, it rained in the middle of the day and I got wet. It is frustrating when the weather forecast is wrong. I will just have to carry around an umbrella in my bag all the time.

🔊 오늘은 날씨가 맑다고 했습니다. 하지만 낮에 비가 내렸고 저는 비에 젖고 말았죠. 일기예보가 틀리면 짜증이 나요. 그냥 가방에 항상 우산을 넣어가지고 다녀야겠어요.

 끊어 말하기 ◻◻　　 자연스럽게 말하기 ◻

be supposed to do ~하기로 되어 있다 | in the middle of the day 한낮에, 대낮에 | wet 젖은 | weather forecast 일기예보 | carry around 들고 다니다

Step 3 따라 말하기　　　　　　　**Step 4** 혼자 말하기

It rained last night. It was really foggy this morning and it was hard to see. I almost got in an accident twice. I had a hard time driving to work. I hate going to work when it's foggy in the morning.

🔊 지난밤에 비가 내렸어요. 오늘 아침에 안개가 심하게 껴서 앞을 보기가 힘들었습니다. 두 번씩이나 사고가 날 뻔했죠. 출근길에 운전하기가 매우 힘들었어요. 안개 낀 아침에 출근하는 게 정말 싫습니다.

 끊어 말하기 ◻◻　　 자연스럽게 말하기 ◻

foggy 안개가 낀 | get in an accident 사고가 나다 | have a hard time -ing ~하느라 힘들다 | drive to work (운전해서) 차로 출근하다

Step 3 따라 말하기　　　　　　　**Step 4** 혼자 말하기

It was really hot today. I went to see a soccer game and sat outside for three hours. I got sick from the heat and I felt so tired. I had to leave in the middle of the game.

🔊 오늘은 정말 더웠어요. 저는 축구 경기를 보러 가서 세 시간 동안 야외에 앉아 있었죠. 더위를 먹고 너무 피곤했습니다. 경기 중간에 나와야 했어요.

 끊어 말하기 ◻◻　　 자연스럽게 말하기 ◻

get sick from the heat 더위를 먹다 | in the middle of ~ (한창) ~ 중에

119

4 황사 때문에 마스크도 쓰고 택시도 탔다

Step 1 끊어 듣기 🎧   **Step 2 우리말 보기** 👁

Yellow dust hit Korea * **a week ago,** * **so I put a mask on** *
황사가 한국을 강타했어요   일주일 전에   그래서 전 마스크를 씁니다

when I go out. * **My clothes get so dirty** * **when I go**
저는 외출할 때.   제 옷들이 심하게 더러워지죠   제가 외출할 때.

outside. * **My school is far from my house,** * **but I never**
우리 학교는 우리 집에서 멀어요   하지만 전 절대 택시를

take a cab. * **However,** * **because of the yellow dust,** *
타지 않습니다.   하지만   그 황사 때문에

I took a cab * **this morning.** * **It was very expensive,** *
전 택시를 탔죠   오늘 아침에는.   그것은 너무 비쌌어요

so I am thinking of carpooling * **with my friends** * **tomorrow.**
그래서 전 카풀을 할까 생각 중이에요   제 친구들과   내일.

일주일 전에 황사가 한국을 강타해 저는 외출할 때 마스크를 씁니다. 외출을 하면 옷이 심하게 더러워지죠. 학교는 우리 집에서 멀지만 전 절대 택시를 타지 않습니다. 하지만 황사 때문에 오늘 아침에는 택시를 탔죠. 택시비가 너무 비싸서 내일은 친구들과 카풀을 할까 생각 중이에요.

---

5 최근에 일교차가 심하다

🎧 In 22-5.mp3

Step 1 끊어 듣기 🎧   **Step 2 우리말 보기** 👁

Recently, * **there has been a wide temperature range** *
최근에   심한 일교차가 있어왔습니다

during the day. * **When I jog in the morning,** * **it is cold.** *
낮 동안에.   제가 아침에 조깅을 할 때는   추워요.

But it is hot during the day. * **Yesterday,** *
하지만 한낮에는 덥습니다.   어제는

when I was coming home * **from school,** *
제가 집에 오고 있었을 때   학교 에서

it was quite chilly. * **I caught a cold.**
꽤 쌀쌀했죠.   저는 감기에 걸렸어요.

최근에 낮 동안의 일교차가 심합니다. 아침에 조깅을 할 때는 추워요. 하지만 한낮에는 덥습니다. 어제는 학교 마치고 집에 오는데 꽤 쌀쌀했죠. 저는 감기에 걸렸어요.

---

6 우박으로 할머니의 비닐하우스가 망가졌다

🎧 In 22-6.mp3

Step 1 끊어 듣기 🎧   **Step 2 우리말 보기** 👁

The vinyl greenhouse at my grandma's * **collapsed** *
우리 할머니 댁에 있는 비닐하우스가   무너졌습니다

because of hail. * **I heard** * **it is tough** *
우박 때문에.   저는 들었어요   그것은 힘들다고

to rebuild a greenhouse * **and it takes a long time.** *
(그것이 뭐냐면) 비닐하우스를 다시 세우는 것   그리고 그것은 시간도 오래 걸린다고.

I think * **it is important** * **to use strong materials** *
저는 생각합니다 그것이 중요하다고   (그것이 뭐냐면) 단단한 재질을 사용하는 것

to build a greenhouse. * **I am going to my grandma's** *
비닐하우스를 짓기 위해서는.   저는 우리 할머니 댁에 갈 거예요

this weekend * **to help her rebuild it.**
이번 주말에   그녀가 그것을 다시 세우도록 도와드리기 위해.

우박 때문에 할머니 댁에 있는 비닐하우스가 무너졌습니다. 비닐하우스를 다시 세우는 건 힘든 작업이고 시간도 오래 걸린다고 들었어요. 비닐하우스를 지을 때 단단한 재질을 사용하는 게 중요하다고 생각합니다. 할머니께서 비닐하우스를 다시 세우도록 도와드리러 저는 이번 주말에 할머니 댁에 갈 거예요.

Yellow dust hit Korea a week ago, so I put a mask on when I go out. My clothes get so dirty when I go outside. My school is far from my house, but I never take a cab. However, because of the yellow dust, I took a cab this morning. It was very expensive, so I am thinking of carpooling with my friends tomorrow.

🔊 일주일 전에 황사가 한국을 강타해 저는 외출할 때 마스크를 씁니다. 외출을 하면 옷이 심하게 더러워지죠. 학교는 우리 집에서 멀지만 전 절대 택시를 타지 않습니다. 하지만 황사 때문에 오늘 아침에는 택시를 탔죠. 택시비가 너무 비싸서 내일은 친구들과 카풀을 할까 생각 중이에요.

yellow dust 황사 | put a mask on 마스크를 쓰다 | go out 외출하다 | take a cab 택시를 타다 | carpool 카풀하다

Recently, there has been a wide temperature range during the day. When I jog in the morning, it is cold. But it is hot during the day. Yesterday, when I was coming home from school, it was quite chilly. I caught a cold.

🔊 최근에 일교차가 심합니다. 아침에 조깅을 할 때는 추워요. 하지만 한낮에는 덥습니다. 어제는 학교 마치고 집에 오는데 꽤 쌀쌀했죠. 저는 감기에 걸렸어요.

wide temperature range 심한 일교차 | chilly 쌀쌀한

The vinyl greenhouse at my grandma's collapsed because of hail. I heard it is tough to rebuild a greenhouse and it takes a long time. I think it is important to use strong materials to build a greenhouse. I am going to my grandma's this weekend to help her rebuild it.

🔊 우박 때문에 할머니 댁에 있는 비닐하우스가 무너졌습니다. 비닐하우스를 다시 세우는 건 힘든 작업이고 시간도 오래 걸린다고 들었어요. 비닐하우스를 지을 때 단단한 재질을 사용하는 게 중요하다고 생각합니다. 할머니께서 비닐하우스를 다시 세우도록 도와드리러 저는 이번 주말에 할머니 댁에 갈 거예요.

vinyl greenhouse 비닐하우스 | collapse 무너지다, 붕괴하다 | hail 우박 | material 자재, 재질

7 눈 때문에 회사에 지각까지 했다

🎧 In 22-7.mp3

Step 1 끊어 듣기 🎧

It snowed a lot * **last night.** * **The streets were covered**
눈이 많이 내렸습니다   지난밤에.   거리가 눈 속에 덮였죠

in snow * **so people couldn't drive.** * **I was late for work** *
그래서 사람들이 운전을 할 수 없었죠.   전 회사에 지각을 했어요

this morning * **and it was frustrating** *
오늘 아침에   그런데 그것은 짜증났습니다

to walk to the subway station.
(그게 뭐냐면) 지하철 역까지 걸어가는 것.

Step 2 우리말 보기 👁

지난밤에 눈이 많이 내렸습니다. 거리가 눈으로 덮여 사람들이 운전을 할 수 없었죠. 오늘 아침 전 회사에 지각을 했는데, 지하철역까지 걸어가는 게 짜증났습니다.

---

8 도로가 침수돼 학교에 안 갔다

🎧 In 22-8.mp3

Step 1 끊어 듣기 🎧

Heavy rain flooded streets * **in my town** *
폭우가 길가들을 물에 잠기게 했습니다   우리 동네의

over the weekend. * **So I couldn't go to school** *
주말에 걸쳐.   그래서 전 학교에 갈 수 없었죠

today. * **I talked on the phone** * **with a friend** *
오늘.   전 전화 통화를 했어요   친구 하나와

for three hours * **and watched TV** *
세 시간 동안   그리고 TV를 봤어요

for another three hours. * **It was relaxing.**
그 다음 세 시간 동안.   그것은 마음을 느긋하게 해줬죠.

Step 2 우리말 보기 👁

주말 동안 폭우가 내려 동네 길가가 물에 잠겼습니다. 그래서 오늘 학교에 갈 수 없었죠. 전 친구와 전화 통화를 세 시간 하고 그 다음 세 시간 동안 TV를 봤어요. 마음이 느긋했죠.

---

9 날씨에 따라 기분이 좌우된다

🎧 In 22-9.mp3

Step 1 끊어 듣기 🎧

When it is nice out, * **I feel energized** *
바깥 날씨가 좋을 때   전 힘이 납니다

and am tempted to go outside. * **However,** *
그리고 밖에 나가고 싶은 충동이 일죠.   하지만

when it is rainy and cloudy, * **I feel lazy** *
비가 오고 구름이 낄 때는   전 게을러집니다

and begin to get depressed. * **I think** *
그리고 우울해지기 시작해요.   저는 생각해요

weather affects people's moods.
날씨가 사람들의 기분에 영향을 미친다고.

Step 2 우리말 보기 👁

바깥 날씨가 좋으면 힘이 나고 밖에 나가고 싶은 충동이 일죠. 하지만, 비가 오고 구름이 끼면 게을러지고 우울해지기 시작해요. 날씨가 사람들의 기분에 영향을 미치는 것 같아요.

It snowed a lot last night. The streets were covered in snow so people couldn't drive. I was late for work this morning and it was frustrating to walk to the subway station.

🔊 지난밤에 눈이 많이 내렸습니다. 거리가 눈으로 덮여 사람들이 운전을 할 수 없었죠. 오늘 아침 전 회사에 지각을 했는데, 지하철 역까지 걸어가는 게 짜증났습니다.

✌️ 끊어 말하기 ⬜⬜ ✌️ 자연스럽게 말하기 ⬜

be covered in A A로 덮이다 | be late for A A에 늦다, 지각하다 | subway station 지하철역

Heavy rain flooded streets in my town over the weekend. So I couldn't go to school today. I talked on the phone with a friend for three hours and watched TV for another three hours. It was relaxing.

🔊 주말 동안 폭우가 내려 동네 길가가 물에 잠겼습니다. 그래서 오늘 학교에 갈 수 없었죠. 전 친구와 전화 통화를 세 시간 하고 그다음 세 시간 동안 TV를 봤어요. 마음이 느긋했죠.

✌️ 끊어 말하기 ⬜⬜ ✌️ 자연스럽게 말하기 ⬜

heavy rain 폭우 | flood 물에 잠기게 하다 | talk on the phone 전화 통화하다

When it is nice out, I feel energized and am tempted to go outside. However, when it is rainy and cloudy, I feel lazy and begin to get depressed. I think weather affects people's moods.

🔊 바깥 날씨가 좋으면 힘이 나고 밖에 나가고 싶은 충동이 일죠. 하지만, 비가 오고 구름이 끼면 게을러지고 우울해지기 시작해요. 날씨가 사람들의 기분에 영향을 미치는 것 같아요.

✌️ 끊어 말하기 ⬜⬜ ✌️ 자연스럽게 말하기 ⬜

feel energized 에너지가 충만함을 느끼다, 힘이 나다 | be tempted to do ~하고 싶은 충동이 일다

INPUT

2분 영어 말하기 에피소드
노래방

1 친구가 마이크를 놓지 않았다

In 23-1.mp3

Step 1 끊어 듣기 🎧

I sing to release stress. * **Last night,** * **I went to a singing**
저는 스트레스를 풀기 위해 노래를 불러요.   지난밤에   저는 노래방에 갔습니다

room * **with some friends.** * **One of my friends started**
몇몇 친구들과 함께.   친구들 중 한 명이 노래하기 시작했어요

to sing * **and he wouldn't stop.** * **It was not enjoyable.** *
그리고 멈추지 않는 거예요.   그것은 재미가 없었습니다.

I am never going to sing * **with him** * **again.**
저는 절대 노래 부르러 가지 않을 겁니다   그 친구랑   다시는.

Step 2 우리말 보기 👁

저는 스트레스를 풀기 위해 노래를 불러요. 지난밤에 친구들과 함께 노래방에 갔습니다. 친구 중 한 명이 노래를 시작하고서 멈추지 않는 거예요. 재미가 없었습니다. 다시는 그 친구랑 노래 부르러 가지 않을 겁니다.

2 방음이 안 좋아 옆방 소리가 다 들렸다

In 23-2.mp3

Step 1 끊어 듣기 🎧

A couple of weeks ago, * **I went to a singing room** *
몇 주 전에   저는 노래방에 갔어요

in my neighborhood. * **The soundproof facilities** *
우리 동네에 있는.   그 방음 시설은

at the singing room * **were not good.** *
그 노래방에 있는   좋지 않았죠.

I could hear everything * **from the next room.** *
전 (소리를) 다 들을 수 있었습니다   옆방에서 나는.

It was bothersome.
그것은 거슬렸어요.

Step 2 우리말 보기 👁

몇 주 전에 동네에 있는 노래방에 갔어요. 그 노래방의 방음 시설은 좋지 않았죠. 옆방에서 나는 소리가 다 들렸습니다. 거슬렸어요.

3 기분이 우울할 때는 노래방에 간다

In 23-3.mp3

Step 1 끊어 듣기 🎧

When I am depressed, * **I go to a singing room.** *
전 우울할 때   전 노래방에 가죠.

I like to sing loud * **there.** * **When I do it,** * **I feel better.** *
저는 큰소리로 노래하는 것을 좋아합니다 거기서. 제가 그것을 할 때   전 기분이 나아지죠.

I went to a singing room * **a week ago,** *
저는 노래방에 갔어요   일주일 전에

and the next morning, * **my voice was gone.**
그리고 다음 날 아침에   제 목소리가 쉬었습니다.

Step 2 우리말 보기 👁

전 우울할 때 노래방에 가죠. 거기서 큰소리로 노래하는 것을 좋아합니다. 그러면 기분이 나아지죠. 일주일 전에 노래방에 갔는데 다음 날 아침 제 목소리가 쉬었습니다.

제한시간 **2**분 (에피소드당 20초 내외)

> **Step 3** 따라 말하기

> **Step 4** 혼자 말하기

I sing to release stress. Last night, I went to a singing room with some friends. One of my friends started to sing and he wouldn't stop. It was not enjoyable. I am never going to sing with him again.

◁» 저는 스트레스를 풀기 위해 노래를 불러요. 지난밤에 친구들과 함께 노래방에 갔습니다. 친구 중 한 명이 노래를 시작하고서 멈추지 않는 거예요. 재미가 없었습니다. 다시는 그 친구랑 노래 부르러 가지 않을 겁니다.

끊어 말하기 ☐☐   자연스럽게 말하기 ☐

release stress 스트레스를 풀다 | singing room 노래방

> **Step 3** 따라 말하기

> **Step 4** 혼자 말하기

A couple of weeks ago, I went to a singing room in my neighborhood. The soundproof facilities at the singing room were not good. I could hear everything from the next room. It was bothersome.

◁» 몇 주 전에 동네에 있는 노래방에 갔어요. 그 노래방의 방음 시설은 좋지 않았죠. 옆방에서 나는 소리가 다 들렸습니다. 거슬렸어요.

끊어 말하기 ☐☐   자연스럽게 말하기 ☐

soundproof facilities 방음 시설 | bothersome 신경에 거슬리는

> **Step 3** 따라 말하기

> **Step 4** 혼자 말하기

When I am depressed, I go to a singing room. I like to sing loud there. When I do it, I feel better. I went to a singing room a week ago, and the next morning, my voice was gone.

◁» 전 우울할 때 노래방에 가죠. 거기서 큰소리로 노래하는 것을 좋아합니다. 그러면 기분이 나아지죠. 일주일 전에 노래방에 갔는데 다음 날 아침 제 목소리가 쉬었습니다.

끊어 말하기 ☐☐   자연스럽게 말하기 ☐

depressed 우울한 | sing loud 큰 소리로 노래 부르다 | my voice was gone 내 목소리가 잠겼다

125

4 노래방에서 춤추고 탬버린을 치며 논다

Step 1 끊어 듣기 🎧

When I am at a singing room, * **I get very excited.** *
전 노래방에 있을 때   전 굉장히 흥분됩니다.

When one of my friends sings, * **I dance** *
제 친구들 중 하나가 노래를 부를 때   저는 춤을 춥니다

and play the tambourine. * **It is fun** * **to shake it** *
그리고 탬버린을 치죠.   그것은 재미있어요 그것(탬버린)을 흔드는 것이

while dancing. * **It makes everyone in the room laugh.**
춤을 추면서.   이것은 방 안에 있는 모든 사람들을 웃게 만들죠.

Step 2 우리말 보기 👁

전 노래방에 있으면 굉장히 흥분됩니다. 친구가 노래를 부르면 저는 춤을 추고 탬버린을 치죠. 춤을 추면서 탬버린을 흔들면 재미있어요. 이걸 보고 방 안에 있는 모든 사람들이 웃습니다.

5 친구가 노래 부를 때 꺼버렸다

Step 1 끊어 듣기 🎧

I went to a singing room * **with my friend.** *
저는 노래방에 갔어요   제 친구와 함께.

She is not a good singer. * **It was frustrating** *
그녀는 노래를 잘 못 부릅니다.   그것은 짜증이 났죠

to hear her singing. * **I couldn't stand it anymore.** *
(그것이 뭐냐면) 그녀의 노래를 듣는 것.   전 더 이상 그것을 참을 수가 없었어요.

I just turned the song off. * **I didn't even feel sorry for her.**
전 그냥 그 노래를 꺼버렸죠.   전 그녀에 대해 미안한 마음도 들지 않았습니다.

Step 2 우리말 보기 👁

친구와 노래방에 갔어요. 그 친구는 노래를 잘 못 부릅니다. 그 친구의 노래를 듣는 것이 짜증났죠. 더 이상 참을 수가 없었어요. 그냥 노래를 꺼버렸어요. 미안한 마음이 들지 않았습니다.

6 단골 노래방 주인이 보너스 시간을 줬다

Step 1 끊어 듣기 🎧

I go to this singing room * **once a week.** *
저는 이 노래방에 가요   일주일에 한 번씩.

Since I go there * **with the same group of friends** *
제가 그곳에 가기 때문에   같은 그룹의 친구들과

quite often, * **the owner gives me** * **more time** *
꽤 자주   그 주인은 저에게 주죠   시간을 더

for free. * **She gave us 30 minutes** * **as a bonus** *
무료로.   그녀가 우리에게 30분을 주었습니다   보너스로

last time we went. * **It is fun** * **to go to a singing room** *
지난번에 우리가 마지막으로 갔을 때. 그것은 재미있어요 (그것이 뭐냐면) 노래방에 가는 것

with my friends.
제 친구들과 함께.

Step 2 우리말 보기 👁

저는 일주일에 한 번씩 이 노래방에 가요. 같은 친구들과 꽤 자주 가기 때문에 주인은 저에게 무료로 시간을 더 주죠. 지난번에 마지막으로 갔을 때 주인이 보너스로 30분을 더 줬습니다. 친구들과 함께 노래방에 가는 것은 재미있어요.

When I am at a singing room, I get very excited. When one of my friends sings, I dance and play the tambourine. It is fun to shake it while dancing. It makes everyone in the room laugh.

🔊 전 노래방에 있으면 굉장히 흥분됩니다. 친구가 노래를 부르면 저는 춤을 추고 탬버린을 치죠. 춤을 추면서 탬버린을 흔들면 재미있어요. 이걸 보고 방 안에 있는 모든 사람들이 웃습니다.

✌️ 끊어 말하기 ☐☐ ✌️ 자연스럽게 말하기 ☐

play the tambourine 탬버린을 치다 | shake 흔들다

I went to a singing room with my friend. She is not a good singer. It was frustrating to hear her singing. I couldn't stand it anymore. I just turned the song off. I didn't even feel sorry for her.

🔊 친구와 노래방에 갔어요. 그 친구는 노래를 잘 못 부릅니다. 그 친구의 노래를 듣는 것이 짜증났죠. 더 이상 참을 수가 없었어요. 그냥 노래를 꺼버렸어요. 미안한 마음도 들지 않았습니다.

✌️ 끊어 말하기 ☐☐ ✌️ 자연스럽게 말하기 ☐

turn off 끄다 | feel sorry for A A에게 미안한 마음이 들다

I go to this singing room once a week. Since I go there with the same group of friends quite often, the owner gives me more time for free. She gave us 30 minutes as a bonus last time we went. It is fun to go to a singing room with my friends.

🔊 저는 일주일에 한 번씩 이 노래방에 가요. 같은 친구들과 꽤 자주 가기 때문에 주인은 저에게 무료로 시간을 더 주죠. 지난번에 마지막으로 갔을 때 주인이 보너스로 30분을 더 줬습니다. 친구들과 함께 노래방에 가는 것은 재미있어요.

✌️ 끊어 말하기 ☐☐ ✌️ 자연스럽게 말하기 ☐

owner 주인 | for free 무료로 | as a bonus 보너스로

7 화장실에 다녀오다 다른 방에 들어갔다

In 23-7.mp3

Step 1 끊어 듣기 👂   **Step 2** 우리말 보기 👁

I came back * from the restroom. * I got confused *
저는 다녀왔습니다   화장실에.   전 헷갈렸어요
about the room number * and went into the wrong room. *
그 방 번호에 대해   그래서 틀린 방으로 들어가 버렸습니다.
I was embarrassed. * I ended up calling my friend *
전 당황했죠.   전 결국 제 친구에게 전화했습니다
to find where our room was.
우리 방이 어디 있는지 물어보기 위해.

저는 화장실에 다녀왔습니다. 방 번호가 헷갈려서 다른 방으로 들어가 버렸습니다. 당황했죠. 결국 우리 방이 어디 있는지 물어보려고 친구에게 전화했습니다.

8 내가 노래하는데 아무도 집중 안 했다

In 23-8.mp3

Step 1 끊어 듣기 👂   **Step 2** 우리말 보기 👁

I was trying to sing * but everyone was talking. *
제가 노래를 부르려고 했어요   하지만 모두가 이야기 중이었죠.
I thought * they were rude. * I turned up the volume *
저는 생각했습니다   그들이 무례하고.   저는 그 볼륨을 높였죠
on the microphone. * Everyone had to listen to my song. *
그 마이크상의.   모두가 제 노래를 들어야만 했죠.
It was fun * to sing * in front of everyone.
그것은 재미있었어요 노래 부르는 것이   모든 사람들 앞에서.

제가 노래를 부르려고 하는데 모두가 이야기 중이었죠. 무례하다고 생각했습니다. 저는 마이크 볼륨을 높였죠. 모두가 제 노래를 들어야만 했죠. 모든 사람들 앞에서 노래 부르는 게 재미있었어요.

9 시간이 다 돼 시간을 추가했다

In 23-9.mp3

Step 1 끊어 듣기 👂   **Step 2** 우리말 보기 👁

I went to a singing room * after dinner * last night. *
저는 노래방에 갔습니다   저녁식사 후에   어젯밤에.
After singing * more than 20 songs, *
노래를 부른 뒤   20곡 넘게
we were running out of time. * So we paid extra *
우리는 시간이 다 됐죠.   그래서 우리는 돈을 더 냈어요
and added another hour.
그리고 한 시간을 추가했죠.

저는 어젯밤에 저녁 먹고 노래방에 갔습니다. 20곡 넘게 부르자 시간이 다 됐죠. 그래서 돈을 더 내고 한 시간을 추가했어요.

10 노래방에서 술에 취해 잠들었다

In 23-10.mp3

Step 1 끊어 듣기 👂   **Step 2** 우리말 보기 👁

After finishing my friend's birthday dinner, *
제 친구의 생일 저녁을 다 먹고 난 뒤
we all went to a singing room * near the restaurant. *
우리는 모두 노래방으로 갔어요   그 식당 근처의.
Everyone was having a lot of fun, * but I got really drunk *
모두들 아주 재미있어 했어요   하지만 저는 너무 취했죠
and fell asleep * in the singing room.
그리고 잠이 들었습니다   노래방에서.

친구 생일로 저녁을 다 먹고 나서 우리 모두 식당 근처의 노래방으로 갔어요. 모두들 아주 재미있어 했지만, 저는 너무 취해서 노래방에서 잠이 들었습니다.

I came back from the restroom. I got confused about the room number and went into the wrong room. I was embarrassed. I ended up calling my friend to find where our room was.

🔊 저는 화장실에 다녀왔습니다. 방 번호가 헷갈려서 다른 방으로 들어가 버렸습니다. 당황했죠. 결국 우리 방이 어디 있는지 물어보려고 친구에게 전화했습니다.

✌️ 끊어 말하기 ☐☐   ✌️ 자연스럽게 말하기 ☐

come back from the restroom 화장실에 다녀오다 | get confused 헷갈리다 | go into the wrong room 다른 방으로 잘못 들어가다

I was trying to sing but everyone was talking. I thought they were rude. I turned up the volume on the microphone. Everyone had to listen to my song. It was fun to sing in front of everyone.

🔊 제가 노래를 부르려고 하는데 모두가 이야기 중이었죠. 무례하다고 생각했습니다. 저는 마이크 볼륨을 높였죠. 모두가 제 노래를 들어야만 했죠. 모든 사람들 앞에서 노래 부르는 게 재미있었어요.

✌️ 끊어 말하기 ☐☐   ✌️ 자연스럽게 말하기 ☐

rude 무례한 | turn up the volume 음량을 높이다 | microphone 마이크

I went to a singing room after dinner last night. After singing more than 20 songs, we were running out of time. So we paid extra and added another hour.

🔊 저는 어젯밤에 저녁 먹고 노래방에 갔습니다. 20곡 넘게 부르자 시간이 다 됐죠 그래서 돈을 내고 한 시간을 추가했어요.

run out of time 시간이 다 떨어지다 | add another hour 한 시간을 추가하다

After finishing my friend's birthday dinner we all went to a singing room near the restaurant. Everyone was having a lot of fun but I got really drunk and fell asleep in the singing room.

🔊 친구 생일로 저녁을 다 먹고 나서 우리 모두 식당 근처의 노래방으로 갔어요. 모두들 아주 재미있어 했지만, 저는 너무 취해서 노래방에서 잠이 들었습니다.

✌️ 끊어 말하기 ☐☐   ✌️ 자연스럽게 말하기 ☐

DAY
24

2분 영어 말하기 에피소드
수면

1 할머니께서 불면증으로 고생하신다

🎧 In 24-1.mp3

Step 1 끊어 듣기 🎧

My grandma **suffers** * **from insomnia** * really badly. *
우리 할머니는 고생하고 계십니다   불면증으로   정말 심하게.

She usually takes * some sleeping pills * to go to sleep. *
그녀는 보통 드시죠   몇 알의 수면제들을   잠을 청하기 위해.

I feel really bad * because she is so old. * I just want *
저는 정말 마음이 아파요   왜냐면 그녀가 너무 연로하셔서요   저는 단지 바랍니다

her to be healthy and happy.
그녀가 건강하고 행복하시길.

Step 2 우리말 보기 👁

우리 할머니는 **불면증으로** 정말 심하게 **고생하고 계십니다.** 보통은 잠을 청하기 위해 수면제를 몇 알 드시죠. 할머니가 너무 연로하셔서 마음이 아파요. 할머니가 건강하고 행복하시길 바랍니다.

2 자다가 밤중에 꼭 깬다

🎧 In 24-2.mp3

Step 1 끊어 듣기 🎧

I always wake up * during the night. * I wake up *
저는 항상 잠이 깹니다   밤중에.   저는 깨요

at least twice * and it is hard * to fall back to sleep. *
적어도 두 번은   그리고 그것은 힘들어요   (그것이 뭐냐면) 다시 잠이 드는 것.

I am thinking * of taking sleeping pills. *
저는 생각 중입니다   수면제들을 복용하는 것을.

I really want to sleep * through the night.
저는 정말 자고 싶어요   밤에 죽.

Step 2 우리말 보기 👁

저는 밤중에 항상 잠이 깹니다. 적어도 두 번은 깨는데 다시 잠이 드는 게 힘들어요. 수면제를 먹을까도 생각 중입니다. 정말 밤에 죽 자고 싶어요.

3 게임 하느라 네 시간밖에 못 잤다

🎧 In 24-3.mp3

Step 1 끊어 듣기 🎧

I almost fell asleep * during class *
저는 거의 잠들 뻔했습니다   수업 중에

because I only slept for four hours * last night. *
왜냐면 전 네 시간밖에 못 잤거든요   지난밤에.

Actually, * I played a computer game * for 5 hours. *
실은   전 컴퓨터 게임을 했어요   다섯 시간 동안.

I am so tired now. * I need to go home * as soon as possible.
전 지금 무척 피곤해요.   저는 집에 가야겠습니다   가능한 한 빨리.

Step 2 우리말 보기 👁

지난밤에 네 시간밖에 못 자서 수업 중에 거의 잠들 뻔했습니다. 실은 컴퓨터 게임을 다섯 시간 동안 했거든요. 지금 무척 피곤해요. 가능한 한 집에 빨리 가야겠습니다.

제한시간 **2**분 (에피소드당 20초 내외)

Step 3 따라 말하기	Step 4 혼자 말하기

My grandma suffers from insomnia really badly. She usually takes some sleeping pills to go to sleep. I feel really bad because she is so old. I just want her to be healthy and happy.

🔊 우리 할머니는 불면증으로 정말 심하게 고생하고 계십니다. 보통은 잠을 청하기 위해 수면제를 몇 알 드시죠. 할머니가 너무 연로 하셔서 마음이 아파요. 할머니가 건강하고 행복하시길 바랍니다.

 끊어 말하기 ☐☐   자연스럽게 말하기 ☐

---

suffer from + (병)증 ~로 고생하다 | insomnia 불면증 | badly 심하게, 몹시 | sleeping pill 수면제

Step 3 따라 말하기	Step 4 혼자 말하기

I always wake up during the night. I wake up at least twice and it is hard to fall back to sleep. I am thinking of taking sleeping pills. I really want to sleep through the night.

🔊 저는 밤중에 항상 잠이 깹니다. 적어도 두 번은 깨는데 다시 잠이 드는 게 힘들어요. 수면제를 먹을까도 생각 중입니다. 정말 밤에 죽 자고 싶어요.

 끊어 말하기 ☐☐   자연스럽게 말하기 ☐

---

wake up 잠이 깨다 | through the night 밤에 죽

Step 3 따라 말하기	Step 4 혼자 말하기

I almost fell asleep during class because I only slept for four hours last night. Actually, I played a computer game for 5 hours. I am so tired now. I need to go home as soon as possible.

🔊 지난밤에 네 시간밖에 못 자서 수업 중에 거의 잠들 뻔했습니다. 실은 컴퓨터 게임을 다섯 시간 동안 했거든요. 지금 무척 피곤해요. 가능한 한 집에 빨리 가야겠습니다.

 끊어 말하기 ☐☐   자연스럽게 말하기 ☐

---

fall asleep 잠이 들다 | actually 실은, 사실은 | as soon as possible 가능한 한 빨리

131

4 알람 소리에도 못 일어난다

🎧 In 24-4.mp3

Step 1 끊어 듣기 🎧 | **Step 2 우리말 보기** 👁

I usually **fall into a deep sleep.** * **So I always have a**
저는 보통 숙면을 합니다.　　　　　　　　그래서 저는 항상 힘들죠.

hard time * **waking up** * **once I fall asleep.** * **I need to**
　　　　　　일어나는 게　　　　한 번 잠이 들면.　　　저는 맞춰 놓아야 합니다

set * **more than three alarms** * **before going to bed.** *
　　　자명종을 세 개 넘게　　　　　　잠자리에 들기 전에.

This morning, * **all of the three alarms** * **went off** *
오늘 아침에,　　　　자명종 세 개가 모두　　　　울렸어요

but I heard nothing * and I was late for school.
하지만 저는 아무 소리도 듣지 못했죠　　　그리고 학교에 지각을 했어요.

저는 보통 숙면을 합니다. 그래서 한 번 잠이 들면 일어나는 게 힘들죠. 잠자리에 들기 전에 자명종을 세 개 넘게 맞춰 놓아야 합니다. 오늘 아침에 **자명종 세 개가 모두 울렸지만** 저는 아무 소리도 듣지 못했고 학교에 지각을 했어요.

---

5 자면서 이를 간다

🎧 In 24-5.mp3

Step 1 끊어 듣기 🎧 | **Step 2 우리말 보기** 👁

I **grind my teeth** * **in my sleep.** * **I think** *
저는 제 이들을 갑니다　　　　자면서.　　　저는 생각해요

it **not only causes damage** * **to my teeth** *
그것이 손상을 야기시킬 뿐만 아니라　　　제 치아에

but also disturbs my sleep. * **I really want to stop this** *
제 잠도 방해한다고.　　　　　　저는 이것을 정말 그만두고 싶어요

but I don't know how. * **I'm thinking** * **of going to a dentist.**
하지만 전 어떻게 해야 하는지 모르겠어요. 저는 생각 중이에요　　　치과에 가는 것을.

저는 자면서 이를 갑니다. 그것 때문에 치아가 손상될 뿐만 아니라 잠도 푹 못 자는 것 같아요. 이 가는 것을 정말 그만두고 싶지만 어떻게 해야 하는지 모르겠어요. 치과에 갈까 생각 중이에요.

---

6 남동생이 코를 골아 잠이 못 들 정도다

🎧 In 24-6.mp3

Step 1 끊어 듣기 🎧 | **Step 2 우리말 보기** 👁

I **sleep in the same room** * **as my brother** * **and he snores**
저는 같은 방에서 자요　　　　제 남동생과　　　그리고 그는 코를 곱니다

while he sleeps. * **It is so loud** * **that I can't fall asleep.** *
그가 잠자는 동안.　　　그것은 소리가 너무 커요　　그래서 저는 잠이 들 수가 없어요.

I **thought** * **he needed to see a doctor,** *
저는 생각했어요　　그가 병원에 가봐야 할 것 같다고

so I **told him to do so.** * **He said** * **he never snored** *
그래서 저는 그에게 그렇게 해보라고 말했죠. 그는 말했어요 자기는 절대 코를 곤 적이 없다고

and he **would not go see a doctor.** * **It is ridiculous.**
　　　그래서 자기는 병원에도 가지 않겠다고.　　　그것은 말도 안 되죠.

저는 남동생과 함께 자는데 **동생은 잘 때 코를 곱니다.** 그 소리가 너무 커서 잠이 들 수가 없어요. 동생이 병원에 가봐야 할 것 같아서 한 번 가보라고 했죠. 동생은 자신은 절대 코를 곤 적이 없고 병원에도 가지 않겠다고 했습니다. 말도 안 되죠.

I usually fall into a deep sleep. So I always have a hard time waking up once I fall asleep. I need to set more than three alarms before going to bed. This morning, all of the three alarms went off but I heard nothing and I was late for school.

저는 보통 숙면을 합니다. 그래서 한 번 잠이 들면 일어나는 게 힘들죠. 잠자리에 들기 전에 자명종을 세 개 넘게 맞춰 놓아야 합니다. 오늘 아침에 자명종 세 개가 모두 울렸지만 저는 아무 소리도 듣지 못했고 학교에 지각을 했어요.

끊어 말하기 ◻◻   자연스럽게 말하기 ◻

fall into a deep sleep 숙면하다 | set alarms 알람을 맞추다 | go off (알람이) 울리다

I grind my teeth in my sleep. I think it not only causes damage to my teeth but also disturbs my sleep. I really want to stop this but I don't know how. I'm thinking of going to a dentist.

저는 자면서 이를 갑니다. 그것 때문에 치아가 손상될 뿐만 아니라 잠도 푹 못 자는 것 같아요. 이 가는 것을 정말 그만두고 싶지만 어떻게 해야 하는지 모르겠어요. 치과에 갈까 생각 중이에요.

끊어 말하기 ◻◻   자연스럽게 말하기 ◻

grind one's teeth 이를 갈다 | not only A but also B A뿐만 아니라 B도 역시 | cause 유발하다 | damage 손상 | disturb 방해하다 | go to a dentist 치과에 가다

I sleep in the same room as my brother and he snores while he sleeps. It is so loud that I can't fall asleep. I thought he needed to see a doctor, so I told him to do so. He said he never snored and he would not go see a doctor. It is ridiculous.

저는 남동생과 함께 자는데 동생은 잘 때 코를 곱니다. 그 소리가 너무 커서 잠이 들 수가 없어요. 동생이 병원에 가봐야 할 것 같아서 한 번 가보라고 했죠. 동생은 자신은 절대 코를 곤 적이 없고 병원에도 가지 않겠다고 했습니다. 말도 안 되죠.

끊어 말하기 ◻◻   자연스럽게 말하기 ◻

snore 코를 골다 | see a doctor 병원에 가다 | ridiculous 웃기는, 어리석은

7 어렸을 때는 잠꼬대를 했다

| Step 1 끊어 듣기 🎧 | Step 2 우리말 보기 👁 |

When I was young, * I used to **talk** * in my sleep. *
제가 어렸을 때   전 말하곤 했습니다   제 잠 속에서.

I don't remember * what I said * but my mom told me *
저는 기억이 안 나요   제가 뭘 말했는지   하지만 저희 엄마는 제게 말씀하셨어요

I always talked * in my sleep. * As I grew up, *
제가 항상 말했다고   제 잠 속에서.   제가 크면서는 *

I don't think * I **talk** * in my sleep * anymore.
전 생각하지 않아요   제가 말한다고   제 잠 속에서   더 이상.

어릴 때 전 **잠꼬대를 하곤** 했습니다. 뭘 말했는지 기억은 안 나지만, 엄마는 제가 항상 잠꼬대를 했다고 하셨어요. 크면서 더 이상 잠꼬대를 하지 않는 것 같습니다.

---

8 어렸을 때 자다가 오줌을 쌌다

In 24-8.mp3

| Step 1 끊어 듣기 🎧 | Step 2 우리말 보기 👁 |

When I was a kid, * I once wet the bed * while sleeping. *
제가 어렸을 때   전 한번은 침대에 오줌을 쌌습니다   자다가.

I remember * that I woke up in the morning * and cried. *
전 기억해요   제가 아침에 일어났던 것을   그리고 울었던 것을.

My mom said * it was okay * but I felt embarrassed.
저희 엄마는 말씀하셨어요   그것은 괜찮다고   그러나 저는 창피했죠.

어렸을 때 한번은 자다가 침대에 **오줌을 쌌습니다.** 아침에 일어나서 울었던 기억이 나요. 엄마는 괜찮다고 하셨지만 저는 창피했죠.

---

9 예민해서 누가 옆에 있으면 잠을 못 잔다

In 24-9.mp3

| Step 1 끊어 듣기 🎧 | Step 2 우리말 보기 👁 |

I need to sleep alone * because **I am a light sleeper.** *
저는 혼자 자야 합니다   왜냐면 전 잠이 얕은 사람이라.

I easily wake up * when someone else tosses and turns *
저는 쉽게 잠이 깨요   누가 뒤척거리면

next to me in bed. * I don't think * I can get married *
침대의 제 옆에서.   저는 생각하지 않아요   제가 결혼할 수 있다고

because I can't share a bed * with another person.
왜냐면 전 침대를 함께 쓸 수 없으니까   또 다른 사람과.

저는 잠이 얕은 사람이라 혼자 자야 합니다. 누가 제 옆에서 뒤척거리면 쉽게 잠이 깨요. 침대를 다른 사람과 함께 쓸 수 없어서 결혼을 못할 것 같아요.

---

10 최소한 10시간은 자야 한다

In 24-10.mp3

| Step 1 끊어 듣기 🎧 | Step 2 우리말 보기 👁 |

I usually get tired * unless **I get** * at least **10 hours of**
저는 보통 피곤해져요   저는 얻지 않으면   적어도 10시간의 잠을.

sleep. * My dad only sleeps * for 5 hours a day. *
저희 아빠는 주무실 뿐입니다   하루에 5시간 동안.

I am pretty sure * that I wouldn't be able to function *
저는 분명히 확신해요   전 (정상적인) 기능을 할 수 없었을 거라고

if I only got 5 hours of sleep.
제가 만약 5시간만 잤다면.

적어도 10시간을 자지 않으면 저는 보통 피곤해져요. 저희 아빠는 하루에 5시간만 주무십니다. 제가 만약 5시간만 잔다면 분명히 정상적인 기능을 할 수 없을 거예요.

When I was young, I used to talk in my sleep. I don't remember what I said but my mom told me I always talked in my sleep. As I grew up, I don't think I talk in my sleep anymore.

끊어 말하기 ☐☐   자연스럽게 말하기 ☐

어릴 때 전 잠꼬대를 하곤 했습니다. 뭘 말했는지 기억은 안 나지만, 엄마는 제가 항상 잠꼬대를 했다고 하셨어요. 크면서 더 이상 잠꼬대를 하지 않는 것 같습니다.

talk in one's sleep 잠꼬대를 하다

When I was a kid, I once wet the bed while sleeping. I remember that I woke up in the morning and cried. My mom said it was okay but I felt embarrassed.

끊어 말하기 ☐☐   자연스럽게 말하기 ☐

어렸을 때 한번은 자다가 침대에 오줌을 쌌습니다. 아침에 일어나서 울었던 기억이 나요. 엄마는 괜찮다고 하셨지만 저는 창피했죠.

wet the bed 침대에 오줌을 싸다

I need to sleep alone because I am a light sleeper. I easily wake up when someone else tosses and turns next to me in bed. I don't think I can get married because I can't share a bed with another person.

끊어 말하기 ☐☐   자연스럽게 말하기 ☐

저는 잠이 얕은 사람이라 혼자 자야 합니다. 누가 제 옆에서 뒤척거리면 쉽게 잠이 깨요. 침대를 다른 사람과 함께 쓸 수 없어서 결혼을 못할 것 같아요.

light sleeper 잠귀가 밝은 사람 | **toss and turn** 뒤척이다 | **get married** 결혼하다

I usually get tired unless I get at least 10 hours of sleep. My dad only sleeps for 5 hours a day. I am pretty sure that I wouldn't be able to function if I only got 5 hours of sleep.

끊어 말하기 ☐☐   자연스럽게 말하기 ☐

적어도 10시간을 자지 않으면 저는 보통 피곤해져요. 저희 아빠는 하루에 5시간만 주무십니다. 제가 만약 5시간만 잔다면 분명히 정상적인 기능을 할 수 없을 거예요.

10 hours of sleep 10시간의 수면 | **function** 기능을 하다

DAY
25

2분 영어 말하기 에피소드

술

1 술을 엄청 마셔댄다

🎧 In 25-1.mp3

Step 1 **끊어 듣기** 🎧

I drink like a fish. ＊ **When I drink,** ＊ **I drink** ＊ **at least**
저는 술고래입니다.　　　제가 술을 마실 때　　　저는 마시죠　　　적어도

3 bottles of soju. ＊ **Most of my friends** ＊ **all drink a lot.** ＊
소주 세 병을.　　　　제 친구들 대부분이　　　모두 술을 엄청 마셔댑니다.

So when three of us meet, ＊ **we usually drink** ＊
그래서 우리 셋이 만날 때　　　　우리는 보통 마십니다

10 bottles of soju ＊ **between us.** ＊ **The funny thing is** ＊
소주 10병을　　　　우리끼리.　　　　웃긴 건

that we see each other ＊ **almost every day.**
우리가 서로 보는 사이라는 거죠　　　거의 매일.

Step 2 **우리말 보기** 👁

저는 술고래입니다. 술을 마실 때 적어도 소주 세 병은 마시죠. 친구들 대부분이 술을 엄청 마셔댑니다. 그래서 우리 셋이 만나면 보통 우리끼리만 소주 10병을 마십니다. 웃긴 건 서로 거의 매일 보는 사이라는 거죠.

2 술 먹고 필름이 끊겼다

🎧 In 25-2.mp3

Step 1 **끊어 듣기** 🎧

I drank a lot ＊ **and blacked out** ＊ **last night.** ＊
저는 술을 엄청 마셨어요　　그리고 필름이 끊겼죠　　어젯밤에.

I literally don't remember ＊ **how I got home.** ＊
전 말 그대로 기억이 안 납니다　　어떻게 제가 집에 왔는지.

I just hope ＊ **that I didn't do anything stupid.** ＊
저는 바랄 뿐이죠　　　　제가 바보 같은 짓만 안 했기를.

I am going to stop drinking.
전 술을 끊을 거예요.

Step 2 **우리말 보기** 👁

어젯밤 술을 엄청 마시고 필름이 끊겼죠. 말 그대로 어떻게 집에 왔는지 기억이 안 납니다. 바보 같은 짓만 안 했기를 바랄 뿐이죠. 술을 끊을 거예요.

3 취하면 술값을 내는 버릇이 있다

🎧 In 25-3.mp3

Step 1 **끊어 듣기** 🎧

I have this bad habit ＊ **that whenever I get drunk,** ＊
저는 이런 나쁜 버릇이 있어요　　　　제가 술에 취할 때마다

I pay for the drinks. ＊ **I always regret it** ＊ **in the morning,** ＊
제가 그 술값을 계산한다.　　전 그것을 항상 후회하죠　　아침에는

but my friends love me doing it. ＊
하지만 제 친구들은 제가 그러는 것을 매우 좋아합니다.

They always make me get drunk. ＊ **They are bad.**
그들은 항상 저를 취하게 만들죠.　　그들은 나빠요.

Step 2 **우리말 보기** 👁

저는 술에 취하면 술값을 계산하는 나쁜 버릇이 있어요. 아침에 항상 후회하지만 제 친구들은 제가 그러는 것을 매우 좋아합니다. 친구들은 항상 저를 취하게 만들죠. 나쁜 친구들이에요.

제한시간 **2**분 *(에피소드당 20초 내외)*

Step 3 따라 말하기	Step 4 혼자 말하기
I drink like a fish. When I drink, I drink at least 3 bottles of soju. Most of my friends all drink a lot. So when three of us meet, we usually drink 10 bottles of soju between us. The funny thing is that we see each other almost every day.	저는 술고래입니다. 술을 마실 때 적어도 소주 세 병은 마시죠. 친구들 대부분이 술을 엄청 마셔댑니다. 그래서 우리 셋이 만나면 보통 소주 10병을 마십니다. 웃긴 건 서로 거의 매일 보는 사이라는 거죠.

끊어 말하기 ○○   자연스럽게 말하기 ○

drink like a fish 술고래이다 | three bottles of soju 소주 세 병

Step 3 따라 말하기	Step 4 혼자 말하기
I drank a lot and blacked out last night. I literally don't remember how I got home. I just hope that I didn't do anything stupid. I am going to stop drinking.	어젯밤 술을 엄청 마시고 필름이 끊어졌죠. 말 그대로 어떻게 집에 왔는지 기억이 안 납니다. 바보 같은 짓만 안 했기를 바랄 뿐이죠. 술을 끊을 거예요.

끊어 말하기 ○○   자연스럽게 말하기 ○

black out 필름이 끊기다 | literally 말 그대로 | stupid 바보 같은, 어리석은

Step 3 따라 말하기	Step 4 혼자 말하기
I have this bad habit that whenever I get drunk, I pay for the drinks. I always regret it in the morning, but my friends love me doing it. They always make me get drunk. They are bad.	저는 술에 취하면 술값을 계산하는 나쁜 버릇이 있어요. 아침에 항상 후회하지만 제 친구들은 제가 그러는 것을 매우 좋아합니다. 친구들은 항상 저를 취하게 만들죠. 나쁜 친구들이에요.

끊어 말하기 ○○   자연스럽게 말하기 ○

get drunk 취하다 | pay for the drinks 술값을 내다 | regret 후회하다

4 술을 많이 마시고 길에 토했다

In 25-4.mp3

Step 1 끊어 듣기 🎧

Last night, * I went to have a drink * with my friends. *
지난밤에   저는 술을 마시러 갔죠   제 친구들과.

I skipped dinner * and just drank soju. *
저는 저녁을 걸렀어요   그리고 소주만 마셨습니다.

After drinking * about two bottles of soju, * I felt sick *
마시고 난 뒤   소주를 두 병 정도   저는 속이 메슥거렸어요

and I ended up throwing up * on the street. *
그리고 전 결국 토하고 말았죠   길에.

I was embarrassed.
저는 창피했습니다.

Step 2 우리말 보기 👁

지난밤에 저는 친구들과 술을 마시러 갔죠. 저는 저녁을 거르고 소주만 마셨습니다. 소주를 두 병 정도 마시고 나니 속이 메슥거렸고 결국 길에 토하고 말았죠. 창피했습니다.

---

5 절대 섞어 마시지 않는다

In 25-5.mp3

Step 1 끊어 듣기 🎧

I can't stand mixing drinks * because I get drunk easily. *
저는 폭탄주는 도저히 못 참아요   왜냐면 전 쉽게 취하거든요.

It also gives me * the worst hangover * the next morning. *
그것은 또 제게 줍니다   아주 최악의 숙취를   다음 날 아침에.

I once had soju with beer * and it almost killed me. *
전 한번은 소맥을 마셨어요   그리고 그것은 저를 거의 죽일 뻔했죠.

I have never mixed drinks * since then.
저는 절대 술을 섞어 마시지 않아요   그 이후로는.

Step 2 우리말 보기 👁

저는 폭탄주는 도저히 못 참는데 쉽게 취하기 때문입니다. 또 다음 날 아침에 아주 최악의 숙취가 남습니다. 한번은 소맥을 마셨는데 거의 죽을 뻔했죠. 그 이후로는 절대 술을 섞어 마시지 않아요.

---

6 유독 막걸리에는 약하다

In 25-6.mp3

Step 1 끊어 듣기 🎧

I get drunk easily * when I drink Korean rice wine. *
저는 금세 취합니다   전 막걸리를 마실 때.

I don't know why * but it just gets me drunk * so easily. *
전 이유를 모르겠어요   하지만 그것은 저를 취하게 하죠   아주 쉽게.

I once drank a bottle of it * and blacked out. *
전 한번은 그것을 한 병을 마셨어요   그리고 필름이 끊긴 적이 있습니다.

Since then, * I try not to drink * too much of it.
그 이후로는   전 마시지 않으려고 합니다   그것을 너무 많이.

Step 2 우리말 보기 👁

저는 막걸리를 마시면 금세 취합니다. 이유는 모르겠지만 막걸리에 쉽게 취하더라고요. 한번은 막걸리 한 병을 마시고 필름이 끊긴 적이 있습니다. 그 이후로는 너무 많이 마시지 않으려고 합니다.

Last night, I went to have a drink with my friends. I skipped dinner and just drank soju. After drinking about two bottles of soju, I felt sick and I ended up throwing up on the street. I was embarrassed.

지난밤에 저는 친구들과 술을 마시러 갔죠. 저는 저녁을 거르고 소주만 마셨습니다. 소주를 두 병 정도 마시고 나니 속이 메슥거렸고 결국 길에 토하고 말았죠. 창피했습니다.

skip 건너뛰다 | throw up 토하다

I can't stand mixing drinks because I get drunk easily. It also gives me the worst hangover the next morning. I once had soju with beer and it almost killed me. I have never mixed drinks since then.

저는 폭탄주는 도저히 못 참는데 쉽게 취하기 때문입니다. 또 다음 날 아침에 아주 최악의 숙취가 남습니다. 한번은 소맥을 마셨는데 거의 죽을 뻔했죠. 그 이후로는 절대 술을 섞어 마시지 않아요.

hangover 숙취

I get drunk easily when I drink Korean rice wine. I don't know why but it just gets me drunk so easily. I once drank a bottle of it and blacked out. Since then, I try not to drink too much of it.

저는 막걸리를 마시면 금세 취합니다. 이유는 모르겠지만 막걸리에 쉽게 취하더라고요. 한번은 막걸리 한 병을 마시고 필름이 끊긴 적이 있습니다. 그 이후로는 너무 많이 마시지 않으려고 합니다.

Korean rice wine 막걸리

7 술 마실 때는 차를 안 갖고 간다

Step 1 끊어 듣기 🎧　　　　　　　Step 2 우리말 보기 👁

I don't drive ＊ **when I drink,** ＊
저는 운전을 안 해요　　제가 술 마실 때는

so I have to call someone ＊ **to drive for me.** ＊
그래서 제가 사람을 불러야 하죠　　저 대신 운전할.

I don't want to spend my money ＊ **on having somebody**
저는 제 돈을 쓰고 싶지 않습니다　　저 대신 다른 사람을

drive for me. ＊ **So I just leave my car** ＊ **at home.**
운전하게 하는 것에.　　그래서 저는 제 차는 그냥 두고 오죠　　집에.

저는 술 마실 때는 운전을 안 해서 저 대신 운전할 사람을 불러야 하죠. 저 대신 다른 사람이 운전하게 하는 데 돈을 쓰고 싶지 않습니다. 그래서 차는 집에 두죠.

8 고교 동창회에서 밤새 술을 마셨다

🎧 In 25-8.mp3

Step 1 끊어 듣기 🎧　　　　　　　Step 2 우리말 보기 👁

Last Saturday, ＊ **I went to my high school reunion.** ＊
지난 토요일에　　　　　저는 제 고등학교 동창회에 갔죠.

My friends and I were so glad ＊ **to see each other** ＊
제 친구들과 저는 너무 기뻤죠　　서로 만나게 되어

after all these years ＊ **that we ended up drinking** ＊
이렇게 세월이 흐른 후　　결국 술을 마시고 말았습니다

until the next morning.
다음 날 아침까지.

지난 토요일에 고등학교 동창회에 갔죠. 세월이 흐르고 서로 만나게 되어 친구들과 저는 너무 기쁜 나머지 다음 날 아침까지 술을 마시고 말았습니다.

9 술 마신 다음 날 해장국으로 해장했다

🎧 In 25-9.mp3

Step 1 끊어 듣기 🎧　　　　　　　Step 2 우리말 보기 👁

I had a really bad hangover ＊ **this morning** ＊ **from last**
저는 정말 숙취가 심했습니다　　오늘 아침에　　지난밤부터 (마신 술로).

night. ＊ **I met up with my friend** ＊ **that I drank with** ＊
저는 제 친구와 만났어요　　제가 같이 술 마신

and went straight to a restaurant ＊ **to relieve the**
그리고 식당으로 직행했죠　　숙취 해소를 하러.

hangover. ＊ **I felt much better** ＊ **after having some soup.**
전 훨씬 나아졌습니다　　해장국을 먹은 뒤.

지난밤부터 마신 술의 숙취가 오늘 아침까지 심하게 있었습니다. 저는 같이 술 마신 친구를 만나 **숙취 해소를 하러 식당으로 직행했죠.** 해장국을 먹은 뒤 훨씬 나아졌습니다.

10 조금만 마셔도 얼굴이 빨개진다

🎧 In 25-10.mp3

Step 1 끊어 듣기 🎧　　　　　　　Step 2 우리말 보기 👁

My face turns red ＊ **even when I drink a little.** ＊
제 얼굴은 빨개지죠　　심지어 술을 조금만 마실 때도.

When I get red, ＊ **everyone looks at me** ＊ **and asks if I am**
제가 얼굴이 빨개지면　　모두 저를 봐요　　그리고 제가 취했는지

drunk ＊ **though I am not drunk.** ＊ **It is embarrassing** ＊
물어봐요　　전 안 취했는데도.　　그것은 창피해요.

so I don't like to drink.
그래서 저는 술 마시는 걸 안 좋아합니다.

제 얼굴은 술을 조금만 마셔도 **빨개지죠.** 얼굴이 빨개지면 안 취했는데도 모두 저를 보면서 취했냐고 물어봐요. 창피해서 술 마시는 걸 안 좋아합니다.

I don't drive when I drink, so I have to call someone to drive for me. I don't want to spend my money on having somebody drive for me. So I just leave my car at home.

 끊어 말하기 ☐☐   자연스럽게 말하기 ☐

🔊 저는 술 마실 때는 운전을 안 해서 저 대신 운전할 사람을 불러야 하죠. 저 대신 다른 사람이 운전하게 하는 데 돈을 쓰고 싶지 않습니다. 그래서 차는 집에 두죠.

have A do A가 ~하게 시키다 | leave 놔두다

Last Saturday, I went to my high school reunion. My friends and I were so glad to see each other after all these years that we ended up drinking until the next morning.

 끊어 말하기 ☐☐   자연스럽게 말하기 ☐

🔊 지난 토요일에 고등학교 동창회에 갔죠. 세월이 흐르고 서로 만나게 되어 친구들과 저는 너무 기쁜 나머지 다음 날 아침까지 술을 마시고 말았습니다.

high school reunion 고등학교 동창회

I had a really bad hangover this morning from last night. I met up with my friend that I drank with and went straight to a restaurant to relieve the hangover. I felt much better after having some soup.

끊어 말하기 ☐☐   자연스럽게 말하기 ☐

🔊 지난밤부터 마신 술의 숙취가 오늘 아침까지 심하게 있었습니다. 저는 같이 술 마신 친구를 만나 숙취 해소를 하러 식당으로 직행했죠. 해장국을 먹은 뒤 훨씬 나아졌습니다.

have a really bad hangover 숙취가 몹시 심하다 | relieve the hangover 숙취를 해소하다

My face turns red even when I drink a little. When I get red, everyone looks at me and asks if I am drunk though I am not drunk. It is embarrassing so I don't like to drink.

 끊어 말하기 ☐☐   자연스럽게 말하기 ☐

🔊 제 얼굴은 술을 조금만 마셔도 빨개지죠. 얼굴이 빨개지면 안 취했는데도 모두 저를 보면서 취했냐고 물어봐요. 창피해서 술 마시는 걸 안 좋아합니다.

turn red 빨갛게 변하다 | even 심지어 | a little 조금

141

DAY 26

2분 영어 말하기 에피소드

영화

1 영화 보다 울었다

🎧 In 26-1.mp3

| Step 1 끊어 듣기 🎧 | Step 2 우리말 보기 👁 |

The movie was so sad * **that I cried my eyes out.** *
그 영화가 너무 슬퍼서 / 전 눈이 붓도록 울었어요.

My friend said * **I embarrassed him.** * **I can't believe** *
제 친구는 말했죠 / 제가 자기를 창피하게 만들었다고요. / 저는 믿을 수가 없어요

he didn't cry. * **I think** * **he is cold-hearted.**
걔가 울지 않은 게. / 저는 생각해요 / 걔는 냉혈인간이라고.

영화가 너무 슬퍼서 눈이 붓도록 울었어요. 친구는 저 때문에 창피했다고 하더군요. 걔가 울지 않은 게 믿기지 않습니다. 친구는 냉혈인간인가 봐요.

2 영화평을 보고 골랐다 실망했다

🎧 In 26-2.mp3

| Step 1 끊어 듣기 🎧 | Step 2 우리말 보기 👁 |

I usually pick a movie * **that has great reviews.** *
저는 주로 영화를 고릅니다 / 좋은 평들을 가진.

Last weekend * **I went to see a movie** *
지난 주말에 / 영화를 보러 갔어요

which had good reviews, * **but it was very disappointing.** *
좋은 평들을 받은 / 하지만 그것은 매우 실망스러웠죠.

I will not pick movies * **by reviews** * **anymore.**
저는 영화를 고르지 않겠습니다 / 평들로 / 더 이상.

저는 주로 영화평이 좋은 영화를 고릅니다. 지난 주말에 호평을 받은 영화를 보러 갔는데 매우 실망스러웠죠. 더 이상 영화평으로 영화를 고르지 않겠습니다.

3 자막을 보느라 영화를 제대로 못 즐겼다

🎧 In 26-3.mp3

| Step 1 끊어 듣기 🎧 | Step 2 우리말 보기 👁 |

I went to see * **this French movie** * **that won at Cannes.** *
저는 보러 갔어요 / 이 프랑스 영화를 / 칸 영화제에서 수상한.

I was very excited * **but I actually couldn't enjoy the**
매우 기대가 됐죠 / 하지만 전 실은 그 영화를 제대로 즐길 수가 없었습니다

movie * **because I was too busy** * **reading the subtitles.** *
왜냐면 전 너무 바빴거든요 / 자막들을 읽느라.

I don't even remember * **what the main actress looked like.**
전 심지어 기억이 안 나요 / 여자 주인공이 어떻게 생겼는지도.

칸 영화제 수상작인 프랑스 영화를 보러 갔어요. 매우 기대가 됐지만 자막을 보느라 너무 바빠서 실은 영화를 제대로 즐길 수가 없었습니다. 심지어 여자 주인공이 어떻게 생겼는지도 기억이 안 나요.

142

제한시간 **2**분 (에피소드당 20초 내외)

Step 3 따라 말하기	Step 4 혼자 말하기
The movie was so sad that I cried my eyes out. My friend said I embarrassed him. I can't believe he didn't cry. I think he is cold-hearted.	🔊 영화가 너무 슬퍼서 눈이 붓도록 울었어요. 친구는 저 때문에 창피했다고 하더군요. 걔가 울지 않은 게 믿기지 않습니다. 친구는 냉혈인간인가 봐요.

끊어 말하기 ☐☐   자연스럽게 말하기 ☐

cry one's eyes out 눈이 퉁퉁 붓도록 울다 | embarrass 창피하게 만들다 | cold-hearted 냉담한, 인정 없는

Step 3 따라 말하기	Step 4 혼자 말하기
I usually pick a movie that has great reviews. Last weekend I went to see a movie which had good reviews, but it was very disappointing. I will not pick movies by reviews anymore.	🔊 저는 주로 영화평이 좋은 영화를 고릅니다. 지난 주말에 호평을 받은 영화를 보러 갔는데 매우 실망스러웠죠. 더 이상 영화평으로 영화를 고르지 않겠습니다.

끊어 말하기 ☐☐   자연스럽게 말하기 ☐

pick 고르다 | review 평, 후기 | disappointing 실망스러운

Step 3 따라 말하기	Step 4 혼자 말하기
I went to see this French movie that won at Cannes. I was very excited but I actually couldn't enjoy the movie because I was too busy reading the subtitles. I don't even remember what the main actress looked like.	🔊 칸 영화제 수상작인 프랑스 영화를 보러 갔어요. 매우 기대가 됐지만 자막을 보느라 너무 바빠서 실은 영화를 제대로 즐길 수가 없었습니다. 심지어 여자 주인공이 어떻게 생겼는지도 기억이 안 나요.

끊어 말하기 ☐☐   자연스럽게 말하기 ☐

at Cannes (=at the Cannes Film Festival) 칸 영화제에서 | be busy -ing ~하느라 바쁘다 | subtitle 자막 | actress 여배우

143

4 좋아하는 영화는 계속 봐도 안 질려!

Step 1 끊어 듣기 🎧

Step 2 우리말 보기 👁

I don't get bored * watching my favorite movies *
저는 지루하지가 않아요   제가 좋아하는 영화들을 보는 게

twice. * Actually, * I download movies * that I like *
두 번.   실제로   전 영화들을 다운 받아요   제가 좋아하는

and watch them * over and over again. * I watched *
그리고 그것들을 보죠   반복해서.   저는 봤어요

The Usual Suspects again * last night. * I don't even
'유주얼 서스펙트'를 다시   지난밤에.   저는 심지어 기억도

remember * how many times * I watched that movie.
안 납니다   몇 번이나   제가 그 영화를 봤는지.

좋아하는 영화는 두 번 봐도 지루하지가 않아요. 실제로 좋아하는 영화를 다운 받아서 반복해서 봅니다. 지난밤에는 '유주얼 서스펙트(The Usual Suspects)'를 다시 봤어요. 그 영화는 얼마나 많이 봤는지 심지어 기억도 안 납니다.

---

5 영화 OST가 맘에 들어 구입했다

In 26-5.mp3

Step 1 끊어 듣기 🎧

Step 2 우리말 보기 👁

I really liked * the soundtrack for the movie *
저는 정말 좋아해요   그 영화에 대한 사운드트랙을

so I bought the CD * right after the movie. *
그래서 전 그 CD를 샀습니다   그 영화를 본 뒤 바로.

It turned out * that one of my favorite musicians *
그것은 알고 보니   제가 가장 좋아하는 뮤지션 중 한 사람이

had produced the album. * I listen to it * every day.
그 앨범을 제작했더라고요.   저는 그것을 듣습니다   매일.

저는 영화 사운드트랙이 정말 좋아서 영화를 본 뒤 바로 그 CD를 샀습니다. 알고 보니 제가 가장 좋아하는 뮤지션 중 한 사람이 제작한 앨범이더라고요. 저는 매일 그것을 듣습니다.

---

6 4D 영화관밖에 없었다

In 26-6.mp3

Step 1 끊어 듣기 🎧

Step 2 우리말 보기 👁

Spiderman 3 came out * and I got so excited. *
'스파이더맨 3'가 나왔어요   그래서 저는 아주 신나 있었죠.

I went to the theater * in my neighborhood. *
저는 그 극장에 갔습니다   우리 동네에 있는.

But the screen was so small * and they only had *
하지만 그 스크린이 매우 작았어요   그리고 그들은 갖고만 있었죠

seats for 4D movies left. * I don't like 4D movies *
4D 영화용 자리만 남겨진 상태로.   저는 4D 영화들을 좋아하지 않아요

so I just went back home * instead.
그래서 전 집으로 돌아왔습니다   대신(영화를 보지 않고 그냥).

'스파이더맨 3(Spiderman 3)'가 나와서 저는 아주 신나 있었죠. 동네에 있는 극장에 갔습니다. 하지만 스크린이 매우 작았고 4D 영화 자리밖에 남아 있지 않았어요. 저는 4D 영화를 좋아하지 않아서 그냥 집으로 돌아왔습니다.

I don't get bored watching my favorite movies twice. Actually, I download movies that I like and watch them over and over again. I watched *The Usual Suspects* again last night. I don't even remember how many times I watched that movie.

🔊 좋아하는 영화는 두 번 봐도 지루하지가 않아요. 실제로 좋아하는 영화를 다운 받아서 반복해서 봅니다. 지난밤에는 '유주얼 서스펙트(The Usual Suspects)'를 다시 봤어요. 그 영화는 얼마나 많이 봤는지 심지어 기억도 안 납니다.

✌️ 끊어 말하기 ☐☐　✌️ 자연스럽게 말하기 ☐

download 내려받다

I really liked the soundtrack for the movie so I bought the CD right after the movie. It turned out that one of my favorite musicians had produced the album. I listen to it every day.

🔊 저는 영화 사운드트랙이 정말 좋아서 영화를 본 뒤 바로 그 CD를 샀습니다. 알고 보니 제가 가장 좋아하는 뮤지션 중 한 사람이 제작한 앨범이더라고요. 저는 매일 그것을 듣습니다.

✌️ 끊어 말하기 ☐☐　✌️ 자연스럽게 말하기 ☐

soundtrack 영화 음악 | **produce** 제작하다

Spiderman 3 came out and I got so excited. I went to the theater in my neighborhood. But the screen was so small and they only had seats for 4D movies left. I don't like 4D movies so I just went back home instead.

🔊 '스파이더맨 3(Spiderman 3)'가 나와서 저는 아주 신나 있었죠. 동네에 있는 극장에 갔습니다. 하지만 스크린이 매우 작았고 4D 영화 자리밖에 남아 있지 않았어요. 저는 4D 영화를 좋아하지 않아서 그냥 집으로 돌아왔습니다.

✌️ 끊어 말하기 ☐☐　✌️ 자연스럽게 말하기 ☐

come out (영화가) 나오다 | **screen** 스크린, 은막

7 영화를 보고 나니 첫사랑이 생각났다

🎧 In 26-7.mp3

Step 1 끊어 듣기 👂

Step 2 우리말 보기 👁

The movie was so touching * that it reminded me of a girl *
그 영화가 매우 감동적이었어요   그것은 제게 어떤 소녀를 떠올리게 했죠

who was my first love. * I couldn't stop thinking about
제 첫사랑이었던.   전 그녀에 대한 생각을 멈출 수가 없었어요

her * after watching it.
그것을(영화를) 보고 난 후에도.

영화가 매우 감동적이어서 첫사랑이었던 소녀가 떠올랐죠. 영화를 보고 난 후에도 그녀 생각이 떠나지 않았어요.

8 영화가 너무 잔인해서 중간에 나왔다

🎧 In 26-8.mp3

Step 1 끊어 듣기 👂

Step 2 우리말 보기 👁

I went to see this zombie movie * last night. *
저는 이 좀비 영화를 보러 갔습니다   지난밤에.

There were so many cruel scenes * in that movie *
너무 많은 잔인한 장면들이 있었어요   그 영화 속에

that I couldn't stand it. * I just left the theater *
전 그것을 참을 수가 없었죠.   저는 그 극장을 나왔어요

in the middle of it. * The movie had put me * in a bad mood.
그것의(영화) 중간에.   그 영화는 저를 담갔습니다   우울한 기분 속에.

지난밤에 좀비 영화를 보러 갔습니다. 영화에 잔인한 장면들이 너무 많아서 참을 수가 없었죠. 영화 중간에 극장을 나왔어요. 영화 때문에 기분이 우울해졌습니다.

9 앞 사람 키가 너무 컸다

🎧 In 26-9.mp3

Step 1 끊어 듣기 👂

Step 2 우리말 보기 👁

The person in front of me * was so tall *
제 앞에 앉은 사람이   너무 커서

that I couldn't see the screen very well. * It was very
전 그 스크린을 제대로 볼 수가 없었습니다.   그것은 정말 방해가

distracting. * I thought * my friend was even taller than
되더라고요.   저는 생각했죠   제 친구가 그 사람보다 훨씬 더 크다고

him, * so I asked him * to switch seats with me.
그래서 저는 그에게 부탁했죠   저랑 자리를 바꿔 달라고.

제 앞에 앉은 사람이 너무 커서 스크린을 제대로 볼 수가 없었습니다. 정말 방해가 되더라고요. 제 친구가 그 사람보다 훨씬 더 클 것 같아서 저는 친구에게 저랑 자리를 바꿔 달라고 부탁했죠.

10 영화보다 꾸벅꾸벅 졸았다

🎧 In 26-10.mp3

Step 1 끊어 듣기 👂

Step 2 우리말 보기 👁

My friend took me * to see this documentary film. *
제 친구가 저를 데려갔어요   이 다큐멘터리 영화를 보러.

I am not a fan of documentary films. *
저는 다큐멘터리 영화들의 팬이 아니에요.

I only watch action movies. * The movie was so boring *
저는 액션 영화들만 보거든요.   그 영화가 너무 지루해서

that I dozed off * in the middle of it.
저는 졸았습니다   그 중간에.

친구가 저를 데리고 다큐멘터리 영화를 보러 갔습니다. 저는 다큐멘터리 영화 팬이 아니에요. 액션 영화만 보거든요. 영화가 너무 지루해 중간에 졸았습니다.

The movie was so touching that it reminded me of a girl who was my first love. I couldn't stop thinking about her after watching it.

 영화가 매우 감동적이어서 첫사랑이었던 소녀가 떠올랐죠. 영화를 보고 난 후에도 그녀 생각이 떠나지 않았어요.

 끊어 말하기 ☐☐   자연스럽게 말하기 ☐

touching 감동적인 | remind A of B A에게 B를 떠올리게 하다 | can't stop -ing ~하지 않을 수 없다, ~하는 것을 그만두지 못하다

I went to see this zombie movie last night. There were so many cruel scenes in that movie that I couldn't stand it. I just left the theater in the middle of it. The movie had put me in a bad mood.

 지난밤에 좀비 영화를 보러 갔습니다. 영화에 잔인한 장면들이 너무 많아서 참을 수가 없었죠. 영화 중간에 극장을 나왔어요. 영화 때문에 기분이 우울해졌습니다.

 끊어 말하기 ☐☐   자연스럽게 말하기 ☐

cruel 잔인한 | scene 장면 | put A in a bad mood A를 우울하게 만들다

The person in front of me was so tall that I couldn't see the screen very well. It was very distracting. I thought my friend was even taller than him, so I asked him to switch seats with me.

 제 앞에 앉은 사람이 너무 커서 스크린을 제대로 볼 수가 없었습니다. 정말 방해가 되더라고요. 제 친구가 그 사람보다 훨씬 더 클 것 같아서 저는 친구에게 저랑 자리를 바꿔 달라고 부탁했죠.

끊어 말하기 ☐☐   자연스럽게 말하기 ☐

distracting 집중을 방해하는 | even (비교급 앞에서) 훨씬 | switch 바꾸다

My friend took me to see this documentary film. I am not a fan of documentary films. I only watch action movies. The movie was so boring that I dozed off in the middle of it.

 친구가 저를 데리고 다큐멘터리 영화를 보러 갔습니다. 저는 다큐멘터리 영화 팬이 아니에요. 액션 영화만 보거든요. 영화가 너무 지루해 중간에 졸았습니다.

끊어 말하기 ☐☐   자연스럽게 말하기 ☐

documentary film 다큐멘터리 영화, 기록 영화 | boring 지루한 | doze off 꾸벅꾸벅 졸다

INPUT

DAY **27**

2분 영어 말하기 에피소드

외식

1 음식에서 머리카락을 발견했다

🎧 In 27-1.mp3

Step 1 끊어 듣기 🎧	Step 2 **우리말 보기** 👁

My family was eating * **at a restaurant.** * **I found a hair** *
우리 가족은 식사를 하고 있었어요   한 식당에서.   제가 머리카락 하나를 발견했죠

in my food. * **It was gross.** * **I complained,** * **and then** *
제 음식에서.   그것은 비위가 상했습니다.   제가 항의를 했어요   그러자

they brought me a new dish. * **I didn't pay for it.**
그들은 제게 새 음식을 가져다 주었어요.   전 그것에는 돈을 내지 않았습니다.

우리 가족은 식당에서 식사를 하고 있었어요. **제가 음식에서 머리카락 하나를 발견했죠.** 비위가 상했습니다. 항의를 하자 음식을 새로 가져다 주었어요. 그것에는 돈을 내지 않았습니다.

2 맛은 좋은데 오래 기다려야 하는 이탈리아 식당

🎧 In 27-2.mp3

Step 1 끊어 듣기 🎧	Step 2 **우리말 보기** 👁

I like this Italian restaurant * **in my neighborhood.** *
저는 이 이탈리아 식당을 좋아해요   우리 동네에 있는.

They have good food * **but I always have to wait** *
그들은 음식이 맛있어요   하지만 전 항상 기다려야 합니다

for 30 minutes * **after I order.** *
30분 동안   제가 주문한 후.

So when I don't have enough time, *
그래서 전 시간이 별로 없을 때에는

I don't go there.
전 그곳에 가지 않아요.

저는 우리 동네에 있는 이탈리아 식당을 좋아해요. 음식은 맛있는데 **주문 후 항상 30분은 기다려야 합니다.** 그래서 시간이 별로 없을 때에는 그곳에 가지 않아요.

3 저렴하고 양 많은 우리 집 옆의 식당

🎧 In 27-3.mp3

Step 1 끊어 듣기 🎧	Step 2 **우리말 보기** 👁

The restaurant next to my house * **is not fancy** * **at all.** *
우리 집 옆의 식당은   고급스럽지 않습니다   전혀.

They don't have the best food either, * **but it is cheap** *
그들은 음식 맛이 최고도 아니죠   하지만 그것은 값이 저렴해요

and it comes out * **on a huge dish.** * **I can never finish it** *
그리고 그것은 나오죠   큰 접시에.   전 절대 그것을 다 먹을 수가 없어요

by myself.
혼자서는.

우리 집 옆의 식당은 전혀 고급스럽지 않습니다. 음식 맛이 최고도 아니지만 **값이 저렴하고 큰 접시에 나오죠.** 혼자서는 절대 다 먹을 수가 없어요.

제한시간 **2**분 *(에피소드당 20초 내외)*

Step 3 따라 말하기 ☺   **Step 4** 혼자 말하기 ☺

My family was eating at a restaurant. I found a hair in my food. It was gross. I complained, and then they brought me a new dish. I didn't pay for it.

🔊 우리 가족은 식당에서 식사를 하고 있었어요. 제가 음식에서 머리카락 하나를 발견했죠. 비위가 상했습니다. 항의를 하자 음식을 새로 가져다 주었어요. 그것에는 돈을 내지 않았습니다.

끊어 말하기 ☐☐   자연스럽게 말하기 ☐

---

gross 역겨운 | complain 불평하다, 항의하다 | dish 요리, 음식

Step 3 따라 말하기 ☺   **Step 4** 혼자 말하기 ☺

I like this Italian restaurant in my neighborhood. They have good food but I always have to wait for 30 minutes after I order. So when I don't have enough time, I don't go there.

🔊 저는 우리 동네에 있는 이탈리아 식당을 좋아해요. 음식은 맛있는데 주문 후 항상 30분은 기다려야 합니다. 그래서 시간이 별로 없을 때에는 그곳에 가지 않아요.

끊어 말하기 ☐☐   자연스럽게 말하기 ☐

Italian restaurant 이탈리아 식당 | have good food (식당의) 음식이 맛있다

Step 3 따라 말하기 ☺   **Step 4** 혼자 말하기 ☺

The restaurant next to my house is not fancy at all. They don't have the best food either, but it is cheap and it comes out on a huge dish. I can never finish it by myself.

🔊 우리 집 옆의 식당은 전혀 고급스럽지 않습니다. 음식 맛이 최고도 아니지만 값이 저렴하고 큰 접시에 나오죠. 혼자서는 절대 다 먹을 수가 없어요.

끊어 말하기 ☐☐   자연스럽게 말하기 ☐

---

fancy 세련된, 고급스러운 | not ~ at all 전혀 ~ 아니다 | either (부정문에서) 역시 | huge 거대한, 큰

149

4 친절한 식당 직원들에게는 팁도 안 아깝다

🎧 In 27-4.mp3

Step 1 끊어 듣기 🎧

I like going * to this Japanese restaurant *
저는 가는 걸 좋아하죠   이 일식당에

near the Gangnam area. * Their staff is so kind *
강남 지역 인근의.   그들의 직원들이 매우 친절해요

and they know * how to treat customers. *
그리고 그분들은 잘 알고 있습니다 고객들을 어떻게 대해야 하는지.

I always feel good * after eating there. *
저는 늘 기분이 좋죠   그곳에서 식사를 하고 나면.

My dad always gives them a tip * when he leaves
저희 아빠는 그분들에게 항상 팁을 주세요   그가 그 식당을 나설 때면

the restaurant. * I think * they deserve it.
저는 생각해요 그분들이 그것(팁)을 받을 만하다고.

Step 2 우리말 보기 👁

저는 강남 지역의 일식당에 가는 걸 좋아하죠. **직원들이 매우 친절하고** 고객들을 어떻게 대해야 하는지 잘 알고 있습니다. 그곳에서 식사를 하고 나면 늘 기분이 좋죠. 아빠는 그 식당을 나설 때마다 직원들에게 항상 팁을 주세요. 저는 **그분들이 팁을 받을 만하다고** 생각해요.

---

5 반찬과 물은 셀프!

🎧 In 27-5.mp3

Step 1 끊어 듣기 🎧

When the waitress got my order, * I asked her for water. *
여직원이 주문을 받을 때   저는 그녀에게 물을 달라고 했죠.

She said * water and side dishes are put * in front of the
그녀는 말했어요   물과 반찬은 놓여 있다고   주방 앞에

kitchen * and that we need to go get it * ourselves. *
         그리고 우리가 그것을 가지러 가야 한다고   직접.

At first * it was fine, * but it got annoying *
처음에는   그것은 괜찮았어요   그러나 짜증이 났습니다

when I had to stand up * during the meal.
제가 일어서야 할 때는   식사 중에.

Step 2 우리말 보기 👁

여직원이 주문을 받을 때 저는 직원에게 물을 달라고 했죠. 직원은 물과 반찬은 주방 앞에 있으니 우리가 **직접 가지러 가야** 한다고 말했어요. 처음에는 괜찮았는데 식사 중에 일어서야 할 때는 짜증이 났습니다.

---

6 주문한 것과 다른 음식이 나왔다

🎧 In 27-6.mp3

Step 1 끊어 듣기 🎧

The waiter got my order wrong * and brought me
그 웨이터가 제 주문을 잘못 받았어요   그래서 제게 잘못된 음식을

the wrong dish. * I ordered seafood noodles, *
가져왔습니다.   저는 해산물 국수를 시켰죠

but he brought me seafood rice * instead. *
그러나 그는 제게 해산물 밥을 가져왔어요   대신에.

I didn't feel like waiting again, * so I just ate the rice.
저는 또 기다리고 싶지 않았어요   그래서 전 그냥 그 밥을 먹었죠.

Step 2 우리말 보기 👁

웨이터가 제 주문을 잘못 받아서 **다른 음식을 가져왔습니다.** 해산물 국수를 시켰는데 대신에 해산물 밥을 가져왔어요. 저는 또 기다리기가 싫어서 그냥 그 밥을 먹었죠.

I like going to this Japanese restaurant near the Gangnam area. Their staff is so kind and they know how to treat customers. I always feel good after eating there. My dad always gives them a tip when he leaves the restaurant. I think they deserve it.

저는 강남 지역의 일식당에 가는 걸 좋아하죠. 직원들이 매우 친절하고 고객들을 어떻게 대해야 하는지 잘 알고 있습니다. 그곳에서 식사를 하고 나면 늘 기분이 좋죠. 아빠는 그 식당을 나설 때마다 직원들에게 항상 팁을 주세요. 저는 그분들이 팁을 받을 만하다고 생각해요.

끊어 말하기 ☐☐   자연스럽게 말하기 ☐

treat 대하다, 다루다 | customer 고객 | deserve ~할 만하다

When the waitress got my order, I asked her for water. She said water and side dishes are put in front of the kitchen and that we need to go get it ourselves. At first it was fine, but it got annoying when I had to stand up during the meal.

여직원이 주문을 받을 때 저는 직원에게 물을 달라고 했죠. 직원은 물과 반찬은 주방 앞에 있으니 우리가 직접 가지러 가야 한다고 말했어요. 처음에는 괜찮았는데 식사 중에 일어서야 할 때는 짜증이 났습니다.

끊어 말하기 ☐☐   자연스럽게 말하기 ☐

get someone's order 주문을 받다 | side dish 반찬 | go get 가서 갖고 오다, 가지러 가다 | during the meal 식사 중에

The waiter got my order wrong and brought me the wrong dish. I ordered seafood noodles, but he brought me seafood rice instead. I didn't feel like waiting again, so I just ate the rice.

웨이터가 제 주문을 잘못 받아서 다른 음식을 가져왔습니다. 해산물 국수를 시켰는데 대신에 해산물 밥을 가져왔어요. 저는 또 기다리기가 싫어서 그냥 그 밥을 먹었죠.

끊어 말하기 ☐☐   자연스럽게 말하기 ☐

seafood 해산물 | noodle 국수

151

7 소문보다 별로였던 피자 가게

🎧 In 27-7.mp3

Step 1 끊어 듣기 🎧 | **Step 2** 우리말 보기 👁

I heard ＊ that the restaurant was very famous ＊
저는 들었죠　　　　　　그 식당이 아주 유명하다고

for making great pizza and pasta. ＊ I went there ＊
맛있는 피자와 파스타를 만드는 것으로.　　　　저는 그곳에 갔고

with my friends ＊ and waited for half an hour. ＊
제 친구들과 함께　　　　그리고 30분을 기다렸어요.

However, ＊ the food was actually not that good. ＊
하지만　　　그 음식은 실제로 그렇게까지 맛있지 않았습니다.

It was so different ＊ from what I had heard.
그것은 매우 달랐죠　　　제가 들었던 것과는.

저는 그 식당이 맛있는 피자와 파스타로 유명하다고 들었죠. 친구들과 그곳에 가서 30분을 기다렸어요. 하지만 음식은 실제로 그렇게까지 맛있지 않았습니다. 제가 들었던 것과는 매우 달랐죠.

---

8 짜장면이냐, 짬뽕이냐 그것이 문제로다!

🎧 In 27-8.mp3

Step 1 끊어 듣기 🎧 | **Step 2** 우리말 보기 👁

Whenever I go to a Chinese restaurant, ＊ it takes forever ＊
저는 중국집에 갈 때마다　　　　　그것은 시간이 엄청 걸려요

for me to decide what to eat. ＊ I can't decide ＊
(그것이 뭐냐면) 제가 뭘 먹을지 결정하는 것.　　전 결정할 수가 없습니다

between noodles with Chinese sauce or seafood
짜장면 또는 짬뽕 사이에서.

noodle soup. ＊ I always ask my friend ＊
저는 항상 제 친구에게 요청해요

to order those two ＊ and we share them.
그것들 둘 다 시키자고　　그리고 우리는 그것을 나눠 먹어요.

저는 중국집에 갈 때마다 뭘 먹을지 결정하는 데 시간이 엄청 걸려요. 짜장면 또는 짬뽕 사이에서 결정할 수가 없습니다. 저는 항상 친구에게 둘 다 시키자고 하고서 둘이 나눠 먹어요.

---

9 식당의 설탕 많은 커피는 아빠의 적!

🎧 In 27-9.mp3

Step 1 끊어 듣기 🎧 | **Step 2** 우리말 보기 👁

My dad is on a diet. ＊ My mom told him ＊ to stop eating
저희 아빠는 다이어트 중이에요.　저희 엄마가 그에게 말했어요　단것을 그만 드시라고

sweets, ＊ so he has actually quit ＊ for three days now. ＊
그래서 그는 실제로 끊어오고 있는 상태예요　　지금 사흘 째.

We went to a Korean barbeque restaurant ＊
우리는 한 불고기 식당에 갔습니다

this evening. ＊ The thing is ＊ that they always give coffee ＊
오늘 저녁에.　　문제는 이거예요　　그들은 항상 커피를 낸다는 거죠

to their diners ＊ after the meal. ＊ The coffee they gave us ＊
그들의 식사 손님들에게　식사 후에.　　저희에게 준 커피는

had a lot of sugar in it, ＊ so my dad was not allowed
그 안에 설탕을 많이 갖고 있었어요　　그래서 저희 아빠는 그것을 마실 수가 없었죠.

to drink it.

아빠는 다이어트 중이에요. 엄마가 아빠에게 단것을 그만 드시라고 하셔서 아빠는 실제로 지금 사흘 째 단것을 끊으셨어요. 우리 가족은 오늘 저녁 불고기 식당에 갔습니다. 문제는 그곳에서는 식사 후에 손님들에게 항상 커피를 낸다는 거죠. 저희에게 준 커피에는 설탕이 많이 들어가 있어서 아빠는 마실 수가 없었죠.

I heard that the restaurant was very famous for making great pizza and pasta. I went there with my friends and waited for half an hour. However, the food was actually not that good. It was so different from what I had heard.

끊어 말하기 ⬜⬜   자연스럽게 말하기 ⬜

 저는 그 식당이 맛있는 피자와 파스타로 유명하다고 들었죠. 친구들과 그곳에 가서 30분을 기다렸어요. 하지만 음식은 실제로 그렇게까지 맛있지 않았습니다. 제가 들었던 것과는 매우 달랐죠.

be famous for + -ing ~하는 것으로 유명하다 | that 그렇게 | different from A A와 다른

Whenever I go to a Chinese restaurant, it takes forever for me to decide what to eat. I can't decide between noodles with Chinese sauce or seafood noodle soup. I always ask my friend to order those two and we share them.

끊어 말하기 ⬜⬜   자연스럽게 말하기 ⬜

 저는 중국집에 갈 때마다 뭘 먹을지 결정하는 데 시간이 엄청 걸려요. 짜장면 또는 짬뽕 사이에서 결정할 수가 없습니다. 저는 항상 친구에게 둘 다 시키자고 하고서 둘이 나눠 먹어요.

between A or B A 또는 B 사이에서 | noodles with Chinese sauce 짜장면 | seafood noodle soup 짬뽕

My dad is on a diet. My mom told him to stop eating sweets, so he has actually quit for three days now. We went to a Korean barbeque restaurant this evening. The thing is that they always give coffee to their diners after the meal. The coffee they gave us had a lot of sugar in it, so my dad was not allowed to drink it.

끊어 말하기 ⬜⬜   자연스럽게 말하기 ⬜

 아빠는 다이어트 중이에요. 엄마가 아빠에게 단것을 그만 드시라고 하셔서 아빠는 실제로 지금 사흘 째 단것을 끊으셨어요. 우리 가족은 오늘 저녁 불고기 식당에 갔습니다. 문제는 그곳에서는 식사 후에 손님들에게 항상 커피를 낸다는 거죠. 저희에게 준 커피에는 설탕이 많이 들어가 있어서 아빠는 마실 수가 없었죠.

be on a diet 다이어트 중이다 | sweets 단것 | diner 식사 손님 | be allowed to do ~하도록 허락을 받다

DAY
28

⏰ **2분 영어 말하기 에피소드**

운동

1 배드민턴을 10년 넘게 치고 있다

🎧 In 28-1.mp3

> Step 1 **끊어 듣기** 🎧

> Step 2 **우리말 보기** 👁

My dad got me a badminton racquet ⁕ **for my 15th**
우리 아빠는 배드민턴 채를 사 주셨습니다   제 열다섯 살

birthday gift. ⁕ **I was very excited.** ⁕ **My dad taught me** ⁕
생일 선물로.   전 매우 신났죠.   우리 아빠는 제게 가르쳐 주셨어요

how to play badminton. ⁕ **I still enjoy playing badminton.** ⁕
배드민턴 치는 법을.   전 여전히 배드민턴을 즐겨 칩니다.

I have been playing it ⁕ **for over 10 years.**
저는 그것을 쳐오고 있는 거죠   10년 넘게.

아빠는 제 열다섯 살 생일 선물로 배드민턴 채를 사 주셨습니다. 전 매우 신났죠. 아빠는 제게 배드민턴 치는 법을 가르쳐 주셨어요. 전 여전히 배드민턴을 즐겨 칩니다. 10년 넘게 배드민턴을 치고 있는 거죠.

2 다쳤어도 운동을 하는 운동 중독자다

🎧 In 28-2.mp3

> Step 1 **끊어 듣기** 🎧

> Step 2 **우리말 보기** 👁

I am addicted to exercise. ⁕ **I get moody or angry** ⁕
저는 운동에 중독입니다.   저는 우울해지거나 화가 나요

when I miss my workout. ⁕ **My right knee was injured** ⁕
제가 제 운동을 빠뜨릴 때.   제 오른쪽 무릎이 부상을 입었습니다

from running last month. ⁕ **However,** ⁕
지난달에 달리기를 하다가.   하지만

I continue to exercise. ⁕ **I can't rest in order to recover.**
전 계속 운동을 하죠.   전 회복하도록 쉴 수가 없어요.

저는 운동 중독입니다. 운동을 못하면 우울해지거나 화가 나요. 지난달에 달리기를 하다가 오른쪽 무릎에 부상을 입었습니다. 하지만 전 계속 운동을 하죠. 회복할 때까지 도저히 쉴 수가 없어요.

3 운동으로 땀을 내고 나면 상쾌해진다

🎧 In 28-3.mp3

> Step 1 **끊어 듣기** 🎧

> Step 2 **우리말 보기** 👁

I love running. ⁕ **I feel so refreshed**
전 달리기를 참 좋아합니다.   저는 기분이 아주 상쾌해지죠

when I kick up the cardio ⁕ **and sweat it out.** ⁕
제가 그 심장을 흥분시킬 때   그리고 땀을 흘리게 될 때.

I also ran this morning ⁕ **and my clothes** ⁕
전 오늘 아침에도 달렸어요   그리고 제 옷들이

got soaked in sweat. ⁕ **I couldn't feel more refreshed.**
땀에 흠뻑 젖었어요.   전 더 이상 상쾌할 수가 없죠.

전 달리기를 참 좋아합니다. 심장이 빨리 뛰고 땀을 흘리고 나면 기분이 아주 상쾌해지죠. 오늘 아침에도 달렸는데 옷이 땀에 흠뻑 젖었어요. 더 이상 상쾌할 수가 없죠.

제한시간 **2**분 (에피소드당 20초 내외)

Step 3 따라 말하기 🔊   **Step 4** 혼자 말하기 🔊

My dad got me a badminton racquet for my 15th birthday gift. I was very excited. My dad taught me how to play badminton. I still enjoy playing badminton. I have been playing it for over 10 years.

🔊 아빠는 제 열다섯 살 생일 선물로 배드민턴 채를 사 주셨습니다. 전 매우 신났죠. 아빠는 제게 배드민턴 치는 법을 가르쳐 주셨어요. 전 여전히 배드민턴을 즐겨 칩니다. 10년 넘게 배드민턴을 치고 있는 거죠.

✌️ 끊어 말하기 ☐ ☐   ✌️ 자연스럽게 말하기 ☐

badminton racquet 배드민턴 라켓 | birthday gift 생일 선물

Step 3 따라 말하기 🔊   **Step 4** 혼자 말하기 🔊

I am addicted to exercise. I get moody or angry when I miss my workout. My right knee was injured from running last month. However, I continue to exercise. I can't rest in order to recover.

🔊 저는 운동 중독입니다. 운동을 못하면 우울해지거나 화가 나요. 지난달에 달리기를 하다가 오른쪽 무릎에 부상을 입었습니다. 하지만 전 계속 운동을 하죠. 회복할 때까지 도저히 쉴 수가 없어요.

✌️ 끊어 말하기 ☐ ☐   ✌️ 자연스럽게 말하기 ☐

be addicted to A A에 중독되다 | moody 우울한 | knee 무릎 | injure 부상을 입히다 | continue to do 계속 ~하다 | recover 회복하다

Step 3 따라 말하기 🔊   **Step 4** 혼자 말하기 🔊

I love running. I feel so refreshed when I kick up the cardio and sweat it out. I also ran this morning and my clothes got soaked in sweat. I couldn't feel more refreshed.

🔊 전 달리기를 참 좋아합니다. 심장이 빨리 뛰고 땀을 흘리고 나면 기분이 아주 상쾌해지죠. 오늘 아침에도 달렸는데 옷이 땀에 흠뻑 젖었어요. 더 이상 상쾌할 수가 없죠.

✌️ 끊어 말하기 ☐ ☐   ✌️ 자연스럽게 말하기 ☐

kick up the cardio 심장 박동이 빨라지다 | get soaked 흠뻑 젖다

4 축구나 야구처럼 단체운동을 좋아한다

Step 1 끊어 듣기

Step 2 우리말 보기

I prefer playing sports with others * to playing alone. *
저는 다른 사람들과 운동을 함께하는 것을 더 좋아해요   혼자 하는 것보다는.

I love playing soccer and baseball. * It is more fun *
저는 축구와 야구하는 걸 무척 좋아합니다.   그것은 더욱 재미있어요

when I play sports with my friends. * It builds up teamwork *
제가 제 친구들과 함께 운동을 할 때.   그것은 팀워크도 기를 수 있어요

and I get to have great experiences * with my friends.
그리고 전 멋진 경험들을 할 수 있죠   제 친구들과 함께.

저는 혼자 하는 운동보다는 다른 사람들과 함께 하는 운동을 더 좋아해요. 저는 축구와 야구하는 걸 무척 좋아합니다. 친구들과 함께 운동을 할 때 더욱 재미있습니다. 팀워크도 기를 수 있고 친구들과 함께 멋진 경험을 할 수 있죠.

---

5 수영을 했더니 건강해지고 성격도 바뀌었다

Step 1 끊어 듣기

Step 2 우리말 보기

When I was a kid, * I was really shy. *
저는 어렸을 때   저는 정말 수줍음이 많았어요.

I also used to get sick often. * I didn't have many friends. *
전 또 자주 아프기도 했죠.   저는 친구들도 많지 않았어요.

My mom signed me up * for swimming lessons *
우리 엄마는 저를 등록해 주셨어요   수영 강좌들에

and I really liked them. * About a year later, *
그리고 전 정말 그것들을 좋아했습니다.   한 일 년 뒤.

I became healthy * and I wasn't so shy * anymore.
저는 건강해졌어요   그리고 전 부끄러움을 타지도 않았습니다   더 이상.

어렸을 때 저는 정말 수줍음이 많았어요. 또 자주 아프기도 했죠. 친구들도 많지 않았어요. 엄마는 저를 수영반에 등록해 주셨는데 전 정말 좋았습니다. 한 일 년 뒤 저는 건강해졌고 더 이상 부끄러움을 타지도 않았습니다.

---

6 엘리베이터 대신 계단으로 다니기로 했다

Step 1 끊어 듣기

Step 2 우리말 보기

I don't have time to exercise. * I could go to the gym *
저는 운동할 시간이 없어요.   전 헬스클럽에 갈 수도 있죠

after work, * but I am usually exhausted * by then *
퇴근 후   하지만 전 보통은 지쳐 있어요   그때쯤이면

and go straight home. * I decided to take the stairs *
그래서 집으로 바로 갑니다.   저는 계단을 오르기로 했습니다

instead of using the elevator. *
엘리베이터를 이용하는 것 대신.

Taking the stairs burns calories.
계단을 이용하는 것이 칼로리를 태우죠.

저는 운동할 시간이 없어요. 퇴근 후 헬스클럽에 갈 수도 있지만 그때쯤이면 보통 지쳐서 집으로 바로 갑니다. 저는 엘리베이터를 이용하는 대신 계단을 오르기로 했습니다. 계단을 이용하면 칼로리가 소모되죠.

I prefer playing sports with others to playing alone. I love playing soccer and baseball. It is more fun when I play sports with my friends. It builds up teamwork and I get to have great experiences with my friends.

🔊 저는 혼자 하는 운동보다는 다른 사람들과 함께 하는 운동을 더 좋아해요. 저는 축구와 야구하는 걸 무척 좋아합니다. 친구들과 함께 운동을 할 때 더욱 재미있습니다. 팀워크도 기를 수 있고 친구들과 함께 멋진 경험을 할 수 있죠.

✌️ 끊어 말하기 ☐☐   ✌️ 자연스럽게 말하기 ☐

prefer A to B B보다 A를 더 좋아하다 | build up teamwork 팀워크를 기르다 | get to do ~하게 되다 | experience 경험

When I was a kid, I was really shy. I also used to get sick often. I didn't have many friends. My mom signed me up for swimming lessons and I really liked them. About a year later, I became healthy and I wasn't so shy anymore.

🔊 어렸을 때 저는 정말 수줍음이 많았어요. 또 자주 아프기도 했죠. 친구들도 많지 않았어요. 엄마는 저를 수영반에 등록해 주셨는데 전 정말 좋았습니다. 한 일 년 뒤 저는 건강해졌고 더 이상 부끄러움을 타지도 않았습니다.

✌️ 끊어 말하기 ☐☐   ✌️ 자연스럽게 말하기 ☐

shy 수줍음을 타는 | sign A up for B B에 A를 등록시키다

I don't have time to exercise. I could go to the gym after work, but I am usually exhausted by then and go straight home. I decided to take the stairs instead of using the elevator. Taking the stairs burns calories.

🔊 저는 운동할 시간이 없어요. 퇴근 후 헬스클럽에 갈 수도 있지만 그때쯤이면 보통 지쳐서 집으로 바로 갑니다. 저는 엘리베이터를 이용하는 대신 계단을 오르기로 했습니다. 계단을 이용하면 칼로리가 소모되죠.

✌️ 끊어 말하기 ☐☐   ✌️ 자연스럽게 말하기 ☐

take the stairs 계단을 이용하다 | burn calories 열량을 태우다

7 간편하게 할 수 있어서 조깅을 좋아한다

Step 1 끊어 듣기 🎧

Step 2 우리말 보기 👁

One of the reasons * I like jogging *
그 이유들 중의 하나는   제가 조깅을 좋아하는
is because **I don't need to wear sportswear.** *
          제가 운동복을 입을 필요가 없기 때문입니다.
I sometimes wear a jogging outfit, * but I don't have to. *
저는 가끔 조깅복을 입습니다   하지만 전 굳이 그럴 필요는 없죠.
I can jog * if I am in comfortable clothes and shoes. *
전 조깅할 수 있죠   제가 편안한 복장과 신발을 신은 상태에 있으면.
That's all I need.
제가 필요한 건 그게 다입니다.

조깅을 좋아하는 이유 중의 하나는 **운동복을 입을 필요가 없기** 때문입니다. 가끔 조깅복을 입긴 하지만 굳이 그럴 필요는 없죠. 편안한 복장과 신발을 신으면 조깅할 수 있죠. 그게 다입니다.

---

8 야구 장비에 돈이 많이 들어갔다

Step 1 끊어 듣기 🎧

Step 2 우리말 보기 👁

When I was in middle school, * I joined my school's
제가 중학교에 다닐 때   전 저희 학교의 야구팀에 가입했죠.
baseball team. * The coach gave me *
                그 코치님은 제게 주셨습니다
the equipment list for baseball * at my first practice. *
야구용 장비 목록을   첫 연습에서.
There was so much to purchase * and I knew *
사야 할 것들이 상당히 많았어요   그리고 전 알았어요
it would cost a lot. * I couldn't buy them all *
그것은 돈이 많이 들 거라는 것.   저는 그것들을 모두 살 수는 없었어요
so I just borrowed some * from my friends.
그래서 전 몇 개는 그냥 빌렸습니다   제 친구들로부터.

중학교에 다닐 때 학교 야구 팀에 가입했죠. 코치님은 첫 연습 때 **야구 장비 목록**을 제게 주셨습니다. 사야 할 것들이 상당히 많았고 전 돈이 많이 들 거라는 걸 알았어요. 모두 살 수는 없어서 친구들에게 몇 개는 빌렸습니다.

---

9 동네 공원에 운동 기구들이 있다

Step 1 끊어 듣기 🎧

Step 2 우리말 보기 👁

There is a park * in my neighborhood. * I go there *
공원이 하나 있습니다   우리 동네.   저는 거기 가요
to take a walk or ride a bike. * **The park also has** *
산책하거나 자전거를 타기 위해.   그 공원에는 또한 있죠
some exercise machines. * Whenever I go to the park, *
몇 가지 운동 기구들이.   제가 그 공원에 갈 때마다
I see many old people * using the machines.
전 많은 연세 드신 분들을 봐요   운동 기구들을 이용하고 계신 것을.

동네에 공원이 하나 있습니다. 저는 그곳에 산책하거나 자전거를 타러 가요. **공원에는 또 몇 가지 운동 기구들이 있죠.** 공원에 갈 때마다 연세 드신 분들이 많이 운동 기구를 이용하는 걸 봐요.

One of the reasons I like jogging is because I don't need to wear sportswear. I sometimes wear a jogging outfit, but I don't have to. I can jog if I am in comfortable clothes and shoes. That's all I need.

🔊 조깅을 좋아하는 이유 중의 하나는 운동복을 입을 필요가 없기 때문입니다. 가끔 조깅복을 입긴 하지만 굳이 그럴 필요는 없죠. 편안한 복장과 신발을 신으면 조깅할 수 있죠. 그게 다입니다.

✌️ 끊어 말하기 ☐ ☐   ✌️ 자연스럽게 말하기 ☐

reason 이유 | don't need to do ~할 필요가 없다 | sportswear 운동복

When I was in middle school, I joined my school's baseball team. The coach gave me the equipment list for baseball at my first practice. There was so much to purchase and I knew it would cost a lot. I couldn't buy them all so I just borrowed some from my friends.

🔊 중학교에 다닐 때 학교 야구 팀에 가입했죠. 코치님은 첫 연습 때 야구 장비 목록을 제게 주셨습니다. 사야 할 것들이 상당히 많았고 전 돈이 많이 들 거라는 걸 알았어요. 모두 살 수는 없어서 친구들에게 몇 개는 빌렸습니다.

✌️ 끊어 말하기 ☐ ☐   ✌️ 자연스럽게 말하기 ☐

join 가입하다 | equipment 장비 | cost 값이 나가다

There is a park in my neighborhood. I go there to take a walk or ride a bike. The park also has some exercise machines. Whenever I go to the park, I see many old people using the machines.

🔊 동네에 공원이 하나 있습니다. 저는 그곳에 산책하거나 자전거를 타러 가요. 공원에는 또 몇 가지 운동 기구들이 있죠. 공원에 갈 때마다 연세 드신 분들이 많이 운동 기구를 이용하는 걸 봐요.

✌️ 끊어 말하기 ☐ ☐   ✌️ 자연스럽게 말하기 ☐

exercise machine 운동 기구

159

2분 영어 말하기 에피소드
운전 ❶

1 직장상사가 사고를 당했다

🎧 In 29-1.mp3

Step 1 끊어 듣기 🎧 | **Step 2 우리말 보기 👁**

My boss called me this morning. *
제 상사가 오늘 아침에 제게 전화를 걸었어요.

He was in a minor accident * **on his way to work.** *
그는 가벼운 사고가 난 것이었습니다   그의 출근길에.

I asked him * **if he was okay** * **and he said** * **he was fine.** *
저는 그에게 물었어요   그가 괜찮으신지   그리고 그는 말했어요   자기는 괜찮다고.

He also told me * **to prepare the meeting** * **by myself.**
그는 또 저에게 말했습니다   그 회의를 준비하라고   저 혼자서.

상사가 오늘 아침에 제게 전화를 걸었어요. 출근길에 가벼운 사고가 난 것이었습니다. 괜찮으시냐고 물었더니 괜찮다고 했어요. 또 회의를 저 혼자 준비하라고 말했습니다.

2 오토매틱 차가 운전하기 더 쉽다

🎧 In 29-2.mp3

Step 1 끊어 듣기 🎧 | **Step 2 우리말 보기 👁**

I took the driver's license test * **for both automatic and**
저는 운전면허 시험을 치렀습니다   오토매틱과 수동 자동차들 둘 다에 대해.

stick shift cars. * **I know** * **how to drive both of them.** *
저는 알지요   그것들 둘 다 운전하는 법을.

However, * **my first car was an automatic** *
하지만   제 첫 자동차는 오토매틱이었어요

and now * **I hardly get to drive** * **stick shift cars.** *
그리고 지금   저는 거의 운전할 일이 없죠   수동 자동차들을.

Automatic cars are * **much easier to drive.**
오토매틱 자동차들이 있어요   운전하기에 훨씬 더 쉬운 상태에.

저는 오토매틱과 수동 모두로 운전면허 시험을 치렀습니다. 둘 다 운전할 줄 알지요. 하지만 제 첫 자동차는 오토매틱이었고 지금은 수동을 거의 운전할 일이 없죠. 오토매틱 자동차가 운전하기에 훨씬 더 쉬워요.

3 액셀을 계속 밟고 있느라 피곤했다

🎧 In 29-3.mp3

Step 1 끊어 듣기 🎧 | **Step 2 우리말 보기 👁**

My family went to visit * **my grandma's house** *
우리 가족은 방문하러 갔어요   우리 할머니 댁을

last Saturday. * **I was so excited to see her** *
지난 토요일에.   그녀를 볼 생각에 전 무척 들떠 있었죠

but because of the terrible traffic * **I had to step on the**
하지만 심한 교통 체증 때문에   저는 액셀을 밟아야 했죠

accelerator * **for 4 straight hours.** * **I was exhausted** *
네 시간 동안 내내.   저는 지쳐 버렸어요

when I got to my grandma's.
할머니 댁에 도착했을 때.

우리 가족은 지난 토요일에 할머니를 뵈러 갔어요. 할머니를 볼 생각에 전 무척 들떠 있었지만 심한 교통 체증 때문에 네 시간 내내 액셀을 밟아야 했죠. 할머니 댁에 도착했을 때 저는 지쳐 버렸어요.

강의 및 훈련 MP3

제한시간 **2**분 (에피소드당 20초 내외)

Step 3 따라 말하기 😋

My boss called me this morning. He was in a minor accident on his way to work. I asked him if he was okay and he said he was fine. He also told me to prepare the meeting by myself.

끊어 말하기 ☐☐   자연스럽게 말하기 ☐

Step 4 혼자 말하기 😋

상사가 오늘 아침에 제게 전화를 걸었어요. 출근길에 가벼운 사고가 난 것이었습니다. 괜찮으시냐고 물었더니 괜찮다고 했어요. 또 회의를 저 혼자 준비하라고 말했습니다.

minor accident 가벼운 사고 | prepare 준비하다

Step 3 따라 말하기 😋

I took the driver's license test for both automatic and stick shift cars. I know how to drive both of them. However, my first car was an automatic and now I hardly get to drive stick shift cars. Automatic cars are much easier to drive.

끊어 말하기 ☐☐   자연스럽게 말하기 ☐

Step 4 혼자 말하기 😋

저는 오토매틱과 수동 모두로 운전면허 시험을 치렀습니다. 둘 다 운전할 줄 알지요. 하지만 제 첫 자동차는 오토매틱이었고 지금은 수동을 거의 운전할 일이 없죠. 오토매틱 자동차가 운전하기에 훨씬 더 쉬워요.

driver's license 운전면허증 | stick shift car 수동 기어 차

Step 3 따라 말하기 😋

My family went to visit my grandma's house last Saturday. I was so excited to see her but because of the terrible traffic I had to step on the accelerator for 4 straight hours. I was exhausted when I got to my grandma's.

끊어 말하기 ☐☐   자연스럽게 말하기 ☐

Step 4 혼자 말하기 😋

우리 가족은 지난 토요일에 할머니를 뵈러 갔어요. 할머니를 볼 생각에 전 무척 들떠 있었지만 심한 교통 체증 때문에 네 시간 내내 액셀을 밟아야 했죠. 할머니 댁에 도착했을 때 저는 지쳐 버렸어요.

traffic 교통 정체 | accelerator 액셀

4 브레이크를 밟았다 떼었다 해서 피곤했다

In 29-4.mp3

Step 1 끊어 듣기 👂 | **Step 2 우리말 보기 👁**

The driver in front of me * was the worst driver ever. *
제 앞차 운전자는   최악의 운전자였습니다.

I think * he can't calculate the distance *
저는 생각해요   그는 거리를 계산하지 못한다고

between his car and the car in front of him. *
자기 차와 자기 앞차 사이의.

I had to keep * stepping on and off the brake *
저는 계속해서 해야만 했어요   브레이크를 밟았다가 떼었다가 하는 것을

because of his poor driving skills. * It was tiring.
그의 형편없는 운전 실력 때문에.   그것은 피곤한 일이더군요.

제 앞차 운전자는 최악의 운전자였습니다. 자기 차와 자기 앞차 사이의 거리를 계산하지 못하는 것 같더라고요. 그의 형편없는 운전 실력 때문에 저는 계속 브레이크를 밟았다가 떼었다가 해야 했죠. 피곤한 일이더군요.

---

5 깜박이를 켜지 않고 우회전했다

In 29-5.mp3

Step 1 끊어 듣기 👂 | **Step 2 우리말 보기 👁**

I forgot to turn on the blinker * and made a right turn. *
저는 깜박이를 켜는 걸 잊어버렸어요   그리고 우회전을 했죠.

The car behind me thought * I was going straight *
제 뒤에 오던 차는 생각했어요   제가 직진할 것으로

and he didn't reduce his speed. * He ended up hitting me *
그래서 그는 자기 속도를 줄이지 않았습니다.   결국 그 사람이 저를 받았어요

from behind. * It was my fault.
뒤에서.   그것은 제 잘못이었죠.

저는 깜빡이를 켜는 걸 잊어버리고 우회전을 했죠. 제 뒤에 오던 차는 제가 직진할 줄 알고 속도를 줄이지 않았습니다. 결국 그 사람이 뒤에서 저를 받았어요. 제 잘못이었죠.

---

6 느리게 달린 앞차를 추월했다

In 29-6.mp3

Step 1 끊어 듣기 👂 | **Step 2 우리말 보기 👁**

I enjoy driving fast. * On my way to my grandma's house, *
저는 차로 빨리 달리는 것을 좋아해요.   우리 할머니 댁에 가는 길에

I took the highway. * I was driving * in the passing lane *
저는 그 고속도로를 탔습니다.   저는 달리고 있었죠   그 추월 차선 안에서

and the car in front of me * was going so slow. *
그리고 제 앞차가   너무 느리게 가고 있었어요.

I flashed my high beams * to make the driver move, *
저는 제 상향등을 켰어요   그 운전자가 비키도록 만들기 위해

but he didn't notice. * I just overtook the car * in the end.
하지만 그는 눈치를 못 채더군요.   저는 그냥 그 차를 추월했죠   결국.

저는 차로 빨리 달리는 것을 좋아해요. 할머니 댁에 가는 길에 고속도로를 탔습니다. 추월 차선을 달리고 있었는데 제 앞차가 너무 느렸어요. 저는 그 운전자가 비키도록 상향등을 켰지만 눈치를 못 채더군요. 결국 전 그냥 그 차를 추월했죠.

The driver in front of me was the worst driver ever. I think he can't calculate the distance between his car and the car in front of him. I had to keep stepping on and off the brake because of his poor driving skills. It was tiring.

 제 앞차 운전자는 최악의 운전자였습니다. 자기 차와 자기 앞차 사이의 거리를 계산하지 못하는 것 같더라고요. 그의 형편없는 운전 실력 때문에 저는 계속 브레이크를 밟았다가 떼었다가 해야 했죠. 피곤한 일이더군요.

끊어 말하기 ☐☐ 자연스럽게 말하기 ☐

worst 최악의 | calculate 계산하다 | distance 거리, 간격 | step on and off the brake 브레이크를 밟았다 떼었다 하다

I forgot to turn on the blinker and made a right turn. The car behind me thought I was going straight and he didn't reduce his speed. He ended up hitting me from behind. It was my fault.

 저는 깜빡이를 켜는 걸 잊어버리고 우회전을 했죠. 제 뒤에 오던 차는 제가 직진할 줄 알고 속도를 줄이지 않았습니다. 결국 그 사람이 뒤에서 저를 받았어요. 제 잘못이었죠.

끊어 말하기 ☐☐ 자연스럽게 말하기 ☐

blinker 자동차 깜빡이 | make a right turn 우회전하다 | reduce 줄이다 | fault 잘못

I enjoy driving fast. On my way to my grandma's house, I took the highway. I was driving in the passing lane and the car in front of me was going so slow. I flashed my high beams to make the driver move, but he didn't notice. I just overtook the car in the end.

 저는 차로 빨리 달리는 것을 좋아해요. 할머니 댁에 가는 길에 고속도로를 탔습니다. 추월 차선을 달리고 있었는데 제 앞차가 너무 느렸어요. 저는 그 운전자가 비키도록 상향등을 켰지만 눈치를 못 채더군요. 결국 전 그냥 그 차를 추월했죠.

끊어 말하기 ☐☐ 자연스럽게 말하기 ☐

take the highway 고속도로를 타다 | passing lane 추월 차선 | high beam 상향등 | overtake 추월하다, 앞지르다

7 음주운전으로 차선을 왔다 갔다 했다

Step 1 끊어 듣기 🎧

Step 2 우리말 보기 👁

Last night * I was driving home * from work, *
지난밤에   저는 차를 몰고 집에 가고 있었습니다   퇴근해서

the car in front of me * kept changing lanes. *
제 앞차가   계속해서 차선들을 바꿨어요

At first, * I didn't take it seriously, * but the car ended up *
처음에는   전 그것을 심각하게 받아들이지 않았어요   하지만 그 차는 결국 해버리고 말았죠

hitting a tree. * The driver was driving drunk.
나무를 들이받는 것을.   그 운전자가 음주운전을 하고 있었던 겁니다.

지난밤에 저는 퇴근해 차를 몰고 집에 가고 있었습니다. **제 앞차가 계속해서 차선을 바꿨어요.** 처음에는 심각하게 생각하지 않았지만 결국 그 차는 나무를 들이받고 말았죠. 운전자가 음주운전을 하고 있었던 겁니다.

---

8 와이퍼가 작동하지 않았다

Step 1 끊어 듣기 🎧

Step 2 우리말 보기 👁

It suddenly started to rain, * so I turned on the
갑자기 비가 내리기 시작했어요   그래서 전 앞 유리 와이퍼들을 켰어요

windshield wipers, * but they were not working. *
                      하지만 그것들은 작동이 되지 않았습니다.

I couldn't see anything. * I knew * something was wrong, *
전 아무것도 볼 수 없었죠.   저는 알았죠   뭔가 잘못됐다는 것을

so I went straight * to a car repair center.
그래서 곧장 향했어요   자동차 정비센터로.

갑자기 비가 내리기 시작해서 앞 유리 와이퍼를 켰는데 작동이 되지 않았습니다. 아무것도 볼 수 없었죠. 뭔가 문제가 있다는 것을 알고서 곧장 자동차 정비센터로 향했어요.

---

9 여동생이 운전면허 시험에 한 번에 붙었다

Step 1 끊어 듣기 🎧

Step 2 우리말 보기 👁

My younger sister wanted * to get a driver's license. *
제 여동생이 원했어요   운전면허를 따기를.

She studied for two months * and went to take the test. *
그녀는 두 달 간 공부했죠   그리고 시험을 보러 갔죠.

It turned out * that she passed the written test, *
그것은 드러났어요   그녀가 필기시험을 붙은 것으로

the skill test, * and the driving test, *
기능 시험   그리고 도로 주행까지

all on her first try. * I was so proud of her.
모두 그녀의 첫 시도에서요.   저는 그녀가 무척 자랑스러웠습니다.

여동생이 운전면허를 따고 싶어 했어요. 동생은 두 달 간 공부하고 시험을 보러 갔어요. 결과는 이렇게 드러났어요. **필기시험과 기능 시험, 그리고 도로 주행까지 모두 한 번에 붙은 것으로요.** 동생이 무척 자랑스러웠습니다.

164

Last night I was driving home from work, the car in front of me kept changing lanes. At first, I didn't take it seriously, but the car ended up hitting a tree. The driver was driving drunk.

🔊 지난밤에 저는 퇴근해 차를 몰고 집에 가고 있었습니다. 제 앞차가 계속해서 차선을 바꿨어요. 처음에는 심각하게 생각하지 않았지만 결국 그 차는 나무를 들이받고 말았죠. 운전자가 음주운전을 하고 있었던 겁니다.

✌️ 끊어 말하기 ▢▢   ✌️ 자연스럽게 말하기 ▢

change lanes 차선을 바꾸다 | drive drunk 음주운전을 하다

It suddenly started to rain, so I turned on the windshield wipers, but they were not working. I couldn't see anything. I knew something was wrong, so I went straight to a car repair center.

🔊 갑자기 비가 내리기 시작해서 앞 유리 와이퍼를 켰는데 작동이 되지 않았습니다. 아무것도 볼 수 없었죠. 뭐가 문제가 있다는 것을 알고서 곧장 자동차 정비센터로 향했어요.

✌️ 끊어 말하기 ▢▢   ✌️ 자연스럽게 말하기 ▢

windshield wiper 자동차 앞 유리 와이퍼 | work 작동하다 | car repair center 자동차 정비센터

My younger sister wanted to get a driver's license. She studied for two months and went to take the test. It turned out that she passed the written test, the skill test, and the driving test, all on her first try. I was so proud of her.

🔊 여동생이 운전면허를 따고 싶어 했어요. 동생은 두 달 간 공부하고 시험을 보러 갔죠. 결과는 이렇게 드러났어요. 필기시험과 기능시험, 그리고 도로 주행까지 모두 한 번에 붙은 것으로요. 동생이 무척 자랑스러웠습니다.

✌️ 끊어 말하기 ▢▢   ✌️ 자연스럽게 말하기 ▢

take a test 시험을 치르다 | written test 필기시험 | be proud of A A를 자랑스러워하다

165

2분 영어 말하기 에피소드
운전 ❷

1 고속도로에서는 항상 안전벨트를 맨다

🎧 In 30-1.mp3

> Step 1 **끊어 듣기** 🎧

> Step 2 **우리말 보기** 👁

I don't like to wear a seatbelt * in the car * because it feels
저는 안전벨트 매는 걸 안 좋아해요   차 안에서   왜냐면 그것은 갑갑한

restricting. * However, * I always wear a seatbelt *
기분이 들거든요.   하지만   전 항상 안전벨트를 매죠

when I drive on the highway. * I feel * like I have to wear it *
제가 고속도로 위를 달릴 때에는.   저는 느낍니다 제가 그것을 매야만 할 것 같은

regardless of where I'm sitting in the car.
차 안에서 제가 어디에 앉아 있든지 상관없이.

저는 갑갑한 기분이 들어 안전벨트 매는 걸 안 좋아해요. 하지만 **고속도로를 달릴 때에는 항상 안전벨트를 매죠.** 어느 좌석에 앉든지 안전벨트를 매야만 할 것 같습니다.

2 반드시 후진 주차한다

🎧 In 30-2.mp3

> Step 1 **끊어 듣기** 🎧

> Step 2 **우리말 보기** 👁

When I tried * to come out of the parking lot * at the mall, *
제가 시도할 때   주차장에서 차를 빼려고   쇼핑몰에서

I didn't see the car * passing behind me * and almost hit it. *
저는 그 차를 보지 못했어요   제 뒤에서 지나가는   그래서 그것을 거의 받을 뻔했어요.

Since then, * I always park backwards. * In that case, *
그 이후로는.   전 언제나 후진 주차를 하죠.   그렇게 하면

I won't be at risk * of reversing into unknown traffic.
저는 위험이 없어요   차량들이 어떻게 지나가는지 알지도 못한 채 차를 후진시킬.

쇼핑몰 주차장에서 차를 빼려고 하다가 뒤에 지나가는 차를 보지 못하고 거의 받을 뻔했습니다. 그 이후로는 언제나 **후진 주차를 하죠.** 그렇게 하면 차량들이 어떻게 지나가는지 알지도 못한 채 차를 후진시킬 위험이 없어요.

3 고속도로에서 속도위반 딱지를 떼었다

🎧 In 30-3.mp3

> Step 1 **끊어 듣기** 🎧

> Step 2 **우리말 보기** 👁

I slept in today. * I didn't want to be late * for work, *
저는 오늘 늦잠을 잤습니다.   저는 지각하고 싶지 않았어요   회사에

so I rushed. * When I was cruising down the highway
그래서 서둘러 나갔죠.   제가 고속도로를 달리고 있었을 때

making record time on my commute, *
제 통근 시간 역사상 최고 기록(속도)을 내면서

a police car pulled me over * on the side of the road. *
한 경찰차가 저를 세웠습니다   도로변으로.

I got a speeding ticket.
저는 속도위반 딱지를 떼었죠.

오늘 늦잠을 잤습니다. 회사에 지각하고 싶지 않아서 저는 서둘러 나갔죠. 제 통근 시간 역사상 최고 속도를 내면서 고속도로 위를 달리고 있는데 경찰차가 저를 도로변으로 세웠습니다. **속도위반 딱지를 떼었죠.**

훈련한 날짜 . .

소요시간 분

강의 및 훈련 MP3

제한시간 **2**분 (에피소드당 20초 내외)

Step 3 따라 말하기 👄	Step 4 혼자 말하기 👄

I don't like to wear a seatbelt in the car because it feels restricting. However, I always wear a seatbelt when I drive on the highway. I feel like I have to wear it regardless of where I'm sitting in the car.

🔊 저는 갑갑한 기분이 들어 안전벨트 매는 걸 안 좋아해요. 하지만 고속도로를 달릴 때에는 항상 안전벨트를 매죠. 어느 좌석에 앉든지 안전벨트를 매야만 할 것 같습니다.

 끊어 말하기 ⬜⬜   ✌ 자연스럽게 말하기 ⬜

wear a seatbelt 안전벨트를 매다 | restricting 갑갑하게 만드는 | regardless of A A에 상관없이

Step 3 따라 말하기 👄	Step 4 혼자 말하기 👄

When I tried to come out of the parking lot at the mall, I didn't see the car passing behind me and almost hit it. Since then, I always park backwards. In that case, I won't be at risk of reversing into unknown traffic.

🔊 쇼핑몰 주차장에서 차를 빼려고 하다가 뒤에 지나가는 차를 보지 못하고 거의 받을 뻔했습니다. 그 이후로는 언제나 후진 주차를 하죠. 그렇게 하면 차량들이 어떻게 지나가는지 알지도 못한 채 차를 후진시킬 위험이 없어요.

✌ 끊어 말하기 ⬜⬜   ✌ 자연스럽게 말하기 ⬜

park backwards 후진 주차하다 | in that case 그런 경우라면 | be at risk of -ing ~할 위험이 있다 | reverse 차를 후진하다

Step 3 따라 말하기 👄	Step 4 혼자 말하기 👄

I slept in today. I didn't want to be late for work, so I rushed. When I was cruising down the highway making record time on my commute, a police car pulled me over on the side of the road. I got a speeding ticket.

🔊 오늘 늦잠을 잤습니다. 회사에 지각하고 싶지 않아서 저는 서둘러 나갔죠. 제 통근 시간 역사상 최고 속도를 내면서 고속도로 위를 달리고 있는데 경찰차가 저를 도로변으로 세웠습니다. 속도위반 딱지를 떼였죠.

 끊어 말하기 ⬜⬜   자연스럽게 말하기 ⬜

cruise down the highway 고속도로를 달리다 | pull A over A에게 길 한쪽으로 차를 대게 하다 | speeding ticket 속도위반 딱지

167

4 음주운전은 절대 안 하기로 했다

Step 1 끊어 듣기

I just heard the news * that one of my middle school
저는 방금 그 소식을 들었습니다   제 중학교 동창들 중 하나가

friends * got hit by a drunk driver. * I couldn't believe it *
          음주운전 차량에 치었다는.   전 그것을 믿을 수가 없었죠

because he still lives * in my neighborhood *
왜냐면 그는 아직도 살고 있거든요   우리 동네에

and I often see him * on the street. *
그리고 저는 그를 자주 보거든요   길에서.

I decided not to drink and drive * ever again.
저는 음주운전을 하지 않겠다고 다짐했어요   다시는.

Step 2 **우리말 보기**

중학교 동창 하나가 음주운전 차량에 치었다는 소식을 방금 들었습니다. 그 친구가 아직도 우리 동네에 살고 있고 길에서 자주 마주치기 때문에 그 소식을 믿을 수가 없었죠. 저는 다시는 음주운전을 하지 않겠다고 다짐했어요.

---

5 택시기사가 신호 위반 딱지를 뗐다

Step 1 끊어 듣기

I woke up late today. * I didn't want to be late *
전 오늘 늦게 일어났습니다.   전 지각하고 싶지 않았어요

so I rushed outside * and hailed a cab. *
그래서 허겁지겁 밖으로 나갔죠   그리고 택시를 하나 불렀죠

The cab driver tried to go fast * and he got a ticket *
그 택시기사는 빨리 가려고 했어요   그러다 그는 딱지를 뗐습니다

for running a red light. * Many people run red lights. *
빨간 불에서 달린 것에 대해.   많은 사람들이 빨간 불들을 (무시하고) 달립니다.

I had no luck * this morning.
전 운이 없었어요   오늘 아침.

Step 2 **우리말 보기**

오늘 늦게 일어났습니다. 지각하기 싫어서 허겁지겁 나가 택시를 불렀죠. 택시기사는 빨리 가려다 신호를 어기는 바람에 딱지를 뗐습니다. 많은 사람들이 정지 신호를 무시하고 달립니다. 오늘 아침에 전 운이 없었어요.

---

6 백미러로 차가 안 보여 큰일 날 뻔했다

Step 1 끊어 듣기

I decided to change lanes, * so I signaled I was turning
차선들을 바꿔야겠다고 마음먹었어요   그래서 저는 제 왼쪽 방향 지시등을 켰죠

left * and looked at my left mirror. *
          그리고 왼쪽 거울을 보았죠.

There were no cars to my left * so I changed lanes, *
제 왼편에 차들이 없었어요   그래서 차선들을 바꿨죠

but the car behind me * honked at me. * I freaked *
하지만 제 뒤에 있던 차가   제게 경적을 울렸어요. 저는 기겁을 하며 놀랐습니다

because I didn't see the car * through my mirror.
왜냐면 전 그 차를 보지 못했거든요   제 거울을 통해.

Step 2 **우리말 보기**

차선을 바꿔야겠다고 마음먹고 저는 왼쪽 방향 지시등을 켜고 왼쪽 거울을 보았죠. 제 왼편에 차들이 없어서 차선을 바꾸었지만 뒤에 있던 차가 제게 경적을 울렸어요. 거울로 그 차를 보지 못했기 때문에 저는 기겁을 하며 놀랐습니다.

I just heard the news that one of my middle school friends got hit by a drunk driver. I couldn't believe it because he still lives in my neighborhood and I often see him on the street. I decided not to drink and drive ever again.

중학교 동창 하나가 음주운전 차량에 치었다는 소식을 방금 들었습니다. 그 친구가 아직도 우리 동네에 살고 있고 길에서 자주 마주치기 때문에 그 소식을 믿을 수가 없었죠. 저는 다시는 음주운전을 하지 않겠다고 다짐했어요.

끊어 말하기 ☐☐   자연스럽게 말하기 ☐

get hit by A A에 치이다 | drink and drive 음주운전을 하다

I woke up late today. I didn't want to be late so I rushed outside and hailed a cab. The cab driver tried to go fast and he got a ticket for running a red light. Many people run red lights. I had no luck this morning.

오늘 늦게 일어났습니다. 지각하기 싫어서 허겁지겁 나가 택시를 불렀죠. 택시기사는 빨리 가려다 신호를 어기는 바람에 딱지를 뗐습니다. 많은 사람들이 정지 신호를 무시하고 달립니다. 오늘 아침에 전 운이 없었어요.

끊어 말하기 ☐☐   자연스럽게 말하기 ☐

hail a cab 택시를 부르다 | run a red light 정지 신호를 무시하고 달리다

I decided to change lanes, so I signaled I was turning left and looked at my left mirror. There were no cars to my left so I changed lanes, but the car behind me honked at me. I freaked because I didn't see the car through my mirror.

차선을 바꿔야겠다고 마음먹고 저는 왼쪽 방향 지시등을 켜고 왼쪽 거울을 보았죠. 제 왼편에 차들이 없어서 차선을 바꾸었지만 뒤에 있던 차가 제게 경적을 울렸어요. 거울로 그 차를 보지 못했기 때문에 저는 기겁을 하며 놀랐습니다.

끊어 말하기 ☐☐   자연스럽게 말하기 ☐

signal 방향 지시등으로 신호를 보내다 | turn left 좌회전하다 | honk at A A에게 경적을 울리다

7 헤드라이트를 켜면 사람이 잘 안 보인다

Step 1 끊어 듣기 🎧

Step 2 우리말 보기 👁

I don't like driving * in the dark * because when I turn on
저는 운전하는 것을 좋아하지 않아요   어둠 속에서   왜냐면 제가 헤드라이트들을 켤 때면

the headlights, * it is hard to see * if a person is
그것은 보기가 어렵거든요   도로 위에 사람이 있는지.

on the road. * On my way back home * last night, *
집으로 돌아가는 길에   지난밤에

it got dark * so I turned on the headlights. *
날이 어두워졌죠   그래서 저는 헤드라이트들을 켰습니다.

I had to pay careful attention * and it was tiring.
저는 세심하게 신경을 써야 했어요   그리고 그것은 피곤했습니다.

헤드라이트를 켜면 길가에 사람이 있는지 잘 안 보이기에 전 어두울 때 운전하는 것을 좋아하지 않아요. 지난밤에 집으로 가는 길에 어두워져서 저는 헤드라이트를 켰습니다. 세심하게 신경을 써야 해서 피곤했습니다.

---

8 배터리가 방전되어 보험회사에 전화해야 했다

Step 1 끊어 듣기 🎧

Step 2 우리말 보기 👁

My car would not start * when I turned the key in my ignition. *
제 차가 시동이 걸리지 않았어요   제가 키를 꽂고 시동을 걸 때.

Everything but the engine * seemed to be functioning. *
엔진을 빼놓고는 모든 것이   작동되고 있는 것 같았죠.

It seemed like my car battery was dead * so I had to call *
그것은 제 자동차 배터리가 방전된 것처럼 보였어요   그래서 저는 전화를 걸어야만 했어요

my car insurance company.
제 자동차 보험회사에.

키를 꽂고 시동을 거는데 차가 움직이지 않았어요. 엔진을 빼놓고는 모든 것이 작동되는 것 같았죠. 자동차 배터리가 방전된 듯해서 저는 자동차 보험회사에 전화를 걸어야만 했어요.

---

9 뒤차가 빵빵대서 편의점 앞에 차도 못 댔다

Step 1 끊어 듣기 🎧

Step 2 우리말 보기 👁

I wanted to get bottled water * from a convenience store. *
저는 생수를 사고 싶었습니다   편의점에서.

The store didn't have a parking lot * so I just pulled over *
편의점에는 주차장이 없었어요   그래서 전 차를 그냥 잠깐 세웠죠

right in front of the store. * When I pulled over and got
그 가게 바로 앞에.   제가 차를 세우고 내렸을 때

out, * the car behind me * honked at me. *
제 뒤에 있던 차가   제게 경적을 울려댔습니다.

I had to get back into the car * and drive away.
저는 다시 차에 타야만 했죠   그리고 그냥 가야 했어요.

저는 편의점에서 생수를 사고 싶었습니다. 편의점에는 주차장이 없어서 그 바로 앞에 차를 잠깐 세웠죠. 차를 세우고 내릴 때 뒤에 있던 차가 경적을 울려댔습니다. 다시 차에 타서 그냥 가야 했어요.

I don't like driving in the dark because when I turn on the headlights, it is hard to see if a person is on the road. On my way back home last night, it got dark so I turned on the headlights. I had to pay careful attention and it was tiring.

🔊 헤드라이트를 켜면 길가에 사람이 있는지 잘 안 보이기에 전 어두울 때 운전하는 것을 좋아하지 않아요. 지난밤에 집으로 가는 길에 어두워져서 저는 헤드라이트를 켰습니다. 세심하게 신경을 써야 해서 피곤했습니다.

 끊어 말하기 ⬜⬜  자연스럽게 말하기 ⬜

pay careful attention 세심하게 신경을 쓰다

My car would not start when I turned the key in my ignition. Everything but the engine seemed to be functioning. It seemed like my car battery was dead so I had to call my car insurance company.

🔊 키를 꽂고 시동을 거는데 차가 움직이지 않았어요. 엔진을 빼놓고는 모든 것이 작동되는 것 같았죠. 자동차 배터리가 방전된 듯해서 저는 자동차 보험회사에 전화를 걸어야만 했어요.

끊어 말하기 ⬜⬜ 자연스럽게 말하기 ⬜

start (차에) 시동이 걸리다 | **turn the key in one's ignition** 키를 꽂고 시동을 걸다 | **but A** A를 제외하고 | **insurance company** 보험회사

I wanted to get bottled water from a convenience store. The store didn't have a parking lot so I just pulled over right in front of the store. When I pulled over and got out, the car behind me honked at me. I had to get back into the car and drive away.

🔊 저는 편의점에서 생수를 사고 싶었습니다. 편의점에는 주차장이 없어서 그 바로 앞에 차를 잠깐 세웠죠. 차를 세우고 내릴 때 뒤에 있던 차가 경적을 울려댔습니다. 다시 차에 타서 그냥 가야 했어요.

 끊어 말하기 ⬜⬜  자연스럽게 말하기 ⬜

bottled water 병에 담긴 생수 | **get back into the car** 다시 차에 타다

DAY
31

은행

1 번호표 뽑고 차례를 기다렸다

In 31-1.mp3

Step 1 끊어 듣기

Step 2 우리말 보기

I don't like to waste my time * at a bank, *
저는 시간 낭비하는 걸 좋아하지 않아요   은행에서

so I went to the bank * at 9 a.m. * I was surprised *
그래서 은행에 갔죠   오전 9시에.   저는 놀랐어요

to see some people * who were already there. *
몇몇 사람들을 보고   이미 거기에 와 있는.

I had to **take a number** * and wait.
저는 번호표를 뽑아야 했습니다   그리고 기다려야 했습니다.

은행에서 시간 낭비하는 걸 싫어해서 오전 9시에 은행에 갔죠. 이미 몇몇 사람들이 거기 와 있는 것을 보고 놀랐어요. 전 **번호표**를 뽑고 기다려야 했습니다.

2 ATM을 자주 이용한다

In 31-2.mp3

Step 1 끊어 듣기

Step 2 우리말 보기

I once lost my wallet * on the subway. *
전 한번은 제 지갑을 잃어버렸죠   지하철에서.

I had 100,000 won in cash * at that time *
저는 현금으로 10만 원을 갖고 있었어요   그때

and I couldn't find my wallet * at all. * Since then, *
그리고 난 내 지갑을 찾을 수가 없었어요   도저히.   그 이후로.

I only carry debit cards * in my wallet. *
전 체크카드들만 들고 다닙니다   제 지갑 안에.

So I **often use an ATM** * to withdraw some cash.
그래서 저는 ATM을 자주 이용하죠   현금을 인출하기 위해.

한번은 지하철에서 지갑을 잃어버렸죠. 그때 현금으로 10만 원이 있었는데 도저히 지갑을 찾을 수가 없었어요. 그 이후로 지갑에 체크카드만 들고 다닙니다. 그래서 현금을 뽑으려고 ATM을 자주 이용하죠.

3 통장을 새로 개설했다

In 31-3.mp3

Step 1 끊어 듣기

Step 2 우리말 보기

When I started my new job, * my boss told me *
제가 제 새 일을 시작했을 때   제 상사가 제게 말했어요

to **open a bank account** * at the ABC bank * for payroll. *
은행 계좌를 열라고   ABC 은행에다   급여용으로.

I had to change * the bank account I used * for payroll.
저는 바꿔야만 했죠   제가 사용하던 은행 계좌를   급여용으로.

새 직장에 다니기 시작했을 때, 상사가 제게 급여를 위해 ABC 은행에다 **계좌를 열라**고 했어요. 급여 때문에 제가 사용하던 은행 계좌를 바꿀 수밖에 없었죠.

제한시간 2분 (에피소드당 20초 내외)

Step 3 따라 말하기	Step 4 혼자 말하기

I don't like to waste my time at a bank, so I went to the bank at 9 a.m. I was surprised to see some people who were already there. I had to take a number and wait.

 끊어 말하기 ☐☐ 자연스럽게 말하기 ☐

🔊 은행에서 시간 낭비하는 걸 싫어해서 오전 9시에 은행에 갔죠. 이미 몇몇 사람들이 거기 와 있는 것을 보고 놀랐어요. 전 번호표를 뽑고 기다려야 했습니다.

waste 낭비하다 | take a number 번호표를 뽑다

Step 3 따라 말하기	Step 4 혼자 말하기

I once lost my wallet on the subway. I had 100,000 won in cash at that time and I couldn't find my wallet at all. Since then, I only carry debit cards in my wallet. So I often use an ATM to withdraw some cash.

🔊 한번은 지하철에서 지갑을 잃어버렸죠. 그때 현금으로 10만 원이 있었는데 도저히 지갑을 찾을 수가 없었어요. 그 이후로 지갑에 체크카드만 들고 다닙니다. 그래서 현금을 뽑으려고 ATM을 자주 이용하죠.

in cash 현금으로 | debit card 체크카드 | ATM 현금 입출금기 | withdraw 인출하다, 뽑다

Step 3 따라 말하기	Step 4 혼자 말하기

When I started my new job, my boss told me to open a bank account at the ABC bank for payroll. I had to change the bank account I used for payroll.

🔊 새 직장에 다니기 시작했을 때, 상사가 제게 급여를 위해 ABC 은행에다 계좌를 열라고 했어요. 급여 때문에 제가 사용하던 은행 계좌를 바꿀 수밖에 없었죠.

open a bank account 계좌를 트다 | payroll 급여

173

4 오랜만에 통장을 정리했다

🎧 In 31-4.mp3

Step 1 끊어 듣기 🎧

I went to the bank ＊ **to wire some money** ＊ **to my mom.** ＊
저는 은행에 갔죠　　　　돈을 이체하기 위해서　　　우리 엄마에게.

The bank clerk told me ＊ **that I hadn't updated my**
은행 직원이 제게 말해 주었습니다　　　　제가 제 통장을 정리하지 않았다고

bank account ＊ **in quite some time.** ＊
　　　　　　　　상당히 오랜 기간 동안.

I asked her ＊ **to do it for me,** ＊ **and then** ＊
저는 그녀에게 부탁했어요　나를 위해 그것을 해달라고　그랬더니

it took 5 minutes ＊ **to finish updating it.**
그것은 5분이 걸렸습니다　　(그것이 뭐냐면) 그것(통장)을 정리하는 것을 끝내는 것.

Step 2 우리말 보기 👁

엄마에게 돈을 이체하려고 은행에 갔죠. 은행 직원이 제게 꽤 오랫동안 **통장을 정리하지 않았다**고 말해 주었습니다. 직원에게 정리해 달라고 부탁했더니 5분 만에 통장 정리를 끝내줬습니다.

---

5 늘 거래 은행 ATM을 이용한다

🎧 In 31-5.mp3

Step 1 끊어 듣기 🎧

I needed some cash, ＊ **so I looked for an ATM.** ＊
저는 현금이 좀 필요했어요　　　　그래서 전 ATM을 찾았죠.

I don't like to withdraw cash ＊ **through an ATM** ＊
저는 현금을 인출하는 것을 좋아하지 않아요　　　ATM을 통해서

that's not my bank ＊ **because they charge me a fee** ＊
제 거래 은행이 아닌　　　　왜냐면 그들은 제게 수수료를 부과하기 때문이죠

to use another bank's ATM.
타 은행 ATM을 사용하는 데에 따르는.

Step 2 우리말 보기 👁

저는 현금이 좀 필요해서 ATM을 찾았죠. 저는 **제 거래 은행 ATM이 아닌 곳에서** 돈 인출하는 게 싫어요. 타 은행 ATM에서는 수수료를 부과하기 때문이죠.

---

6 ATM에서 친구에게 송금했다

🎧 In 31-6.mp3

Step 1 끊어 듣기 🎧

My friend bought ＊ **some concert tickets online.** ＊
제 친구가 구매했습니다　　　　온라인으로 콘서트 표들을 몇 장.

I told her ＊ **that I would wire her the money.** ＊
저는 그녀에게 말했죠　　제가 그녀에게 그 돈을 이체해 주겠다고.

I didn't have enough time ＊ **to go to the bank,** ＊
저는 충분한 시간이 없었어요　　　　은행에 갈

so I just used the ATM ＊ **in my building** ＊ **to wire the money.**
그래서 저는 그냥 ATM을 이용했죠　　우리 건물에 있는　　그 돈을 송금하기 위해서.

Step 2 우리말 보기 👁

친구가 온라인으로 콘서트 표를 구매했습니다. 저는 친구에게 돈을 이체해 주겠다고 했죠. 은행에 갈 시간이 없어서 그냥 우리 **건물에 있는 ATM을 이용**해 돈을 송금했습니다.

I went to the bank to wire some money to my mom. The bank clerk told me that I hadn't updated my bank account in quite some time. I asked her to do it for me, and then it took 5 minutes to finish updating it.

🔊 엄마에게 돈을 이체하려고 은행에 갔죠. 은행 직원이 제게 꽤 오랫동안 통장을 정리하지 않았다고 말해 주었습니다. 직원에게 정리해 달라고 부탁했더니 5분 만에 통장 정리를 끝내줬습니다.

 끊어 말하기 ☐☐  자연스럽게 말하기 ☐

wire money 송금하다 | update one's bank account 통장 정리를 하다

I needed some cash, so I looked for an ATM. I don't like to withdraw cash through an ATM that's not my bank because they charge me a fee to use another bank's ATM.

🔊 저는 현금이 좀 필요해서 ATM을 찾았죠. 저는 제 거래 은행 ATM이 아닌 곳에서 돈 인출하는 게 싫어요. 타 은행 ATM에서는 수수료를 부과하기 때문이죠.

 끊어 말하기 ☐☐  자연스럽게 말하기 ☐

through A A를 통해서 | charge A a fee A에게 수수료를 부과하다

My friend bought some concert tickets online. I told her that I would wire her the money. I didn't have enough time to go to the bank, so I just used the ATM in my building to wire the money.

🔊 친구가 온라인으로 콘서트 표를 구매했습니다. 저는 친구에게 돈을 이체해 주겠다고 했죠. 은행에 갈 시간이 없어서 그냥 우리 건물에 있는 ATM을 이용해 돈을 송금했습니다.

 끊어 말하기 ☐☐  자연스럽게 말하기 ☐

online 온라인으로, 인터넷으로

7 비밀번호 입력 오류로 입출금이 정지됐다

In 31-7.mp3

| Step 1 끊어 듣기 | Step 2 우리말 보기 |

I forgot my debit card PIN number * and entered the
저는 제 체크카드 비밀번호를 잊어버렸죠   그래서 잘못된 번호를 찍었어요

wrong number * three times. * I was not allowed *
세 번이나.   저는 허가 받지 못했습니다

to deposit or withdraw * through the ATM machine. *
입금하는 것이나 출금하는 것을   ATM 기계를 통해서.

I had to go to the bank * and get a new PIN number.
저는 은행에 가야 했어요   그리고 새 비밀번호를 받아야 했죠.

체크카드 비밀번호를 잊어버려서 세 번이나 번호를 잘못 찍었어요. ATM을 통한 입금이나 출금이 정지되었어요. 은행에 가서 새 비밀번호를 받아야 했죠.

8 체크카드를 분실해 은행에서 재발급받았다

In 31-8.mp3

| Step 1 끊어 듣기 | Step 2 우리말 보기 |

I lost my debit card. * I called the bank right away *
저는 제 체크카드를 분실했습니다.   저는 바로 그 은행에 전화를 걸었어요

and reported my debit card stolen. * I went to the bank *
그리고 제 체크카드가 도난됐다고 신고했죠.   저는 그 은행에 갔어요

the next day * and got it reissued. * It was a bummer.
다음 날   그리고 그것을 재발급받았습니다.   그것은 참 귀찮았어요.

체크카드를 분실했습니다. 저는 바로 은행에 전화를 걸어 체크카드 도난 신고를 했죠. 다음 날 은행에 가서 체크카드를 재발급받았습니다. 참 귀찮았어요.

9 첫 신용카드를 발급 받았다

In 31-9.mp3

| Step 1 끊어 듣기 | Step 2 우리말 보기 |

Last month, * I got my first credit card. * I was thinking *
지난달에   저는 제 첫 번째 신용카드를 받았어요.   저는 생각하고 있었죠

of getting a department store credit card * but they had
백화점 신용카드를 받는 것에 대해   그러나 그것들은

high annual fees. * So I just went to the local bank *
높은 연회비를 가졌죠.   그래서 저는 그냥 그 지역 은행에 갔습니다

and had my first credit card issued there.
그리고 제 첫 번째 신용카드를 거기에서 발급 받았습니다.

지난달에 제 첫 번째 신용카드를 받았어요. 백화점 신용카드를 받을까 생각했지만 연회비가 비쌌죠. 그래서 지역 은행에 가서 제 첫 번째 신용카드를 발급 받았습니다.

10 유럽 여행 가려고 적금을 붓고 있다

In 31-10.mp3

| Step 1 끊어 듣기 | Step 2 우리말 보기 |

Since 2020, * I have been saving up 100,000 won *
2020년부터   저는 10만 원씩 저축하고 있어요

each month * for a trip to Europe. * I am planning *
매달   유럽으로의 여행을 위해.   저는 계획하고 있죠

to withdraw my installment savings * in 2022. * It is best *
제 적금을 인출하는 것을   2022년에.   그것은 최고죠

not to close it * before the account has matured.
(그것이 뭐냐면) 그것을 해지 안 하는 것이 계좌가 만기가 되기 전에는.

유럽 여행을 가려고 2020년부터 한 달에 10만씩 저축하고 있어요. 2022년에 적금을 인출할 계획입니다. 만기가 되기 전에는 해지 안 하는 게 최고인 거죠.

I forgot my debit card PIN number and entered the wrong number three times. I was not allowed to deposit or withdraw through the ATM machine. I had to go to the bank and get a new PIN number.

🗣 체크카드 비밀번호를 잊어버려서 세 번 이나 번호를 잘못 찍었어요. ATM을 통한 입금이나 출금이 정지되었습니다. 은행에 가서 새 비밀번호를 받아야 했죠.

✌️ 끊어 말하기 ☐☐   ✌️ 자연스럽게 말하기 ☐

PIN number 비밀번호 | deposit 입금하다

I lost my debit card. I called the bank right away and reported my debit card stolen. I went to the bank the next day and got it reissued. It was a bummer.

🗣 체크카드를 분실했습니다. 저는 바로 은행에 전화를 걸어 체크카드 도난 신고를 했죠. 다음 날 은행에 가서 체크카드를 재발급 받았습니다. 참 귀찮았어요.

✌️ 끊어 말하기 ☐☐   ✌️ 자연스럽게 말하기 ☐

right away 즉시, 바로 | report 신고하다 | get A reissued A를 재발급받다 | bummer 귀찮은 일

Last month, I got my first credit card. I was thinking of getting a department store credit card but they had high annual fees. So I just went to the local bank and had my first credit card issued there.

🗣 지난달에 제 첫 번째 신용카드를 받았어요. 백화점 신용카드를 받을까 생각했지만 연회비가 비쌌죠. 그래서 지역 은행에 가서 제 첫 번째 신용카드를 발급 받았습니다.

✌️ 끊어 말하기! ☐☐   ✌️ 자연스럽게 말하기 ☐

department store 백화점 | annual fee 연회비

Since 2020, I have been saving up 100,000 won each month for a trip to Europe. I am planning to withdraw my installment savings in 2022. It is best not to close it before the account has matured.

🗣 유럽 여행을 가려고 2020년부터 한 달에 10만 원씩 저축하고 있어요. 2022년에 적금을 인출할 계획입니다. 만기가 되기 전에는 해지 안 하는 게 최고인 거죠.

  ✌️ 끊어 말하기 ☐☐   ✌️ 자연스럽게 말하기 ☐

save up 저축하다 | trip to Europe 유럽 여행 | installment savings 적금 | the account matures 적금이 만기가 되다

DAY
32

자전거

1 누가 내 자전거를 훔쳐갔다

🎧 In 32-1.mp3

Step 1 **끊어 듣기** 🎧   Step 2 **우리말 보기** 👁

I got a bike * for my 18th birthday. *
저는 자전거를 받았습니다   제 열여덟 살 생일을 맞아.

It was my first bike * and I liked it a lot. *
그것은 제 첫 자전거였죠   그리고 전 그것을 무척 마음에 들어했어요.

One day, * I parked my bike * near the subway station, *
하루는   전 제 자전거를 세워 놨죠   지하철역 근처에

and **someone stole it.** * I cried * for a week.
그런데 누가 그것을 훔쳐갔어요.   저는 울었습니다   일주일 동안.

열여덟 살 생일 선물로 자전거를 받았습니다. 제 첫 자전거였고 무척 마음에 들었어요. 하루는 지하철역 근처에 세워 놨는데 누가 훔쳐갔어요. 저는 일주일 동안 울었습니다.

2 출퇴근 때 자전거를 이용하려다 포기했다

🎧 In 32-2.mp3

Step 1 **끊어 듣기** 🎧   Step 2 **우리말 보기** 👁

I hate getting on a packed bus * during rush hour, *
저는 만원 버스에 타는 게 싫어요   출퇴근 혼잡 시간에

so I decided * to ride a bike to work. *
그래서 전 결심했죠   자전거로 출근하기로.

I got a new bike and a helmet * and was so ready for it. *
전 새 자전거와 헬멧을 샀어요   그리고 그것에 대해 준비를 다 갖췄습니다.

However, * the bike lanes were not built so well, *
하지만   그 자전거 전용도로가 잘 구축되지 않았죠

so I **gave up** * on riding it to work.
그래서 전 포기했어요   회사에 그것을 타고 가는 것을.

출퇴근 혼잡 시간에 만원 버스에 타는 게 싫어서 자전거로 출근하기로 했죠. 자전거와 헬멧을 새로 사서 준비를 다 갖췄습니다. 하지만 자전거 전용도로가 잘 구축되지 않아서 **자전거 출근은 포기했어요.**

3 브레이크를 잡았지만 넘어질 뻔하다

🎧 In 32-3.mp3

Step 1 **끊어 듣기** 🎧   Step 2 **우리말 보기** 👁

I was riding downhill * at a high speed *
저는 내리막길을 내려오고 있었어요   빠른 속도로

and almost got in a bike accident * last weekend. *
그리고 자전거 사고가 날 뻔 했습니다   지난 주말에.

I **squeezed the brakes quickly.** * I avoided the accident, *
저는 재빨리 브레이크를 잡았죠.   전 그 사고를 피했어요

but **fell over** * and got some cuts and bruises.
하지만 넘어졌죠   그리고 찢어지고 멍이 들었어요.

지난 주말 내리막길을 빠르게 내려오다가 자전거 사고가 날 뻔했습니다. 저는 재빨리 브레이크를 잡았죠. 사고는 피했지만, 넘어져서 찢어지고 멍이 들었어요.

제한시간 2분 (에피소드당 20초 내외)

Step 3 **따라 말하기** 👄	Step 4 **혼자 말하기** 👄
I got a bike for my 18th birthday. It was my first bike and I liked it a lot. One day, I parked my bike near the subway station, and someone stole it. I cried for a week.	🔊 열여덟 살 생일 선물로 자전거를 받았습니다. 제 첫 자전거였고 무척 마음에 들었어요. 하루는 지하철역 근처에 세워 놨는데 누가 훔쳐갔어요. 저는 일주일 동안 울었습니다.

✌️ 끊어 말하기 ☐☐   ✌️ 자연스럽게 말하기 ☐

steal 훔치다

Step 3 **따라 말하기** 👄	Step 4 **혼자 말하기** 👄
I hate getting on a packed bus during rush hour, so I decided to ride a bike to work. I got a new bike and a helmet and was so ready for it. However, the bike lanes were not built so well, so I gave up on riding it to work.	🔊 출퇴근 혼잡 시간에 만원 버스에 타는 게 싫어서 자전거로 출근하기로 했죠. 자전거와 헬멧을 새로 사서 준비를 다 갖췄습니다. 하지만 자전거 전용도로가 잘 구축되지 않아서 자전거 출근은 포기했어요.

✌️ 끊어 말하기 ☐☐   ✌️ 자연스럽게 말하기 ☐

rush hour 출퇴근 혼잡 시간 | ride a bike 자전거를 타다 | bike lane 자전거 전용도로 | give up on A A를 포기하다

Step 3 **따라 말하기** 👄	Step 4 **혼자 말하기** 👄
I was riding downhill at a high speed and almost got in a bike accident last weekend. I squeezed the brakes quickly. I avoided the accident, but fell over and got some cuts and bruises.	🔊 지난 주말 내리막길을 빠르게 내려오다가 자전거 사고가 날 뻔 했습니다. 저는 재빨리 브레이크를 잡았죠. 사고는 피했지만, 넘어져서 찢어지고 멍이 들었어요.

✌️ 끊어 말하기 ☐☐   ✌️ 자연스럽게 말하기 ☐

ride downhill at a high speed 빠른 속도로 내리막길을 내려오다 |
squeeze the brakes (자전거) 브레이크를 잡다 | get cuts and bruises 찢어지고 멍들다

4 아빠가 자전거 뒤를 잡아주셨다

Step 1 끊어 듣기

When I first learned * how to ride a bike, * it was hard *
제가 처음 배울 때는   자전거 타는 방법을   그것은 어려웠습니다

to keep my balance. * My dad held my bike *
(그것이 뭐냐면) 제 균형을 잡는 것이. 저희 아빠가 제 자전거를 잡아 주셨죠

from the back * and I rode it * for an hour. *
뒤에서   그리고 저는 그것을 탔죠   한 시간 동안.

After an hour, * my dad would let the bike go *
한 시간 후   저희 아빠는 자전거를 놓아버렸어요

without telling me. * I thought * he was still holding it *
저에게 말도 없이.   저는 생각했어요   그가 계속 그것을 붙잡고 있다고

but he wasn't. * I felt really good.
그런데 그는 아니었습니다.   전 기분이 정말 좋았어요.

Step 2 우리말 보기

처음 자전거 타는 걸 배울 때는 균형을 잡기가 어려웠습니다. 아빠가 뒤에서 자전거를 잡아 주셔서 저는 한 시간 정도 자전거를 탔죠. 한 시간 후 아빠는 저에게 말도 없이 자전거를 놓아버렸어요. 저는 아빠가 계속 붙잡고 있다고 생각했는데 아니었습니다. 기분이 정말 좋았어요.

---

5 보조바퀴를 달고 타다 나중에는 떼고 탔다

Step 1 끊어 듣기

When I was six years old, * my dad got me a bike *
제가 여섯 살이었을 때   저희 아빠가 제게 자전거를 사 주셨습니다

with training wheels. * I was so excited *
보조바퀴들이 달린.   저는 정말 신이 났어요

and rode the bike * every day. * About three months later, *
그리고 그 자전거를 탔죠   매일.   약 3개월 뒤에

my dad took the training wheels off. * At first *
저희 아빠는 그 보조바퀴들을 떼어내셨습니다.   처음에는

it was not easy * to keep balance, * but soon, *
그것이 쉽지 않았어요   (그것이 뭐냐면) 균형을 잡는 것   그러나 곧

I got it * and it was so much fun.
저는 그것을 얻었어요(균형을 잡았어요) 그리고 그것은 무척 재미있었어요.

Step 2 우리말 보기

여섯 살 때, 아빠가 제게 보조바퀴가 달린 자전거를 사 주셨습니다. 저는 정말 신이 나서 매일 자전거를 탔죠. 약 3개월 뒤에 아빠는 보조바퀴를 떼어내셨습니다. 처음에는 균형을 잡기가 힘들었지만, 곧 저는 균형을 잡았고 무척 재미있었어요.

---

6 자전거 체인이 자꾸 풀렸다

Step 1 끊어 듣기

Recently, * I bought a secondhand bike. *
최근에   저는 중고 자전거를 하나 구입했어요.

When I was going up a hill, * I put the bike into 1st gear *
전 언덕을 올라가고 있었을 때   자전거를 1단 기어에 놓았어요

but the chain came off. * I stopped and put it back on. *
그러나 체인이 풀렸죠.   저는 멈춰서 그것을 다시 제자리로 놓았습니다.

I rode again * a bit further up the hill *
저는 다시 달렸어요   언덕을 좀 올라가

but then it came off again.
그러나 그때 그것(체인)이 다시 풀렸어요.

Step 2 우리말 보기

최근에 저는 중고 자전거를 하나 구입했어요. 언덕을 올라갈 때 자전거를 1단 기어에 놓는데 체인이 풀렸죠. 저는 멈춰서 다시 제자리로 놓았습니다. 다시 달려서 언덕을 좀 올랐는데 그때 체인이 다시 풀렸어요.

When I first learned how to ride a bike, it was hard to keep my balance. My dad held my bike from the back and I rode it for an hour. After an hour, my dad would let the bike go without telling me. I thought he was still holding it but he wasn't. I felt really good.

🔊 처음 자전거 타는 걸 배울 때는 균형을 잡기가 어려웠습니다. 아빠가 뒤에서 자전거를 잡아 주셔서 저는 한 시간 정도 자전거를 탔죠. 한 시간 후 아빠는 저에게 말도 없이 자전거를 놓아버렸어요. 저는 아빠가 계속 붙잡고 있다고 생각했는데 아니었습니다. 기분이 정말 좋았어요.

 끊어 말하기 ☐☐ 자연스럽게 말하기 ☐

keep one's balance 균형을 잡다 | from the back 뒤에서

When I was six years old, my dad got me a bike with training wheels. I was so excited and rode the bike every day. About three months later, my dad took the training wheels off. At first it was not easy to keep balance, but soon, I got it and it was so much fun.

🔊 여섯 살 때, 아빠는 제게 보조바퀴가 달린 자전거를 사 주셨습니다. 저는 정말 신이 나서 매일 자전거를 탔죠. 약 3개월 뒤에 아빠는 보조바퀴를 떼어내셨습니다. 처음에는 균형을 잡기가 힘들었지만, 곧 저는 균형을 잡았고 무척 재미있었어요.

 끊어 말하기 ☐☐ 자연스럽게 말하기 ☐

training wheels 보조바퀴 | take A off A를 떼어내다

Recently, I bought a secondhand bike. When I was going up a hill, I put the bike into 1st gear but the chain came off. I stopped and put it back on. I rode again a bit further up the hill but then it came off again.

🔊 최근에 저는 중고 자전거를 하나 구입했어요. 언덕을 올라갈 때 자전거를 1단 기어에 놓았는데 체인이 풀렸죠. 저는 멈춰서 다시 제자리로 놓았습니다. 다시 달려서 언덕을 좀 올랐는데 그때 체인이 다시 풀렸어요.

 끊어 말하기 ☐☐ 자연스럽게 말하기 ☐

secondhand 중고의 | the chain comes off 체인이 풀리다

7 자전거에 이상이 있는 듯하다

🎧 In 32-7.mp3

Step 1 끊어 듣기 🎧

I have to put so much effort * in getting my bike up hills *
저는 엄청난 노력을 들여야 합니다   언덕길을 자전거로 오르는 것에도

that aren't even that steep. * I am an athletic person, *
그렇게 경사진 곳이 아닌.   저는 몸이 탄탄한 사람이죠

so I am wondering * **if there is something wrong** *
그래서 전 궁금해요   혹시 무슨 문제가 있는 건 아닌지

with my bicycle.
제 자전거에.

Step 2 우리말 보기 👁

그렇게 경사진 곳이 아닌 언덕길을 자전거로 오르는 데도 **엄청난 노력을 들여야 합니다.** 저는 몸이 탄탄한 사람이라서 혹시 **제 자전거에 무슨 문제가 있는 건 아닌지 궁금해요.**

---

8 자전거에서 떨어졌다

🎧 In 32-8.mp3

Step 1 끊어 듣기 🎧

Last weekend, * I went to the park * to ride my bike. *
지난 주말에   전 공원에 갔습니다   제 자전거를 타기 위해.

There were many kids * playing in the park. *
많은 어린이들이 있었죠   공원에서 놀고 있는.

One kid came out of nowhere * and ran in front of me. *
한 아이가 갑자기 어딘가에서 튀어나왔어요   그리고 제 앞으로 뛰어들었습니다.

I tried to avoid him, * but then **I fell off my bike.** *
저는 그 애를 피하려고 했어요   그러다 그만 전 제 자전거에서 떨어지고 말았어요.

I got some cuts and bruises.
전 몇 군데 긁히고 멍도 들었죠.

Step 2 우리말 보기 👁

지난 주말에 자전거를 타러 공원에 갔습니다. 공원에는 어린이들이 많이 놀고 있었죠. 한 아이가 갑자기 어딘가에서 튀어나와 제 앞으로 뛰어들었습니다. 저는 그 아이를 피하려다 그만 **자전거에서 떨어지고 말았어요.** 몇 군데 긁히고 멍도 들었죠.

---

9 10단 기어 변속이 가능한 내 자전거

🎧 In 32-9.mp3

Step 1 끊어 듣기 🎧

I have a bicycle * with 10 gears. * When I ride it, *
전 자전거를 갖고 있어요   10단 기어들을 있는.   제가 그것을 탈 때면

I usually put it into a low gear * when I start off. *
전 대개 그것을 저단 기어에 놓죠   제가 출발할 때는.

I increase my rear gear * as I speed up. *
전 제 뒤의 기어를 올립니다   저는 속도를 올려가면서.

When I slow down * or approach a hill, *
제가 속력을 줄일 때   또는 오르막길에 도달할 때

I put the gear down * and then * when I ride at high speeds *
전 기어를 낮춥니다   그러다   전 빠른 속도로 달릴 때

or downhill, * I put the gear up again.
또는 내리막길을 (달릴 때)   전 기어를 다시 올리죠.

Step 2 우리말 보기 👁

제게는 10단 기어 자전거가 있어요. 그것을 탈 때면 출발할 때는 대개 저단 기어에 놓죠. 속도를 올려가면서 뒤의 기어를 올립니다. 속력을 줄이거나 오르막길에 도달하면 기어를 낮추고 그러다 빠른 속도로 달리거나 내리막길을 달리면 기어를 다시 올리죠.

I have to put so much effort in getting my bike up hills that aren't even that steep. I am an athletic person, so I am wondering if there is something wrong with my bicycle.

🔊 그렇게 경사진 곳이 아닌 언덕길을 자전거로 오르는 데도 엄청난 노력을 들여야 합니다. 저는 몸이 탄탄한 사람이라서 혹시 제 자전거에 무슨 문제가 있는 건 아닌지 궁금해요.

 끊어 말하기 ☐☐ 자연스럽게 말하기 ☐

put much effort in -ing ~하는 데 많은 노력을 쏟다 | steep 가파른 | athletic 몸이 탄탄한

Last weekend, I went to the park to ride my bike. There were many kids playing in the park. One kid came out of nowhere and ran in front of me. I tried to avoid him, but then I fell off my bike. I got some cuts and bruises.

🔊 지난 주말에 자전거를 타러 공원에 갔습니다. 공원에는 어린이들이 많이 놀고 있었죠. 한 아이가 갑자기 어딘가에서 튀어나와 제 앞으로 뛰어들었습니다. 저는 그 아이를 피하려다 그만 자전거에서 떨어지고 말았어요. 몇 군데 긁히고 멍도 들었죠.

끊어 말하기 ☐☐ 자연스럽게 말하기 ☐

come out of nowhere 갑자기 튀어나오다 | avoid 피하다 | fall off A A에서 떨어지다 | cuts and bruises 긁히고 멍든 상처

I have a bicycle with 10 gears. When I ride it, I usually put it into a low gear when I start off. I increase my rear gear as I speed up. When I slow down or approach a hill, I put the gear down and then when I ride at high speeds or downhill, I put the gear up again.

🔊 제게는 10단 기어 자전거가 있어요. 그것을 탈 때면 출발할 때는 대개 저단 기어에 놓죠. 속도를 올려가면서 뒤의 기어를 올립니다. 속력을 줄이거나 오르막길에 도달하면 기어를 낮추고 그러다 빠른 속도로 달리거나 내리막길을 달리면 기어를 다시 올리죠.

 끊어 말하기 ☐☐  자연스럽게 말하기 ☐

increase 올리다, 증가시키다 | rear 뒤의

DAY
33

2분 영어 말하기 에피소드
자판기

1 내 돈 먹은 자판기를 발로 찼다

🎧 In 33-1.mp3

| Step 1 끊어 듣기 🎧 | Step 2 우리말 보기 👁 |

The weather was boiling hot * **and I was so thirsty.** *
날씨가 찌는 듯이 더웠어요   그리고 전 목이 많이 말랐죠.
I found a vending machine * **and tried to get a cold soda.** *
전 자판기를 찾아냈어요   그리고 시원한 소다 음료를 마시려고 했죠.
I put some coins in, * **but the vending machine didn't**
전 동전들을 좀 넣었어요   하지만 그 자판기가 반응하지 않았습니다.
respond. * **I was so upset** * **and gave it a kick.** *
            전 너무 화가 났죠   그래서 그것(자판기)을 발로 찼어요.
It spat out my coins.
(그러자) 그것이 제 동전들을 다시 뱉어냈어요.

날씨가 찌는 듯이 더워서 전 목이 많이 말랐죠. 전 자판기를 찾아냈고 시원한 소다 음료를 마시려고 했죠. 동전을 넣었는데 **자판기가 반응이 없는 거예요.** 너무 화가 나서 **자판기를 발로 찼더니** 자판기가 동전을 다시 뱉어냈어요.

2 콜라가 품절이었다

🎧 In 33-2.mp3

| Step 1 끊어 듣기 🎧 | Step 2 우리말 보기 👁 |

My professor told me * **to get him a Coke.** *
저희 교수님께서 저에게 말씀하셨죠   자기에게 콜라를 하나 사다 달라고.
I went to the vending machine * **right outside the**
전 자판기로 갔어요   교실 바로 밖에 있는.
classroom. * **However,** * **it was out of Coke.** *
            하지만   그것은 콜라 품절이었어요.
I knew * **he would be upset** * **if I didn't get him his Coke,** *
저는 알았죠   그가 화내실 거라는 걸   그에게 자기 콜라를 안 사다 드리면
so I ran upstairs * **to get one.**
그래서 저는 위층으로 뛰어올라갔죠 콜라를 구하려고.

교수님께서 콜라를 하나 사다 달라고 하셨습니다. 전 교실 바로 밖에 있는 자판기로 갔지만 **콜라가 품절이었어요.** 안 사다 드리면 교수님께서 화내실 거라는 걸 알기에 콜라를 구하려고 위층으로 뛰어올라갔죠.

3 자판기 커피에 뭐가 들어 있었다

🎧 In 33-3.mp3

| Step 1 끊어 듣기 🎧 | Step 2 우리말 보기 👁 |

I got a coffee * **from a vending machine.** *
전 커피를 뽑았어요   자판기에서.
When I tried to drink it, * **I saw something in my coffee** *
제가 그것을 마시려고 할 때   전 제 커피 안에 뭔가를 봤어요
and threw it away. * **I wasn't sure** * **what that was,** *
그리고 그것을 버렸죠.   전 정확히 알 수 없었어요   그게 뭔지를
but it certainly looked disgusting.
하지만 그것은 확실히 비위가 상했습니다.

자판기에서 커피를 뽑았어요. 마시려고 하는데 **커피 안에 뭔가 들어 있는 것을 보고** 버렸죠. 뭔지는 정확히 알 수 없었지만 확실히 비위가 상했습니다.

제한시간 **2**분 (에피소드당 20초 내외)

Step 3 따라 말하기 | **Step 4 혼자 말하기**

The weather was boiling hot and I was so thirsty. I found a vending machine and tried to get a cold soda. I put some coins in, but the vending machine didn't respond. I was so upset and gave it a kick. It spat out my coins.

날씨가 찌는 듯이 더워서 전 목이 많이 말랐죠. 전 자판기를 찾아냈고 시원한 소다 음료를 마시려고 했죠. 동전을 넣었는데 자판기가 반응이 없는 거예요. 너무 화가 나서 자판기를 발로 찼더니 자판기가 동전을 다시 뱉어냈어요.

끊어 말하기 ☐☐　자연스럽게 말하기 ☐

boiling hot 찌는 듯이 더운 | vending machine 자판기 | coin 동전 | give A a kick A를 발로 차다 | spit out 뱉어내다

Step 3 따라 말하기 | **Step 4 혼자 말하기**

My professor told me to get him a Coke. I went to the vending machine right outside the classroom. However, it was out of Coke. I knew he would be upset if I didn't get him his Coke, so I ran upstairs to get one.

교수님께서 콜라를 하나 사다 달라고 하셨습니다. 전 교실 바로 밖에 있는 자판기로 갔지만 콜라가 품절이었어요. 안 사다 드리면 교수님께서 화내실 거라는 걸 알기에 콜라를 구하려고 위층으로 뛰어올라갔죠.

끊어 말하기 ☐☐　자연스럽게 말하기 ☐

Coke 콜라 | be out of A A가 다 떨어지다 | upstairs 위층으로

Step 3 따라 말하기 | **Step 4 혼자 말하기**

I got a coffee from a vending machine. When I tried to drink it, I saw something in my coffee and threw it away. I wasn't sure what that was, but it certainly looked disgusting.

자판기에서 커피를 뽑았어요. 마시려고 하는데 커피 안에 뭔가가 들어 있는 것을 보고 버렸죠. 뭔지는 정확히 알 수 없었지만 확실히 비위가 상했습니다.

끊어 말하기 ☐☐　자연스럽게 말하기 ☐

coffee from a vending machine 자판기 커피 | disgusting 구역질 나는, 메스꺼운

185

4 자판기에서 컵 없이 커피만 나왔다

Step 1 끊어 듣기 🎧

Step 2 우리말 보기 👁

I tried to buy coffee * from a vending machine. *
저는 커피를 사려고 했습니다   자판기에서.

There was a red signal flashing * next to the coffee button *
빨간색 신호가 깜빡였어요   커피 버튼 옆에서

but I didn't know * what that meant. *
하지만 저는 몰랐죠   그게 무슨 의미인지.

So I put some coins in * and pushed the button. *
그래서 전 동전들을 넣었죠   그리고 그 버튼을 눌렀어요.

The vending machine made a little noise * and then the
그 자판기는 약간의 소리를 냈어요   그러더니

coffee came out * without a cup. * It was ridiculous.
커피가 나왔죠   컵도 없이.   그것은 어처구니없는 상황이었습니다.

자판기에서 커피를 사려고 했습니다. 커피 버튼 옆에 빨간색 신호가 깜빡였지만 그게 무슨 의미인지 몰랐죠. 그래서 동전을 넣고 버튼을 눌렀어요. 자판기에서 약간 소리가 나더니 컵 없이 커피만 나왔죠. 어처구니없는 상황이었습니다.

5 거스름돈이 안 나왔다

Step 1 끊어 듣기 🎧

Step 2 우리말 보기 👁

I put in a thousand won bill *
저는 천 원짜리 지폐를 넣었어요

and I was supposed to get 300 won * in change. *
그리고 300원을 받아야 했죠   잔돈으로.

However, * it did not give me the change. * I was upset. *
하지만   그것은 제게 잔돈을 주지 않는 것이었어요.   전 화가 났죠.

I could have called * the customer service center, *
저는 전화할 수도 있었죠   고객 서비스 센터에

but I knew * it would take * more than 10 minutes *
하지만 저는 알고 있었어요 그것은 걸릴 거라는 것을   10분 넘게

to solve this problem. * I decided not to call *
(그것이 뭐냐면) 이 문제를 해결하는 것.   저는 전화하지 않기로 했죠

and gave up my 300 won.
그리고 제 300원을 포기했습니다.

저는 천 원짜리 지폐를 넣었는데 잔돈으로 300원을 받아야 했죠. 하지만 **잔돈이 안 나오는 거**예요. 전 화가 났죠. 고객 서비스 센터에 전화할 수도 있었지만 이 문제를 해결하는 데 10분 넘게 걸릴 거라는 것을 알고 있었어요. 전화하지 않기로 하고 300원을 포기했습니다.

6 자판기 커피 맛이 이상했다

Step 1 끊어 듣기 🎧

Step 2 우리말 보기 👁

I won a coffee on a bet, * so my friend took me *
커피 내기에서 제가 이겼어요   그래서 제 친구가 저를 데려갔죠

to a vending machine * to buy me a cup of coffee. *
자판기로   제게 커피를 한 잔 사 주려고.

The vending machine even had cafe mocha, *
그 자판기에는 카페 모카도 있었어요

so I pushed the cafe mocha button. * When the coffee
그래서 저는 그 카페 모카 버튼을 눌렀죠.   그 커피가 나왔을 때

came out, * I tried one sip * and it tasted really weird. *
전 한 모금 마셔 봤어요   그리고 그것은 맛이 아주 이상했습니다.

It didn't taste like coffee. * I just threw it out.
그것은 커피 같은 맛이 아니었어요.   전 그것을 그냥 버렸습니다.

커피 내기에서 이겨서, 친구가 제게 커피를 한 잔 사주려고, 저를 자판기로 데려갔어요. 자판기에는 카페 모카가 있어서 저는 카페 모카 버튼을 눌렀죠. 커피가 나오자 한 모금 마셔 봤는데 **맛이 아주 이상했습니다.** 커피 같은 맛이 아니었어요. 그냥 버렸습니다.

Step 3 따라 말하기 👄

I tried to buy coffee from a vending machine. There was a red signal flashing next to the coffee button but I didn't know what that meant. So I put some coins in and pushed the button. The vending machine made a little noise and then the coffee came out without a cup. It was ridiculous.

🖐️ 끊어 말하기 ☐☐ ✌️ 자연스럽게 말하기 ☐

Step 4 혼자 말하기 👄

🔊 자판기에서 커피를 사려고 했습니다. 커피 버튼 옆에 빨간색 신호가 깜빡였지만 그게 무슨 의미인지 몰랐죠. 그래서 동전을 넣고 버튼을 눌렀어요. 자판기에서 약간 소리가 나더니 컵 없이 커피만 나왔죠. 어처구니없는 상황이었습니다.

signal 신호 | push the button 버튼을 누르다 | make a noise 소리를 내다

Step 3 따라 말하기 👄

I put in a thousand won bill and I was supposed to get 300 won in change. However, it did not give me the change. I was upset. I could have called the customer service center, but I knew it would take more than 10 minutes to solve this problem. I decided not to call and gave up my 300 won.

🖐️ 끊어 말하기 ☐☐ ✌️ 자연스럽게 말하기 ☐

Step 4 혼자 말하기 👄

🔊 저는 천 원짜리 지폐를 넣었는데 잔돈으로 300원을 받아야 했죠. 하지만 잔돈이 안 나오는 거예요. 전 화가 났죠. 고객 서비스 센터에 전화할 수도 있었지만 이 문제를 해결하는 데 10분 넘게 걸릴 거라는 것을 알고 있었어요. 전화하지 않기로 하고 300원을 포기했습니다.

in change 거스름돈으로

Step 3 따라 말하기 👄

I won a coffee on a bet, so my friend took me to a vending machine to buy me a cup of coffee. The vending machine even had cafe mocha, so I pushed the cafe mocha button. When the coffee came out, I tried one sip and it tasted really weird. It didn't taste like coffee. I just threw it out.

🖐️ 끊어 말하기 ☐☐ ✌️ 자연스럽게 말하기 ☐

Step 4 혼자 말하기 👄

🔊 커피 내기에서 이겨서, 친구가 제게 커피를 한 잔 사주려고, 저를 자판기로 데려갔어요. 자판기에는 카페 모카도 있어서 저는 카페 모카 버튼을 눌렀죠. 커피가 나오자 한 모금 마셔 봤는데 맛이 아주 이상했습니다. 커피 같은 맛이 아니었어요. 그냥 버렸습니다.

win A on a bet A 내기에서 이기다 | sip 한 모금 | weird 이상한, 기이한

187

7 오늘 마신 자판기 커피만 10잔

In 33-7.mp3

Step 1 끊어 듣기

I usually drink * three cups of coffee a day. *
저는 보통 마십니다   하루에 커피 세 잔을.

However, * when I get stressed, * I tend to drink more. *
하지만   제가 스트레스를 받을 때는   전 더 마시는 경향이 있죠.

My boss yelled at me * at work * this morning *
제 상사가 호되게 저를 질책했어요   직장에서   오늘 아침

for something that I didn't do. * I felt so stressed *
제가 하지 않은 일로.   전 스트레스를 너무 받았죠

and I drank 10 cups of coffee * from a vending machine *
그래서 전 커피를 열 잔 마셨습니다   자판기에서

throughout the day. * I won't be able to sleep tonight.
온종일.   전 오늘 밤에는 잠을 못 잘 것 같습니다.

Step 2 우리말 보기

저는 보통 하루에 커피 세 잔을 마십니다. 하지만 스트레스를 받을 때는 더 마시는 경향이 있죠. 오늘 아침에는 제가 하지 않은 일로 직장에서 상사가 호되게 저를 질책했어요. 스트레스를 너무 받아서 온종일 자판기 커피를 열 잔 마셨습니다. 오늘 밤에는 잠을 못 잘 것 같습니다.

---

8 자판기 커피에 반한 내 미국인 친구

In 33-8.mp3

Step 1 끊어 듣기

I am a fan of coffee * from vending machines. *
저는 커피 팬입니다   자판기들에서 나오는.

It is cheap * and it tastes so good. * One day, *
그것(자판기 커피)은 싸죠 그리고 그것은 맛이 무척 좋죠.   하루는

I took my American friend * to a vending machine *
전 제 미국인 친구를 데리고 갔어요   한 자판기로

and got him a milk coffee. * He loved it so much *
그리고 그에게 밀크 커피를 한 잔 뽑아 주었어요.   그는 그것을 아주 좋아했죠

that now he drinks it * every day. * He is addicted to it.
지금 그 친구는 자판기 커피를 마십니다   매일.   그는 그것에 중독된 거죠.

Step 2 우리말 보기

저는 자판기 커피 팬입니다. 자판기 커피는 싸고 맛이 무척 좋죠. 하루는 미국인 친구를 자판기로 데리고 가서 밀크 커피를 한 잔 뽑아 주었어요. 그 친구는 아주 좋아했고 지금 그 친구는 자판기 커피를 매일 마십니다. 자판기 커피에 중독된 거죠.

---

9 오천 원짜리 지폐만 있어서 음료수를 못 뽑았다

In 33-9.mp3

Step 1 끊어 듣기

It was so hot outside * and I was very thirsty. *
바깥은 무척 더웠어요   그리고 저는 몹시 목이 말랐죠.

I found a vending machine * and I was so excited *
저는 자판기를 발견했어요   그리고 아주 신이 났습니다

to get a cold drink. * However, * I only had a 5,000 won
시원한 음료를 마실 생각에.   하지만   전 오천 원짜리 지폐 하나밖에 없었어요

bill * but the vending machine only accepted *
          하지만 자판기는 오로지 받았어요

up to 1,000 won bills. * I had to walk *
천 원짜리 지폐까지만.   저는 걸어갈 수밖에 없었죠

for another 30 minutes * to find a store.
30분을 더   가게를 찾으러.

Step 2 우리말 보기

바깥은 무척 더웠고 저는 몹시 목이 말랐죠. 저는 자판기를 발견해서 시원한 음료를 마실 생각에 아주 신이 났습니다. 하지만 오천 원짜리밖에 없었는데 자판기에는 천 원짜리까지만 들어가요. 가게를 찾으러 30분을 더 걸어갈 수밖에 없었죠.

I usually drink three cups of coffee a day. However, when I get stressed, I tend to drink more. My boss yelled at me at work this morning for something that I didn't do. I felt so stressed and I drank 10 cups of coffee from a vending machine throughout the day. I won't be able to sleep tonight.

끊어 말하기 ☐☐   자연스럽게 말하기 ☐

🕩 저는 보통 하루에 커피 세 잔을 마십니다. 하지만 스트레스를 받을 때는 더 마시는 경향이 있죠. 오늘 아침에는 제가 하지 않은 일로 직장에서 상사가 호되게 저를 질책했어요. 스트레스를 너무 받아서 온종일 자판기 커피를 열 잔 마셨습니다. 오늘 밤에는 잠을 못 잘 것 같습니다.

yell at 호되게 질책하다, 소리 지르다 | at work 직장에서

I am a fan of coffee from vending machines. It is cheap and it tastes so good. One day, I took my American friend to a vending machine and got him a milk coffee. He loved it so much that now he drinks it every day. He is addicted to it.

끊어 말하기 ☐☐   자연스럽게 말하기 ☐

🕩 저는 자판기 커피 팬입니다. 자판기 커피는 싸고 맛이 무척 좋죠. 하루는 미국인 친구를 자판기로 데리고 가서 밀크 커피를 한 잔 뽑아 주었어요. 그 친구는 아주 좋아했고 지금 그 친구는 자판기 커피를 매일 마십니다. 자판기 커피에 중독된 거죠.

one day (과거의) 하루는 | be addicted to A A에 중독되다

It was so hot outside and I was very thirsty. I found a vending machine and I was so excited to get a cold drink. However, I only had a 5,000 won bill but the vending machine only accepted up to 1,000 won bills. I had to walk for another 30 minutes to find a store.

끊어 말하기 ☐☐   자연스럽게 말하기 ☐

🕩 바깥은 무척 더웠고 저는 몹시 목이 말랐죠. 저는 자판기를 발견해서 시원한 음료를 마실 생각에 아주 신이 났습니다. 하지만 오천 원짜리밖에 없었는데 자판기에는 천 원짜리까지만 들어가요. 가게를 찾으러 30분을 더 걸어갈 수밖에 없었죠.

bill 지폐 | accept 받다 | up to + 수치 (최고) ~까지

DAY
34

2분 영어 말하기 에피소드
주유소

---

1 리터당 최저가를 찾는다

🎧 In 34-1.mp3

Step 1 끊어 듣기 🎧   **Step 2** 우리말 보기 👁

Gas prices keep on going up, * **so I always check** *
휘발유 값들이 계속 오르고 있어요   그래서 저는 항상 확인하죠

the gas price per liter * **and look for the lowest one** *
리터당 휘발유 값을   그리고 최저가를 찾아요

in my area. * **Yesterday,** * **however,** * **the lowest gas price**
우리 지역에서.   어제는   하지만   최저의 휘발유 값이

was at a gas station * **near my home.**
한 주유소에 있었어요   우리 집 근처.

휘발유 값이 계속 오르고 있어서 저는 항상 **리터당 휘발유 값**을 확인하고 우리 지역에서 **최저가**를 찾아요. 하지만 어제는 우리 집 근처 주유소에 휘발유 값이 최저가였어요.

---

2 주유구 버튼을 못 찾았다

🎧 In 34-2.mp3

Step 1 끊어 듣기 🎧   **Step 2** 우리말 보기 👁

I went to the gas station * **to put gas** * **in my mom's car.**
저는 그 주유소에 갔어요   기름을 넣으려고   우리 엄마 차에.

It was my first time * **to drive her car,** * **so I was nervous.** *
그것은 제 처음이었어요   (그것이 뭐냐면) 그녀의 차를 몰아보는 것   그래서 전 긴장했죠.

When the guy asked me * **to open the gas tank,** *
남자분이 제게 요청했을 때   연료 탱크(주유구)를 열어 달라고

it took me a while * **to find the button** * **to open it up.** *
그것은 한참 걸렸습니다   (그것이 뭐냐면) 그 버튼을 찾는 것   그것(연료 커버)을 여는.

I felt so embarrassed.
전 정말 창피했어요.

엄마 차에 기름을 넣으려고 주유소에 갔어요. 엄마 차를 처음 몰아보는 것이라 긴장했죠. 남자분이 주유구를 열어 달라고 했을 때 **연료 커버**를 여는 버튼을 찾느라 한참 걸렸습니다. 정말 창피했어요.

---

3 AA 카드로 BB 주유소에서만 주유한다

🎧 In 34-3.mp3

Step 1 끊어 듣기 🎧   **Step 2** 우리말 보기 👁

I only get gas * **at BB gas station** * **because I get**
저는 오로지 기름을 넣어요   BB 주유소에서   왜냐면 전

a 5% discount * **by paying with an AA credit card.** *
5% 할인을 받거든요   AA 신용카드로 결제함으로써.

I told my friends about this, *
전 제 친구들에게 이것에 대해 얘기했어요

and they all go to BB gas station now.
그랬더니 지금은 걔네들 모두 BB 주유소로 가죠.

저는 BB 주유소에서만 주유하는데 AA 신용카드로 결제하면 5% 할인을 받기 때문입니다. 친구들에게 이 얘기를 했더니 지금은 걔네들 모두 BB 주유소로 가죠.

제한시간 **2**분 (에피소드당 20초 내외)

Step 3 **따라 말하기**	Step 4 **혼자 말하기**

Gas prices keep on going up, so I always check the gas price per liter and look for the lowest one in my area. Yesterday, however, the lowest gas price was at a gas station near my home.

🔊 휘발유 값이 계속 오르고 있어서 저는 항상 리터당 휘발유 값을 확인하고 우리 지역에서 최저가를 찾아요. 하지만 어제는 우리 집 근처 주유소에 휘발유 값이 최저가였어요.

✌️ 끊어 말하기 ☐☐   👆 자연스럽게 말하기 ☐

---

gas price 휘발유 가격 | keep on -ing 계속 ~하다 | gas station 주유소

Step 3 **따라 말하기**	Step 4 **혼자 말하기**

I went to the gas station to put gas in my mom's car. It was my first time to drive her car, so I was nervous. When the guy asked me to open the gas tank, it took me a while to find the button to open it up. I felt so embarrassed.

🔊 엄마 차에 기름을 넣으려고 주유소에 갔어요. 엄마 차를 처음 몰아보는 것이라 긴장했죠. 남자분이 주유구를 열어 달라고 했을 때 연료 커버를 여는 버튼을 찾느라 한참 걸렸습니다. 정말 창피했어요.

✌️ 끊어 말하기 ☐☐   👆 자연스럽게 말하기 ☐

---

put gas in A A에 기름을 넣다 | gas tank 연료 탱크

Step 3 **따라 말하기**	Step 4 **혼자 말하기**

I only get gas at BB gas station because I get a 5% discount by paying with an AA credit card. I told my friends about this, and they all go to BB gas station now.

🔊 저는 BB 주유소에서만 주유하는데 AA 신용카드로 결제하면 5% 할인을 받기 때문입니다. 친구들에게 이 얘기를 했더니 지금은 걔네들 모두 BB 주유소로 가죠.

✌️ 끊어 말하기 ☐☐   👆 자연스럽게 말하기 ☐

---

get gas 기름을 넣다 | get a discount 할인을 받다

4 경유차인 아빠 차에 휘발유를 넣었다

Step 1 끊어 듣기 🎧 ┃ **Step 2 우리말 보기** 👁

I put regular gas * in my car, * but my dad puts *
저는 일반 휘발유를 넣는데   제 차에는   하지만 저희 아빠는 넣습니다

diesel fuel in his car. * I was driving around *
자기 차에는 경유를.   제가 차를 몰고 주행을 하고 있었어요

with my dad's car yesterday * and was running out of gas. *
어제 저희 아빠 차로   그리고 연료가 바닥나고 있었어요.

I didn't know * if it was enough to get home. *
저는 몰랐죠   집에 돌아갈 만큼 여유가 있는지.

I have never put gas in the car * before * and I accidentally
저는 그 차에 주유를 해본 적이 한 번도 없었어요   전에는   그리고 저는 실수로 넣었어요

put * regular gas in my dad's car * instead.
저희 아빠 차에 휘발유를   (경유) 대신에.

제 차에는 일반 휘발유를 넣지만 **아빠 차에는 경유를 넣습니다.** 어제는 제가 아빠 차를 몰고 주행을 하는데 연료가 떨어졌어요. 집에 돌아갈 만큼 여유가 있는지 알 수가 없었죠. 아빠 차에 주유를 해본 적이 한 번도 없어서 **아빠 차에 실수로 휘발유를 넣고** 말았어요.

---

5 연료 탱크 있는 데를 몰라서 차를 반대로 댔다

Step 1 끊어 듣기 🎧 ┃ **Step 2 우리말 보기** 👁

I just got my driver's license * and drove my mom's car
전 운전면허를 막 땄어요   그리고 저희 엄마 차를 몰았습니다.

around. * I went to the gas station * for the first time. *
전 그 주유소에 갔죠   처음으로.

I didn't know * which side of the car * the tank was on, *
저는 몰랐어요   차의 어느 쪽에   연료 탱크가 있는지

and I pulled up * on the wrong side. * It was frustrating *
그래서 저는 차를 세웠어요   잘못된 방향으로.   그것은 짜증 나고 애먹었습니다

to switch sides * at the busy gas station.
(그것이 뭐냐면) 방향을 바꾸는 것   북적거리는 주유소에서.

운전면허를 막 따고서 엄마 차를 몰았습니다. 처음으로 주유소에 갔죠. 차 어느 쪽에 연료 탱크가 있는지도 몰라서 **반대 방향으로 차를 세웠어요.** 북적거리는 주유소에서 방향을 바꾸려니 짜증 나고 애먹었습니다.

---

6 차가 멈춰서 주유소에서 기름을 사왔다

Step 1 끊어 듣기 🎧 ┃ **Step 2 우리말 보기** 👁

I was on my way * to my grandma's *
저는 가고 있었죠   저희 할머니 댁으로

and I was on a highway. * The low gas signal came up *
그리고 전 고속도로를 타고 있었습니다.   연료 부족 신호가 떴죠

but I thought * I had enough * to get to her house. *
하지만 저는 생각했어요 전 (연료가) 충분히 있다고   그녀의 집까지 갈 수 있는.

About 30 minutes later, * my car ran out of gas *
약 30분 후에   제 차에 기름이 뚝 떨어졌어요

and stopped. * I had to run * to the nearest gas station, *
그리곤 차가 멈춰서 말았습니다. 저는 뛰어야만 했죠   가장 가까운 주유소까지

buy gas, * and put it in my car * myself.
휘발유를 사야 했어요 그리고 제 차에 그것을 넣어야만 했어요 직접.

할머니 댁에 가는 길에 고속도로를 탔습니다. 연료 부족 신호가 떴지만 할머니 댁까지 충분히 갈 수 있을 것으로 생각했죠. 약 30분 후에 **차에 기름이 뚝 떨어져** 차가 멈춰서 말았습니다. 가장 가까운 주유소로 달려가서 휘발유를 사고 직접 차에 주유해야만 했어요.

I put regular gas in my car, but my dad puts diesel fuel in his car. I was driving around with my dad's car yesterday and was running out of gas. I didn't know if it was enough to get home. I have never put gas in the car before and I accidentally put regular gas in my dad's car instead.

🔊 제 차에는 일반 휘발유를 넣지만 아빠 차에는 경유를 넣습니다. 어제는 제가 아빠 차를 몰고 주행을 하는데 연료가 떨어졌어요. 집에 돌아갈 만큼 여유가 있는지 알 수가 없었죠. 아빠 차에 주유를 해본 적이 한 번도 없어서 아빠 차에 실수로 휘발유를 넣고 말았어요.

 끊어 말하기 ☐☐ 자연스럽게 말하기 ☐

diesel fuel 디젤 연료, 경유 | drive around 차를 타고 돌아다니다 | run out of A A가 부족하다, 떨어지다

I just got my driver's license and drove my mom's car around. I went to the gas station for the first time. I didn't know which side of the car the tank was on, and I pulled up on the wrong side. It was frustrating to switch sides at the busy gas station.

🔊 운전면허를 막 따고서 엄마 차를 몰았습니다. 처음으로 주유소에 갔죠. 차 어느 쪽에 연료 탱크가 있는지도 몰라서 반대 방향으로 차를 세웠어요. 북적거리는 주유소에서 방향을 바꾸려니 짜증 나고 애먹었습니다.

 끊어 말하기 ☐☐ 자연스럽게 말하기 ☐

for the first time 처음으로 | pull up 차를 세우다

I was on my way to my grandma's and I was on a highway. The low gas signal came up but I thought I had enough to get to her house. About 30 minutes later, my car ran out of gas and stopped. I had to run to the nearest gas station, buy gas, and put it in my car myself.

🔊 할머니 댁에 가는 길에 고속도로를 탔습니다. 연료 부족 신호가 떴지만 할머니 댁까지 충분히 갈 수 있을 것으로 생각했죠. 약 30분 후에 차에 기름이 뚝 떨어져 차가 멈춰서고 말았습니다. 가장 가까운 주유소로 달려가서 휘발유를 사고 직접 차에 주유해야만 했어요.

 끊어 말하기 ☐☐  자연스럽게 말하기 ☐

on one's way to A A로 가는 도중에 | be on a highway 고속도로를 타다

7 주유소 자동 세차장에서 세차한다

In 34-7.mp3

Step 1 끊어 듣기

When my car needs cleaning, * I face a straight choice *
세차를 해야 할 때   저는 양단간의 선택에 처하게 됩니다

between cost and effort. * I usually pick the auto car wash. *
비용과 수고로움의 사이에서.   저는 주로 자동 세차장을 택하죠.

It costs 5,000 won * for a regular wash *
그것은 비용이 5,000원 들죠   일반 세차에 대해

which includes wheels and hubs, * and then it dries the car.
바퀴와 바퀴 중심부들까지 포함한   그리고 나서 그것은 차를 말려 줍니다.

Step 2 우리말 보기

세차를 해야 할 때 저는 비용이냐 수고로움이냐의 양단간의 선택에 처하게 됩니다. 주로 **자동 세차장을 택하죠**. 바퀴와 바퀴 중심부를 닦아주는 것까지 포함한 일반 세차가 5,000원이고 차를 말려 줍니다.

8 휴게소에 들르면 주유도 했다

In 34-8.mp3

Step 1 끊어 듣기

Last month, * my family went on a trip *
지난달에   우리 가족은 여행을 갔습니다

to the southern part of the country. * We took the highway *
우리나라 남쪽 지역으로.   우리는 고속도로를 탔죠

and stopped at rest areas * three times. *
그리고 휴게소들에 멈췄죠   세 번.

We also put gas in the car * every time we were at a
우리는 그 차에 기름도 넣었죠   우리가 휴게소 하나에 설 때마다

rest area * because you never know *
              왜냐면 당신은 알 수가 없기 때문입니다

when you will come across * the next gas station.
당신이 언제 만나게 될지   다음 주유소를.

Step 2 우리말 보기

지난달에 가족과 함께 우리나라 남쪽 지역으로 여행을 갔습니다. 고속도로를 탔고 휴게소에서 세 번 멈췄죠. 휴게소에 설 때마다 기름을 넣었는데 다음 주유소가 언제 나오는지 알 수가 없기 때문입니다.

9 LPG 충전소를 찾기가 힘들다

In 34-9.mp3

Step 1 끊어 듣기

It is hard * to find LPG stations in the city. *
그것은 힘듭니다   (그것이 뭐냐면) 도심에서는 LPG 충전소를 찾기가.

I once got in a car accident * and my insurance company *
전 한번은 차 사고가 났어요   그런데 제 보험회사에서

lent me an LPG-fueled vehicle. * When the low gas
제게 LPG 차량을 대여해 주었죠.   연료 부족 신호가 뜨면

signal came up, * I had to go all the way *
                  저는 달려가야만 했어요

to the eastern part of the city.
시내 동쪽 끝으로.

Step 2 우리말 보기

도심에서는 LPG 충전소를 찾기가 힘듭니다. 한번은 차 사고가 났는데 제 보험회사에서 LPG 차량을 대여해 주었죠. 연료 부족 신호가 뜨면 시내 동쪽 끝으로 달려가야만 했어요.

When my car needs cleaning, I face a straight choice between cost and effort. I usually pick the auto car wash. It costs 5,000 won for a regular wash which includes wheels and hubs, and then it dries the car.

세차를 해야 할 때 저는 비용이냐 수고로움이냐의 양단간의 선택에 처하게 됩니다. 주로 자동 세차장을 택하죠. 바퀴와 바퀴 중심부를 닦아주는 것까지 포함한 일반 세차가 5,000원이고 차를 말려 줍니다.

끊어 말하기 ◻◻ 자연스럽게 말하기 ◻

need -ing ~해야 되다 | face a straight choice between A and B A나 B나의 양단간의 선택에 처하다

Last month, my family went on a trip to the southern part of the country. We took the highway and stopped at rest areas three times. We also put gas in the car every time we were at a rest area because you never know when you will come across the next gas station.

지난달에 가족과 함께 우리나라 남쪽 지역으로 여행을 갔습니다. 고속도로를 탔고 휴게소에서 세 번 멈췄죠. 휴게소에 설 때마다 기름도 넣었는데 다음 주유소가 언제 나오는지 알 수가 없기 때문입니다.

끊어 말하기 ◻◻ 자연스럽게 말하기 ◻

go on a trip to A A로 여행 가다 | southern 남쪽의 | rest area 휴게소 | every time ~일 때마다 | come across A A와 마주치다

It is hard to find LPG stations in the city. I once got in a car accident and my insurance company lent me an LPG-fueled vehicle. When the low gas signal came up, I had to go all the way to the eastern part of the city.

도심에서는 LPG 충전소를 찾기가 힘듭니다. 한번은 차 사고가 났는데 제 보험회사에서 LPG 차량을 대여해 주었죠. 연료 부족 신호가 뜨면 시내 동쪽 끝으로 달려가야만 했어요.

끊어 말하기 ◻◻ 자연스럽게 말하기 ◻

LPG station LPG 충전소 | LPG-fueled vehicle LPG 차량

DAY **35** **2분** 영어 말하기 에피소드
집안일

1 엄마는 요리, 아빠는 설거지

In 35-1.mp3

Step 1 끊어 듣기 🎧

Step 2 우리말 보기 👁

After my dad retired, ∗ **he wanted to help my mom** ∗
저희 아빠는 은퇴하신 후   그는 저희 엄마를 도와드리고 싶어 하셨어요

with the housework. ∗ **He tried to cook** ∗ **but it was so bad** ∗
집안일로.   그는 요리를 해보셨어요   하지만 그것은 너무 맛이 없어서

that we couldn't eat it at all. ∗ **My mom told him** ∗
우리가 전혀 그것을 먹을 수가 없었죠.   저희 엄마는 그에게 말씀하셨어요

to do the dishes instead. ∗ **When my mom cooks,** ∗
대신 설거지를 하라고.   저희 엄마가 요리를 할 때,

my dad does the dishes afterwards.
저희 아빠가 그 후에 설거지를 하십니다.

아빠는 은퇴하신 후 엄마의 집안일을 도와드리고 싶어 하셨어요. 요리를 해보셨는데 너무 맛이 없어서 우리가 전혀 먹을 수가 없었죠. 엄마는 아빠에게 대신 설거지를 하라고 하셨어요. **엄마가 요리를 하면 아빠가 그 후에 설거지를 하십니다.**

2 거실과 화장실을 청소했다

In 35-2.mp3

Step 1 끊어 듣기 🎧

Step 2 우리말 보기 👁

My mom went on a trip ∗ **with her friends.** ∗
저희 엄마가 여행을 가셨습니다   자기 친구 분들과.

I wanted to impress her ∗ **while she was gone.** ∗
전 그녀를 감동시켜 드리고 싶었죠   그녀가 안 계신 동안.

I decided to clean ∗ **both the living room and**
저는 청소하기로 결심했어요   거실과 화장실을 둘 다.

the bathroom. ∗ **It was not easy** ∗ **to clean the toilet** ∗
그것은 쉽지 않았죠   (그것이 뭐냐면) 변기를 청소하는 것

but I felt good ∗ **once I finished it.**
하지만 전 기분이 좋았어요 일단 제가 그것을 끝내고 나니.

엄마가 친구 분들과 여행을 가셨습니다. 안 계신 동안 전 엄마를 감동시켜 드리고 싶었죠. **거실과 화장실을 모두 청소하기로 했어요.** 변기 청소가 쉽지 않았지만 일단 끝내고 나니 기분이 좋았어요.

3 카펫에 청소기를 돌렸다

In 35-3.mp3

Step 1 끊어 듣기 🎧

Step 2 우리말 보기 👁

The carpet didn't look dirty ∗ **but technically it was my**
그 카펫이 더러워 보이지는 않았어요   하지만 원칙적으로 그것은 제 차례였어요

turn ∗ **to vacuum.** ∗ **I didn't want to do it** ∗ **but I did it**
(그것이 뭐냐면) 청소기를 미는 것.   저는 그것을 하고 싶지 않았죠   하지만 어쨌든 저는 그것을

anyway. ∗ **After cleaning it,** ∗ **I realized** ∗ **how dirty it was.** ∗
했습니다.   그것을 청소하고 난 뒤   저는 깨달았죠   그게 얼마나 더러웠는지.

I think ∗ **I should do it** ∗ **on a regular basis.**
저는 생각해요 제가 그것을 해야 한다고   정기적으로.

카펫이 더러워 보이지는 않았지만 원칙적으로 제가 청소기를 밀 차례였어요. 하기 싫었지만 **어쨌든 했습니다.** 하고 나서야 그게 얼마나 더러웠는지 깨달았죠. 정기적으로 청소를 해야 할 것 같아요.

제한시간 **2**분 (에피소드당 20초 내외)

| Step 3 따라 말하기 | Step 4 혼자 말하기 |

After my dad retired, he wanted to help my mom with the housework. He tried to cook but it was so bad that we couldn't eat it at all. My mom told him to do the dishes instead. When my mom cooks, my dad does the dishes afterwards.

🔊 아빠는 은퇴하신 후 엄마의 집안일을 도와드리고 싶어 하셨어요. 요리를 해보셨는데 너무 맛이 없어서 우리가 전혀 먹을 수가 없었죠. 엄마는 아빠에게 대신 설거지를 하라고 하셨어요. 엄마가 요리를 하면 아빠가 그 후에 설거지를 하십니다.

끊어 말하기 ☐☐ 자연스럽게 말하기 ☐

retire 은퇴하다 | do the dishes 설거지를 하다

| Step 3 따라 말하기 | Step 4 혼자 말하기 |

My mom went on a trip with her friends. I wanted to impress her while she was gone. I decided to clean both the living room and the bathroom. It was not easy to clean the toilet but I felt good once I finished it.

🔊 엄마가 친구 분들과 여행을 가셨습니다. 안 계신 동안 전 엄마를 감동시켜 드리고 싶었죠. 거실과 화장실을 모두 청소하기로 했어요. 변기 청소가 쉽지 않았지만 일단 끝내고 나니 기분이 좋았어요.

끊어 말하기 ☐☐ 자연스럽게 말하기 ☐

go on a trip 여행 가다 | impress 감동시키다 | toilet 변기

| Step 3 따라 말하기 | Step 4 혼자 말하기 |

The carpet didn't look dirty but technically it was my turn to vacuum. I didn't want to do it but I did it anyway. After cleaning it, I realized how dirty it was. I think I should do it on a regular basis.

🔊 카펫이 더러워 보이지는 않았지만 원칙적으로 제가 청소기를 밀 차례였어요. 하기 싫었지만 어쨌든 했습니다. 하고 나서야 그게 얼마나 더러웠는지 깨달았죠. 정기적으로 청소를 해야 할 것 같아요.

끊어 말하기 ☐☐ 자연스럽게 말하기 ☐

look dirty 더러워 보이다 | technically 원칙적으로 | turn 차례 | on a regular basis 정기적으로

4 바닥을 걸레로 닦았다

🎧 In 35-4.mp3

Step 1 끊어 듣기 🎧

Step 2 우리말 보기 👁

It was my grandma's birthday. * We were having a great
저희 할머니 생신이었죠.　　　　　우리는 근사한 저녁을 먹었습니다

dinner * at our house. * When my grandma tried to stand
우리 집에서.　　　　저희 할머니께서 일어서려고 하실 때

up * to go to the bathroom, * she spilled the soup in front
화장실에 가시려고　　　　그녀는 자기 앞에 있던 국을 쏟으셨어요

of her * on the floor. * I had to get up * and mop the floor.
바닥에.　　　　저는 일어나야 했죠 그리고 바닥을 걸레로 닦아야 했습니다.

저희 할머니 생신이었죠. 우리는 집에서 근사한 저녁을 먹었습니다. 할머니께서 일어나 화장실에 가시려고 할 때 앞에 있던 국을 바닥에 쏟으셨어요. 저는 일어나서 **바닥을 걸레로 닦아야** 했습니다.

---

5 요리하고서 환기를 시켰다

🎧 In 35-5.mp3

Step 1 끊어 듣기 🎧

Step 2 우리말 보기 👁

My mom decided to make * steak and seafood pasta *
저희 엄마는 만들기로 결정하셨죠　　　　스테이크와 해산물 파스타를

for my grandma's birthday. * She cooked for two hours *
할머니 생신을 맞아.　　　　그녀는 두 시간 동안 요리를 하셨어요

and the house was filled * with the smell of seafood. *
그래서 집안은 가득 찼어요　　　　해산물 냄새로.

I opened every window in the house * and let the air out.
저는 집안에 있는 모든 창문을 열었죠　　　　그리고 환기를 시켰습니다.

엄마는 할머니 생신에 스테이크와 해산물 파스타를 하기로 하셨죠. 엄마는 두 시간 동안 요리를 하셔서 집안은 해산물 냄새로 가득 찼어요. 저는 집안의 모든 창문을 열고 환기를 시켰습니다.

---

6 음식물 쓰레기 버리는 게 싫다

🎧 In 35-6.mp3

Step 1 끊어 듣기 🎧

Step 2 우리말 보기 👁

I don't like * to throw away the food waste. *
저는 좋아하지 않습니다　　　음식물 쓰레기 버리는 것을.

It smells so bad. * Last night * I went out to throw it away *
그것은 냄새가 아주 고약하니까요. 지난밤에　　　전 그것(음식물 쓰레기)을 버리러 나갔죠

and the smell got worse * when I got to the trash bin *
그런데 냄새가 더 심해졌어요　　　　제가 쓰레기통에 다가갔을 때

for the food waste. * I threw it from a distance * and ran.
그 음식물 쓰레기용.　　　　저는 멀리서 그것을 던졌어요　그리고는 뛰어 돌아갔습니다.

저는 **음식물 쓰레기 버리는 것이 싫습니다.** 냄새가 아주 고약하니까요. 지난밤에 음식물 쓰레기를 버리러 나갔는데 음식물 쓰레기를 버리는 통에 다가가니 냄새가 더 심해졌어요. 저는 멀리서 쓰레기를 던지고는 뛰어 돌아갔습니다.

198

It was my grandma's birthday. We were having a great dinner at our house. When my grandma tried to stand up to go to the bathroom, she spilled the soup in front of her on the floor. I had to get up and mop the floor.

🔊 저희 할머니 생신이었죠. 우리는 집에서 근사한 저녁을 먹었습니다. 할머니께서 일어나 화장실에 가시려고 할 때 앞에 있던 국을 바닥에 쏟으셨어요. 저는 일어나서 바닥을 걸레로 닦아야 했습니다.

✌️ 끊어 말하기 ☐☐ ✌️ 자연스럽게 말하기 ☐

spill 쏟다 | mop 대걸레질하다

My mom decided to make steak and seafood pasta for my grandma's birthday. She cooked for two hours and the house was filled with the smell of seafood. I opened every window in the house and let the air out.

🔊 엄마는 할머니 생신에 스테이크와 해산물 파스타를 하기로 하셨죠. 엄마는 두 시간 동안 요리를 하셔서 집안은 해산물 냄새로 가득 찼어요. 저는 집안의 모든 창문을 열고 환기를 시켰습니다.

be filled with A A로 가득 차다 | let the air out 환기를 시키다

I don't like to throw away the food waste. It smells so bad. Last night I went out to throw it away and the smell got worse when I got to the trash bin for the food waste. I threw it from a distance and ran.

🔊 저는 음식물 쓰레기 버리는 것이 싫습니다. 냄새가 아주 고약하니까요. 지난밤에 음식물 쓰레기를 버리러 나갔는데 음식물 쓰레기를 버리는 통에 다가가니 냄새가 더 심해졌어요. 저는 멀리서 쓰레기를 던지고는 뛰어 돌아갔습니다.

food waste 음식물 쓰레기 | get to A A에 도착하다, 이르다

199

7 쓰레기 분리를 제대로 안 하는 미국

| Step 1 끊어 듣기 🎧 | Step 2 우리말 보기 👁 |

We separate our trash at home. * However, *
우리는 집에서 우리 쓰레기를 분리하죠.   하지만

when I went to the States, * I was surprised to see *
제가 미국에 갔을 때   저는 보고 놀랐습니다

that not **many people** * **were using recycling bins.** *
사람들이 많지 않는 걸   재활용 쓰레기통을 사용하고 있었던

I think * it is important * to separate trash.
저는 생각해요   그것은 중요하다고 (그것이 뭐냐면) 쓰레기를 분리하는 것이.

우리는 집에서 쓰레기를 분리하죠. 하지만 미국에 갔을 때 재활용 쓰레기통을 사용하는 사람들이 많지 않은 걸 보고 놀랐습니다. 쓰레기를 분리하는 것은 중요하다고 생각해요.

---

8 세탁기를 돌리고 빨래를 넣었다

| Step 1 끊어 듣기 🎧 | Step 2 우리말 보기 👁 |

The weather was really nice * on Saturday. *
날씨가 매우 좋았어요   토요일에.

I decided to **do the laundry.** * I put all the clothes *
저는 빨래를 하기로 했습니다.   저는 빨래를 모두 넣었죠

in a washing machine. * It took an hour * to wash them. *
세탁기에.   그것은 한 시간이 걸렸어요 (그것이 뭐냐면) 그것들을 빠는 것.

After that, * I put all the clothes * on the drying rack. *
그 후에   전 빨래를 다 널었죠   건조대에.

I felt good.
전 기분이 좋았습니다.

토요일에 날씨가 매우 좋았어요. 저는 **빨래를 하기로** 했습니다. 세탁기에 빨래를 모두 넣었죠. 빨래를 하는 데 한 시간이 걸렸어요. 그 후에 **건조대에 빨래를 다 널었죠.** 기분이 좋았습니다.

---

9 식탁을 닦고 수저를 놓는다

| Step 1 끊어 듣기 🎧 | Step 2 우리말 보기 👁 |

My mom tells me * to wipe the table first * and then *
엄마는 제게 말씀하십니다   식탁을 먼저 닦으라고   그런 다음

put the spoons and chopsticks on. *
숟가락과 젓가락들을 놓으라고.

I once forgot to wipe the table *
저는 한번은 식탁 닦는 것을 잊어버렸어요

and saw my dad dropping his food *
그런데 저희 아빠가 자기 음식을 떨어뜨리는 것을 봤죠

on the table, * grabbing it * and putting it back *
식탁에   (그러더니) 그것을 집어서   다시 넣는 것을

in his mouth. * I felt bad * and since then, *
입에.   전 죄송한 마음이 들었어요 그래서 그 이후로는

I always wipe the table.
전 식탁을 항상 닦습니다.

엄마는 **식탁을 먼저 닦고,** 그런 **다음에 수저를 놓으라고** 하십니다. 한번은 식탁 닦는 것을 잊어버렸는데 아빠가 음식을 식탁에 떨어뜨린 후 다시 집어서 입에 넣는 것을 보았습니다. 죄송한 마음이 들어서 그 이후로는 식탁을 항상 닦습니다.

Step 3 따라 말하기 👄

We separate our trash at home. However, when I went to the States, I was surprised to see that not many people were using recycling bins. I think it is important to separate trash.

✌️끊어 말하기 ☐☐ ✌️자연스럽게 말하기 ☐

Step 4 혼자 말하기 👄

🔊 우리는 집에서 쓰레기를 분리하죠. 하지만 미국에 갔을 때 재활용 쓰레기통을 사용하는 사람들이 많지 않은 걸 보고 놀랐습니다. 쓰레기를 분리하는 것은 중요하다고 생각해요.

separate 분리하다 | recycling 재활용

Step 3 따라 말하기 👄

The weather was really nice on Saturday. I decided to do the laundry. I put all the clothes in a washing machine. It took an hour to wash them. After that, I put all the clothes on the drying rack. I felt good.

✌️끊어 말하기 ☐☐ ✌️자연스럽게 말하기 ☐

Step 4 혼자 말하기 👄

🔊 토요일에 날씨가 매우 좋았어요. 저는 빨래를 하기로 했습니다. 세탁기에 빨래를 모두 넣었죠. 빨래를 하는 데 한 시간이 걸렸어요. 그 후에 건조대에 빨래를 다 널었죠. 기분이 좋았습니다.

do the laundry 빨래를 하다 | washing machine 세탁기 | drying rack 빨래 건조대

Step 3 따라 말하기 👄

My mom tells me to wipe the table first and then put the spoons and chopsticks on. I once forgot to wipe the table and saw my dad dropping his food on the table, grabbing it and putting it back in his mouth. I felt bad and since then, I always wipe the table.

✌️끊어 말하기 ☐☐ ✌️자연스럽게 말하기 ☐

Step 4 혼자 말하기 👄

🔊 엄마는 식탁을 먼저 닦고, 그런 다음에 수저를 놓으라고 하십니다. 한번은 식탁 닦는 것을 잊어버렸는데 아빠가 음식을 식탁에 떨어뜨린 후 다시 집어서 입에 넣는 것을 보았습니다. 죄송한 마음이 들어서 그 이후로는 식탁을 항상 닦습니다.

wipe 닦다 | put A on A를 놓다 | grab 잡다. 쥐다

201

DAY 36

2분 영어 말하기 에피소드
커피숍

---

1 커피숍의 흡연 구역을 확인하는 내 친구

🎧 In 36-1.mp3

Step 1 끊어 듣기 👂 / **Step 2 우리말 보기** 👁

My friend Lee is a heavy smoker. * **So whenever we go**
제 친구 Lee는 골초예요.　　　　　　　그래서 우리가 커피숍에 갈 때마다

to a coffee shop, * **she always makes sure** *
　　　　　　　　　　　그녀는 늘 확인하죠

it has a smoking area * **inside.** * **She never goes** *
그것이 흡연 구역을 갖고 있는지　　안에.　　그녀는 절대 가지 않습니다

to one without one.
흡연 구역이 없는 곳에는.

제 친구 Lee는 골초예요. 그래서 우리가 커피숍에 갈 때마다 그 친구는 흡연 구역이 안에 있는지 늘 확인하죠. 흡연 구역이 없는 곳에는 절대 가지 않습니다.

---

2 주문이 늦어져서 무료로 쿠키를 받았다

🎧 In 36-2.mp3

Step 1 끊어 듣기 👂 / **Step 2 우리말 보기** 👁

I went to the coffee shop * **in front of my office** *
저는 그 커피숍에 갔죠　　　　　우리 사무실 앞에 있는

this morning. * **I ordered and waited** * **but my buzzer**
오늘 아침에.　　저는 주문하고 기다렸어요　　하지만 제 벨이 전혀

never rang. * **I waited** * **for more than 10 minutes.** *
울리지 않았어요.　저는 기다렸죠　　10분 넘게.

I went up to the counter * **and asked** * **what was happening.** *
전 그 카운터에 갔어요　　그리고 물어보았습니다　무슨 일이 일어나고 있는 건지.

They apologized * **and gave me a free cookie.**
그들은 사과를 했어요　　그리고 제게 무료 쿠키를 주었어요.

오늘 아침에 우리 사무실 앞에 있는 커피숍에 갔죠. 주문하고 기다렸지만 벨이 울리지 않았어요. 10분 넘게 기다리다 카운터에 가서 어떻게 되고 있는 건지 물어보았습니다. 그들은 사과를 하고 제게 쿠키를 무료로 주었어요.

---

3 아메리카노, 라떼, 마키아토 중 하나를 고른다

🎧 In 36-3.mp3

Step 1 끊어 듣기 👂 / **Step 2 우리말 보기** 👁

Whenever I go to a coffee shop, * **I choose** *
전 커피숍에 갈 때마다　　　　　저는 고릅니다

between an Americano, * **latte,** * **and macchiato.** *
아메리카노　　　　　라떼　　　그리고 마키아토 중에서.

It depends on my mood. * **Today,** * **I felt down** *
그것은 제 기분에 따라 다르죠.　　오늘은　　제가 기분이 좀 다운됐어요

so I had a latte * **with extra caramel syrup.**
그래서 전 라떼 한 잔을 마셨어요　캐러멜 시럽을 추가한.

커피숍에 갈 때마다 저는 아메리카노, 라떼 또는 마키아토 중에서 고릅니다. 제 기분에 따라 다르죠. 오늘은 기분이 좀 다운돼서 캐러멜 시럽을 추가한 라떼 한 잔을 마셨어요.

제한시간 **2**분 *(에피소드당 20초 내외)*

Step 3 따라 말하기 ☺ | **Step 4** 혼자 말하기 ☺

My friend Lee is a heavy smoker. So whenever we go to a coffee shop, she always makes sure it has a smoking area inside. She never goes to one without one.

🔊 제 친구 Lee는 골초예요. 그래서 우리가 커피숍에 갈 때마다 그 친구는 흡연 구역이 안에 있는지 늘 확인하죠. 흡연 구역이 없는 곳에는 절대 가지 않습니다.

✌ 끊어 말하기 ☐☐　✌ 자연스럽게 말하기 ☐

heavy smoker 골초 | smoking area 흡연 구역

Step 3 따라 말하기 ☺ | **Step 4** 혼자 말하기 ☺

I went to the coffee shop in front of my office this morning. I ordered and waited but my buzzer never rang. I waited for more than 10 minutes. I went up to the counter and asked what was happening. They apologized and gave me a free cookie.

🔊 오늘 아침에 우리 사무실 앞에 있는 커피 숍에 갔죠. 주문하고 기다렸지만 벨이 울리지 않았어요. 10분 넘게 기다리다 카운터에 가서 어떻게 되고 있는 건지 물어보았습니다. 그들 은 사과를 하고 제게 쿠키를 무료로 주었어 요.

✌ 끊어 말하기 ☐☐　✌ 자연스럽게 말하기 ☐

counter 계산대 | apologize 사과하다

Step 3 따라 말하기 ☺ | **Step 4** 혼자 말하기 ☺

Whenever I go to a coffee shop, I choose between an Americano, latte, and macchiato. It depends on my mood. Today, I felt down so I had a latte with extra caramel syrup.

🔊 커피숍에 갈 때마다 저는 아메리카노, 라 떼 또는 마키아토 중에서 고릅니다. 제 기분 에 따라 다르죠. 오늘은 기분이 좀 다운돼서 캐러멜 시럽을 추가한 라떼 한 잔을 마셨어 요.

It depends on A A에 따라 다르다 | extra 추가의

4 점심값이랑 커피값이랑 비슷하다

Step 1 끊어 듣기 🎧

Step 2 우리말 보기 👁

I always drink coffee * after lunch. * It's like a habit. *
저는 항상 커피를 마셔요   점심식사 후에.   그것은 습관인 것 같아요.

The thing is, * **the lunch that I usually eat** * costs 5,000
문제는 있습니다   보통 먹는 점심이   5천 원 들죠

won * **and a Starbucks latte also costs 5,000 won.** *
            그런데 스타벅스 라떼도 5천 원이라는 거죠.

So I am seriously thinking * of quitting coffee.
그래서 전 심각하게 고민 중입니다   커피를 끊는 것을.

저는 점심식사 후 항상 커피를 마셔요. 습관인 것 같아요. 문제는 **보통 먹는 점심**이 5천 원인데 스타벅스 라떼도 5천 원이라는 거죠. 그래서 커피를 끊을까 심각하게 고민 중입니다.

---

5 주문한 것과 다른 음료가 나왔다

In 36-5.mp3

Step 1 끊어 듣기 🎧

Step 2 우리말 보기 👁

My boss told me * to get him a soy latte. *
제 상사가 제게 말했습니다   소이 라떼를 사다 달라고.

I ordered the soy latte to go * and left the cafe. *
저는 소이 라떼를 포장 주문했어요   그리고 카페를 나섰죠.

When I gave it to my boss, * he said
제가 그것을 제 상사에게 드렸을 때   그가 말했어요

it wasn't the soy latte. * **They gave me the wrong drink.** *
그것은 소이 라떼가 아니라고.   그들이(카페 직원들이) 제게 잘못된 음료를 준 거죠.

I got yelled at * and went back * to get him a soy latte.
저는 심하게 꾸중을 들었습니다 그리고 다시 갔죠   그에게 드릴 소이 라떼를 사러.

상사가 제게 소이 라떼를 사다 달라고 했습니다. 저는 소이 라떼를 포장 주문하고 카페를 나섰죠. 상사에게 드렸더니 소이 라떼가 아니라고 했어요. 카페 직원들이 제게 다른 음료를 준 거죠. 저는 심하게 꾸중을 들었고 상사에게 드릴 소이 라떼를 사러 다시 갔죠.

---

6 탁자 두 개를 붙여 앉았다

In 36-6.mp3

Step 1 끊어 듣기 🎧

Step 2 우리말 보기 👁

I went to a coffee shop * with two other friends. *
저는 커피숍에 갔죠   다른 친구들 두 명과 함께.

We were chatting * for a really long time. * A few hours later, *
우리는 수다를 떨었습니다   정말 오랜 시간 동안.   몇 시간이 지나자

one of my friends called me, * and I told him *
제 친구들 중 한 명이 제게 전화를 했어요   그리고 저는 그에게 말했어요

to come to the coffee shop. * The table was not big
커피숍으로 오라고.   테이블이 그렇게 크지 않았어요

enough, * so **we had to put two tables together.**
        그래서 우리는 두 개의 테이블을 붙여야 했어요.

저는 다른 친구 두 명과 함께 커피숍에 갔죠. 우리는 장시간 수다를 떨었습니다. 몇 시간이 지나자 친구 한 명이 제게 전화를 했고 저는 그 친구에게 커피숍으로 오라고 했어요. 테이블이 그렇게 크지 않아서 **우리는 테이블 두 개를 붙여야 했죠.**

I always drink coffee after lunch. It's like a habit. The thing is, the lunch that I usually eat costs 5,000 won and a Starbucks latte also costs 5,000 won. So I am seriously thinking of quitting coffee.

🔊 저는 점심식사 후 항상 커피를 마셔요. 습관인 것 같아요. 문제는 보통 먹는 점심이 5천 원인데 스타벅스 라떼도 5천 원이라는 거죠. 그래서 커피를 끊을까 심각하게 고민 중입니다.

✌️ 끊어 말하기 ⬜⬜ ✌️ 자연스럽게 말하기 ⬜

habit 습관 | cost 비용이 들다 | seriously 진지하게, 심각하게

My boss told me to get him a soy latte. I ordered the soy latte to go and left the cafe. When I gave it to my boss, he said it wasn't the soy latte. They gave me the wrong drink. I got yelled at and went back to get him a soy latte.

🔊 상사가 제게 소이 라떼를 사다 달라고 했습니다. 저는 소이 라떼를 포장 주문하고 카페를 나섰죠. 상사에게 드렸더니 소이 라떼가 아니라고 했어요. 카페 직원들이 제게 다른 음료를 준 거죠. 저는 심하게 꾸중을 들었고 상사에게 드릴 소이 라떼를 사러 다시 갔죠.

✌️ 끊어 말하기 ⬜⬜ ✌️ 자연스럽게 말하기 ⬜

to go 포장해 가는 | get yelled at 꾸중을 듣다

I went to a coffee shop with two other friends. We were chatting for a really long time. A few hours later, one of my friends called me, and I told him to come to the coffee shop. The table was not big enough, so we had to put two tables together.

🔊 저는 다른 친구 두 명과 함께 커피숍에 갔죠. 우리는 장시간 수다를 떨었습니다. 몇 시간이 지나자 친구 한 명이 제게 전화를 했고 저는 그 친구에게 커피숍으로 오라고 했어요. 테이블이 그렇게 크지 않아서 우리는 테이블 두 개를 붙여야 했죠.

✌️ 끊어 말하기 ⬜⬜ ✌️ 자연스럽게 말하기 ⬜

chat 수다 떨다 | put A together A를 붙이다

205

7 500원이 없어서 아이스 음료를 못 시켰다

🎧 In 36-7.mp3

Step 1 끊어 듣기 🎧

Step 2 우리말 보기 👁

I wanted to drink an Americano * so I went to the local
저는 아메리카노를 한 잔 마시고 싶었죠   그래서 동네 커피숍에 갔습니다

coffee shop * in my area. * I only had 2,000 won *
우리 지역에 있는.   전 2천 원밖에 없었죠

and I ordered an iced Americano. * They said *
그런데 저는 아이스 아메리카노를 시켰죠.   직원들이 말하더군요

an iced Americano was 2,500 won. * I had to order a
아이스 아메리카노는 2,500원이라고.   전 뜨거운 아메리카노를 시킨 뒤

hot Americano * and let it sit * for 10 minutes.
식게 놔둬야 했습니다   10분 동안.

아메리카노를 한 잔 마시고 싶어서 우리 지역에 있는 동네 커피숍에 갔습니다. 2천 원밖에 없었는데, 저는 아이스 아메리카노를 시켰죠. 아이스 아메리카노는 2,500원이라고 말하더군요. 전 뜨거운 아메리카노를 시킨 뒤 10분 간 식게 놔둬야 했습니다.

---

8 일반 커피숍의 커피값에 실망했다

🎧 In 36-8.mp3

Step 1 끊어 듣기 🎧

Step 2 우리말 보기 👁

There is a brand-new coffee shop * in front of my office. *
새로 문을 연 커피숍이 있습니다   우리 사무실 앞에.

It wasn't a big franchise shop * like Starbucks, *
그것은 큰 프랜차이즈 가게가 아니었어요   스타벅스 같이

so I thought * their coffee would be cheap. *
그래서 전 생각했죠   그들의 커피가 쌀 거라고.

However, * a latte was over 4,000 won. *
하지만   라떼 한 잔이 4천 원이 넘었습니다.

I was so disappointed.
저는 무척 실망했어요.

우리 사무실 앞에 새로 문을 연 커피숍이 있습니다. 스타벅스 같이 큰 프랜차이즈 가게가 아니어서 전 **커피가 쌀 거라고** 생각했죠. 하지만 라떼 한 잔에 4천 원이 넘었습니다. **저는 무척 실망했어요.**

---

9 빨대와 시럽, 냅킨이 한데 모여 있었다

🎧 In 36-9.mp3

Step 1 끊어 듣기 🎧

Step 2 우리말 보기 👁

I was at a coffee shop * with my friend * the other day. *
전 커피숍에 있었습니다   제 친구와   일전에.

We ordered our drinks * and while my friend went *
우리는 우리의 음료들을 주문했죠   그리고 제 친구가 간 사이

to get our drinks, * I tried to get * some straws and some
우리 음료들을 가지러   저는 챙기려고 했죠   빨대와 냅킨을 좀.

napkins. * I went up to the counter * but couldn't find them. *
저는 카운터에 갔어요   하지만 그것들을 찾을 수 없었습니다.

Straws, syrup and napkins were placed * all together *
빨대들, 시럽과 냅킨들은 놓여 있었습니다   모두 함께

next to a trash bin.
쓰레기통 옆에.

일전에 친구와 커피숍에 있었습니다. 우리는 음료를 주문했고, 친구가 음료를 가지러 간 사이 저는 빨대와 냅킨을 챙기려고 했죠. 저는 카운터에 갔지만 그곳에는 없었습니다. **빨대, 시럽, 냅킨은 모두 쓰레기통 옆에 놓여** 있었습니다.

I wanted to drink an Americano so I went to the local coffee shop in my area. I only had 2,000 won and I ordered an iced Americano. They said an iced Americano was 2,500 won. I had to order a hot Americano and let it sit for 10 minutes.

 아메리카노를 한 잔 마시고 싶어서 우리 지역에 있는 동네 커피숍에 갔습니다. 2천 원 밖에 없었는데, 저는 아이스 아메리카노를 시켰죠. 아이스 아메리카노는 2,500원이라고 말하더군요. 전 뜨거운 아메리카노를 시킨 뒤 10분 간 식게 놔둬야 했습니다.

끊어 말하기 ▢▢   자연스럽게 말하기 ▢

iced 얼음을 띄운, 얼음으로 차게 한 | let A sit A를 가만 놔두다

There is a brand-new coffee shop in front of my office. It wasn't a big franchise shop like Starbucks, so I thought their coffee would be cheap. However, a latte was over 4,000 won. I was so disappointed.

 우리 사무실 앞에 새로 문을 연 커피숍이 있습니다. 스타벅스 같이 큰 프랜차이즈 가게가 아니어서 전 커피가 쌀 거라고 생각했죠. 하지만 라떼 한 잔에 4천 원이 넘었습니다. 저는 무척 실망했어요.

끊어 말하기 ▢▢   자연스럽게 말하기 ▢

brand-new 새로 연 | franchise shop 프랜차이즈 가게

I was at a coffee shop with my friend the other day. We ordered our drinks and while my friend went to get our drinks, I tried to get some straws and some napkins. I went up to the counter but couldn't find them. Straws, syrup and napkins were placed all together next to a trash bin.

 일전에 친구와 커피숍에 있었습니다. 우리는 음료를 주문했고, 친구가 음료를 가지러 간 사이 저는 빨대와 냅킨을 챙기려고 했죠. 저는 카운터에 갔지만 그곳에는 없었습니다. 빨대, 시럽, 냅킨은 모두 쓰레기통 옆에 놓여 있었습니다.

끊어 말하기 ▢▢   자연스럽게 말하기 ▢

straw 빨대 | be placed 놓여 있다 | trash bin 쓰레기통

DAY
37

2분 영어 말하기 에피소드

택시

1 택시 잡는 데 40분이 걸렸다

🎧 In 37-1.mp3

Step 1 **끊어 듣기** 🎧

Step 2 **우리말 보기** 👁

I left the office * at midnight. * However, * it was Friday
저는 퇴근을 했습니다   자정에.   하지만   금요일이었죠

so there were so many people * on the street *
그래서 너무나 많은 사람들이 있었어요   길거리에

and everyone was trying to get cabs. *
그리고 모두 택시들을 잡으려고 했죠.

It took me 40 minutes * to get a cab.
그것은 제게 40분이 걸렸어요   (그것인 뭐냐면) 택시를 잡는 것.

저는 자정에 퇴근을 했습니다. 하지만 금요일이어서 너무나 많은 사람들이 길거리에 있었고 모두 택시를 잡으려고 했죠. 택시를 잡는 데 40분이 걸렸어요.

2 택시가 너무 안 왔다

🎧 In 37-2.mp3

Step 1 **끊어 듣기** 🎧

Step 2 **우리말 보기** 👁

The weather was freezing cold * and there were no cabs
날씨가 살을 에는 듯이 추웠어요   그런데 주위에 택시는 한 대도 없었죠.

around. * I tried to call a cab * but they said *
전 콜택시를 부르려고 했죠   하지만 그들은 말했어요

no cab was available * at that moment. *
이용 가능한 택시가 없다고   그 시간에.

I just walked home.
저는 그냥 집에 걸어갔습니다.

날씨가 살을 에는 듯이 추웠는데 주위에 택시는 한 대도 없었죠. 콜택시를 부르려고 했지만 그 시간에 이용 가능한 택시가 없다고 했어요. 그냥 집에 걸어갔습니다.

3 새벽 시간이라 할증이 붙었다

🎧 In 37-3.mp3

Step 1 **끊어 듣기** 🎧

Step 2 **우리말 보기** 👁

I could have walked home * but it was too cold. *
전 집에 걸어갈 수도 있었죠   하지만 너무 추웠어요.

I caught a cab * but since it was 2 in the morning, *
전 택시를 한 대 잡았죠   하지만 새벽 2시여서

I had to pay an extra charge. * I should just stay home *
전 추가 요금을 내야만 했습니다.   전 그냥 집안에 있어야겠습니다

when the weather is bad outside.
바깥 날씨가 안 좋을 때는.

집에 걸어갈 수도 있었지만 너무 추웠어요. 택시를 탔지만 새벽 2시여서 추가 요금을 내야만 했습니다. 바깥 날씨가 안 좋을 때는 그냥 집안에 있어야겠습니다.

제한시간 **2**분 (에피소드당 20초 내외)

I left the office at midnight. However, it was Friday so there were so many people on the street and everyone was trying to get cabs. It took me 40 minutes to get a cab.

저는 자정에 퇴근을 했습니다. 하지만 금요일이어서 너무나 많은 사람들이 길거리에 있었고 모두 택시를 잡으려고 했죠. 택시를 잡는 데 40분이 걸렸어요.

끊어 말하기 ☐☐   자연스럽게 말하기 ☐

leave the office 퇴근하다 | get a cab 택시를 잡다

The weather was freezing cold and there were no cabs around. I tried to call a cab but they said no cab was available at that moment. I just walked home.

날씨가 살을 에는 듯이 추웠는데 주위에 택시는 한 대도 없었죠. 콜택시를 부르려고 했지만 그 시간에 이용 가능한 택시가 없다고 했어요. 그냥 집에 걸어갔습니다.

끊어 말하기 ☐☐   자연스럽게 말하기 ☐

freezing cold 얼어붙을 듯이 추운 | call a cab 콜택시를 부르다 | available 이용할 수 있는

I could have walked home but it was too cold. I caught a cab but since it was 2 in the morning, I had to pay an extra charge. I should just stay home when the weather is bad outside.

집에 걸어갈 수도 있었지만 너무 추웠어요. 택시를 탔지만 새벽 2시여서 추가 요금을 내야만 했습니다. 바깥 날씨가 안 좋을 때는 그냥 집안에 있어야겠습니다.

끊어 말하기 ☐☐   자연스럽게 말하기 ☐

pay an extra charge 추가 요금을 내다

4 승차 거부에 아무 말도 안 하고 내렸다

Step 1 끊어 듣기 🎧

When I told the taxi driver my destination, * **he refused**
제가 그 택시기사에게 제 목적지를 말했을 때   그는 거부했습니다

to let me get in his cab. * I was upset, *
저를 그의 택시 안에 태우는 것을.   전 화가 났죠

but **did not say anything** * **and got out.** * I did it *
하지만 아무 말도 안 했어요   그리고는 내렸어요. 전 그렇게 한 것이죠

because recently * there are so many crazy people *
왜냐면 요즘에는   너무 많은 미친 사람들이 있어서

that I don't want to make any trouble.
전 어떤 문제도 일으키고 싶지 않아서죠.

Step 2 우리말 보기 👁

택시기사에게 목적지를 말했더니 **기사가 승차 거부를 했습니다.** 화가 났지만 아무 말도 안 하고 내렸어요. 요즘에는 미친 사람들이 너무 많아 문제를 일으키고 싶지 않아서 그렇게 한 것이죠.

---

5 택시기사가 길을 돌아갔다

Step 1 끊어 듣기 🎧

I was familiar with the route * that I was heading to. *
저는 길을 잘 알고 있었죠   제가 가는.

However, * **the cab driver** * **took a longer way around.** *
하지만   택시기사가   더 오래 걸리는 길로 돌아가는 것이었습니다.

He almost charged me * double the usual fare. *
그는 거의 제게 달라고 했어요   평상시 요금의 두 배를.

It was unfair.
그것은 불공정한 일이었죠.

Step 2 우리말 보기 👁

저는 제가 가는 길을 잘 알고 있었죠. 하지만 택시기사가 더 오래 걸리는 길로 돌아가는 것이었습니다. 평상시 요금의 거의 두 배를 달라고 했어요. 불공정한 일이었죠.

---

6 택시를 탔는데 시간이 더 걸렸다

Step 1 끊어 듣기 🎧

I woke up late * this morning * so I took a cab. *
저는 늦게 일어났어요   오늘 아침에   그래서 택시를 탔습니다.

I thought * that **taking a cab would be faster** *
저는 생각했죠   택시를 타는 것이 더 빠를 것이라고

than the bus * because it doesn't make any stops. *
버스보다   왜냐면 그것은 어떤 정차들도 안 만드니까.

However, * the traffic was horrible * during rush hour *
하지만   정체는 심각했어요   출근 시간 동안

and **it ended up taking longer than usual.**
그리고 결국 평소보다 더 오래 걸려버렸어요.

Step 2 우리말 보기 👁

오늘 아침에 늦게 일어나서 저는 택시를 탔습니다. 택시는 정차를 안 하니까 택시를 타는 게 버스보다 더 빠를 것 같았죠. 하지만 출근 시간이라 정체는 심각했고 **결국 평소보다 더 오래 걸렸어요.**

When I told the taxi driver my destination, he refused to let me get in his cab. I was upset, but did not say anything and got out. I did it because recently there are so many crazy people that I don't want to make any trouble.

택시기사에게 목적지를 말했더니 기사가 승차 거부를 했습니다. 화가 났지만 아무 말도 안 하고 내렸어요. 요즘에는 미친 사람들이 너무 많아 문제를 일으키고 싶지 않아서 그렇게 한 것이죠.

끊어 말하기 ☐☐ 자연스럽게 말하기 ☐

destination 목적지 | refuse 거절하다, 거부하다 | make trouble 문제를 일으키다

I was familiar with the route that I was heading to. However, the cab driver took a longer way around. He almost charged me double the usual fare. It was unfair.

저는 제가 가는 길을 잘 알고 있었죠. 하지만 택시기사가 더 오래 걸리는 길로 돌아가는 것이었습니다. 평상시 요금의 거의 두 배를 달라고 했어요. 불공정한 일이었죠.

끊어 말하기 ☐☐ 자연스럽게 말하기 ☐

be familiar with A A를 잘 알다 | head to A A로 향하다 | double the usual fare 평소 요금의 두 배 | unfair 불공정한

I woke up late this morning so I took a cab. I thought that taking a cab would be faster than the bus because it doesn't make any stops. However, the traffic was horrible during rush hour and it ended up taking longer than usual.

오늘 아침에 늦게 일어나서 저는 택시를 탔습니다. 택시는 정차를 안 하니까 택시를 타는 게 버스보다 더 빠를 것 같았죠. 하지만 출근 시간이라 정체는 심각했고 결국 평소보다 더 오래 걸렸어요.

끊어 말하기 ☐☐ 자연스럽게 말하기 ☐

make stops 정차하다, 세우다 | horrible 끔찍한 | than usual 평소보다도

7 비싸지만 밤에는 모범택시를 탄다

| Step 1 끊어 듣기 🎧 | Step 2 우리말 보기 👁 |

I don't usually take a deluxe taxi * because **they are**
저는 평소에는 모범택시를 타지 않죠   왜냐면 그것들은 너무 비싸니까요.
too expensive. * **However,** * **when I take a cab at night,**
하지만   제가 밤에 택시를 탈 때면
I usually use deluxe cabs * because they drive up to
전 대개 모범택시들을 이용합니다   왜냐면 우리 집 앞까지 태워다 주기 때문입니다.
my house.

너무 비싸서 평소에는 모범택시를 타지 않죠. 하지만 **밤에 택시를 탈 때면** 대개 모범택시를 이용하는데 집 앞까지 태워다 주기 때문입니다.

8 택시기사가 말이 너무 많았다

| Step 1 끊어 듣기 🎧 | Step 2 우리말 보기 👁 |

I got in a cab this morning. * I stayed up late last night *
전 오늘 아침에 택시를 탔습니다.   전 지난밤 늦게까지 깨어 있었어요
so I was very tired. * However, * the cab driver would
그래서 전 매우 피곤했죠.   하지만   택시기사가 말을
not stop talking. * I didn't want to be rude *
쉬지 않고 하는 것이었어요.   저는 무례하게 굴고 싶진 않았어요
but it was frustrating.
하지만 그것은 정말 짜증이 났습니다.

오늘 아침에 택시를 탔습니다. 지난밤 늦게까지 깨어 있어서 매우 피곤했죠. 하지만 택시기사가 말을 쉬지 않고 하는 것이었어요. 무례하게 굴긴 싫었지만 정말 짜증이 났습니다.

9 단거리 승객은 안 받는 택시기사

| Step 1 끊어 듣기 🎧 | Step 2 우리말 보기 👁 |

The weather was so hot * that I decided to take a cab. *
날씨가 너무 더워서   전 택시를 타기로 했죠.
When I told the driver my destination, * he said *
제가 그 기사에게 제 목적지를 말했을 때   그는 말했습니다
he doesn't usually take * passengers for short-distance
자기는 평소에는 안 받는다고   단거리 승객들을
rides * in the city. * I felt bad * so I didn't take the change *
시내에서.   저는 죄송한 마음이 들었죠   그래서 전 잔돈을 안 받았습니다
when getting out.
내릴 때.

날씨가 너무 더워서 택시를 타기로 했죠. 택시기사에게 목적지를 말했더니 자기는 평소에는 시내에서 단거리 승객은 안 받는다고 말했습니다. 저는 죄송한 마음에 내릴 때 잔돈을 안 받았습니다.

10 총알택시로 강남에서 원주까지 갔다

| Step 1 끊어 듣기 🎧 | Step 2 우리말 보기 👁 |

I went from Gangnam to Wonju * in a speeding taxi. *
저는 강남에서 원주까지 갔죠   총알택시 안에서.
It only took 40 minutes * but I almost wet my pants. *
그것은 40분밖에 걸리지 않았어요   하지만 전 제 바지에 오줌을 쌀 뻔했습니다.
I never want to get in a speeding taxi * ever again.
저는 총알택시를 타고 싶지 않아요   다시는.

저는 강남에서 원주까지 **총알택시를 타고 갔죠.** 40분밖에 걸리지 않았지만 바지에 오줌을 쌀 뻔했습니다. 다시는 총알택시를 타고 싶지 않아요.

212

I don't usually take a deluxe taxi because they are too expensive. However, when I take a cab at night, I usually use deluxe cabs because they drive up to my house.

끊어 말하기 ☐☐ 자연스럽게 말하기 ☐

너무 비싸서 평소에는 모범택시를 타지 않죠. 하지만 밤에 택시를 탈 때면 대개 모범택시를 이용하는데 집 앞까지 태워주기 때문입니다.

deluxe taxi 모범택시 | drive up to A A까지 차로 데려다 주다

I got in a cab this morning. I stayed up late last night so I was very tired. However, the cab driver would not stop talking. I didn't want to be rude but it was frustrating.

끊어 말하기 ☐☐ 자연스럽게 말하기 ☐

오늘 아침에 택시를 탔습니다. 지난밤 늦게까지 깨어 있어서 매우 피곤했죠. 하지만 택시기사가 말을 쉬지 않고 하는 것이었어요. 무례하게 굴긴 싫었지만 정말 짜증이 났습니다.

stay up 잠 안 자고 깨어 있다 | stop -ing ~하는 것을 멈추다

The weather was so hot that I decided to take a cab. When I told the driver my destination, he said he doesn't usually take passengers for short-distance rides in the city. I felt bad so I didn't take the change when getting out.

끊어 말하기 ☐☐ 자연스럽게 말하기 ☐

날씨가 너무 더워서 택시를 타기로 했죠. 택시기사에게 목적지를 말했더니 자기는 평소에는 시내에서 단거리 승객은 안 받는다고 말했습니다. 저는 죄송한 마음에 내릴 때 잔돈을 안 받았습니다.

passengers for short-distance rides 단거리 승객들 | take the change 잔돈을 받다

I went from Gangnam to Wonju in a speeding taxi. It only took 40 minutes but I almost wet my pants. I never want to get in a speeding taxi ever again.

저는 강남에서 원주까지 총알택시를 타고 갔죠. 40분밖에 걸리지 않았지만 바지에 오줌을 쌀 뻔했습니다. 다시는 총알택시를 타고 싶지 않아요.

speeding taxi 총알택시 | wet one's pants 바지에 오줌을 싸다

DAY
38

2분 영어 말하기 에피소드
학원

1 인터넷으로 강좌 등록을 했다

In 38-1.mp3

Step 1 끊어 듣기 🎧

Step 2 우리말 보기 👁

I wanted to learn Chinese. * So I looked online *
저는 중국어를 배우고 싶었습니다.　　　그래서 온라인으로 검색했죠

and found a Chinese language academy *
　　　　그리고 중국어 학원을 찾았죠

near Gangnam station. * I signed up for a class *
강남역 근처의.　　　　　　저는 수강 신청을 했습니다

by paying * with my credit card.
결제를 해서　　　신용카드로.

중국어를 배우고 싶었습니다. 그래서 **온라인으로** 검색해서 강남역 근처의 중국어 학원을 찾았죠. 신용카드로 결제를 하고 수강 신청을 했습니다.

2 듣고 싶던 강좌가 마감됐다

In 38-2.mp3

Step 1 끊어 듣기 🎧

Step 2 우리말 보기 👁

The basic Chinese class * I wanted to take *
중국어 기초 강좌는　　　제가 듣고 싶던

was already so full * that I couldn't sign up. *
이미 꽉 차서　　　전 신청을 할 수가 없었어요.

I called the academy * and asked * if there was another
전 그 학원에 전화했죠　　그리고 물었습니다　　다른 강좌에 아직 자리가 있는지.

class still open. * But they said * every class was full.
　　　　하지만 그들은 말했어요　　모든 강의가 다 찼다고.

듣고 싶던 중국어 기초 강좌는 **이미 꽉 차서** 신청을 할 수가 없었어요. 전 학원에 전화해서 다른 강좌에 아직 자리가 있는지 물었습니다. 하지만 모든 강의가 다 찼다고 했어요.

3 오전 7시에 수업을 듣는다

In 38-3.mp3

Step 1 끊어 듣기 🎧

Step 2 우리말 보기 👁

I take a Japanese class * at 7 in the morning. *
저는 일본어 수업을 듣습니다　　아침 7시에.

Since it is really early, * there are not many people *
그것은 너무 이른 시간이라서　　　사람이 많지 않아요

in the class * and I like it. * It is hard *
그 수업에　　그리고 저는 그게 좋아요.　그것은 힘들죠

to wake up so early, * but it is definitely worth it.
(그것이 뭐냐면) 너무 일찍 일어나는 것　하지만 그것은 그럴 만한 가치가 분명 있습니다.

저는 아침 7시에 일본어 수업을 듣습니다. 너무 이른 시간이라서 수업에 사람이 많지 않은데 저는 그게 좋아요. 너무 일찍 일어나는 게 힘들지만 그럴 만한 가치가 분명 있습니다.

제한시간 **2**분 (에피소드당 20초 내외)

Step 3 따라 말하기 　　　　**Step 4** 혼자 말하기

I wanted to learn Chinese. So I looked online and found a Chinese language academy near Gangnam station. I signed up for a class by paying with my credit card.

🔊 중국어를 배우고 싶었습니다. 그래서 온라인으로 검색해서 강남역 근처의 중국어 학원을 찾았죠. 신용카드로 결제를 하고 수강신청을 했습니다.

✌️ 끊어 말하기 ☐☐　✌️ 자연스럽게 말하기 ☐

Chinese 중국어 | language academy 어학원 | sign up for A A에 등록하다

Step 3 따라 말하기 　　　　**Step 4** 혼자 말하기

The basic Chinese class I wanted to take was already so full that I couldn't sign up. I called the academy and asked if there was another class still open. But they said every class was full.

🔊 듣고 싶던 중국어 기초 강좌는 이미 꽉 차서 신청을 할 수가 없었어요. 전 학원에 전화해서 다른 강좌에 아직 자리가 있는지 물었습니다. 하지만 모든 강의가 다 찼다고 했어요.

✌️ 끊어 말하기 ☐☐　✌️ 자연스럽게 말하기 ☐

basic 기본의, 기초의 | full 꽉 찬

Step 3 따라 말하기 　　　　**Step 4** 혼자 말하기

I take a Japanese class at 7 in the morning. Since it is really early, there are not many people in the class and I like it. It is hard to wake up so early, but it is definitely worth it.

🔊 저는 아침 7시에 일본어 수업을 듣습니다. 너무 이른 시간이라서 수업에 사람이 많지 않은데 저는 그게 좋아요. 너무 일찍 일어나는 게 힘들지만 그럴 만한 가치가 분명 있습니다.

✌️ 끊어 말하기 ☐☐　✌️ 자연스럽게 말하기 ☐

early 이른 | definitely 분명히 | worth ~할 가치가 있는

4 개강 날, 수강증과 교재를 받았다

In 38-4.mp3

Step 1 끊어 듣기 🎧

Step 2 우리말 보기 👁

On the very first day of the class, * I went to the academy *
강의 첫날   저는 그 학원에 갔죠

after work. * **I went to the front desk** * **on the second**
퇴근 후.   전 안내 데스크로 갔어요   2층에 있는

floor * **and received the books** * **and my class**
그리고 책들을 받았습니다   그리고 제 수강증도.

identification card. * I put the card in my wallet *
전 그 수강증을 제 지갑에 넣었어요

in order not to lose it.
그것을 잃어버리지 않게.

강의 첫날, 저는 퇴근하고 학원에 갔죠. 2층 안내 데스크로 가서 책과 수강증을 받았습니다. 잃어버리지 않게 수강증을 지갑에 넣었어요.

---

5 토익 강좌를 듣고 점수가 많이 올랐다

In 38-5.mp3

Step 1 끊어 듣기 🎧

Step 2 우리말 보기 👁

I signed up for a TOEIC class. * **My score before I signed up** *
저는 토익 강좌를 하나 신청했죠.   수강 전 제 점수는

was 500 out of 990. * **I needed to score** *
990점 만점에 500점이었습니다.   저는 점수를 받을 필요가 있었어요

at least 800 on TOEIC * to apply for a job, *
적어도 토익 800점을   직장에 지원하려면

so I decided to study * at an academy. *
그래서 전 공부하기로 했어요   학원에서.

Three months later, * I took the TOEIC test again *
3개월 뒤   전 토익 시험을 다시 봤어요

and **my score went up to 810**. * I was so happy.
그리고 제 점수는 810점으로 올라갔습니다.   전 매우 행복했죠.

저는 토익 강좌를 신청했죠. 수강 전 제 점수는 990점 만점에 500점이었습니다. 직장에 지원하려면 적어도 토익 800점을 맞아야 해서 학원에서 공부하기로 했어요. 3개월 뒤 토익 시험을 다시 봤고 점수는 810점으로 올라갔습니다. 매우 행복했죠.

---

6 수강 신청할 때 여러 가지를 고려한다

In 38-6.mp3

Step 1 끊어 듣기 🎧

Step 2 우리말 보기 👁

When I sign up for class * at a language academy, *
전 강좌 수강 신청을 할 때   어학원에서

I usually consider my friends' opinions, *
저는 주로 제 친구들의 의견을 고려해요

the academy itself and the instructors. * It is important *
그 학원 자체와 그 강사들도요.   그것은 중요해요

for the academy * to have a good reputation *
(그것이 뭐냐면) 그 학원이   좋은 평판을 받는 것

so I often look online * to see the reviews.
그래서 저는 자주 온라인으로 찾아보곤 합니다 후기들을 보려고.

어학원에 강좌 수강 신청을 할 때 저는 주로 친구들의 의견과 학원 자체, 그리고 강사를 고려해요. 학원이 좋은 평판을 받는 것이 중요해서 저는 자주 온라인으로 후기를 찾아보곤 합니다.

On the very first day of the class, I went to the academy after work. I went to the front desk on the second floor and received the books and my class identification card. I put the card in my wallet in order not to lose it.

🔊 강의 첫날, 저는 퇴근하고 학원에 갔죠. 2층 안내 데스크로 가서 책과 수강증을 받았습니다. 잃어버리지 않게 수강증을 지갑에 넣었어요.

끊어 말하기 ☐☐ 자연스럽게 말하기 ☐

on the very first day of A A의 첫날에 | class identification card 수강증

I signed up for a TOEIC class. My score before I signed up was 500 out of 990. I needed to score at least 800 on TOEIC to apply for a job, so I decided to study at an academy. Three months later, I took the TOEIC test again and my score went up to 810. I was so happy.

🔊 저는 토익 강좌를 신청했죠. 수강 전 제 점수는 990점 만점에 500점이었습니다. 직장에 지원하려면 적어도 토익 800점을 맞아야 해서 학원에서 공부하기로 했어요. 3개월 뒤 토익 시험을 다시 봤고 점수는 810점으로 올라갔습니다. 매우 행복했죠.

끊어 말하기 ☐☐ 자연스럽게 말하기 ☐

out of A A 중에서 | score 점수를 기록하다 | apply for A A에 지원하다 | go up to + 수치 (수치가) ~까지 올라가다

When I sign up for class at a language academy, I usually consider my friends' opinions, the academy itself and the instructors. It is important for the academy to have a good reputation so I often look online to see the reviews.

🔊 어학원에 강좌 수강 신청을 할 때 저는 주로 친구들의 의견과 학원 자체, 그리고 강사를 고려해요. 학원이 좋은 평판을 받는 것이 중요해서 저는 자주 온라인으로 후기를 찾아보곤 합니다.

끊어 말하기 ☐☐ 자연스럽게 말하기 ☐

consider 고려하다 | instructor 강사 | reputation 평판 | review 후기, 평

7 수업이 끝나고 친구들과 스터디를 한다

Step 1 끊어 듣기 🎧

I never study * when I get home * after class. *
전 절대로 공부를 안 합니다   제가 집에 오면   수업을 마치고.

I asked some of my classmates * if they could study
저는 몇몇 반 친구들에게 물어보았어요   그들이 함께 공부할 수 있는지를

together * after class, * and they all wanted to.
수업 후에   그리고 그들은 모두들 그렇게 하고 싶어 했어요.

We always study together * for an extra hour after class. *
우리는 항상 함께 공부하죠   수업 후 한 시간 더.

I think it really helps.
그것이 정말 도움이 되는 것 같습니다.

Step 2 우리말 보기 👁

수업을 마치고 집에 오면 전 절대로 공부를 안 합니다. 수업 같이 듣는 몇몇 친구들에게 수업 후에 함께 공부할 수 있는지를 물어보았는데 모두들 그렇게 하고 싶어 했어요. 우리는 항상 수업 후 함께 한 시간 동안 공부를 더 하죠. 정말 도움이 되는 것 같습니다.

---

8 수업에 제대로 못 가서 돈만 버렸다

Step 1 끊어 듣기 🎧

I signed up for this Japanese class * last month. *
저는 이 일본어 수강 신청을 했어요   지난달에.

Because of some overtime * and get-togethers from my
초과근무 때문에   그리고 저희 부서 내 회식 때문에

department, * I only took three classes * out of ten. *
세 번만 들었습니다   열 번 수업 중.

It was a waste of money.
그것은 돈 낭비였죠.

Step 2 우리말 보기 👁

지난달에 일본어 수강 신청을 했어요. 초과근무와 저희 부서 내 회식 때문에 열 번 수업 중 세 번만 들었습니다. 돈 낭비였죠.

---

9 처음으로 수업을 다 들었다

Step 1 끊어 듣기 🎧

I have been going to a Chinese academy * for six months
저는 중국어 학원에 다니고 있죠   지금 6개월째.

now. * Even though I couldn't attend regularly, *
전 정기적으로 출석은 못했어도

I constantly signed up * and tried my best to go. *
전 꾸준히 수강 신청을 합니다   그리고 제 최선을 다해 (수업에) 가려고 했어요.

This month * I was actually not absent * a single day. *
이번 달에는   전 실제로 빠지지 않았습니다   단 하루도.

I am so proud of myself.
제 자신이 무척 자랑스러워요.

Step 2 우리말 보기 👁

저는 지금 6개월째 중국어 학원에 다니고 있죠. 정기적으로 출석은 못했어도 꾸준히 수강 신청을 하고 최선을 다해 수업에 가려고 했어요. 이번 달에는 **실제로 한 번도 빠지지 않았습니다.** 제 자신이 무척 자랑스러워요.

I never study when I get home after class. I asked some of my classmates if they could study together after class, and they all wanted to. We always study together for an extra hour after class. I think it really helps.

🔊 수업을 마치고 집에 오면 전 절대로 공부를 안 합니다. 수업 같이 듣는 몇몇 친구들에게 수업 후에 함께 공부할 수 있는지를 물어보았는데 모두들 그렇게 하고 싶어 했어요. 우리는 항상 수업 후 함께 한 시간 동안 공부를 더 하죠. 정말 도움이 되는 것 같습니다.

 끊어 말하기 ▢▢   자연스럽게 말하기 ▢

after class 수업 후 | for an extra hour 추가로 한 시간 동안

I signed up for this Japanese class last month. Because of some overtime and get-togethers from my department, I only took three classes out of ten. It was a waste of money.

🔊 지난달에 일본어 수강 신청을 했어요. 초과근무와 저희 부서 내 회식 때문에 열 번 수업 중 세 번만 들었습니다. 돈 낭비였죠.

 끊어 말하기 ▢▢    자연스럽게 말하기 ▢

overtime 초과근무 | get-together 회식 | department 부서 | waste of money 돈 낭비

I have been going to a Chinese academy for six months now. Even though I couldn't attend regularly, I constantly signed up and tried my best to go. This month I was actually not absent a single day. I am so proud of myself.

🔊 저는 지금 6개월째 중국어 학원에 다니고 있죠. 정기적으로 출석은 못했어도 꾸준히 수강 신청을 하고 최선을 다해 수업에 가려고 했어요. 이번 달에는 실제로 한 번도 빠지지 않았습니다. 제 자신이 무척 자랑스러워요.

 끊어 말하기 ▢▢    자연스럽게 말하기 ▢

even though 비록 ~지만 | attend 출석하다, 참석하다 | constantly 꾸준히 | be absent 빠지다, 결석하다

DAY
39

2분 영어 말하기 에피소드
헬스클럽

1 트레이너가 자세를 교정해 준다

🎧 In 39-1.mp3

> Step 1 끊어 듣기 🎧

> Step 2 우리말 보기 👁

I started to go to the gym * a month ago. *
저는 헬스클럽에 다니기 시작했어요   한 달 전부터.

I walk on a treadmill * and lift weights. *
저는 러닝머신을 걷죠   그리고 역기를 들어 올리죠.

When I am working out, * a trainer comes up to me *
제가 운동을 하고 있을 때는   트레이너가 제게 와요

and helps me * to work out properly. *
그리고 저를 도와줍니다   제대로 운동하도록.

It is very helpful * to exercise correctly.
그것은 매우 도움이 됩니다   (그것이 뭐냐면) 바르게 운동하는 것.

한 달 전부터 헬스클럽에 다니기 시작했어요. 저는 러닝머신을 걷고 역기를 들어 올리죠. 제가 운동을 하면 **트레이너가 와서 제대로 하도록 도와줍니다.** 바른 자세로 운동을 하는 게 매우 도움이 됩니다.

2 라커룸에서 옷을 갈아입는다

🎧 In 39-2.mp3

> Step 1 끊어 듣기 🎧

> Step 2 우리말 보기 👁

People change in a locker room. * I feel self-conscious *
사람들은 라커룸에서 옷을 갈아입습니다.   저는 남을 의식하게 되더라고요

in the locker room. * So I change *
라커룸에서는.   그래서 전 옷을 갈아입어요

as quickly as possible, * while not looking at anyone.
최대한 빨리   다른 사람을 보지 않고.

사람들은 라커룸에서 옷을 갈아**입습니다.** 저는 남을 의식하게 되더라고요. 그래서 다른 사람을 보지 않고 최대한 빨리 옷을 갈아입어요.

3 운동화를 따로 가져간다

🎧 In 39-3.mp3

> Step 1 끊어 듣기 🎧

> Step 2 우리말 보기 👁

I usually bring * my workout sneakers * to the gym. *
저는 보통 챙겨갑니다   제 운동화를   헬스클럽에.

I once left my shoes * in a locker room * and I lost them. *
전 한번은 운동화를 놓고 갔어요   라커룸에   그리고 그것들을 잃어버렸어요.

I was so upset * but it was my fault *
전 너무 화가 났죠   하지만 그것은 제 잘못이었어요

so there was no one * to blame it on.
그래서 사람이 아무도 없었죠   그것을 비난할 수 있는.

저는 보통 헬스클럽에 제 운동화를 챙겨갑니다. 한번은 운동화를 라커룸에 놓고 갔는데 잃어버렸어요. 너무 화가 났지만 제 잘못이어서 불평할 데도 없었죠.

제한시간 **2**분 (에피소드당 20초 내외)

Step 3 따라 말하기

I started to go to the gym a month ago. I walk on a treadmill and lift weights. When I am working out, a trainer comes up to me and helps me to work out properly. It is very helpful to exercise correctly.

끊어 말하기 ☐☐ 자연스럽게 말하기 ☐

Step 4 혼자 말하기

한 달 전부터 헬스클럽에 다니기 시작했어요. 저는 러닝머신을 걷고 역기를 들어 올리죠. 제가 운동을 하면 트레이너가 와서 제대로 하도록 도와줍니다. 바른 자세로 운동을 하는 게 매우 도움이 됩니다.

treadmill 러닝머신 | lift weights 역기를 들다 | work out 운동하다

Step 3 따라 말하기

People change in a locker room. I feel self-conscious in the locker room. So I change as quickly as possible, while not looking at anyone.

끊어 말하기 ☐☐ 자연스럽게 말하기 ☐

Step 4 혼자 말하기

사람들은 라커룸에서 옷을 갈아입습니다. 저는 라커룸에서는 남을 의식하게 되더라고요. 그래서 다른 사람을 보지 않고 최대한 빨리 옷을 갈아입어요.

self-conscious 남을 의식하는 | as quickly as possible 가능한 한 빠르게

Step 3 따라 말하기

I usually bring my workout sneakers to the gym. I once left my shoes in a locker room and I lost them. I was so upset but it was my fault so there was no one to blame it on.

끊어 말하기 ☐☐ 자연스럽게 말하기 ☐

Step 4 혼자 말하기

저는 보통 헬스클럽에 제 운동화를 챙겨 갑니다. 한번은 운동화를 라커룸에 놓고 갔는데 잃어버렸어요. 너무 화가 났지만 제 잘못이어서 불평할 데도 없었죠.

workout sneakers 운동화 | once 한번은 | blame A on B A를 B의 잘못으로 돌리다

4 제일 먼저 러닝머신을 30분 뛴다

In 39-4.mp3

Step 1 끊어 듣기 🎧 | Step 2 우리말 보기 👁

When I get to the gym, * the first exercise I do *
전 헬스클럽에 가면   제가 하는 첫 운동은
is running on the treadmill * for half an hour. *
러닝머신에서 뛰는 겁니다   30분 동안.
I first run and then stretch * for another half an hour. *
전 처음에 뛰고 나서 스트레칭을 하죠   그 다음 30분 동안.
It feels really good * when I sweat * after running. *
그것은 기분이 정말 좋아요   제가 땀을 흘릴 때   달리기를 한 뒤.
I don't do the stationary bikes * or the Step Master.
전 자전거를 타거나   스텝퍼는 하지 않습니다.

헬스클럽에 가면 제가 제일 먼저 하는 운동은 30분 동안 러닝머신에서 뛰는 겁니다. 처음에 뛰고 나서 그 다음 30분 동안은 스트레칭을 하죠. 달리기를 한 뒤 땀을 흘리면 기분이 정말 좋아요. 자전거를 타거나 스텝퍼는 하지 않습니다.

5 뛰고 나서 역기 들기를 1시간 한다

In 39-5.mp3

Step 1 끊어 듣기 🎧 | Step 2 우리말 보기 👁

When I am at the gym, * I first run for 30 minutes. *
저는 헬스클럽에 가면   전 처음에 30분은 뛰죠.
After running, * I lift weights * for an hour. *
뛰고 난 뒤   전 역기 운동을 합니다   한 시간 동안.
I heard * that lifting weights is very important, *
저는 들었어요   역기를 드는 것이 매우 중요하다고
so I try to do that * as often as possible. *
그래서 전 그것을 하려고 해요   가능한 한 자주.
It certainly is not fun, * but I feel good * after doing it.
그것은 확실히 재미있지는 않죠   하지만 전 기분이 좋아요   그것을 하고 나면.

헬스클럽에 가면 처음에 30분간은 뛰죠. 뛰고 난 뒤 한 시간 동안 역기 운동을 합니다. 역기 들기가 매우 중요하다고 들어서 가능한 한 자주 하려고 해요. 확실히 재미있지는 않지만 하고 나면 기분이 좋아요.

6 할인받으려면 한 번에 결제해야 한다

In 39-6.mp3

Step 1 끊어 듣기 🎧 | Step 2 우리말 보기 👁

The gym membership * costs 80,000 won per month. *
헬스클럽 회원권은   비용이 한 달에 8만 원입니다.
But if you join for six months, * they give you a discount; *
하지만 당신이 6개월 동안 다니면   그들은 당신에게 할인을 해주죠
it is 300,000 won * for six months. * But the discount
그것은 30만 원이에요   6개월 동안.   그렇지만 그 할인은
is only offered * when you pay it all * at once.
오로지 받습니다   당신이 그것을 모두 납부할 때   한 번에.

헬스클럽 회원권은 한 달에 8만 원입니다. 하지만 6개월을 다니면 할인을 해주는데 6개월에 30만 원이에요. 그렇지만 한 번에 납부해야 할인을 받습니다.

When I get to the gym, the first exercise I do is running on the treadmill for half an hour. I first run and then stretch for another half an hour. It feels really good when I sweat after running. I don't do the stationary bikes or the Step Master.

🔊 헬스클럽에 가면 제가 제일 먼저 하는 운동은 30분 동안 러닝머신에서 뛰는 겁니다. 처음에 뛰고 나서 그 다음 30분 동안은 스트레칭을 하죠. 달리기를 한 뒤 땀을 흘리면 기분이 정말 좋아요. 자전거를 타거나 스텝퍼는 하지 않습니다.

끊어 말하기 ☐☐ 자연스럽게 말하기 ☐

get to A A에 도착하다 | stretch 스트레칭하다 | sweat 땀을 내다 | stationary bike 페달 밟기 자전거 | Step Master 스텝 마스터

When I am at the gym, I first run for 30 minutes. After running, I lift weights for an hour. I heard that lifting weights is very important, so I try to do that as often as possible. It certainly is not fun, but I feel good after doing it.

🔊 헬스클럽에 가면 처음에 30분간은 뛰죠. 뛰고 난 뒤 한 시간 동안 역기 운동을 합니다. 역기 들기가 매우 중요하다고 들어서 가능한 한 자주 하려고 해요. 확실히 재미있지는 않지만 하고 나면 기분이 좋아요.

끊어 말하기 ☐☐ 자연스럽게 말하기 ☐

as often as possible 가능한 한 자주

The gym membership costs 80,000 won per month. But if you join for six months, they give you a discount; it is 300,000 won for six months. But the discount is only offered when you pay it all at once.

🔊 헬스클럽 회원권은 한 달에 8만 원입니다. 하지만 6개월을 다니면 할인을 해주는데 6개월에 30만 원이에요. 그렇지만 한 번에 납부해야 할인을 받습니다.

끊어 말하기 ☐☐ 자연스럽게 말하기 ☐

membership 회원권 | per A A마다 | at once 한 번에

7 헬스와 요가, 골프까지 할 수 있다

In 39-7.mp3

Step 1 끊어 듣기 🎧 | **Step 2** 우리말 보기 👁

My gym has * **many exercise machines** *
제 헬스클럽은 갖고 있어요　　　　많은 운동기구

and group exercise rooms * **for yoga and Pilates.** *
그리고 그룹 운동실을　　　　요가와 필라테스를 위한.

You can also go to a golf shooting range *
당신은 또 골프 연습장에 갈 수도 있어요

in the basement. * **I like doing group exercises** *
그 지하에 있는.　　　　저는 그룹 운동하는 것을 좋아해요

like yoga, * **so I look up the schedule** * **beforehand** *
요가 같은　　　그래서 전 스케줄을 알아보죠　　　사전에 미리

and always go * **on time.**
그리고 항상 갑니다　　시간 맞춰.

제가 다니는 헬스클럽에는 운동 기구가 많고 요가, 필라테스를 할 수 있는 그룹 운동실이 있죠. 또 지하에 있는 골프 연습장에 갈 수도 있어요. 요가 같은 그룹 운동하는 것을 좋아해서 사전에 미리 스케줄을 알아보고 항상 시간 맞춰 갑니다.

8 날씨에 상관없이 꾸준히 운동할 수 있다

🎧 In 39-8.mp3

Step 1 끊어 듣기 🎧 | **Step 2** 우리말 보기 👁

One of the best things * **about working out at a gym** *
가장 좋은 점 중의 하나가　　　헬스클럽에서 운동하는 것에 대해

is that I can work out * **no matter what weather is like.** *
제가 운동을 할 수 있다는 겁니다　　　날씨가 어떻든지 간에.

I mean, * **if you like to jog in the park,** * **you can't do it** *
제 말은 의미해요　당신이 공원에서 조깅을 하고 싶어도　　당신은 그것을 할 수 없죠

when it rains. * **I go to the gym** * **almost every day** *
비가 오면.　　저는 헬스클럽에 갑니다　　거의 매일

even when it rains or snows.
비가 오거나 눈이 올 때도.

헬스클럽에서 운동하면 가장 좋은 점 중의 하나가 날씨에 구애받지 않고 운동을 할 수 있다는 겁니다. 그러니까 제 말은, 공원에서 조깅을 하고 싶어도 비가 오면 할 수 없잖아요. 비가 오거나 눈이 와도 저는 헬스클럽에 거의 매일 갑니다.

9 3개월 다녔더니 살도 빠지고 근육도 생겼다

🎧 In 39-9.mp3

Step 1 끊어 듣기 🎧 | **Step 2** 우리말 보기 👁

I have been going to the gym * **for three months now.** *
저는 그 헬스클럽에 다니고 있죠　　　지금 3개월째.

I have been working out * **at least three times a week.** *
저는 운동을 합니다　　　적어도 일주일에 세 번은.

I lost weight * **and gained muscle.** * **My friend decided**
전 살이 빠졌죠　　　그리고 근육도 생겼어요.　　제 친구는 그 헬스클럽에 다니기로 했죠

to join the gym * **after she saw me.** * **I felt good.**
그녀가 저를 본 뒤.　　전 기분이 좋았습니다.

저는 지금 3개월째 헬스클럽에 다니고 있죠. 적어도 일주일에 세 번은 운동을 합니다. 살도 빠지고 근육도 생겼어요. 제 친구는 저를 본 뒤 헬스클럽에 다니기로 했죠. 기분이 좋았습니다.

My gym has many exercise machines and group exercise rooms for yoga and Pilates. You can also go to a golf shooting range in the basement. I like doing group exercises like yoga, so I look up the schedule beforehand and always go on time.

제가 다니는 헬스클럽에는 운동기구가 많고 요가, 필라테스를 할 수 있는 그룹 운동실이 있죠. 또 지하에 있는 골프 연습장에 갈 수도 있어요. 요가 같은 그룹 운동하는 것을 좋아해서 사전에 미리 스케줄을 알아보고 항상 시간 맞춰 갑니다.

끊어 말하기 ☐☐   자연스럽게 말하기 ☐

golf shooting range 골프 연습장 | basement 지하

One of the best things about working out at a gym is that I can work out no matter what weather is like. I mean, if you like to jog in the park, you can't do it when it rains. I go to the gym almost every day even when it rains or snows.

헬스클럽에서 운동하면 가장 좋은 점 중의 하나가 날씨에 구애받지 않고 운동을 할 수 있다는 겁니다. 그러니까 제 말은, 공원에서 조깅을 하고 싶어도 비가 오면 할 수 없잖아요. 비가 오거나 눈이 와도 저는 헬스클럽에 거의 매일 갑니다.

끊어 말하기 ☐☐   자연스럽게 말하기 ☐

one of A A 중의 하나 | I mean 그러니까 내 말은, 즉 | even when 심지어 ~일 때도

I have been going to the gym for three months now. I have been working out at least three times a week. I lost weight and gained muscle. My friend decided to join the gym after she saw me. I felt good.

저는 지금 3개월째 헬스클럽에 다니고 있죠. 적어도 일주일에 세 번은 운동을 합니다. 살도 빠지고 근육도 생겼어요. 제 친구는 저를 본 뒤 헬스클럽에 다니기로 했죠. 기분이 좋았습니다.

끊어 말하기 ☐☐   자연스럽게 말하기 ☐

work out 운동하다 | lose weight 살이 빠지다 | gain muscle 근육이 붙다

225

DAY
40

2분 영어 말하기 에피소드
휴가

1 3일 연차 동안 집에 있었다

🎧 In 40-1.mp3

Step 1 끊어 듣기 👂

I didn't go on a vacation * **this summer.** *
저는 휴가를 가지 않았어요.   이번 여름에.

I took three days off * **and just stayed home.** *
저는 3일 간 휴가를 냈죠   그리고 그냥 집에서 있었습니다.

I really needed this time. * **I woke up at 11 a.m.** *
전 정말 이런 시간을 필요로 했어요.   저는 아침 11시에 일어났죠

and watched TV * **for 10 hours.** *
그리고 TV를 봤습니다   10시간 동안.

It was the best vacation ever.
그것은 (역대) 최고의 휴가였어요.

Step 2 우리말 보기 👁

저는 이번 여름에 휴가를 가지 않았어요. 3일 간 연차를 내고 그냥 집에서 있었습니다. 이런 시간이 정말 필요했죠. 아침 11시에 일어나서 10시간 동안 TV를 봤습니다. 최고의 휴가였어요.

2 휴가 때 산에 올라갔다

🎧 In 40-2.mp3

Step 1 끊어 듣기 👂

I went to a mountain * **for a vacation.** *
저는 산에 갔죠   휴가로.

The weather was so nice * **and it was just so refreshing.** *
날씨가 매우 좋았어요   그리고 그것은 무척이나 상쾌했습니다.

I don't normally go hiking, * **so it was very hard** *
전 보통 하이킹은 잘 안 하죠   그래서 그것은 매우 힘들었어요

to climb up to the top. * **However,** * **once I was on the top,** *
(그것이 뭐냐면) 정상까지 오르는 것이.   하지만   일단 저는 정상에 오르니

it felt great.
기분이 매우 좋았습니다.

Step 2 우리말 보기 👁

저는 휴가 때 산에 갔죠. 날씨가 매우 좋았고 무척이나 상쾌했습니다. 보통 하이킹은 잘 안 해서 정상까지 오르는 것이 매우 힘들었어요. 하지만 일단 정상에 오르니 기분이 매우 좋았습니다.

3 가족들과 해변에 갔다

🎧 In 40-3.mp3

Step 1 끊어 듣기 👂

My family went to the beach * **last weekend.** *
우리 가족은 해변에 갔어요   지난 주말에.

I love going to the beach * **because I love swimming.** *
저는 해변에 가는 걸 좋아하죠   왜냐면 전 수영하는 걸 좋아하거든요.

My sister and I swam * **for 5 hours** * **and we had a great**
제 언니와 저는 수영을 했어요   다섯 시간 동안   그리고 우리는 근사한

barbeque * **in the evening.** * **It was delicious.**
바비큐를 먹었어요   저녁에.   그것은 맛있었습니다.

Step 2 우리말 보기 👁

지난 주말에 우리 가족은 해변에 갔어요. 전 수영하는 걸 무척 좋아하기 때문에 해변에 가는 걸 좋아하죠. 언니와 저는 다섯 시간 동안 수영을 했고 저녁에 근사한 바비큐를 먹었어요. 맛있었습니다.

제한시간 2분 (에피소드당 20초 내외)

Step 3 따라 말하기 👄	Step 4 혼자 말하기 👄

I didn't go on a vacation this summer. I took three days off and just stayed home. I really needed this time. I woke up at 11 a.m. and watched TV for 10 hours. It was the best vacation ever.

🔊 저는 이번 여름에 휴가를 가지 않았어요. 3일 간 연차를 내고 그냥 집에서 있었습니다. 이런 시간이 정말 필요했죠. 아침 11시에 일어나서 10시간 동안 TV를 봤습니다. 최고의 휴가였어요.

 끊어 말하기 ⬜⬜  자연스럽게 말하기 ⬜

---

go on (a) vacation 휴가를 가다 | take + 기간 + off (기간 동안) 휴가를 내다

Step 3 따라 말하기 👄	Step 4 혼자 말하기 👄

I went to a mountain for a vacation. The weather was so nice and it was just so refreshing. I don't normally go hiking, so it was very hard to climb up to the top. However, once I was on the top, it felt great.

🔊 저는 휴가 때 산에 갔죠. 날씨가 매우 좋았고 무척이나 상쾌했습니다. 보통 하이킹은 잘 안 해서 정상까지 오르는 것이 매우 힘들었어요. 하지만 일단 정상에 오르니 기분이 매우 좋았습니다.

 끊어 말하기 ⬜⬜  자연스럽게 말하기 ⬜

---

refreshing 기분을 상쾌하게 하는 | normally 보통은 | once 일단 ~하자

Step 3 따라 말하기 👄	Step 4 혼자 말하기 👄

My family went to the beach last weekend. I love going to the beach because I love swimming. My sister and I swam for 5 hours and we had a great barbeque in the evening. It was delicious.

🔊 지난 주말에 우리 가족은 해변에 갔어요. 전 수영하는 걸 무척 좋아하기 때문에 해변에 가는 걸 좋아하죠. 언니와 저는 다섯 시간 동안 수영을 했고 저녁에 근사한 바비큐를 먹었어요. 맛있었습니다.

 끊어 말하기 ⬜⬜ 자연스럽게 말하기 ⬜

---

barbeque 바비큐 | delicious 맛있는

4 휴가 때 부산의 유명 관광지에 갔다

In 40-4.mp3

Step 1 끊어 듣기 🎧 　　　　　　　　　**Step 2** 우리말 보기 👁

The last time we went on vacation, * we went to Busan. *
우리가 마지막으로 휴가를 갔을 때　　　　　우리는 부산에 갔죠.

The city is located * in the very south of the country. *
그 도시는 위치해 있어요　　　　우리나라 남단에.

They have great seafood there. * I looked online *
그들은(부산은) 거기에 맛있는 해산물을 갖고 있습니다.　　저는 온라인을 검색했죠

and found some amazing tourist places. * We went to
그리고 아주 멋진 관광지들을 좀 찾았어요.　　　　　우리는

three different locations * and they were all fantastic.
세 군데 다른 곳을 가 봤어요　　　그리고 그곳들은 모두 끝내줬습니다.

지난번 휴가 때 우리는 부산에 갔죠. 부산은 우리나라 남단에 위치해 있어요. 부산에는 맛있는 해산물이 있습니다. 저는 온라인을 검색해 아주 멋진 관광지를 찾았어요. 우리는 세 군데 다른 곳을 가 봤는데 모두 끝내줬습니다.

---

5 친구와 자전거 여행을 했다

In 40-5.mp3

Step 1 끊어 듣기 🎧 　　　　　　　　　**Step 2** 우리말 보기 👁

My friend and I decided * to go on a bike trip. *
제 친구와 저는 결심했습니다　　　자전거 여행을 하기로.

We biked * toward the northern part of the country *
우리는 자전거를 탔어요　　　우리나라의 북부 지방을 향해

this summer. * We biked about 30 miles a day *
이번 여름에.　　우리는 하루에 약 30마일씩 자전거를 탔어요

and stayed at a bed and breakfast * at night. *
그리고 민박집에서 머물렀죠　　　밤에는.

It was one of the best trips * in my life.
그것은 최고의 여행 중 하나였습니다　　제 인생에 있어서.

친구와 저는 자전거 여행을 하기로 했습니다. 이번 여름에 자전거를 타고 북부 지방으로 향했어요. 하루에 30마일씩 자전거를 탔고 밤에는 민박집에서 머물렀죠. 제 인생 최고의 여행 중 하나였습니다.

---

6 성수기라서 호텔을 예약했다

In 40-6.mp3

Step 1 끊어 듣기 🎧 　　　　　　　　　**Step 2** 우리말 보기 👁

My family once went to the beach. *
한번은 우리 가족이 바닷가에 갔죠.

My mom made a hotel reservation *
우리 엄마는 호텔 예약을 했습니다

a month in advance * because it was the busy season. *
한 달 미리　　　왜냐면 그것은 성수기였기 때문에.

When we got to the hotel, * we could see *
우리가 호텔에 도착했을 때.　　우리는 알 수 있었어요

that every room was booked already.
모든 방들이 이미 예약됐다는 것을.

한번은 우리 가족이 바닷가에 갔죠. 성수기였기 때문에 엄마는 한 달 전에 호텔 예약을 했습니다. 호텔에 도착했을 때 우리는 모든 방들이 이미 예약된 것을 알 수 있었어요.

228

The last time we went on vacation, we went to Busan. The city is located in the very south of the country. They have great seafood there. I looked online and found some amazing tourist places. We went to three different locations and they were all fantastic.

지난번 휴가 때 우리는 부산에 갔죠. 부산은 우리나라 남단에 위치해 있어요. 부산에는 맛있는 해산물이 있습니다. 저는 온라인을 검색해 아주 멋진 관광지를 찾았어요. 우리는 세 군데 다른 곳을 가 봤는데 모두 끝내줬습니다.

끊어 말하기 ☐☐ 자연스럽게 말하기 ☐

be located in A A에 위치해 있다 | tourist place 관광지

My friend and I decided to go on a bike trip. We biked toward the northern part of the country this summer. We biked about 30 miles a day and stayed at a bed and breakfast at night. It was one of the best trips in my life.

친구와 저는 자전거 여행을 하기로 했습니다. 이번 여름에 자전거를 타고 북부 지방으로 향했어요. 하루에 30마일씩 자전거를 탔고 밤에는 민박집에서 머물렀죠. 제 인생 최고의 여행 중 하나였습니다.

끊어 말하기 ☐☐ 자연스럽게 말하기 ☐

northern 북쪽의 | bed and breakfast 조식 제공 민박집

My family once went to the beach. My mom made a hotel reservation a month in advance because it was the busy season. When we got to the hotel, we could see that every room was booked already.

한번은 우리 가족이 바닷가에 갔죠. 성수기였기 때문에 엄마는 한 달 전에 호텔 예약을 했습니다. 호텔에 도착했을 때 우리는 모든 방들이 이미 예약된 것을 알 수 있었어요.

끊어 말하기 ☐☐ 자연스럽게 말하기 ☐

make a reservation 예약을 하다 | in advance 미리, 사전에 | busy season 성수기 | booked 예약된

7 태국으로 휴가를 갈 계획이다

Step 1 끊어 듣기 🎧 | **Step 2 우리말 보기** 👁

I am **planning** * **on going on a vacation** * **to Thailand.** *
저는 계획하고 있는 중입니다   휴가를 가는 것에 대해   태국으로.

I have never been there before, * **so I am thinking** *
전 이전에 그곳에 가 본 적이 없어요   그래서 저는 생각 중이에요

of going on a tour * **through a travel agency.** *
여행을 가는 것을   여행사를 통해.

A local guide will explain everything *
현지 가이드가 모든 것을 설명해 주겠죠

and it will be safer * **than going alone.**
그리고 그것은 더 안전할 겁니다   혼자 가는 것보다.

저는 태국으로 휴가를 갈 계획입니다. 그곳에 가 본 적이 없어서 여행사를 통해 갈까 생각 중이에요. 현지 가이드가 모든 것을 설명해 줄 것이고 혼자 가는 것보다 더 안전할 겁니다.

---

8 휴가 때 잘 쉬어 재충전이 됐다

Step 1 끊어 듣기 🎧 | **Step 2 우리말 보기** 👁

I really needed a vacation. * **I finally had one** *
저는 휴가가 절실히 필요했습니다.   전 마침내 휴가를 얻었어요

and went to Jeju Island * **for three days.** *
그리고 제주도에 갔죠   3일 간.

It was so relaxing. * **I ate so much delicious food** *
그것은 마음이 매우 느긋했습니다.   저는 정말 많은 맛있는 음식을 먹었어요

and slept for 10 hours a day. * **After such a great vacation,** *
그리고 하루에 10시간 동안 잤죠.   그렇게 멋진 휴가를 보내고 난 뒤

I felt totally refreshed.
전 완전히 기분 전환이 되었어요.

저는 휴가가 절실히 필요했습니다. 마침내 휴가를 얻어 3일 간 제주도에 갔죠. 마음이 매우 느긋했습니다. 맛있는 음식을 많이 먹고 하루에 10시간을 잤죠. 그렇게 멋진 휴가를 보내고 난 뒤 완전히 기분 전환이 되었어요.

---

9 휴가가 끝나면 더 피곤하다

Step 1 끊어 듣기 🎧 | **Step 2 우리말 보기** 👁

I usually go somewhere * **during my vacation** *
저는 보통 어디론가 가는 편입니다   제 휴가 동안

because I don't want * **to waste my time** *
왜냐면 저는 원하지 않거든요   제 시간을 낭비하는 것을

sitting at home. * **However,** * **as I got older,** *
집구석에 앉아서.   하지만   저는 나이가 들면서

I feel more exhausted * **once the vacation ends.** *
저는 더 지치는 기분이에요   일단 휴가가 끝나면.

I am thinking of staying home * **as of my next vacation.**
저는 집에 있을까 생각 중입니다   다음 제 휴가를 기점으로.

저는 보통 휴가 때 어디론가 가는 편인데 집구석에 앉아 시간을 낭비하고 싶지 않기 때문이죠. 하지만 나이가 들면서 **일단 휴가가 끝나면 더 지치는 기분**이에요. 다음 휴가 때부터는 집에 있을까 생각 중입니다.

I am planning on going on a vacation to Thailand. I have never been there before, so I am thinking of going on a tour through a travel agency. A local guide will explain everything and it will be safer than going alone.

저는 태국으로 휴가를 갈 계획입니다. 그곳에 가 본 적이 없어서 여행사를 통해 갈까 생각 중이에요. 현지 가이드가 모든 것을 설명해 줄 것이고 혼자 가는 것보다 더 안전할 겁니다.

끊어 말하기 ☐☐   자연스럽게 말하기 ☐

plan on -ing ~할 계획이다 | travel agency 여행사

I really needed a vacation. I finally had one and went to Jeju Island for three days. It was so relaxing. I ate so much delicious food and slept for 10 hours a day. After such a great vacation, I felt totally refreshed.

저는 휴가가 절실히 필요했습니다. 마침내 휴가를 얻어 3일 간 제주도에 갔죠. 마음이 매우 느긋했습니다. 맛있는 음식을 많이 먹고 하루에 10시간을 잤죠. 그렇게 멋진 휴가를 보내고 난 뒤 완전히 기분 전환이 되었어요.

끊어 말하기 ☐☐   자연스럽게 말하기 ☐

relaxing 마음을 느긋하게 하는 | delicious 맛있는 | refreshed 기분이 상쾌해진

I usually go somewhere during my vacation because I don't want to waste my time sitting at home. However, as I got older, I feel more exhausted once the vacation ends. I am thinking of staying home as of my next vacation.

저는 보통 휴가 때 어디론가 가는 편인데 집구석에 앉아 시간을 낭비하고 싶지 않기 때문이죠. 하지만 나이가 들면서 일단 휴가가 끝나면 더 지치는 기분이에요. 다음 휴가 때부터는 집에 있을까 생각 중입니다.

끊어 말하기 ☐☐   자연스럽게 말하기 ☐

waste 낭비하다 | exhausted 아주 지친 | as of + 시점 그 시점부터 시작해서

231

{ INPUT }
주요 표현 정리
Check the Useful
Expressions

INPUT 파트에 나온 중요한 표현들을 해설과 함께 정리했습니다. 표현의 미묘한 뉘앙스 차이를 알아둘 필요가 있거나 알아두면 스피킹에 큰 도움되는 표현의 용법 또는 개별 단어의 의미를 자세히 정리했어요. 이미 알고 있는 내용은 그냥 건너뛰고 새로운 정보들만 흡수하시면 됩니다. 모르는 표현은 빈칸에 ☑ 표시하고 나중에 복습하셔도 좋습니다.

1 외동이라 혼자 놀았다

☐ **like -ing** ~하는 것을 좋아하다   ☐ **only child** 외동   ☐ **used to do** (예전에는) ~하곤 했다 ▶지금은 그렇지 않다는 의미가 내포된 표현입니다.   ☐ **elementary school** 초등학교   ☐ **make friends** 친구를 사귀다
☐ **come to + 장소명사** ~에 오다

2 부모님이 아들을 원하셨다

☐ **When I was + 나이** 내가 ~살 때   ☐ **hopeful** 희망에 찬, 기대하는
☐ **be excited to do** ~하게 되어 신이 나다

3 형제자매가 많다

☐ **I have + 형제** 형제가 있다 ▶형제가 몇 명 있다는 식으로 말하고 싶을 때는 간단히 have동사를 활용하면 됩니다.
☐ **crowded** (사람들로) 북적이는, 붐비는   ☐ **all the time** 항상, 늘   ☐ **sibling** 형제자매
☐ **It's fun to do** ~하는 것은 재미있다   ☐ **spend time with someone** 누구와 시간을 보내다

4 옷을 언니에게서 물려받았다

☐ **older sister** 언니, 누나 ▶영어권에서는 특별한 경우가 아닌 한 굳이 언니/누나냐 여동생이냐, 오빠/형이냐 남동생이냐를 따지지 않고 그냥 sister, brother로 말하는 게 보통입니다. 그래도 특별히 구별해서 말해야 할 경우엔 sister나 brother 앞에 older(나보다 나이 많은 형제를 가리킬 때), younger(나보다 어린 형제를 가리킬 때)를 붙여 쓰면 되죠.
☐ **wear** 입다 ▶wear – wore – worn   ☐ **hand-me-down(s)** 물려받은 옷
☐ **as I do** ~하면서, ~함에 따라   ☐ **become taller than A** A보다 키가 커지다
☐ **It feels good to do** ~하는 것은 기분이 좋다 ▶feel – felt – felt

5 명절에 대가족이 모인다

☐ **big family** 대가족   ☐ **cousin**[kʌ́zən] 사촌   ☐ **on holidays** 명절에 ▶영어권에서는 앞뒤 맥락 없이 그냥 holiday라고 하면 보통 크리스마스 연휴 시즌을 의미합니다.   ☐ **gather** 모이다   ☐ **have dinner** 저녁을 먹다
▶동사 have는 '먹다, 마시다'라는 의미로도 쓰인다는 점, 꼭 기억해 두세요!   ☐ **go bowling** 볼링 치러 가다
☐ **have a wonderful time** 즐거운 시간을 보내다 ▶wonderful 대신 good, great 등을 넣어 말해도 같은 의미입니다. 만났다 헤어지거나 채팅하다 마지막 인사말로, 혹은 여행가는 상대에게 "즐거운 시간 보내!"라고 말하고 싶을 때 Have a wonderful/good/great time!이라고 하면 되죠.

6 가장 노릇을 했다

☐ **pass away** 돌아가시다 ▶die의 완곡어. 우리도 '죽다'는 표현뿐 아니라 '돌아가시다'라는 표현을 쓰듯 여기에 딱 떨어지는 표현이 pass away입니다.   ☐ **since then** 그 이후로   ☐ **breadwinner** 가장, 집안의 기둥
☐ **part-time job** 아르바이트   ☐ **after school** 방과 후에   ☐ **feel exhausted** 녹초가 되다, 지치다

1 게임에 중독된 남동생

☐ **playing computer games** 컴퓨터 게임을 하면서 ▶'~을 하면서' 어디에 있다거나 '~을 하면서' 다른 것을 한다라는 식으로 얘기할 때는 이렇게 <-ing ~>로 표현하면 간단히 해결됩니다. 전문용어로 '현재분사 구문'이라고 하죠.

☐ **barely** 거의 ~하지 않는 ▶부정형으로 쓰이는 부사입니다.

☐ **totally** 완전히   ☐ **be addicted to A** A에 중독되다

2 머리 식힐 때는 게임이 최고

☐ **help someone + 동사원형** 누가 ~하는 데에 도움이 되다, 누가 ~하는 것을 돕다 ▶help someone 뒤에 《(to) 동사원형》을 쓴다는 점에 주의하세요.

☐ **release stress** 스트레스를 해소하다   ☐ **be overwhelmed by** ~에 의해 압도되다

☐ **have too many things** 너무 많은 것을 가지고 있다

☐ **to think about** ~에 대해 생각할 ▶about의 목적어는 앞에 있는 too many things이고, to think about은 앞에 있는 too many things를 꾸며 줍니다.

3 게임을 하다 밤을 샜다

☐ **bought** 샀다 (buy의 과거형) ▶buy - bought - bought   ☐ **be called A** A라 불리다

☐ **end up -ing** 결국 ~하게 되다   ☐ **stay up all night** 밤을 새다

4 무료 게임만 한다

☐ **spend + 돈 + on something** ~에 돈을 쓰다   ☐ **keep -ing** 계속 ~하다

☐ **come out** 나오다, 출시되다   ☐ **however** 하지만   ☐ **can't afford to do** ~할 형편이 안 되다

☐ **all the games that I want to play** 내가 하고 싶은 게임 모두 다 ▶that은 관계대명사 목적격으로, that 이 하가 all the games를 꾸며 줍니다.

☐ **free** 무료의

5 게임 아이템 구입에 돈을 썼다

☐ **it is easy to do** ~하는 것은 쉽다   ☐ **for example** 예를 들어   ☐ **sword** 칼, 검

☐ **in just one minute** 단 1분 만에

6 점심 내기 게임에서 이겼다

☐ **be into A** A에 빠지다   ☐ **called** 불리우는 ▶call(부르다)의 과거분사로, called *Candy Crush*가 앞의 new game을 수식합니다.   ☐ **even** 심지어   ☐ **win A on a bet** 내기로 A를 따다

1 스릴 만점의 롤러코스터를 탔다

☐ **go on a roller coaster** 롤러코스터를 타다   ☐ **amusement park** 놀이공원   ☐ **scary** 무서운
☐ **hair-raising** 머리칼이 쭈뼛거리는   ☐ **feel sick** 속이 메슥거리다 ▶sick은 '속이 울렁거리고 토할 거 같은' 상태를
나타낼 때도 쓸 수 있는 형용사입니다. sick 대신 nauseous를 써도 같은 의미를 전달할 수 있어요.   ☐ **exhausted** 지
친, (완전) 녹초가 된   ☐ **after the ride** 놀이기구를 탄 후에

2 저렴해서 일일 이용권을 끊는다

☐ **When I am down** 내가 기분이 울적해지면 ▶우리도 요새는 기분이 다운됐다는 식의 표현을 자주 쓰는데요, 이
처럼 down은 기분이 '우울한' 상태를 나타낼 때도 쓰이는 표현입니다.   ☐ **go on every ride** 놀이기구를 다 타다
☐ **ride** 놀이기구   ☐ **make me feel better** 내 기분을 낫게 만들다 ▶〈make someone + 동사원형〉은 '누구를
~하게 만들다'는 의미이죠.   ☐ **normally** 보통 때는   ☐ **one-day pass** 일일 이용권
☐ **cheaper** 더 싼 ▶cheap(싼)의 비교급 표현입니다.

3 기다린 건 1시간, 탄 시간은 30초

☐ **crowded** 붐비는, 북적거리는   ☐ **wait in line** 줄 서서 기다리다 ▶in line은 '줄 서서'란 뜻입니다.
☐ **for an hour** 한 시간 동안   ☐ **go on a single ride** 놀이기구를 단 한 개 타다   ☐ **second** (시간 단위의) 초
☐ **frustrating** 짜증 나게 하는

4 놀이기구보다 퍼레이드가 더 재미있다

☐ **prefer A to B** B보다 A를 더 좋아하다   ☐ **parade** 퍼레이드, 가두행진   ☐ **be close to A** A에 가깝
다   ☐ **take + 시간** 시간이 ~만큼 걸리다 ▶동사 take는 시간이 '걸린다'란 의미로도 자주 쓰인다는 점, 기억해 두세요.
☐ **by bus** 버스로   ☐ **only to do** 단지 ~ 하기 위해서   ☐ **A make me laugh** A는 나를 웃게 만든다, 즉 '나
는 A를 보면 웃는다' ▶A가 3인칭 단수이고 시제가 현재일 때 make 뒤에는 -s를 붙여 말합니다.

5 회전목마는 재미없어서 안 탄다

☐ **drops and twists** 떨어지고 꺾이는 것 ▶fast with drops and twists는 앞에 있는 anything을 꾸며 줍니다.
☐ **spin round and round** 빙빙 돌다 ▶앞에 있는 that은 관계대명사 주격으로 that spins round and round가
anything을 꾸며 줍니다.   ☐ **boring** 지루하게 만드는 ▶내가 지루해질 때는 bored를 사용해서 I am bored.라고 합니다.
☐ **go on a merry-go-round** 회전목마를 타다

6 귀신의 집은 싫어한다

☐ **haunted house** 귀신 붙은 집, (놀이공원의) 귀신이 나오는 집 ▶haunt는 타동사로 '(어디에) 귀신이 나오다'
란 뜻이기 때문에, '귀신이 나오는 집'이라고 할 때는 haunt의 과거분사를 사용해서 haunted house라고 합니다.
☐ **people in masks** 탈을 쓴 사람들   ☐ **love to be scared** 무서운 것을 좋아하다   ☐ **torture** 고문하다
☐ **horror movie** 공포 영화

1 절제하다가 하루 완전 폭식했다

☐ **be on a diet** 다이어트 중이다   ☐ **limit oneself** 절제하다 ▸여기서는 '절식하다'란 의미입니다.   ☐ **binge eat** 폭식하다 ▸eat - ate - eaten   ☐ **slice** 조각   ☐ **scoop** 아이스크림 등을 풀 때 사용하는 숟갈 모양의 국자, 한 국자의 양

2 굶으며 살을 빼느라 스트레스를 받았다

☐ **lose weight** 체중을 줄이다, 살을 빼다   ☐ **exercise** 운동을 하다   ☐ **decide not to do** ~하지 않기로 결정하다 ▸to부정사의 부정형은 to 앞에 not을 붙입니다.   ☐ **skip meals** 끼니를 거르다   ☐ **hungry** 배고픈

3 요요 현상으로 살이 더 쪘다

☐ **lost weight** 살을 뺐다 ▸lose - lost - lost   ☐ **yo-yo effect** 요요 현상 ▸장난감 요요처럼 체중이 반복적으로 늘었다, 줄었다를 되풀이하는 효과를 의미합니다. ☐ **gym** 헬스장, 헬스클럽 ▸gymnasium의 축약어. 돈 내고 신청하는 '헬스클럽'도, 아파트 단지 내나 호텔, 직장 내에 마련된 '헬스장'도, 학교 내나 어떤 시설 내의 '체육관'도 모두 gym입니다. 상당히 포괄적이고 일반적으로 쓰이는 표현이죠. ☐ **gain back** 다시 얻다 ▸여기서는 체중이 다시 는다는 의미입니다.

4 양파 다이어트로 한 달 만에 5킬로를 뺐다

☐ **lost 5 kg** 체중을 5킬로 뺐다   ☐ **onion** 양파   ☐ **small portion** 소량   ☐ **sometimes** 어떤 때는 ☐ **skip dinner** 저녁을 거르다 ▸skip은 '건너뛰다'는 의미로, 수업을 '빼먹었다, 땡땡이치다'고 할 때도, 식사를 건너뛰고 '거르다'고 할 때도 모두 쓰입니다.   ☐ **It was hard to do** ~하는 것은 힘들었다   ☐ **work** 효과가 있다 ☐ **three times a week** 일주일에 세 번 ▸여기서 a week는 '1주일'이 아니라, '1주일 당, 1주일에'라는 의미입니다.

5 다이어트의 정석으로 친구가 살을 뺐다

☐ **in one month** 한 달 만에   ☐ **regularly** 규칙적으로   ☐ **try to do** ~해보려고 하다   ☐ **after work** 퇴근 후에   ☐ **It was hard.** 그것은 어려웠다. ▸퇴근 후에 헬스클럽에 가보려고 한 것을 간단히 It으로 받아서 말하면 되죠. ☐ **end up -ing** 결국 ~하게 되다   ☐ **take a walk** 산책을 하다

6 야식을 포기 못해 다이어트에 실패했다

☐ **go on a diet** 다이어트를 하다   ☐ **so** 그래서   ☐ **in the neighborhood** 동네에 있는 ☐ **to jog** 조깅을 하러   ☐ **give up -ing** ~하는 것을 그만두다   ☐ **eat late at night** 밤늦게 먹다, 야식을 먹다 ☐ **late-night snacks** 야식   ☐ **have late-night snacks** 야식을 먹다 ▸밤늦게 먹는 게 야식이잖아요. 그래서 영어로도 그대로 옮겨 eat late at night이라고 해도 되고, '야식'에 해당되는 late-night snacks를 활용해 have late-night snacks라고 해도 됩니다. have가 '먹다, 마시다'라는 의미로도 쓰인다는 건 잘 알고 있죠? ☐ **quite often** 상당히 자주   ☐ **fail to do** ~하는 것에 실패하다, ~하지 못하다

1 책을 읽다 보면 상상력이 풍부해진다

☐ **two to three books a month** 한 달에 두세 권의 책 ▶two to three books는 '책 두세 권'이란 의미이고, a month는 '한 달에'란 의미입니다.

☐ **It takes time to do** ~하는 것은 시간이 걸린다 ▶<It ~ to ...>의 가주어–진주어 구문입니다. take time은 '시간이 걸린다'란 의미이죠.

☐ **imaginative** 상상력이 풍부한

2 책에 밑줄을 그으며 읽는다

☐ **calm down** ~를 진정시키다 ▶여기서 down은 부사입니다. 동사(calm)와 부사(down)가 결합해 숙어(calm down)가 되어 타동사로 쓰일 때, 그 목적어가 대명사(me)인 경우는 동사와 부사 사이(calm me down)에 들어갑니다.

☐ **underline** 밑줄을 긋다　☐ **passage** 구문, 구절　☐ **helpful** 도움이 되는　☐ **write down** 적어 두다

3 책을 읽고 나면 독후감을 쓴다

☐ **finish** 끝내다, 마치다　☐ **book report** 독후감　☐ **organize** 정리하다　☐ **organize my thoughts** 내 생각을 정리하다　☐ **It helps to organize my thoughts** 독후감을 쓰는 것은 내가 내 생각을 정리하는 것을 도와줍니다 ▶help와 to 사이에 me가 생략되어 있으며, It은 독후감을 쓰는 것을 가리키죠.

☐ **spent two hours writing** ~을 쓰는 데 두 시간을 썼다 ▶〈spend + 시간 + -ing〉는 '~하는 데 시간을 쓰다'란 의미로 참 자주 쓰이는 패턴이죠.

4 책을 깨끗하게 보는 편이다

☐ **keep A clean** A를 깨끗하게 유지하다　☐ **take care of A** A를 관리하다, 보살피다 ▶'잘 관리한다'고 말하고 싶으면 care 앞에 good을 넣어 take good care of A라고 하면 됩니다.　☐ **fold** 접다　☐ **That's why S + V** 그것이 ~하는 이유이다, 즉 '그래서 ~한다'　☐ **bother** ~을 짜증 나게 하다, 성가시게 하다　☐ **return** 돌려주다

5 책을 읽으면 아이디어가 떠오른다

☐ **recently** 최근에는　☐ **less than before** 전보다는 덜　☐ **try to read more** 책을 더 읽으려고 한다
☐ **ideas come to A** A에게 아이디어가 떠오르다　☐ **prefer A to B** B보다 A를 더 좋아하다
☐ **need to do** ~해야 한다, ~할 필요가 있다

6 어려운 책은 여러 번 반복해서 읽는다

☐ **get useful information** 유용한 정보를 얻다　☐ **certain books** 어떤 책들 ▶certain은 '확실한'과 '어떤'이란 두 가지 뜻으로 활용할 수 있습니다.　☐ **understand** 이해하다　☐ **over and over** 계속 반복해서
☐ **completely** 완전히　☐ **paragraph** 단락

| DAY 06 | 동네 이웃

1 감시 카메라가 많아 안전한 편이다
☐ live in my neighborhood 우리 동네에서 살다　☐ surveillance camera 감시 카메라
☐ get around 돌아다니다　☐ late at night 밤늦게　☐ yell at A A에게 호통치다
☐ come home late 늦게 집에 오다　☐ alone 홀로, 혼자서

2 교통이 편리하다
☐ bus stop 버스 정류장　☐ in front of ~의 앞에　☐ subway station 지하철역
☐ be a few blocks away from A A로부터 몇 블록 떨어져 있다　☐ convenient 편리한
☐ public transportation 대중교통　☐ travel 이동하다

3 옆집에 누가 사는지도 모른다
☐ get along with A A와 잘 지내다　☐ neighbor 이웃사람 ▶neighborhood는 집합적인 이웃사람, 또는 그런 이웃사람들이 사는 동네를 뜻합니다. 개개인을 뜻할 때는 neighbor, 집합적인 이웃사람을 뜻할 때는 neighborhood를 쓰죠. ☐ actually 사실은　☐ don't even know (심지어) ~도 모른다　☐ who lives next door 옆집에 누가 사는지 ▶'옆집(에)'이라고 말하고 싶을 땐 next door라고 하세요. ☐ get to do ~하게 되다

4 최근에 동네에 강도 사건이 많이 일어났다
☐ come home late at night 밤에 늦게 집에 오다　☐ robbery 강도 사건　☐ in the neighborhood 동네에　☐ recently 최근에　☐ scary 무서운　☐ be home alone 혼자 집에 있다　☐ no one is home 집에 아무도 없다　☐ get together with ~와 만나다, 모이다

5 친한 이웃이 형제보다 낫다
☐ close to A A와 사이가 가까운, 친밀한　☐ see each other 서로 만나다 ▶우리도 사람을 만나는 것을 '보다'라는 말로 편하게 쓰듯 영어의 see도 같은 용도로 편하게 쓰입니다. ☐ almost every day 거의 매일　☐ sibling 형제자매　☐ than my siblings are 내 형제자매가 나와 가까운 것보다 ▶than my siblings are close to me에서 앞에서 반복되는 맥락의 의미인 close to me는 생략하고 말한 것이죠. ☐ spend time with ~와 시간을 보내다

6 주차 때문에 싸우기도 한다
☐ enough 충분한　☐ parking space 주차 공간　☐ spot 장소
☐ try to park 주차하려고 하다 ▶여기서 park는 '주차하다'라는 동사입니다.
☐ late at night 밤늦게　☐ argue over A A로 언쟁을 벌이다

1 온탕에 30분 있다가 때를 밀었다

☐ **scrub** (때를) 밀다   ☐ **public bath** 공중목욕탕, 대중목욕탕   ☐ **hot tub** 온탕

☐ **go into a hot tub** 온탕에 들어가다   ☐ **sat** 앉았다 (sit의 과거형) ▶sit - sat - sat

☐ **feel like** ~한 느낌이 들다 ▶feel - felt - felt

2 열쇠는 손목에 차고 있다

☐ **The first time S + V** 누가 무엇을 처음 했을 때 ▶The first time은 접속사로 쓰입니다.

☐ **leave A** A를 놔두다   ☐ **somewhere** 어딘가에

☐ **wait for someone to do** 누가 ~하기를 기다리다

☐ **spare key** 여분의 열쇠   ☐ **wrist**[rist] 손목   ☐ **bathe**[beið] 목욕하다

3 친구와 등을 밀어주면서 더 친해졌다

☐ **for the first time** 처음으로   ☐ **not long ago** 얼마 전에

☐ **ask someone to do something** 누구에게 무엇을 해달라고 부탁하다   ☐ **back** 등

☐ **feel like** ~인 듯한 기분이 들다   ☐ **become closer to each other** 서로 더욱 가까워지다

4 옷을 다 벗고 몸무게를 잰다

☐ **be on a diet** 다이어트 중이다   ☐ **weigh** 무게가 ~ 나가다   ☐ **weight** 무게, 체중

☐ **check my weight** 내 체중을 재다   ☐ **take off** 옷을 벗다   ☐ **locker** 사물함

☐ **weigh myself** 나 자신의 무게를 재다, 즉 '체중을 재다' ▶check my weight와 같은 말이죠. 내 얘기를 계속 하는 데 같은 말이라도 표현을 달리해서 말하는 게 자연스럽고 세련된 화법입니다.

5 사우나에서 5분 있다 나왔다

☐ **the first thing I do** 내가 제일 먼저 하는 일 ▶thing과 I 사이에 that이 생략되어 있는데, 이것은 관계대명사 목적격입니다. 따라서 I do가 the first thing을 수식해 줍니다.

☐ **turn over** 뒤집어 놓다   ☐ **hourglass** 모래시계   ☐ **stay in** 머무르다   ☐ **run out** 닳다, 없어지다

6 목욕관리사에게 때를 밀었다

☐ **scrub my body myself** 내 몸의 때를 내가 직접 밀다   ☐ **myself** 내가 직접

☐ **at first** 처음에는   ☐ **as I got older** 내 나이가 점점 많아짐에 따라서   ☐ **brief** 간단한, 잠깐의

☐ **massage**[məsáːʒ] 마사지 ▶발음에 주의하세요.

1 막차가 떠난지 모르고 기다렸다

☐ **still** 아직도   ☐ **one last bus** 마지막 버스 한 대   ☐ **wait for someone/something** 사람/사물을 기다리다 ▶wait은 자동사이므로 wait someone/something이라고 하면 안 되고, 반드시 for를 넣어서 wait for someone/something이라고 해야 됩니다.   ☐ **for more than half an hour** 30분 넘게   ☐ **turn out** ∼으로 밝혀지다 ▶'실제로 까보니까 ∼인 것으로 밝혀지다[드러나다]'는 의미로 It turned out that S + V의 패턴으로 자주 활용됩니다.   ☐ **It turned out that the last bus had left 5 minutes before I got there.** 실제 막차는 제가 도착하기 5분 전에 이미 떠난 상태였습니다. ▶내가 도착한(got there) 것보다 그 이전에 막차는 이미 떠난 상태이기 때문에 막차가 떠난 것은 과거보다 더 이전부터 있었던 상황을 나타내는 과거완료(had left)로 말합니다.

2 버스에서 자리를 양보했다

☐ **get on** 버스에 타다 ▶버스나 열차 등 머리를 숙이지 않고 들어가는 차량에 탈 때는 get on을 사용하고, 머리를 숙이고 타는 소형 차량 등에 탈 때는 get in을 사용합니다. 내릴 경우에는 get off(get on의 반대)와 get out(get in의 반대)을 사용하고요.   ☐ **stand up** 일어나다   ☐ **give up one's seat** 자리를 양보하다

3 자리가 없어 계속 서 있었다

☐ **bus stop** 버스 정류장   ☐ **packed** 사람이 꽉 찬   ☐ **normally** 보통, 대개   ☐ **be late for work** 출근이 늦었다   ☐ **end up -ing** 결국 ∼하게 되다   ☐ **for the whole ride** 타고 가는 내내   ☐ **tiring** 피곤하게 하는

4 내릴 때 카드를 다시 찍는다

☐ **scan** 스캔하다, 교통카드 등을 찍다   ☐ **transit card** 교통카드   ☐ **that way** 그런 식으로 하면   ☐ **free transfer** 무료 환승   ☐ **transfer** 환승하다

5 사람이 많아 뒷문으로 탔다

☐ **near A** A 근처에   ☐ **bus driver** 버스기사   ☐ **tell A off** A를 야단치다   ☐ **dangerous** 위험한   ☐ **get on from the back door** 뒷문으로 타다   ☐ **have no choice** 선택의 여지가 없다, 다른 도리가 없다

6 버스 급정거로 넘어질 뻔했다

☐ **I almost + 과거동사** 거의 ∼할 뻔했다   ☐ **make a sudden stop** 급정거하다   ☐ **hold onto A** A를 꼭 잡다   ☐ **strap** (버스나 지하철의) 손잡이   ☐ **embarrassing** 창피하게 하는 ▶어떤 일이 나를 창피하게 만들 때는 embarrassing, 내가 창피해질 때는 embarrassed를 씁니다.   ☐ **take out A** A를 꺼내다   ☐ **pretend to do** ∼하는 척하다   ☐ **make a call to A** A에게 전화를 걸다

1 항상 포토샵으로 사진을 보정한다

☐ **retouch** 보정하다 ☐ **picture** 사진 ▶picture는 '그림'뿐 아니라 '사진'이란 뜻으로도 자주 쓰입니다.

☐ **post** (데이터 등을) 올리다, 게시하다 ☐ **with Photoshop** 포토샵으로 보정하면

2 휴대전화로 찍은 사진을 출력한다

☐ **annoying** 골치 아픈, 짜증 나는

☐ **it is so + 형용사 + to do** ~하는 것은 너무 …하다 ▶it was so annoying to buy instant film all the time
항상 인스턴트 필름을 사는 것은 너무 짜증스러웠다

☐ **print out** 출력하다

3 유명인의 사진을 몰래 찍었다

☐ **get an autograph** 사인을 받다 ▶배우, 운동선수 등 유명인의 사인을 영어로는 autograph라고 합니다. 이 경우
sign(서명하다)이나 signature(서명)를 쓰지는 않습니다.

☐ **rude** 무례한 ☐ **take a picture of** ~의 사진을 찍다 ☐ **secretly** 몰래, 비밀리에

☐ **ask someone for an autograph** 누구에게 사인을 해달라고 부탁하다

4 다행히도 휴대폰을 백업해 놓았다

☐ **accidentally** 실수로, 우연히 ☐ **delete** 삭제하다 ☐ **back up** 백업 저장하다

☐ **I couldn't be + 비교급** 더 이상 ~할 수 없었다, 비할 데 없이 ~하다 ▶I couldn't be prouder of myself.는 '내
자신이 그렇게 자랑스러울 수가 없었다, 너무나 자랑스러웠다.'는 뜻입니다.

5 찍은 사진 대부분이 흐릿했다

☐ **take a lot of pictures of** ~의 사진을 많이 찍다 ▶take a picture of(~의 사진을 찍다)에서 a picture만 a
lot of pictures로 살짝 바꿔 말하면 '많이' 찍는다는 의미로 쓸 수 있습니다.

☐ **most of them** 그것들 대부분 ▶a lot of pictures는 간단히 them으로 받아서 표현하면 되죠.

☐ **blurry** 흐릿한 ☐ **photographer**[fətágrəfər] 사진사, 사진작가

6 사진이 잘 안 받는다

☐ **look so pretty in pictures** 사진 속에서는 아주 예쁘다, 즉 '사진이 참 잘 나온다, 사진이 잘 받는다'

☐ **photogenic**[fòutədʒénik] 사진이 잘 받는

☐ **on the other hand** 반면에

1 서점에 가는 걸 좋아한다

☐ **look around** 둘러보다 ☐ **pick up** 집어 들다 ☐ **even though S + V** 비록 ~일지라도
☐ **in particular** 특별히 ☐ **there is nothing in particular** 특별한 것이 없다

2 찾는 책이 없었다

☐ **look for** ~을 찾다 ☐ **The book I was looking for** 내가 찾고자 하던 책 ▶book과 I 사이에는 관계대명사 목적격이 생략되어 있습니다. 따라서 I was looking for가 The book을 꾸며 주고 있습니다.

☐ **be in stock** 재고가 있다 ☐ **if** ~인지 아닌지

☐ **a copy** 한 부 ▶여기서 copy는 '복사본'이란 의미가 아니라, 책의 한 '부'를 뜻합니다.

3 사려고 했던 것보다 더 샀다

☐ **list** 목록 ☐ **a list of books that I needed** 내가 필요했던 책들의 목록 ▶that은 관계대명사 목적격으로, that I needed가 books를 꾸며 줍니다. ☐ **end up -ing** 결국 ~하게 되다

4 베스트셀러 진열대가 따로 있다

☐ **go straight to A** A로 바로 가다 ☐ **section** 구역 ☐ **bestseller section** 베스트셀러 코너
☐ **shelf**[ʃelf] 선반 ▶복수는 shelves입니다.

5 파본을 산 적이 있어서 꼭 확인한다

☐ **once** 한번은 ☐ **damaged** 손상된 ▶책에 대해서 damaged란 말을 사용하면 '파본된'이란 의미가 되죠.
☐ **since then** 그 이후로 ☐ **check** 확인하다

6 도서 검색대에서 책을 찾는다

☐ **kiosk** 무인 정보 단말기 ▶식당이나 패스트푸드점에서 직접 주문하고 계산까지 할 수 있는 단말기, 지하철역이나 정류장 또는 서점 등에서 각종 정보를 검색할 수 있는 검색 단말기 등을 kiosk라고 합니다.

☐ **search for A** A를 검색하다 ☐ **convenient** 편리한 ☐ **chase A** A를 쫓아가다
☐ **staff** 점원들 ☐ **ask for help** 도움을 요청하다

7 서점 직원에게 부탁해 책을 찾았다

☐ **have a hard time -ing** ~하느라 고생하다, 쩔쩔매다
☐ **look up** 찾아보다 ☐ **out of stock** 재고가 떨어진
☐ **locate** ~의 정확한 위치를 찾아내다

1 여자친구가 쇼핑을 너무 오래한다

☐ **forever** 영원히　☐ **take forever** 시간이 너무 오래 걸린다　▶여기서 take는 시간이 '걸리다'의 의미이며, forever는 문자 그대로 '영원히'란 의미가 아니라 시간이 '엄청 오래' 걸린다는 뜻입니다.

☐ **try on A** A를 입어 보다, 신어 보다　▶옷가게, 신발가게, 안경가게 등에서 물건을 한번 착용해본다고 할 때 쓰이는 표현입니다.

2 마트에서 시식을 많이 했다

☐ **try samples** 시식하다　☐ **go grocery shopping** 장보러 가다, 식료품을 사러 가다
☐ **grocery store** 식료품점　☐ **as always** 언제나처럼　☐ **full** 배부른　☐ **afterwards** 나중에, 이후에

3 장볼 때 유통기한을 확인한다

☐ **expiration date** 유통기한　☐ **check the expiration dates** 유통기한을 확인하다
☐ **only take two seconds** 2초밖에 걸리지 않는다　☐ **that way** 그렇게 하면
☐ **don't have to worry about** ~에 대해 걱정할 필요가 없다　▶have to do는 '~해야 한다', don't have to do는 '~할 필요가 없다'는 뜻이죠. 원어민들이 밥먹듯 쓰는 표현입니다.
☐ **throw away** 버리다

4 점원 때문에 그냥 나왔다

☐ **walk into A** A로 (걸어) 들어가다　☐ **sales clerk** 판매점원　☐ **walk around** 돌아다니다
☐ **couldn't stand it** 그것을 참을 수 없었다　▶stand는 '참다, 견디다'란 의미로도 잘 쓰이는 동사. 이 경우 보통 can't stand(~을 참을 수 없다)처럼 쓰이죠. 또한 점원이 졸졸 따라다니는 것은 간단히 it으로 받아서 말하면 됩니다.
☐ **walk out of A** A 밖으로 (걸어) 나오다

5 영수증이 없어서 반품을 못했다

☐ **purchase** 구매한 물품　☐ **return** 반품하다　☐ **receipt** 영수증　☐ **item** 품목
☐ **without a receipt** 영수증 없이　☐ **exchange** 교환하다

6 노점에서 쇼핑하는 것을 좋아한다

☐ **street stall** 노점　▶노점, 또는 노점상은 street vendor라고도 말합니다.
☐ **cash discount** 현금 할인　☐ **pay in cash** 현금으로 지불하다
☐ **get a discount** 할인을 받다　☐ **spend much money on shopping** 쇼핑에 돈을 많이 쓰다

1 요금이 엄청 나왔다

☐ **video clip** 동영상 클립 ▶video는 어떤 주제의 동영상 전체, 가령 영화 전편을 말한다면, video clip은 그 video의 일부분, 즉 비디오 짤을 뜻합니다.

☐ **on my phone** 내 전화로 ▶특별한 경우가 아닌 한 요새 '내 폰'이라고 하면 대부분 휴대폰(cell phone), 스마트폰 (smartphone)을 의미하죠.

☐ **ended up receiving** 결국 ~을 받게 되었다   ☐ **enormous** (금액이) 엄청난   ☐ **bill** 청구서, 계산서

2 휴대전화를 잃어버렸다

☐ **on the subway** 지하철에서 ▶on을 사용하면 '움직이고 있는 지하철 안에서'란 의미를 나타냅니다.

☐ **lost and found** 분실물 센터

☐ **old one** 예전의 것 ▶여기서 one은 앞에서 언급된 phone 종류를 받는 말이죠.

☐ **transfer** 옮기다   ☐ **contact number** 연락처 전화번호

3 택시기사 덕분에 휴대전화를 찾았다

☐ **left my phone in a cab** 내 전화기를 택시에 두고 내렸다 ▶left는 leave(두고 가다)의 과거형. leave - left - left   ☐ **pick up** (전화를) 받다   ☐ **came to where I was** 내가 있는 곳으로 왔다

☐ **with the meter on** 미터기를 켜고 ▶기계의 전원을 '켜고/끄고'는 전치사 on/off로 나타냅니다.

☐ **cab fare** 택시비

4 문자를 자주 보내 통화하는 게 어색하다

☐ **send text messages** 문자 메시지를 보내다   ☐ **more importantly** 더욱 중요한 것은

☐ **be used to + (동)명사** ~에 익숙해지다   ☐ **rarely** 거의 ~하지 않는   ☐ **awkward** 어색한, 서툰

☐ **talk on the phone** 전화 통화하다

5 충전기를 갖고 다닌다

☐ **do so many things with my phone** 내 전화로 여러 가지 일을 엄청나게 많이 한다

☐ **carry around** 가지고 다니다, 휴대하고 다니다   ☐ **charger** 충전기

☐ **battery dies** 배터리가 나가다, 배터리가 닳다

6 수업 중에 스마트폰을 꺼 놓는다

☐ **rang** 전화벨이 울렸다 (ring의 과거형) ▶ring - rang - rung   ☐ **in the middle of class** 수업이 한창 진행 되고 있는 중에   ☐ **turn off** 끄다 (↔ turn on)   ☐ **right away** 바로, 즉시   ☐ **be embarrassed** 창피하다

☐ **during class** 수업 중에

1 혼자 밥 먹는 걸 싫어한다

☐ **eat alone** 혼자 먹다, 혼밥하다　☐ **have no one to eat with** 같이 밥 먹을 사람이 없다　▶to eat with가 no one을 꾸며 줍니다.　☐ **skip the meal** 식사를 거르다　☐ **instead** 대신　☐ **take classes** 수업을 듣다
☐ **by oneself** 혼자서　☐ **semester** 학기

2 밥 먹을 때는 소리 안 내고 조용히!

☐ **with one's mouth open** 입을 벌린 채　☐ **noisy** 시끄러운　☐ **bother** 신경을 거스르다, 짜증 나게 하다
☐ **furthermore** 게다가　☐ **spatter** 튀다

3 반찬을 사 먹는다

☐ **side dish** 반찬　☐ **have time to cook** 요리할 시간이 있다　☐ **not ~ anymore** 더 이상 ~ 않다
☐ **on my way home** 집으로 오는 길에　☐ **from work** 직장에서　☐ **taste + 형용사** (어떤) 맛이 나다
☐ **pretty good** 상당히 좋은　▶여기서 pretty는 '예쁜'이란 형용사가 아니라 '상당히'란 의미의 부사죠.

4 이제는 젓가락질이 능숙하다

☐ **be bad at -ing** ~을 잘 못하다, ~하는 데 서툴다
☐ **chopsticks** 젓가락　▶젓가락도 가위(scissors)처럼 한 쪽만 있으면 쓸모가 없는 것이기 때문에 항상 -s를 붙여서 chopsticks라고 하죠.
☐ **be able to do** ~할 수 있다
☐ **be good at -ing** ~을 잘 하다, ~하는 데 익숙하다

5 밥상 앞에서 기지개는 No!

☐ **have lunch with** ~와 점심을 먹다　☐ **the other day** 일전에
☐ **the night before** 그 전날 밤　☐ **stretch** 기지개를 켜다　☐ **rude** 무례한
☐ **It is rude to do** ~하는 것은 무례한 일이다

6 밤 10시는 아빠의 야식 시간

☐ **come home from work** 퇴근하여 집에 오다
☐ **right away** 금방, 바로　▶앞의 말에 이어 퇴근하자마자 '바로'란 의미로 요렇게 간단히 right away만 언급하면 되죠.
☐ **eat snacks** 간식을 먹다　▶여기서는 밤에(at night) 먹는 걸 말하니까, 결국 '야식을 먹다'는 의미로 쓰인 거죠.
☐ **gain 5 kg** 5킬로가 찌다　▶kg이라고 쓰고 [kíləgræmz]라고 복수형으로 발음합니다.

1 시간이 안 맞아 약속도 못 잡는다

☐ **plan to do** ~할 계획이다   ☐ **have dinner together** 저녁식사를 함께 하다   ☐ **set a time** 시간을 정하다   ☐ **work** 효과가 있다, 좋다   ☐ **set a time that works for both of us** 우리 두 사람한테 다 맞는 시간을 정하다 ▶that은 관계대명사 주격으로, that 이하가 time을 꾸며 주죠.

2 몸이 안 좋아 약속을 취소했다

☐ **all day** 온종일   ☐ **go bad** 상하다   ☐ **season** 양념하다   ☐ **tell** 알아차리다, 분간하다   ☐ **cancel on A** A와의 약속을 취소하다   ☐ **rest** 쉬다

3 약속이 동시에 잡혀 고민이다

☐ **accidentally** 뜻하지 않게, 예기치 않게   ☐ **double-book** 이중으로 약속을 잡다   ☐ **let A down** A를 실망시키다   ☐ **what to do** 무엇을 할지, 해야 할 것   ☐ **don't know what to do** 어떻게 해야 할지 모른다

4 약속 시간을 늘 어기는 친구

☐ **be on time** 늦지 않다, 제시간에 오다   ☐ **show up** 나타나다   ☐ **from now on** 이제부터

5 약속을 꼭 적어 둔다

☐ **write down** 적어 두다   ☐ **make a plan** 계획을 하다, 약속을 하다   ☐ **plans that I've made** 내가 짠 계획들, 내가 잡은 약속들 ▶that은 관계대명사 목적격으로, that 이하가 plans를 꾸며 주죠.   ☐ **forget things** 잘 잊어버리다, 건망증이 있다   ☐ **memo function** 메모 기능   ☐ **set an alarm for** ~에 맞춰 알람을 설정하다

6 약속을 깜박해 친구를 바람 맞혔다

☐ **totally** 완전히   ☐ **my phone was dead** 내 휴대전화가 꺼져 있었다   ☐ **stand up** ~를 바람맞히다   ☐ **even though I didn't mean to** 일부러 그러려고 한 것은 아니었지만 ▶여기서는 mean to 다음에 stand her up이 생략되어 있는 거죠.   ☐ **feel sorry for A** A에게 미안해하다   ☐ **mad** 화난   ☐ **scared** 무서운, 두려운

1 스팸 메일로 착각해 중요한 메일을 지워버렸다

☐ **recently** 최근에   ☐ **spam mail** 스팸 메일   ☐ **loan service** 대출업체   ☐ **adult website** 성인 사이트   ☐ **delete** 삭제하다   ☐ **email from my boss** 내 상사에게서 온 메일

2 파일 첨부를 깜박했다

☐ **itinerary** 일정 ☐ **business trip** 출장 ☐ **emailed him** 그(상사)에게 이메일을 보냈다 ▶여기서 email은 타동사로 쓰인 것이죠. email은 명사로도 동사로도 모두 쓰입니다. ☐ **attach** 첨부하다

☐ **get yelled at** 크게 한 소리 듣다

3 대용량 파일 첨부에 시간이 오래 걸렸다

☐ **the Power Point slides that I used for my presentation** 내가 발표할 때 사용한 파워포인트 슬라이드 ▶that은 관계대명사 목적격으로, that 이하는 the Power Point slides를 수식해 주죠.

☐ **large file** 대용량 파일

4 다른 용도의 이메일 계정이 두 개 있다

☐ **account** 계정 ☐ **including A** A를 포함한 ☐ **get coupons** 쿠폰을 받다

☐ **announcement** 공지 ☐ **keep in touch with A** A와 연락하고 지내다

5 아이디와 비밀번호를 잊어버렸다

☐ **have a job interview** 취업 면접을 보다 ☐ **they** 내가 취업 면접을 본 그 회사를 가리키는 대명사로 쓰인 것입니다. ☐ **result** 결과 ☐ **password** 암호, 비밀번호

6 장문의 메일이 날아가 버렸다

☐ **about three pages long** 대략 세 페이지 분량 ▶about은 '약, 대략'이란 뜻으로도 자주 쓰입니다. 이 경우 about 뒤에는 숫자를 쓰죠.

☐ **the power went out** 전기가 나갔다 ▶여기서 power는 '전기, 전력'이란 의미입니다.

☐ **literally** 문자 그대로 ☐ **freak** 기겁을 하다

| **DAY 16** | **지하철**   p.86

1 승강장에서 본 무례한 남자

☐ **wait in line** 줄 서서 기다리다 ☐ **get on the subway** 지하철에 타다 ☐ **platform** 승강장

☐ **rush** 달려들다 ☐ **get off** 내리다 ☐ **rude** 무례한

2 환승역에서 갈아탔다

☐ **line** (지하철) 호선 ☐ **take subway line 2** 2호선을 타다 ☐ **transfer to line 3** 3호선으로 환승하다

☐ **transfer station** 환승역 ☐ **about 5 stops away** 다섯 정거장쯤 떨어진

3 반대 방향 지하철을 탔다

☐ **remember being nervous** 긴장했던 기억이 난다 ▶remember -ing는 '과거에 했던 일을 기억해낸다'는 뜻이고, remember to do는 '앞으로 무슨 일을 해야 된다는 것을 기억한다'는 뜻입니다.

☐ **go in the opposite direction** 반대 방향으로 가다

4 잃어버린 가방을 분실물 센터에서 찾았다

☐ **leave something behind** 무엇을 두고 떠나다, 내리다

☐ **lost and found department** 분실물 센터 ☐ **right away** 곧바로 ☐ **yet** (부정문에서) 아직

5 졸다가 내릴 역을 지나쳤다

☐ **stay up** 깨어 있다 ☐ **on my way to school** 학교에 가는 길에 ☐ **doze off** 꾸벅꾸벅 졸다

☐ **miss my stop** 내가 내려야 할 정거장을 지나치다 ☐ **wake up** 잠에서 깨다 ▶wake - woke - woken

6 지하철에서 내리지 못했다

☐ **packed** (사람이) 꽉 찬 ☐ **take the bus to work** 버스를 타고 출근하다

☐ **get off at one's stop** 자신이 내려야 할 정류장에서 내리다

---

1 항상 세트 메뉴를 시킨다

☐ **order** 주문하다 ☐ **combo meal** 세트 메뉴 ☐ **Coke** 코카콜라 ☐ **French fries** 감자튀김

2 직원이 마이크에다 주문 내용을 반복해 말한다

☐ **worker** 점원, 직원 ☐ **repeat** 반복하다 ☐ **so that S + can** ~할 수 있도록

☐ **kitchen staff** 주방 직원들 ☐ **try -ing** ~해보다

3 콜라를 리필해준다

☐ **give free soft drink refills** 무료로 소다 음료를 리필해 주다 ☐ **share** 나눠 마시다

4 5분 늦는 바람에 할인 메뉴를 못 먹었다

☐ **offer** 제공하다 ☐ **at 50% off** 50퍼센트 할인된 가격에 ☐ **5 minutes past 2** 2시 5분

☐ **available** 이용할 수 있는 ☐ **at that time** 그 시간에는 ☐ **be disappointed** 실망하다

5 패스트푸드는 뒤처리가 간편하다

☐ **feel like cooking** 요리할 기분이 들다, 요리하고 싶다   ☐ **pick up some food there** 그곳에서 포장된 음식을 들고 오다   ☐ **the good thing about** ~을 하면 좋은 점[장점]   ☐ **clean up** 치우다, 청소하다
☐ **trash** 쓰레기   ☐ **bag** 봉지   ☐ **throw away** 버리다

6 친구랑 빅맥을 나눠 먹었다

☐ **the other day** 일전에   ☐ **be on a diet** 다이어트 중이다   ☐ **cut A into four pieces** A를 네 조각으로 자르다   ☐ **eat two pieces each** 각자 두 조각씩 먹다

| DAY 18 | 온라인 커뮤니티(카페)
p.94

1 카페를 열고 운영자가 되었다

☐ **bike** 자전거를 타다   ☐ **share information on A with B** A에 관한 정보를 B와 나누다   ☐ **biker** 자전거를 타는 사람   ☐ **look up** 찾아보다, 검색하다   ☐ **have good computer skills** 컴퓨터를 잘 다루다
☐ **make an online bike club** 온라인 자전거 동호회를 만들다

2 카페 분위기가 살벌해 탈퇴하기로 했다

☐ **online discussion club** 온라인 토론 동호회   ☐ **topic** 주제   ☐ **for the first time** 처음으로
☐ **aggressive** 공격적인   ☐ **drop out of A** A에서 탈퇴하다

3 카페에 질문을 올리자 10명이 답을 올려줬다

☐ **book club** 독서모임   ☐ **once a week** 일주일에 한 번   ☐ **share our feelings and thoughts about** ~에 관한 느낌과 생각을 공유하다   ☐ **post** 올리다, 게시하다

4 남동생의 축구 카페는 회원 수가 10만 명 이상

☐ **soccer** 축구 ▶전 세계적으로 '축구'는 football이라고 하지만, 미국에서만 soccer라고 합니다. 미국에서 football은 '미식축구'를 가리키죠.   ☐ **put up** 올리다, 게시하다   ☐ **video clip** 동영상 클립

5 카페에서 할인 이벤트를 하고 있다

☐ **brand-new** 새로 생긴   ☐ **ESL** 제2언어로서의 영어 (English as a Second Language)
☐ **academy** 학원   ☐ **hold an event** 행사를 벌이다   ☐ **offer a discount** 할인을 해주다
☐ **sign up for** ~에 등록하다   ☐ **tuition fee** 수강료

6 카페 가입이 복잡해서 결국 포기했다

☐ **get a discount** 할인을 받다　☐ **sign up** 등록하다, 가입하다　☐ **step** 단계, 절차　☐ **follow** 따르다

☐ **confusing** 헷갈리는　☐ **tried it twice** 가입하려고 두 번이나 해보았다　☐ **give up** 포기하다

7 등업하려면 게시물을 10회 올려야 한다

☐ **post** 게시물　▶post는 동사뿐 아니라 명사로도 쓰입니다.

☐ **out of A** A 중에서　☐ **3 category posts out of 10** 열 카테고리 중에서 세 카테고리 게시물들

☐ **the rest of A** A의 나머지　☐ **member status** 회원 등급　☐ **upgrade** 업그레이드 시키다

8 독선적이던 회원이 강퇴 당했다

☐ **constantly** 끊임없이　☐ **raise one's voice** 목소리를 높이다

☐ **have strong opinions** 주장이 강하다　☐ **agree with A** A에 동의하다

☐ **curse at A** A에게 욕을 하다　☐ **kick A out of B** A를 B에서 쫓아내다

| DAY 19 | 편의점　p.100

1 과자, 음료수, 세면도구, 문구, 즉석 식품을 판다

☐ **look around** 둘러보다　☐ **convenience store** 편의점　▶편의점은 convenient store가 아니라 convenience store라고 합니다.　☐ **mainly** 주로　☐ **toiletries** 세면도구

☐ **stationery** 문구류　▶집합명사이기 때문에 stationeries라고는 하지 않습니다.

2 생수를 사러 편의점에 간다

☐ **tap water** 수돗물　☐ **boil** 끓이다　☐ **bottled water** 병에 담긴 생수

☐ **on my way back home** (직장이나 학교 등에서) 집으로 돌아가는 길에　☐ **water purifier** 정수기

3 편의점이 비싸기는 하지만 이해한다

☐ **charge** 부과하다, 값을 매기다　☐ **ordinary grocery store** 일반 식료품점

☐ **right in front of my house** 바로 우리 집 앞에　☐ **rarely go to + 장소** ~에는 거의 가지 않는다

4 편의점 택배 서비스가 싸고 편리하다

☐ **courier service** 택배 서비스　☐ **package** 소포, 물품　☐ **per package** 물품 하나 당

☐ **charge you 5,000 won per package** 물품 하나 당 당신에게 5천원을 부과한다　▶〈charge + 간접목적어(you) + 직접목적어(5,000 won per package)〉의 패턴이죠. 단순하게 〈charge someone + 금액〉으로 익혀두면 활용하기 좋아요.

5 편의점이 너무 많이 있다

☐ **way too** 너무 ▶way는 뒤의 부사를 강조하는 부사 '훨씬, 너무'라는 뜻으로도 잘 쓰인다는 사실, 꼭 기억해 두세요!
☐ **on almost every corner** 거의 모든 모퉁이에   ☐ **in my neighborhood** 우리 동네에(서)

6 편의점엔 대개 현금인출기가 있다

☐ **ATM** 현금 자동입출금기 (Automated Teller Machine의 축약어)   ☐ **fee** 수수료   ☐ **withdraw** 인출하다
☐ **insane** 미친, 정상이 아닌   ☐ **make sure** 확인하다, 확실히 하다

7 편의점 앞의 탁자에서 맥주를 마신다

☐ **weather** 날씨 ▶climate(기후)는 장기간에 걸친 평균적인 날씨를 뜻하죠.
☐ **have some beers** 맥주를 마시다

8 편의점에서 주먹밥과 컵라면을 자주 사 먹는다

☐ **live alone** 혼자 산다 ▶alone은 단순히 '혼자'라는 뜻이지, '외롭다'는 어감은 포함되어 있지 않습니다. '외롭다'는 의
미를 전달하는 형용사는 lonely이죠.   ☐ **rice ball** 주먹밥   ☐ **instant cup noodles** 컵라면
☐ **taste good** 맛이 좋다

---

1 봄에는 꽃가루 알레르기로 고생한다

☐ **be allergic to A** A에 알레르기가 있다   ☐ **pollen** 꽃가루   ☐ **have a runny nose** 콧물이 나다
☐ **have itchy eyes** 눈이 가렵다   ☐ **do a presentation** 발표하다   ☐ **be embarrassed** 창피하다
☐ **can't stand spring** 봄을 참을 수 없다 ▶여기서 stand는 '~을 참다, 견디다'의 뜻이죠.

2 여름에 땀띠로 고생한다

☐ **sweat** 땀을 흘리다   ☐ **suffer from A** A로 고생하다   ☐ **heat rash** 땀띠   ☐ **itchy** 가려운
☐ **make fun of A** A를 놀리다   ☐ **prefer A to B** B보다 A를 더 좋아하다

3 겨울에 눈 치우느라 고생했다

☐ **be in the army** 군대(육군)에 복무하다   ☐ **shovel up** 삽으로 뜨다   ☐ **whenever** ~할 때마다
☐ **one time** 한번은   ☐ **all day long** 온종일   ☐ **be exhausted** 기진맥진하다

4 겨울에 추위를 많이 탄다

☐ **feel the cold** 추위를 타다   ☐ **hate** 싫어하다   ☐ **school uniform** 교복   ☐ **cool** 멋진   ☐ **at the
same time** 동시에   ☐ **regularly** 규칙적으로   ☐ **work out** 운동하다   ☐ **gym** 헬스장, 헬스클럽

5 가을에는 단풍 구경을 간다

☐ **fall** 가을 ▶영국에서는 '가을'을 주로 autumn이라고 하며, fall은 미국에서 사용하죠.

☐ **enjoy the fall leaves** 단풍을 즐기다

☐ **plan on -ing** ~할 계획이다

6 봄, 가을이 점점 짧아지는 듯하다

☐ **tend to do** ~하는 경향이 있다   ☐ **get shorter** 짧아지다   ☐ **be over** 끝나다

☐ **degree** (기온의) 도 ▶86 degrees는 '화씨 86도'를 의미합니다. 영어권에서는 보통 화씨(Fahrenheit)를 쓰기 때문에 굳이 Fahrenheit[fǽrənhàit]를 언급하지는 않죠. 화씨 86도는 섭씨(Celsius)로는 대략 30도 정도입니다. 참고로 Celsius의 발음은 [sélsiəs]입니다.   ☐ **outside** 바깥에서

7 여름에 해가 길어 야외 활동하기 좋다

☐ **daytime** 낮   ☐ **outdoor activities** 야외 활동   ☐ **play soccer** 축구를 하다

☐ **every other day** 하루 걸러   ☐ **paly baseball** 야구를 하다

8 여름에 모기 때문에 잠을 못 잔다

☐ **mosquito** 모기   ☐ **get bitten** 물리다 ▶bitten은 bite(물다)의 과거분사형. bite - bit - bitten

☐ **get out of A** A 밖으로 나오다   ☐ **tired** 피곤한

9 겨울에는 로션을 꼭 바른다

☐ **get dry** 건조해지다   ☐ **put on** ~을 바르다   ☐ **moisturizing lotion** 보습 로션

☐ **sleep in** 늦잠을 자다 ▶좀 늦게까지 자야겠다고 맘먹고 잤다는 뉘앙스가 깔려 있습니다.

☐ **literally** 말 그대로, 문자 그대로   ☐ **apply** ~을 바르다   ☐ **have no choice** 별 도리가 없다

---

1 공원에서 산책한다

☐ **take a walk** 산책하다   ☐ **refresh** 상쾌하게 하다   ☐ **mind and body** 심신(心身), 몸과 마음

☐ **have a cup of coffee** 커피 한 잔을 마시다   ☐ **of the day** 하루 중

2 공원 식수대 물은 안 마신다

☐ **jog** 조깅하다   ☐ **get thirsty** 목이 마르게 되다   ☐ **water fountain** 식수대

☐ **worry about -ing** ~할까 봐 걱정되다   ☐ **get sick** 아프다, 병에 걸리다

---

3 공원에서 가족들과 시간을 보냈다

☐ **mat** 돗자리, 매트   ☐ **sat on the grass with a mat** 풀밭에 돗자리를 깔고 앉았다

☐ **on my phone** 내 휴대전화로   ☐ **have a wonderful time** 멋진[아주 즐거운] 시간을 보내다

4 공원 벤치에 앉아 커피를 마셨다

☐ **relaxing** 마음을 느긋하게 해주는   ☐ **about an hour** 대략 한 시간   ☐ **go back home** 집에 돌아가다

☐ **four or five hours a day** 하루에 네다섯 시간

5 공원에서 새에게 먹이를 줬다

☐ **feed** 먹이를 주다, 먹이다 ▶feed - fed - fed   ☐ **flock** (새 등의) 떼, 무리

☐ **came to where I was** 내가 있는 곳으로 왔다   ☐ **nervous** 불안한, 초조한

6 공원에서 자전거를 대여해 탔다

☐ **ride a bike** 자전거를 타다   ☐ **rent** 대여하다, 빌리다   ☐ **rest** 쉬다

☐ **have a conversation** 대화를 나누다

7 공원에서 미아 찾기 방송이 나왔다

☐ **twice a week** 일주일에 두 번   ☐ **be lost** 길을 잃다   ☐ **in front of A** A 앞에서

☐ **take A to B** A를 B로 데려가다   ☐ **make an announcement** 방송을 하다

☐ **locate** ~의 위치를 찾아내다   ☐ **show up** 나타나다   ☐ **meaningful** 뜻깊은, 의미 있는

8 공원에 볼거리가 많다

☐ **neighborhood** 동네   ☐ **garden** 정원   ☐ **statue** 조각상   ☐ **pond** 연못

☐ **a nice place to spend time** 시간을 보내기에 좋은 곳

9 공원에 놀이터가 있다

☐ **playground** 놀이터   ☐ **slide** 미끄럼틀   ☐ **swings** 그네   ☐ **jungle gym** 정글짐

☐ **be crowded with** ~로 북적이다   ☐ **all the time** 항상

---

1 틀린 일기예보 때문에 비를 맞았다

☐ **be supposed to do** ~하기로 되어 있다   ☐ **in the middle of the day** 한낮에, 대낮에

☐ **get wet** 젖다   ☐ **weather forecast** 일기예보   ☐ **carry around** 들고 다니다

---

2 심한 안개로 사고가 날 뻔했다

☐ **foggy** 안개가 낀 ☐ **almost got in an accident** 사고가 날 뻔했다 ▶〈almost + 과거 동사〉는 '~할 뻔했다'는 의미이죠. ☐ **have a hard time -ing** ~하느라 힘들다 ☐ **drive to work** (운전해서) 차로 출근하다

3 축구 경기를 보다 더위 먹었다

☐ **go to see a soccer game** 축구 경기를 보러 가다 ☐ **sit outside** 실외에서 앉다
☐ **get sick from the heat** 더위를 먹다 ☐ **in the middle of ~** (한창) ~ 중에

4 황사 때문에 마스크도 쓰고 택시도 탔다

☐ **yellow dust** 황사 ☐ **hit** 덮치다, 강타하다 ▶hit - hit - hit ☐ **put a mask on** 마스크를 쓰다
☐ **go out** 외출하다 ☐ **A is far from B** A는 B에서 멀다 ☐ **take a cab** 택시를 타다
☐ **carpool** 카풀하다

5 최근에 일교차가 심하다

☐ **temperature range** 일교차 ☐ **wide temperature range** 심한 일교차 ☐ **chilly** 쌀쌀한
☐ **catch a cold** 감기에 걸리다 ▶catch - caught - caught

6 우박으로 할머니의 비닐하우스가 망가졌다

☐ **vinyl greenhouse** 비닐하우스 ▶vinyl의 발음은 [váinl]입니다. 주의하세요.
☐ **collapse** 무너지다, 붕괴하다 ☐ **hail** 우박 ☐ **tough** 힘든
☐ **take a long time** 시간이 오래 걸린다 ☐ **material** 자재, 재질

7 눈 때문에 회사에 지각까지 했다

☐ **snow** 눈이 내리다 ☐ **be covered in A** A로 덮이다 ☐ **be late for A** A에 늦다, 지각하다
☐ **subway station** 지하철역

8 도로가 침수돼 학교에 안 갔다

☐ **heavy rain** 폭우 ☐ **flood** 물에 잠기게 하다 ☐ **talk on the phone** 전화 통화하다

9 날씨에 따라 기분이 좌우된다

☐ **feel energized** 에너지가 충만함을 느끼다, 힘이 나다
☐ **be tempted to do** ~하고 싶은 충동이 일다
☐ **get depressed** 우울해지다
☐ **affect** 영향을 미치다

1 친구가 마이크를 놓지 않았다

☐ **release stress** 스트레스를 풀다   ☐ **singing room** 노래방
☐ **wouldn't stop** (과거에) 멈추려고 하지 않았다   ☐ **enjoyable** 즐거운

2 방음이 안 좋아 옆방 소리가 다 들렸다

☐ **soundproof facilities** 방음 시설   ☐ **the next room** 옆방   ☐ **bothersome** 신경에 거슬리는

3 기분이 우울할 때는 노래방에 간다

☐ **depressed** 우울한   ☐ **sing loud** 큰 소리로 노래 부르다
☐ **my voice was gone** 내 목소리가 잠겼다 ▶우리말에도 '목소리가 (맛이) 갔다'는 표현이 있듯 영어에도 똑같은 표현이 있네요.

4 노래방에서 춤추고 탬버린을 치며 논다

☐ **get excited** 흥분되다   ☐ **play the tambourine** 탬버린을 치다   ☐ **shake** 흔들다
☐ **make someone laugh** 누구를 웃게 만들다

5 친구가 노래 부를 때 꺼버렸다

☐ **frustrating** 짜증 나게 하는   ☐ **couldn't stand it anymore** 더 이상 참을 수 없었다
☐ **turn off** 끄다   ☐ **feel sorry for someone** ~에게 미안한 마음이 들다

6 단골 노래방 주인이 보너스 시간을 줬다

☐ **once a week** 일주일에 한 번   ☐ **quite often** 상당히 자주   ☐ **owner** 주인
☐ **for free** 무료로   ☐ **as a bonus** 보너스로

7 화장실에 다녀오다 다른 방에 들어갔다

☐ **come back from the restroom** 화장실에 다녀오다   ☐ **get confused** 헷갈리다
☐ **go into the wrong room** 다른 방으로 잘못 들어가다   ☐ **be embarrassed** 창피하다, 당황하다

8 내가 노래하는데 아무도 집중 안 했다

☐ **rude** 무례한
☐ **turn up the volume** 음량을 높이다 (↔ turn down the volume)
☐ **microphone** 마이크

9 시간이 다 돼 시간을 추가했다

☐ **run out of time** 시간이 다 되다   ☐ **pay extra** 돈을 더 내다

☐ **add another hour** 한 시간을 더 추가하다

10 노래방에서 술에 취해 잠들었다

☐ **have fun** 재미있게 놀다, 재미있게 보내다 ▶'아주 재미있게 놀다'라고 말하고 싶으면 have a lot of fun이라고 하면 됩니다.   ☐ **get drunk** 술에 취하다   ☐ **fall asleep** 잠들다

| DAY 24 | 수면   p.130

1 할머니께서 불면증으로 고생하신다

☐ **suffer from + 병(증)** ~로 고생하다   ☐ **insomnia** 불면증   ☐ **badly** 심하게, 몹시

☐ **sleeping pill** 수면제   ☐ **go to sleep** 잠이 들다

2 자다가 밤중에 꼭 깬다

☐ **wake up** 잠이 깨다   ☐ **at least twice** 적어도 두 번 ▶at least는 '최소한, 적어도'라는 의미로, 알아두면 소소하게 써먹을 데가 많습니다.   ☐ **fall back to sleep** 다시 잠이 들다

☐ **take sleeping pills** 수면제를 복용하다 ▶약을 '복용하다'고 할 때도 동사 take가 쓰인다는 점, 꼭 알아두세요!

☐ **through the night** 밤에 죽

3 게임 하느라 네 시간밖에 못 잤다

☐ **fall asleep** 잠이 들다   ☐ **during class** 수업 중에   ☐ **actually** 실은, 사실은

☐ **as soon as possible** 가능한 한 빨리 ▶줄여서 ASAP라고 말하는 바로 그 표현입니다.

4 알람 소리에도 못 일어난다

☐ **fall into a deep sleep** 숙면하다   ☐ **once** 일단 ~하면 ▶once는 '한 번', '한때'라는 부사뿐 아니라 '일단 ~하면, 한 번 ~하면'이라는 의미의 접속사로도 쓰입니다. 접속사로 쓸 경우엔 뒤에 문장을 말해야 하죠.

☐ **set alarms** 알람을 맞추다   ☐ **go to bed** 잠자리에 들다   ☐ **go off** (알람이) 울리다

5 자면서 이를 간다

☐ **grind one's teeth** 이를 갈다   ☐ **not only A but also B** A뿐만 아니라 B도 역시

☐ **cause** 유발하다   ☐ **damage** 손상   ☐ **disturb** 방해하다

☐ **I'm thinking of -ing** ~할까 생각 중이다   ☐ **go to a dentist** 치과에 가다

6 남동생이 코를 끌어 잠이 못 들 정도다

☐ **snore** 코를 골다   ☐ **It is so + 형용사 + that I can't ~** 너무 …해서 난 ~할 수 없다   ☐ **see a doctor**
병원에 가다 ▶see a doctor는 '의사를 만나다', 즉 '병원에 가다, 진료를 받다'는 의미이죠. go see a doctor는 '의사를
만나러 가다'라는 맥락에서 '병원에 가다, 진료를 받으러 가다'라는 의미입니다. 정석대로라면 go to see a doctor라고 해
야겠지만, go가 현재형으로 쓰일 때는 to를 생략하고 바로 뒤에 동사원형을 말해 주는 경우가 많습니다.

☐ **tell someone to do** 누구에게 ~하라고 (말)하다   ☐ **ridiculous** 웃기는, 어리석은

7 어렸을 때는 잠꼬대를 했다

☐ **talk in one's sleep** 잠꼬대를 하다   ☐ **what I said** 내가 한 말
☐ **as I grew up** 내가 다 크면서 ▶grow up은 '다 자라다, (다 커서) 어른이 되다'는 의미입니다.

8 어렸을 때 자다가 오줌을 쌌다

☐ **kid** 어린아이   ☐ **wet the bed** 침대에 오줌을 싸다, 잠결에 오줌을 싸다 ▶wet은 '젖은'이란 뜻의 형용사뿐 아니라,
'~을 적시다', '~에 오줌을 싸다'는 의미의 동사로도 쓰입니다.   ☐ **feel embarrassed** 창피한 느낌이 들다

9 예민해서 누가 옆에 있으면 잠을 못 잔다

☐ **sleep alone** 혼자 잠자다   ☐ **light sleeper** 잠귀가 밝은 사람   ☐ **toss and turn** 뒤척이다
☐ **get married** 결혼하다   ☐ **share a bed with A** A와 침대를 같이 사용하다, A와 같이 자다

10 최소한 10시간은 자야 한다

☐ **unless** ~하지 않으면   ☐ **at least** 적어도   ☐ **10 hours of sleep** 10시간의 수면
☐ **pretty sure** 상당히 확실한   ☐ **function** 기능을 하다 ▶function은 명사뿐 아니라 동사로도 쓰입니다.

| DAY 25 | 술   p.136

1 술을 엄청 마셔댄다

☐ **drink like a fish** 물고기처럼 술을 마신다, 즉 '술고래이다'   ☐ **three bottles of soju** 소주 세 병
☐ **The funny thing is that S + V** 웃기는 것은 ~라는 것이다   ☐ **see each other** 서로 만나다
☐ **almost every day** 거의 매일

2 술 먹고 필름이 끊겼다

☐ **black out** 필름이 끊기다   ☐ **literally** 말 그대로, 글자 그대로   ☐ **how I got home** 내가 어떻게 집에 왔는
지 ▶⟨get to + 장소명사⟩와 ⟨get + 장소부사⟩는 '그 장소에 도달하다'라는 의미입니다.   ☐ **stupid** 바보 같은, 어리석은
☐ **stop drinking** 금주하다 ▶'금연하다' stop smoking도 세트로 함께 알아두세요.

3 취하면 술값을 내는 버릇이 있다

☐ **bad habit** 나쁜 버릇 ☐ **get drunk** 취하다 ☐ **pay for the drinks** 술값을 내다
☐ **regret** 후회하다

4 술을 많이 마시고 길에 토했다

☐ **skip** 건너뛰다 ☐ **feel sick** 속이 메슥거리다 ☐ **throw up** 토하다

5 절대 섞어 마시지 않는다

☐ **can't stand** ~을 견딜 수 없다 ☐ **hangover** 숙취 ☐ **since then** 그 이후로는

6 유독 막걸리에는 약하다

☐ **get drunk** 술에 취하다 ☐ **Korean rice wine** 막걸리 ☐ **I don't know why** 나는 그 이유는 모른다
☐ **get me drunk** 나를 술에 취하게 한다

7 술 마실 때는 차를 안 갖고 간다

☐ **call someone to drive for me** 나 대신 운전하도록 누구를 부르다
☐ **spend my money on -ing** ~하는 데에 내 돈을 쓰다
☐ **have somebody drive for me** 누군가를 나 대신 운전하도록 시키다
☐ **leave** 놔두다

8 고교 동창회에서 밤새 술을 마셨다

☐ **high school reunion** 고등학교 동창회 ☐ **be so glad to do** ~하게 되어 너무 기쁘다
☐ **see each other** 서로 보다[만나다] ☐ **after all these years** 이렇게 오랜 세월이 흐른 뒤에

9 술 마신 다음 날 해장국으로 해장했다

☐ **have a really bad hangover** 숙취가 몹시 심하다 ▶기본 표현인 have a hangover(숙취가 있다)에서 '숙취가 심하다'라고 하려면 hangover 앞에 bad를 넣어 have a bad hangover라고 하세요. 몹시 심하다고 더 강하게 표현하고 싶다면 bad를 강조하는 really를 앞에 하나 더 붙여주면 되죠.
☐ **meet up with** ~와 만나다 ▶meet with와 같은 말인데, 미국인들은 meet with보다 meet up with를 많이 쓰는 경향이 있습니다.
☐ **go straight to** ~로 직행하다 ☐ **relieve the hangover** 숙취를 해소하다

10 조금만 마셔도 얼굴이 빨개진다

☐ **turn red** 빨갛게 변하다 ☐ **even** 심지어 ☐ **a little** 조금 ☐ **get red** 빨갛게 되다
☐ **ask if S + V** ~인지 아닌지 묻다 ▶접속사 if는 '~인지 (아닌지)'라는 의미로도 쓰입니다.

1 영화 보다 울었다

☐ **cry one's eyes out** 눈이 퉁퉁 붓게 울다   ☐ **embarrass** 창피하게 만들다
☐ **cold-hearted** 냉담한, 인정 없는

2 영화평을 보고 골랐다 실망했다

☐ **pick** 고르다   ☐ **review** 평, 후기   ☐ **disappointing** 실망스러운
☐ **pick movies by reviews** 평을 보고 영화를 고르다

3 자막을 보느라 영화를 제대로 못 즐겼다

☐ **at Cannes (= at the Cannes Film Festival)** 칸 영화제에서   ☐ **be busy -ing** ~하느라 바쁘다
☐ **subtitle** 자막   ☐ **main actress** 주연 여배우

4 좋아하는 영화는 계속 봐도 안 질려!

☐ **get bored** 지루해지다   ☐ **download** 내려받다   ☐ **download movies that I like** 내가 좋아하는
영화들을 내려받다 ▶that은 관계대명사 목적격으로, that 이하가 movies를 수식하죠   ☐ **over and over again**
자꾸 되풀이해서

5 영화 OST가 맘에 들어 구입했다

☐ **soundtrack** 영화 음악   ☐ **right after the movie** 영화를 본 직후에   ☐ **turn out** ~임이 밝혀지다
☐ **produce** 제작하다

6 4D 영화관밖에 없었다

☐ **come out** (영화가) 나오다   ☐ **theater** 극장 ▶영화를 상영하는 극장도, 연극이나 뮤지컬을 공연하는 극장도 모두
theater입니다.   ☐ **screen** 스크린, 은막   ☐ **left** 남은   ☐ **instead** 대신 ▶이런저런 이유로 'A를 하지 않고 대신'
B를 하는 상황이 발생했을 때 여기서처럼 instead 한 마디면 다 해결됩니다. 여기서는 '영화를 보지 않고 대신[그냥]'이란
의미가 instead 안에 담겨 있죠.

7 영화를 보고 나니 첫사랑이 생각났다

☐ **touching** 감동적인   ☐ **remind A of B** A에게 B를 떠오르게 하다
☐ **can't stop -ing** ~하지 않을 수 없다, ~하는 것을 그만두지 못하다

8 영화가 너무 잔인해서 중간에 나왔다

☐ **cruel** 잔인한   ☐ **scene** 장면   ☐ **couldn't stand it** 그것을 참을 수 없었다 ▶'그 영화를 참고 볼 수가 없었
다'는 의미로, 앞에서 언급한 that movie를 it으로 받아서 말하면 됩니다.

☐ **put A in a bad mood** A를 우울하게 만들다

9 앞 사람 키가 너무 컸다

☐ **distracting** 집중을 방해하는   ☐ **even** (비교급 앞에서) 훨씬   ☐ **switch** 바꾸다

10 영화보다 꾸벅꾸벅 졸았다

☐ **take someone to do** 누구를 데리고 ~하러 가다   ☐ **documentary film** 다큐멘터리 영화, 기록 영화
☐ **boring** 지루한   ☐ **doze off** 꾸벅꾸벅 졸다

| DAY 27 | 외식   p.148

1 음식에서 머리카락을 발견했다

☐ **gross** 역겨운   ☐ **complain** 불평하다, 항의하다   ☐ **dish** 요리, 음식
☐ **pay for it** 그것에 대한 가격을 지불하다

2 맛은 좋은데 오래 기다려야 하는 이탈리아 식당

☐ **Italian restaurant** 이탈리아 식당   ☐ **have good food** (식당의) 음식이 맛있다

3 저렴하고 양 많은 우리 집 옆의 식당

☐ **fancy** 세련된, 고급스러운   ☐ **not ~ at all** 전혀 ~ 아니다   ☐ **either** (부정문에서) 역시
☐ **come out** (음식이) 나오다   ☐ **huge** 거대한, 큰   ☐ **by myself** 나 혼자

4 친절한 식당 직원들에게는 팁도 안 아깝다

☐ **Japanese restaurant** 일식집   ☐ **treat** 대하다, 다루다   ☐ **customer** 고객   ☐ **deserve** ~할 만하다

5 반찬과 물은 셀프!

☐ **get someone's order** 누구의 주문을 받다   ☐ **side dish** 반찬
☐ **go get something** 가서 무엇을 갖고 오다, 무엇을 가지러 가다 ▶go and get something(가서 무엇을 갖고
오다), go to get something(무엇을 가지러 가다)이라고 해야 할 것 같지만, 동사 go의 경우 and나 to는 빼고 바로 동사
원형을 말하는 경우가 많습니다. 단, 현재형으로 쓰일 때만 해당되는 사항이에요.
☐ **get annoying** 짜증이 나다   ☐ **during the meal** 식사 중에

6 주문한 것과 다른 음식이 나왔다

☐ **get someone's order wrong** 누구의 주문을 잘못 받다   ☐ **bring someone the wrong dish**
누구에게 주문한 것과는 다른 음식을 갖고 오다   ☐ **seafood** 해산물   ☐ **noodle** 국수

---

7 소문보다 별로였던 피자 가게

☐ **be famous for -ing** ~하는 것으로 유명하다 ☐ **that** 그렇게
☐ **be different from A** A와 다르다 ▸전치사 from을 쓰는 것에 주의하세요.

8 짜장면이냐, 짬뽕이냐 그것이 문제로다!

☐ **take forever** 한참 걸리다 ☐ **decide** 결정하다 ☐ **between A or B** A 또는 B 사이에서
☐ **noodles with Chinese sauce** 짜장면 ▸Chinese sauce의 모습을 구체적으로 언급해 black bean sauce noodles라고 표현해도 좋습니다. ☐ **seafood noodle soup** 짬뽕 ☐ **share** ~을 나누어 먹다

9 식당의 설탕 많은 커피는 아빠의 적!

☐ **be on a diet** 다이어트 중이다 ☐ **sweets** 단것 ☐ **quit** 끊다, 그만두다 ▸quit - quit - quit
☐ **Korean barbeque** 불고기 ☐ **The thing is that S + V** 문제는 ~라는 것이다
☐ **diner**[dáinər] 식사 손님 ☐ **be allowed to do** ~하도록 허락을 받다

---

1 배드민턴을 10년 넘게 치고 있다

☐ **badminton racquet** 배드민턴 라켓 ☐ **birthday gift** 생일 선물
☐ **taught me how to do** ~하는 법을 가르쳐 주었다 ▸teach - taught - taught
☐ **play badminton** 배드민턴을 치다 ☐ **for over 10 years** 10년 넘게

2 다쳐도 운동을 하는 운동 중독자다

☐ **be addicted to A** A에 중독되다 ☐ **moody** 우울한 ☐ **workout** 운동 ▸동사로 쓰일 때는 work out으로 띄어 쓰고, 명사로 쓰일 때는 workout으로 붙여 씁니다. ☐ **knee** 무릎 ☐ **be injured** 부상을 입다
☐ **continue to do** 계속 ~하다 ☐ **recover** 회복하다

3 운동으로 땀을 내고 나면 상쾌해진다

☐ **feel refreshed** 상쾌한 기분이 들다 ☐ **kick up the cardio** 심장 박동이 빨라지다
☐ **sweat it out** 땀을 흘려 심신의 피로를 없애다 ☐ **get soaked** 흠뻑 젖다

4 축구나 야구처럼 단체운동을 좋아한다

☐ **prefer A to B** B보다 A를 더 좋아하다 ☐ **build up teamwork** 팀워크를 기르다
☐ **get to do** ~하게 되다 ☐ **experience** 경험

5 수영을 했더니 건강해지고 성격도 바뀌었다

☐ **shy** 수줍음을 타는 ☐ **get sick** 병에 걸리다 ☐ **sign A up for B** B에 A를 등록시키다
☐ **about a year later** 약 1년 뒤에

6 엘리베이터 대신 계단으로 다니기로 했다

☐ **after work** 퇴근 후에 ☐ **by then** 그때쯤에는 벌써 ☐ **go straight home** 집으로 직행하다
☐ **take the stairs** 계단을 이용하다 ☐ **burn calories** 열량을 태우다

7 간편하게 할 수 있어서 조깅을 좋아한다

☐ **reason** 이유 ☐ **don't need to do** ~할 필요가 없다 ☐ **sportswear** 운동복
☐ **jogging outfit** 조깅복 ☐ **don't have to** 그럴 필요가 없다 ▶to 뒤에 wear가 생략되었습니다.
☐ **That's all I need** 내가 필요한 것은 그것뿐이다

8 야구 장비에 돈이 많이 들어갔다

☐ **middle school** 중학교 ☐ **join** 가입하다 ☐ **baseball team** 야구팀 ☐ **equipment** 장비
☐ **purchase** 구입하다 ☐ **cost** 값이 나가다 ▶cost – cost - cost

9 동네 공원에 운동 기구들이 있다

☐ **take a walk** 산책하다 ☐ **ride a bike** 자전거를 타다 ☐ **exercise machine** 운동 기구
☐ **whenever S + V** ~할 때마다

| DAY 29 | 운전 ❶ | p.160

1 직장상사가 사고를 당했다

☐ **be in a minor accident** 가벼운 사고를 당하다 ▶'사고를 당하다'는 표현인 be in an accident에서 확장된 표
현입니다. ☐ **on one's way to work** 출근길에 ☐ **prepare** 준비하다 ☐ **by myself** 나 혼자

2 오토매틱 차가 운전하기 더 쉽다

☐ **driver's license** 운전면허증 ☐ **stick shift car** 수동 기어 차 ☐ **hardly** 거의 ~하지 않는
☐ **be much easier to do** ~하기가 훨씬 더 쉽다

3 액셀을 계속 밟고 있느라 피곤했다

☐ **terrible** 끔찍한 ☐ **traffic** 교통 정체 ☐ **step on** ~을 밟다 ☐ **accelerator** 액셀 (가속페달)
☐ **4 straight hours** 연속 4시간

4 브레이크를 밟았다 떼었다 해서 피곤했다

☐ **worst** 최악의 ☐ **calculate** 계산하다 ☐ **distance** 거리, 간격
☐ **step on and off the brake** 브레이크를 밟았다 떼었다 하다

5 깜박이를 켜지 않고 우회전했다

☐ **turn on** 켜다 ☐ **blinker** 자동차 깜빡이 ☐ **make a right turn** 우회전하다 ☐ **go straight** 직진하다
☐ **reduce** 줄이다 ☐ **fault** 잘못

6 느리게 달린 앞차를 추월했다

☐ **take the highway** 고속도로를 타다 ☐ **passing lane** 추월 차선 ☐ **high beam** 상향등
☐ **overtake** 추월하다, 앞지르다

7 음주운전으로 차선을 왔다 갔다 했다

☐ **drive home from work** 운전을 하여 퇴근하여 집으로 오다
☐ **change lanes** 차선을 바꾸다 ☐ **take it seriously** 그것을 심각하게 받아들이다
☐ **drive drunk** 음주운전을 하다

8 와이퍼가 작동하지 않았다

☐ **windshield wiper** 자동차 앞 유리 와이퍼 ☐ **work** 작동하다 ☐ **car repair center** 자동차 정비센터

9 여동생이 운전면허 시험에 한 번에 붙었다

☐ **take a test** 시험을 치르다 ☐ **turn out** ~으로 밝혀지다, 드러나다 ☐ **written test** 필기시험
☐ **driving test** 도로 주행 시험 ☐ **be proud of A** A를 자랑스러워하다

| DAY 30 | 운전 ❷ | p.166 |

1 고속도로에서는 항상 안전벨트를 맨다

☐ **wear a seatbelt** 안전벨트를 매다 ☐ **restricting** 갑갑하게 만드는 ☐ **regardless of A** A에 상관없이

2 반드시 후진 주차한다

☐ **come out of the parking lot** 주차장에서 빠져나오다 ☐ **park backwards** 후진 주차하다
☐ **in that case** 그런 경우라면 ☐ **be at risk of -ing** ~할 위험이 있다 ☐ **reverse** 차를 후진하다

3 고속도로에서 속도위반 딱지를 떼었다

☐ **sleep in** 늦잠을 자다 ☐ **rush** 서두르다 ☐ **cruise down the highway** 고속도로를 달리다
☐ **make record time on my commute** 내 통근 시간 역사상 최고 속도를 내다
☐ **pull A over** A에게 길 한쪽으로 차를 대게 하다 ☐ **speeding ticket** 속도위반 딱지

4 음주운전은 절대 안 하기로 했다

☐ **get hit by A** A에 치이다 ☐ **drunk driver** 음주운전자 ☐ **drink and drive** 음주운전을 하다 ▶같은 말
이라도 여러 가지 표현이 있는데요. '음주운전을 하다'도 마찬가지. 글자 그대로 '술을 마시고 운전하다'를 그대로 옮긴 drink
and drive라고 해도 되고, '술 취한 채로 운전하다'인 drive drunk라고 해도 됩니다.

5 택시기사가 신호 위반 딱지를 뗐다

☐ **wake up** 잠에서 깨어나다 ▶wake - woke - woken ☐ **rush outside** 서둘러 밖으로 나오다
☐ **hail a cab** 택시를 부르다 ☐ **get a ticket** 교통법규 위반 딱지를 떼이다
☐ **run a red light** 정지 신호를 무시하고 달리다

6 백미러로 차가 안 보여 큰일 날 뻔했다

☐ **change lanes** 차선을 바꾸다 ☐ **signal** 방향 지시등으로 신호를 보내다 ☐ **turn left** 좌회전하다
☐ **honk at A** A에게 경적을 울리다 ☐ **freak** 기겁을 하다

7 헤드라이트를 켜면 사람이 잘 안 보인다

☐ **drive in the dark** 어둠 속에서 운전하다 ☐ **turn on** 켜다 ☐ **it is hard to see if S + V** ~인지 아닌
지 보는 것이 힘들다 ☐ **on my way back home** 집으로 돌아가는 길에 ☐ **get dark** 어두워지다
☐ **pay careful attention** 세심하게 신경을 쓰다 ▶'주의를 기울이다, 신경을 쓰다'는 의미의 pay attention에서
확장된 표현입니다.

8 배터리가 방전되어 보험회사에 전화해야 했다

☐ **start** (차에) 시동이 걸리다 ☐ **turn the key in one's ignition** 키를 꽂고 시동을 걸다
☐ **everything but A** A를 제외하고 모두 ☐ **function** 제 기능을 하다
☐ **insurance company** 보험회사

9 뒤차가 빵빵대서 편의점 앞에 차도 못 댔다

☐ **bottled water** 병에 담긴 생수 ☐ **convenience store** 편의점
☐ **pull over** 차를 대다 ☐ **get back into the car** 다시 차에 타다

1 번호표 뽑고 차례를 기다렸다

☐ **waste my time** 내 시간을 낭비하다　☐ **be surprised to see** ~를 보고 놀라다
☐ **take a number** 번호표를 뽑다

2 ATM을 자주 이용한다

☐ **wallet** 지갑　☐ **in cash** 현금으로 ▶이 경우 전치사 in을 쓴다는 점에 주의하세요.　☐ **debit card** 체크카드
☐ **ATM** 현금 입출금기　☐ **withdraw** 인출하다, 뽑다

3 통장을 새로 개설했다

☐ **open a bank account** 계좌를 트다　☐ **payroll** 급여　☐ **the bank account I used for payroll** 내가 급여 때문에 사용하던 은행 계좌 ▶account와 I 사이에는 관계대명사 목적격이 생략되어 있어서, I used for payroll이 앞에 있는 the bank account를 꾸며 주죠.

4 오랜만에 통장을 정리했다

☐ **wire money** 송금하다　☐ **bank clerk** 은행 직원　☐ **update one's bank account** 통장 정리를 하다 ▶bank account는 '은행 계좌'. 통장 정리를 하는 것도 최근까지 통장 계좌의 거래 내역을 업데이트하는 거니까, 복잡하게 생각할 것 없이 동사 update를 쓰면 딱입니다. 동사 update의 기본 개념은 '최신 정보를 업데이트한다'는 것이니까요.

☐ **in quite some time** 상당히 오랜 기간 동안

5 늘 거래 은행 ATM을 이용한다

☐ **look for** ~을 찾다　☐ **withdraw cash** 현금을 인출하다　☐ **through A** A를 통해서
☐ **charge A a fee** A에게 수수료를 부과하다

6 ATM에서 친구에게 송금했다

☐ **buy something online** 온라인[인터넷]으로 무엇을 사다
☐ **wire someone the money** 누구에게 그 돈을 송금하다
☐ **don't have enough time to do** ~할 시간이 충분하지 않다

7 비밀번호 입력 오류로 입출금이 정지됐다

☐ **PIN number** 비밀번호 ▶PIN은 Personal Identification Number의 축약어입니다.
☐ **enter** 입력하다　☐ **deposit** 입금하다

8 체크카드를 분실해 은행에서 재발급받았다

☐ **right away** 즉시, 바로 ☐ **report** 신고하다
☐ **stolen** 도난 당한 (steal의 과거분사) ▶steal(훔치다) - stole - stolen
☐ **get A reissued** A를 재발급받다 ☐ **bummer** 귀찮은 일

9 첫 신용카드를 발급 받았다

☐ **department store** 백화점 ☐ **annual fee** 연회비 ☐ **local bank** 지역에 있는 은행
☐ **have A issued** A를 발급받다

10 유럽 여행 가려고 적금을 붓고 있다

☐ **save up** 저축하다 ☐ **trip to Europe** 유럽 여행 ☐ **installment savings** 적금 ☐ **It is best not to do** ~하지 않는 것이 제일 좋다 ☐ **the account matures** 적금이 만기가 되다 ▶mature 하면 '성숙하다', '무르익다'는 의미로 유명한데요. 채권(bond)이나 은행계좌(account), 보험 증권(insurance policy) 등과 같이 금융계약관계가 걸린 것이 '만기가 된다'는 의미로도 쓰입니다.

| **DAY 32** | **자전거** | p.178

1 누가 내 자전거를 훔쳐갔다

☐ **get a bike for my birthday** 생일 선물로 자전거를 받다 ☐ **one day** 어느 날 ☐ **park a bike** 자전거를 세워놓다 ☐ **steal** 훔치다 ▶steal - stole - stolen

2 출퇴근 때 자전거를 이용하려다 포기했다

☐ **get on a packed bus** 만원 버스에 타다 ☐ **rush hour** 출퇴근 혼잡 시간 ☐ **ride a bike to work** 자전거를 타고 출근하다 ☐ **bike lane** 자전거 전용도로 ☐ **give up on A** A를 포기하다

3 브레이크를 잡았지만 넘어질 뻔하다

☐ **downhill** 내리막길 ☐ **at a high speed** 빠른 속도로 ☐ **squeeze the brakes** (자전거) 브레이크를 잡다 ☐ **get cuts and bruises** 찢어지고 멍들다 ▶'베인 상처, 찢어진 상처, 긁힌 상처'는 cut이고, '멍, 타박상'은 bruise입니다.

4 아빠가 자전거 뒤를 잡아주셨다

☐ **keep one's balance** 균형을 잡다 ☐ **from the back** 뒤에서 ☐ **let the bike go** 잡고 있던 자전거를 놓다 ☐ **without telling me** 나에게 말도 없이

5 보조바퀴를 달고 타다 나중에는 떼고 탔다

☐ **got me a bike** 나에게 자전거를 사줬다 ▸got은 동사 get의 과거형이죠. get에는 '누구에게 무엇을 구해다 주다, 사다 주다'라는 의미가 있어요. 이 경우 get someone something, 또는 get something for someone의 형태로 자주 쓰이죠. ☐ **training wheels** 보조바퀴 ☐ **take A off** A를 떼어내다 ☐ **at first** 처음에는

6 자전거 체인이 자꾸 풀렸다

☐ **secondhand** 중고의 ☐ **the chain comes off** 체인이 풀리다 ☐ **put it back on** 그것을 제자리로 돌려놓다 ▸여기서는 자전거 체인을 다시 끼워 넣는다는 의미로 이 표현을 쓴 것이죠.
☐ **ride a bit further up the hill** 언덕을 조금 더 올라가다

7 자전거에 이상이 있는 듯하다

☐ **put much effort in -ing** ~하는 데 많은 노력을 쏟다 ☐ **steep** 가파른 ☐ **athletic** 몸이 탄탄한

8 자전거에서 떨어졌다

☐ **come out of nowhere** 갑자기 튀어나오다 ☐ **avoid** 피하다 ☐ **fall off A** A에서 떨어지다
☐ **cuts and bruises** 긁히고 멍든 상처

9 10단 기어 변속이 가능한 내 자전거

☐ **start off** 출발하다 ☐ **increase** 올리다, 증가시키다 ☐ **rear** 뒤의 ☐ **speed up** 속도를 높이다
☐ **slow down** 속도를 줄이다 ☐ **approach** 접근하다

| **DAY 33** | **자판기** | p.184

1 내 돈 먹은 자판기를 발로 찼다

☐ **boiling hot** 찌는 듯이 더운 ☐ **thirsty** 목마른 ☐ **vending machine** 자판기 ☐ **soda** 소다수, 탄산수 ☐ **put A in** A를 넣다 ☐ **coin** 동전 ☐ **respond** 반응하다 ▸the vending machine didn't respond는 결국 자판기가 동전만 먹어버렸단 의미이죠. 이것을 글자 그대로 the vending machine ate my coins라고 표현해도 됩니다.
☐ **give A a kick** A를 발로 차다 ☐ **spit out** 뱉어내다

2 콜라가 품절이었다

☐ **Coke** 코카콜라 ☐ **be out of A** A가 다 떨어지다 ☐ **upstairs** 위층으로

3 자판기 커피에 뭐가 들어 있었다

☐ **get a coffee from a vending machine** 자판기에서 커피를 한 잔 뽑다
☐ **throw away** 버리다 ▸throw - threw - thrown ☐ **disgusting** 구역질 나는, 메스꺼운

4 자판기에서 컵 없이 커피만 나왔다

☐ **signal** 신호 ☐ **flashing** 번쩍이는 ☐ **mean** 의미하다 ▶mean - meant - meant
☐ **make a noise** 소리를 내다 ☐ **come out** 나오다 ☐ **ridiculous** 어처구니없는

5 거스름돈이 안 나왔다

☐ **put in** ~을 넣다 ☐ **bill** 지폐 ☐ **be supposed to do** ~하기로 되어 있다 ☐ **in change** 거스름돈으로 ☐ **customer service center** 고객 서비스 센터 ☐ **take more than 10 minutes** 10분 넘게 더 걸린다 ☐ **decide not to do** ~하지 않기로 결정하다 ▶'~하기로 결정하다'는 decide to do입니다. to부정사의 부정은 to 앞에 not을 붙이면 되죠.

6 자판기 커피 맛이 이상했다

☐ **win A on a bet** A 내기에서 이기다 ☐ **come out** 나오다 ☐ **sip** 한 모금 ☐ **taste weird** 이상한 맛이 나다, 맛이 이상하다 ▶'맛이 어떠하다'고 할 때는 taste 뒤에 맛을 표현하는 형용사를 붙이면 됩니다. ☐ **don't taste like coffee** 커피 같은 맛이 나지 않다 ☐ **throw out** (용기 안에 든 것을) 버리다

7 오늘 마신 자판기 커피만 10잔

☐ **get stressed** 스트레스를 받다 ☐ **tend to do** ~하는 경향이 있다 ☐ **at work** 직장에서
☐ **for something that I didn't do** 내가 하지 않은 일로 ▶that은 관계대명사 목적격으로, that 이하가 something을 꾸며 줍니다. ☐ **throughout the day** 하루 종일

8 자판기 커피에 반한 내 미국인 친구

☐ **cheap** (가격이) 싼 ☐ **taste good** 맛이 좋다 ☐ **one day** (과거의) 하루는
☐ **be addicted to A** A에 중독되다

9 오천 원짜리 지폐만 있어서 음료수를 못 뽑았다

☐ **bill** 지폐 ▶bill은 '청구서, 계산서'라는 뜻으로도 많이 쓰이고, '지폐'라는 뜻으로도 많이 쓰입니다.
☐ **accept** 받다 ▶여기서는 vending machine(자판기)이 돈을 받는다, 즉 자판기에 돈이 들어간다는 의미입니다.
☐ **up to + 수치** (최고) ~까지

| DAY 34 | 주유소 | p.190 |

1 리터당 최저가를 찾는다

☐ **gas price** 휘발유 가격 ☐ **keep on -ing** 계속 ~하다, 자꾸 ~하다 ☐ **go up** 오르다
☐ **gas price per liter** 1리터 당 휘발유 가격 ☐ **gas station** 주유소

2 주유구 버튼을 못 찾았다

☐ **put gas in A** A에 기름을 넣다   ☐ **gas tank** 연료 탱크
☐ **It took me a while to do** 내가 ~하는 데 한참 걸렸다

3 AA 카드로 BB 주유소에서만 주유한다

☐ **get gas** 기름을 넣다 ▶get 대신 pump를 써도 같은 의미를 전할 수 있습니다.   ☐ **get a discount** 할인을 받
다 ▶구체적으로 '~% 할인을 받다'고 말하려면 여기서처럼 discount 바로 앞에 그 퍼센트를 말해 주면 됩니다. get a 5%
discount(5% 할인을 받다)처럼 말이죠.

4 경유차인 아빠 차에 휘발유를 넣었다

☐ **regular gas** 일반 휘발유   ☐ **diesel fuel** 디젤 연료, 경유   ☐ **drive around** 차를 타고 돌아다니다
☐ **run out of A** A가 부족하다, 떨어지다   ☐ **get home** 집에 도착하다   ☐ **accidentally** 실수로

5 연료 탱크 있는 데를 몰라서 차를 반대로 댔다

☐ **for the first time** 처음으로   ☐ **which side of the car the tank was on** 차의 어느 편에 연료 탱크
가 있는지   ☐ **pull up** 차를 대다   ☐ **on the wrong side** 반대편으로   ☐ **switch sides** 차의 방향을 바꾸다

6 차가 멈춰서 주유소에서 기름을 사왔다

☐ **be on one's way to A** A로 가는 도중이다   ☐ **be on a highway** 고속도로를 타다
☐ **ran out of gas** 기름이 떨어졌다

7 주유소 자동 세차장에서 세차한다

☐ **need -ing** ~해야 되다   ☐ **face a straight choice between A and B** A냐 B냐의 양단간의 선택
에 직면하다   ☐ **wheel** (차량의) 바퀴   ☐ **hub** 바퀴통

8 휴게소에 들르면 주유도 했다

☐ **go on a trip to A** A로 여행 가다   ☐ **southern** 남쪽의   ☐ **rest area** 휴게소
☐ **every time S + V** ~일 때마다 ▶every time은 접속사로도 쓰입니다.
☐ **come across A** A와 마주치다

9 LPG 충전소를 찾기가 힘들다

☐ **LPG station** LPG 충전소   ☐ **get in a car accident** 자동차 사고를 당하다
☐ **insurance company** 보험회사
☐ **LPG-fueled vehicle** LPG 차량

1 엄마는 요리, 아빠는 설거지

☐ retire 은퇴하다   ☐ help someone with something 누가 무엇을 하는 것을 돕다
☐ do the dishes 설거지를 하다   ☐ afterwards 나중에, 그 후에

2 거실과 화장실을 청소했다

☐ go on a trip 여행 가다   ☐ impress 감동시키다   ☐ toilet 변기   ☐ feel good 기분이 좋다
☐ once (접속사) 일단 ~을 하니까

3 카펫에 청소기를 돌렸다

☐ look dirty 더러워 보이다   ☐ technically 원칙적으로   ☐ turn 차례   ☐ vacuum 진공청소기로 청소하다
☐ on a regular basis 정기적으로

4 바닥을 걸레로 닦았다

☐ have a great dinner 멋진 저녁식사를 하다   ☐ spill 쏟다   ☐ get up 일어나다   ☐ mop 대걸레질하다

5 요리하고서 환기를 시켰다

☐ seafood 해산물   ☐ cook (불을 이용하여) 요리하다   ☐ be filled with A A로 가득 차다
☐ let the air out 환기를 시키다

6 음식물 쓰레기 버리는 게 싫다

☐ throw away 버리다   ☐ food waste 음식물 쓰레기   ☐ get to A A에 도착하다, 이르다
☐ trash bin 쓰레기통   ☐ from a distance 멀리서

7 쓰레기 분리를 제대로 안 하는 미국

☐ separate 분리하다   ☐ trash 쓰레기   ☐ the States 미국   ☐ recycling bin 재활용 쓰레기통
☐ separate trash 쓰레기를 분리 수거하다

8 세탁기를 돌리고 빨래를 넣었다

☐ do the laundry 빨래를 하다   ☐ washing machine 세탁기   ☐ drying rack 빨래 건조대

9 식탁을 닦고 수저를 놓는다

☐ wipe 닦다   ☐ put A on A를 놓다   ☐ spoon 숟가락   ☐ chopsticks 젓가락   ☐ drop 떨어뜨리다
☐ grab 잡다, 쥐다   ☐ put A back in B A를 다시 B 안으로 집어넣다

p.202

1 커피숍의 흡연 구역을 확인하는 내 친구

☐ **heavy smoker** 골초   ☐ **whenever S + V** ~할 때마다   ☐ **make sure (that) S + V** ~인 것을 확인하다, ~를 확실히 하다   ☐ **smoking area** 흡연 구역   ☐ **goes to one without one** 앞의 one은 a coffee shop을, 뒤의 one은 a smoking area를 받는 것입니다.

2 주문이 늦어져서 무료로 쿠키를 받았다

☐ **order** 주문하다   ☐ **buzzer** 버저   ☐ **ring** 울리다 ▶ring - rang - rung   ☐ **counter** 계산대
☐ **apologize** 사과하다   ☐ **free cookie** 무료 쿠키

3 아메리카노, 라떼, 마키아토 중 하나를 고른다

☐ **choose between A, B, and C** A, B, C 중에서 고르다   ☐ **It depends on A** A에 따라 다르다
☐ **feel down** 울적하다   ☐ **extra** 추가의

4 점심값이랑 커피값이랑 비슷하다

☐ **habit** 습관   ☐ **The thing is ~** 문제는 ~이다   ☐ **cost** 비용이 들다   ☐ **seriously** 진지하게, 심각하게
☐ **quit coffee** 커피를 끊다

5 주문한 것과 다른 음료가 나왔다

☐ **to go** 포장해 가는 ▶to go는 앞에 있는 the soy latte를 꾸며 줍니다.   ☐ **get yelled at** 꾸중을 듣다 ▶누구에게 고함치고 꾸중하는 것은 yell at someone이고, 누가 꾸중을 듣는 것은 someone get yelled at입니다.

6 탁자 두 개를 붙여 앉았다

☐ **chat** 수다 떨다   ☐ **for a really long time** 아주 오랫동안   ☐ **a few hours later** 몇 시간 후에
☐ **put A together** A를 붙이다

7 500원이 없어서 아이스 음료를 못 시켰다

☐ **local coffee shop** 동네 커피숍 ▶local의 기본적인 개념은 이야기의 중심에 있는 인물(들)이 살고 있거나 활동하고 있는 지역을 가리킵니다. 따라서 이야기하는 내용에 따라 '지역의'뿐만 아니라 '동네의'라는 의미가 되기도 하고, 이야기의 무대가 세계로 스케일이 커지면 '국내의'라는 의미가 되기도 합니다.   ☐ **iced** 얼음을 띄운, 얼음으로 차게 한
☐ **let A sit** A를 가만 놔두다

8 일반 커피숍의 커피값에 실망했다

☐ **brand-new** 새로 연   ☐ **franchise shop** 프랜차이즈 가게   ☐ **be over + 가격** 값이 ~를 넘다
☐ **be disappointed** 실망하다

9 빨대와 시럽, 냅킨이 한데 모여 있었다

☐ the other day 일전에 ☐ straw 빨대 ☐ be placed 놓여 있다 ☐ all together 모두 함께
☐ trash bin 쓰레기통

| DAY 37 | 택시   p.208

1 택시 잡는 데 40분이 걸렸다

☐ leave the office 퇴근하다 ☐ at midnight 자정에 ☐ be trying to do ~하려고 하고 있다
☐ get a cab 택시를 잡다

---

2 택시가 너무 안 왔다

☐ freezing cold 얼어붙을 듯이 추운 ☐ call a cab 콜택시를 부르다 ☐ available 이용할 수 있는
☐ at that moment 그때

---

3 새벽 시간이라 할증이 붙었다

☐ could have walked home 집까지 걸어갈 수도 있었다 ▶그러나 걸어가지 않았다는 의미를 나타냅니다.
☐ caught a cab 택시를 잡았다 ▶catch - caught - caught ☐ pay an extra charge 추가 요금을 내다

---

4 승차 거부에 아무 말도 안 하고 내렸다

☐ destination 목적지 ☐ refuse 거절하다, 거부하다 ☐ get in (택시에) 타다 ☐ get out (택시에서) 내리다
▶택시처럼 몸을 숙여 타고 내리는 교통수단에서는 get in, get out을 씁니다. ☐ make trouble 문제를 일으키다

---

5 택시기사가 길을 돌아갔다

☐ be familiar with A A를 잘 알다 ☐ head to A A로 향하다 ☐ cab driver 택시기사
☐ take a longer way around 더 먼 길로 돌아서 가다 ☐ double the usual fare 평소 요금의 두 배
☐ unfair 불공정한

---

6 택시를 탔는데 시간이 더 걸렸다

☐ woke up 잠에서 깼다 ▶wake - woke - woken ☐ took a cab 택시를 탔다 ▶take - took - taken
☐ make stops 정차하다, 세우다 ☐ horrible 끔찍한
☐ take longer than usual 시간이 평소보다도 더 걸리다

---

7 비싸지만 밤에는 모범택시를 탄다

☐ take a deluxe taxi 모범택시를 타다 ☐ expensive 비싼 ☐ however 그러나
☐ drive up to A A까지 차로 데려다 주다

---

8 택시기사가 말이 너무 많았다

☐ **stay up late** 늦게까지 잠 안 자고 깨어 있다 ☐ **cab driver** 택시기사 ☐ **stop -ing** ~하는 것을 멈추다
☐ **rude** 무례한 ☐ **frustrating** 짜증 나게 하는

9 단거리 승객은 안 받는 택시기사

☐ **destination** 목적지 ☐ **passengers for short-distance rides** 단거리 승객들 ☐ **take the change** 잔돈을 받다 ▶change는 '잔돈, 거스름돈'이라는 의미로도 쓰입니다. ☐ **get out** (택시에서) 내리다

10 총알택시로 강남에서 원주까지 갔다

☐ **speeding taxi** 총알택시 ☐ **only took 40 minutes** 40분밖에 걸리지 않았다
☐ **wet one's pants** 바지에 오줌을 싸다

| DAY 38 | 학원   p.214

1 인터넷으로 강좌 등록을 했다

☐ **Chinese** 중국어 ☐ **language academy** 어학원 ☐ **sign up for A** A에 등록하다
☐ **pay with one's credit card** 신용카드로 결제하다 ▶'현금으로 결제하다'는 pay in cash!

2 듣고 싶던 강좌가 마감됐다

☐ **basic** 기본의, 기초의 ☐ **The basic Chinese class I wanted to take** 내가 듣고 싶었던 기초 중국어 강좌 ▶class와 I 사이에 관계대명사 목적격이 생략되어 있으며, I 이하가 앞에 있는 The basic Chinese class를 꾸며 줍니다. ☐ **full** 꽉 찬

3 오전 7시에 수업을 듣는다

☐ **take a Japanese class** 일본어 강좌를 수강하다 ▶take는 강좌를 '듣다, 수강한다'고 할 때도 쓰입니다.
☐ **early** 이른 ☐ **definitely** 분명히 ☐ **It is worth it** 그것은 그럴 만한 가치가 있다

4 개강 날, 수강증과 교재를 받았다

☐ **on the very first day of A** A의 첫날에 ☐ **after work** 퇴근 후에 ☐ **class identification card** 수강증 ☐ **in order not to do** ~하지 않기 위해 ▶'~하기 위해'는 in order to do입니다.

5 토익 강좌를 듣고 점수가 많이 올랐다

☐ **sign up for** ~에 등록하다 ☐ **out of A** A 중에서 ☐ **score** 점수를 기록하다 ☐ **at least** 적어도
☐ **apply for A** A에 지원하다 ☐ **go up to + 수치** (수치가) ~까지 올라가다

---

6 수강 신청할 때 여러 가지를 고려한다

☐ language academy 어학원　☐ consider 고려하다　☐ opinion 의견　☐ instructor 강사
☐ reputation 평판　☐ review 후기, 평

7 수업이 끝나고 친구들과 스터디를 한다

☐ get home 집에 오다　☐ after class 수업 후　☐ I ask someone if S + V 누구에게 ~인지 물어보다
☐ for an extra hour 추가로 한 시간 동안

8 수업에 제대로 못 가서 돈만 버렸다

☐ overtime 초과근무　☐ get-together 회식　☐ department 부서　☐ only took three classes
out of ten 10번 수업 중에서 3번밖에 듣지 못했다　☐ waste of money 돈 낭비

9 처음으로 수업을 다 들었다

☐ even though S + V 비록 ~지만　☐ attend 출석하다, 참석하다　☐ constantly 꾸준히
☐ be absent 빠지다, 결석하다　☐ be proud of oneself 자신이 자랑스럽다

---

1 트레이너가 자세를 교정해 준다

☐ walk on a treadmill 러닝머신 위에서 걷다　☐ lift weights 역기를 들다　☐ work out 운동하다
☐ properly 제대로　☐ exercise 운동하다　☐ correctly 바르게

2 라커룸에서 옷을 갈아입는다

☐ change 옷을 갈아입다　☐ locker room 라커룸, 탈의실　☐ self-conscious 남을 의식하는
☐ as quickly as possible 가능한 한 빠르게

3 운동화를 따로 가져간다

☐ workout sneakers 운동화　☐ once 한번은　☐ leave A in B A를 B에다 놔두다　☐ fault 잘못
☐ blame A on B A를 B의 잘못으로 돌리다

4 제일 먼저 러닝머신을 30분 뛴다

☐ get to A A에 도착하다　☐ run on a treadmill 러닝머신에서 뛰다　☐ stretch 스트레칭하다
☐ sweat 땀을 내다　☐ stationary bike 페달 밟기 자전거　☐ Step Master 스텝 마스터

274

5 뛰고 나서 역기 들기를 1시간 한다

☐ lift weights 역기를 들다   ☐ I heard that S + V 나는 ~라는 얘기를 들었다   ☐ as often as possible 가능한 한 자주   ☐ It certainly is not fun, but ~ 그것은 확실히 재미는 없지만 ~

6 할인받으려면 한 번에 결제해야 한다

☐ gym membership 헬스클럽 회원권   ☐ per month 한 달에
☐ give someone a discount 누구에게 할인해 주다   ☐ at once 한 번에

7 헬스와 요가, 골프까지 할 수 있다

☐ exercise machine 운동기구   ☐ group exercise room 그룹 운동실
☐ golf shooting range 골프 연습장   ☐ basement 지하   ☐ look up 찾아보다 ▶사전이나 목록, 컴퓨터 등을 통해서 정보를 찾아본다고 할 때 쓰는 표현입니다.   ☐ beforehand 미리   ☐ on time 시간에 맞춰

8 날씨에 상관없이 꾸준히 운동할 수 있다

☐ one of the best things 가장 좋은 점들 중의 하나   ☐ work out 운동하다   ☐ no matter what weather is like 날씨가 어떻든 상관없이   ☐ I mean 그러니까 내 말은, 즉   ☐ even when 심지어 ~일 때도

9 3개월 다녔더니 살도 빠지고 근육도 생겼다

☐ at least three times a week 적어도 일주일에 세 번   ☐ lose weight 살이 빠지다
☐ gain muscle 근육이 붙다

DAY 40	**휴가**	p.226

1 3일 연차 동안 집에 있었다

☐ go on a vacation 휴가를 가다   ☐ take + 기간 + off (기간 동안) 휴가를 내다   ☐ stay home 집에 있다
☐ need this time 이런 시간이 필요하다

2 휴가 때 산에 올라갔다

☐ refreshing 기분을 상쾌하게 하는   ☐ normally 보통은   ☐ go hiking 등산을 가다 ▶암벽 등반을 하는 것이 아니라 그냥 걸어서 올라갔다 내려오는 등산은 hiking이라고 합니다.   ☐ once 일단 ~하자

3 가족들과 해변에 갔다

☐ swim 수영하다 ▶swim - swam - swum   ☐ barbeque[bá:rbikjù:] 바비큐   ☐ delicious 맛있는

4 휴가 때 부산의 유명 관광지에 갔다

☐ **The last time S + V** (접속사) 마지막으로 ~했을 때   ☐ **be located in A** A에 위치해 있다

☐ **seafood** 해산물   ☐ **amazing** 놀라운   ☐ **tourist place** 관광지   ☐ **fantastic** 환상적인, 아주 멋진

5 친구와 자전거 여행을 했다

☐ **bike trip** 자전거 여행   ☐ **biked** 자전거를 타고 갔다   ▶bike는 명사로도 쓰이고, 동사로도 쓰입니다.

☐ **toward** ~쪽으로   ☐ **northern** 북쪽의   ☐ **about 30 miles a day** 하루에 약 30마일

☐ **bed and breakfast** 조식 제공 민박집

6 성수기라서 호텔을 예약했다

☐ **make a hotel reservation** 호텔에 예약을 하다   ☐ **a month in advance** 한 달 미리

☐ **busy season** 성수기   ☐ **be booked** 예약되다

7 태국으로 휴가를 갈 계획이다

☐ **plan on -ing** ~할 계획이다   ☐ **have never been there before** 전에 한 번도 그곳에 간 적이 없다

☐ **go on a tour** 관광하다   ☐ **travel agency** 여행사   ☐ **local guide** 현지 가이드

8 휴가 때 잘 쉬어 재충전이 됐다

☐ **need a vacation** 휴가가 필요하다   ☐ **relaxing** 마음을 느긋하게 하는   ☐ **delicious** 맛있는

☐ **for 10 hours a day** 하루에 10시간 동안   ☐ **refreshed** 기분이 상쾌해진

9 휴가가 끝나면 더 피곤하다

☐ **go somewhere** 어디론가 가다   ☐ **waste** 낭비하다   ▶waste는 명사로도 쓰이고, 동사로도 쓰입니다.

☐ **however** 하지만   ☐ **as I got older** 내가 나이가 들면서   ☐ **exhausted** 아주 지친

☐ **once S + V** (접속사) 일단 ~하게 되면   ☐ **as of + 시점** 그 시점부터 시작해서

SPEAKING MATRIX

한국인의 스피킹 메커니즘에 맞춘 가장 과학적인 영어 스피킹 훈련 프로그램

1초 안에 문장을 완성하고 1분, 2분, 3분, … 정확하고 막힘없이 말한다!

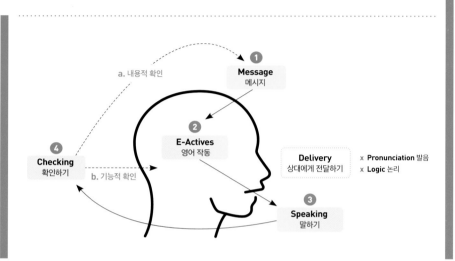

a. 내용적 확인

①
Message
메시지

②
E-Actives
영어 작동

Delivery
상대에게 전달하기

x **Pronunciation** 발음
x **Logic** 논리

④
Checking
확인하기

b. 기능적 확인

③
Speaking
말하기

눈뭉치 만들기　〉　눈덩이 굴리기　〉　눈사람 완성

스피킹에 필요한
필수 표현 익히기

주제별 에피소드와
표현 확장하기

자기 생각을
반영하여 전달하기

2분 영어 말하기
스피킹 매트릭스

김태윤 지음

길벗
이지:톡

{ 이 책은 2분 영어 말하기를 위한 다양한 에피소드를 채우는 INPUT과 이를 활용해서 실제로 말하는 연습을 하는

쌓아라! 쌓인 만큼 말할 수 있다!

2분 영어 말하기 **INPUT**

표현을 많이 알아도 이야기 소재가 부족하면 영어 말하기를 이어가기 어렵겠죠. 그래서 2분 영어 말하기에 필요한 에피소드들을 다양하게 담았습니다.

STEP 1 끊어 듣기 🎧
MP3를 들으면서 영어를 의미 단위로 끊어 이해합니다.

STEP 2 우리말 보기 👁
어떤 내용인지 전체 의미를 파악하고 넘어갑니다.

STEP 3 따라 말하기 👄
끊어 말하기(2회)와 자연스럽게 이어 말하기(1회) 훈련을 통해 에피소드들을 입에 붙여 봅니다.

STEP 4 혼자 말하기 👄
이제 우리말을 보며 영어로 말하세요. 긴 문장이라 부담스럽다면 STEP 3의 영어를 참고하셔도 괜찮습니다.

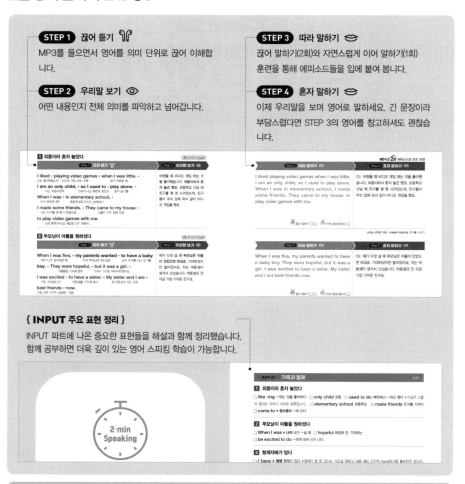

{ INPUT 주요 표현 정리 }

INPUT 파트에 나온 중요한 표현들을 해설과 함께 정리했습니다.
함께 공부하면 더욱 깊이 있는 영어 스피킹 학습이 가능합니다.

혼자 공부하기 외로운 분들을 위한
스피킹 전문 강사의 해설 강의

경력 21년의 전문 영어 강사가 스피킹 훈련 시 유의해야 할 사항들을 하나하나 짚어 줍니다.

OUTPUT, 이렇게 2단계의 훈련 과정으로 구성되어 있습니다.   }

말하라! 이제 당신은 네이티브처럼 말하게 된다!

2분 영어 말하기 **OUTPUT**

INPUT에서 배운 에피소드를 엮어 2분 동안 영어로 말하는 훈련을 합니다. 처음에는 1분씩 나눠 말하는 훈련을 하다가 적응이 되면 연결해서 말해 봅니다.

STEP 1 우리말 보면서 듣기
처음에는 부담 없이 우리말을 보면서 해당하는 영어 표현을 듣습니다.

STEP 2 한 문장씩 끊어 말하기
한 문장씩 끊어서 말해 봅니다. MP3를 듣고 따라 하다가 익숙해지면 STEP 1을 영어로 말해 봅니다.

STEP 3 들으면서 따라 말하기
MP3를 들으면서 따라 말해 봅니다. 빈칸을 채워 가면서 내가 말한 내용을 확인합니다.

STEP 4 2분 동안 영어로 말하기
우리말을 보면서 영어로 바꿔 말해 봅니다. 직접 써 보면 더 오래 기억에 남습니다.

{ OUTPUT 스크립트와 표현 정리 }
OUTPUT 파트에 나온 스크립트와 표현 해설을 정리했습니다.
STEP 3 빈칸에 들어갈 표현들은 스크립트에 밑줄로 표시했습니다.

이 책에 나오는 모든 예문들은 MP3파일과 QR코드를 통해 확인할 수 있습니다.

콕 찍기만 해도, 그냥 듣기만 해도 자동으로 외워지는
스피킹 훈련용 MP3 파일

차례 : Contents

2분 영어 말하기

INPUT

2분 영어 말하기

OUTPUT

2분
영어 말하기
OUTPUT

말하라!

이제 당신은 네이티브처럼 말하게 된다!

앞에서 익힌 에피소드들의 핵심 문장들을 섞어

2분 동안 영어로 말해 보는 연습을 할 거예요.

할 수 있을까 걱정된다고요?

걱정 마세요.

여기 나온 모든 스토리는 앞에서 배운 표현들로 채워져 있거든요.

자, 시작합니다. Way to go!

DAY 01

2분 영어 말하기

2분 영어 말하기

게임 Games

2분 영어 말하기 : **INPUT** : Day 2 + Day 12

🎧 Out 01-1.mp3

Step 1 우리말 보면서 듣기 🎧

1분

컴퓨터 게임에
중독됐던
중학 시절

01	중학교 다닐 때, 전 컴퓨터 게임에 중독되어 있었어요.
02	컴퓨터 게임을 하느라 밤을 종종 새웠죠.
03	그때는 게임 생각만 했어요.
04	학교 성적은 정말 나빴고, 거의 모든 시험에서 낙제였죠.
05	고등학교 생활을 시작하면서 전 열심히 공부하기로 결심했습니다.
06	이제 더 이상 컴퓨터 게임을 하지 않아요.

2분

스마트폰
게임에
빠지다

07	최근에 스마트폰으로 게임을 하기 시작했습니다.
08	제가 제일 좋아하는 스마트폰 게임은 '캔디 크러쉬 사가'예요.
09	주로 버스나 열차에 탈 때 그 게임을 하죠.
10	배터리가 아주 금방 닳기 때문에 스마트폰 충전기를 갖고 다녀야 합니다.
11	지난달에는 그 게임을 너무 자주 해서 데이터를 지나치게 많이 썼어요.
12	이번 달에 엄청난 요금 청구서를 받고 말았죠.

제한시간 **2**분

Step 2 한 문장 끊어 말하기 👄

01 🔊 When I was * in middle school, * I used to be addicted * to computer games.

02 🔊 I often stayed up all night * playing computer games.

03 🔊 At that time, * I only thought about games.

04 🔊 My school grades were really bad * and I failed almost every test.

05 🔊 When I started high school, * I decided to study hard.

06 🔊 I don't play computer games * anymore.

07 🔊 Recently, * I started to play games * on my smartphone.

08 🔊 My favorite smartphone game is called * *Candy Crush Saga*.

09 🔊 I usually play it * when I am on the bus * or on the train.

10 🔊 I need to carry my smartphone charger around * because the battery dies so quickly.

11 🔊 Last month, * I played the game too often * and used too much data.

12 🔊 I ended up * receiving an enormous bill * this month.

When I _____ _____ middle school, I _____ to be _____ to computer games. I often _____ all night _____ computer _____. _____ that time, I only _____ games. My school _____ were really bad and I _____ almost _____ test. When I _____ high school, I _____ to study _____. I _____ computer games _____.

Recently, I _____ to play games _____ my smartphone. My _____ smartphone game _____ _____ Candy Crush Saga. I usually _____ when I _____ the bus or on the train. I need to _____ my smartphone _____ _____ because the battery _____ so _____. _____ month, I played the game _____ _____ and used _____ data. I _____ receiving an enormous _____ this month.

▶ 정답은 p.89를 확인하세요.

중학교 다닐 때, 전 컴퓨터 게임에 중독되어 있었어요. 컴퓨터 게임을 하느라 밤을 종종 새웠죠. 그때는 게임 생각만 했어요. 학교 성적은 정말 나빴고, 거의 모든 시험에서 낙제였죠. 고등학교 생활을 시작하면서 전 열심히 공부하기로 결심했습니다. 이제 더 이상 컴퓨터 게임을 하지 않아요.

최근에 스마트폰으로 게임을 하기 시작했습니다. 제가 제일 좋아하는 스마트폰 게임은 '캔디 크러쉬 사가'예요. 주로 버스나 열차에 탈 때 그 게임을 하죠. 배터리가 아주 금방 닳기 때문에 스마트폰 충전기를 갖고 다녀야 합니다. 지난달에는 그 게임을 너무 자주 해서 데이터를 지나치게 많이 썼어요. 이번 달에 엄청난 요금 청구서를 받고 말았죠.

2분 영어 말하기
쇼핑 Shopping

2분 영어 말하기 : **INPUT** : Day 11 + Day 31

🎧 Out 02-1.mp3

Step 1 **우리말 보면서 듣기** 🎧

	01	엄청난 금액의 고지서를 받은 이후, 저는 돈을 덜 쓰기로 했습니다.
1분 귀찮게 따라다니던 상점 직원	02	쇼핑몰에서 윈도우 쇼핑을 하기로 했죠.
	03	저는 그저 둘러보고만 싶었는데 매장 직원이 도움이 필요하냐고 물어보더군요.
	04	저는 아니라고 대답했지만 그 직원은 계속 저를 따라다녔어요.
	05	귀찮고 짜증스러웠습니다.
	06	참을 수가 없어서 그 가게를 나와 버렸죠.
	07	게다가 구매 영수증이 없어서 무료 주차를 이용할 수도 없었어요.
2분 길거리 쇼핑의 재미, 현금 할인	08	저는 노점 몇 군데에 갔습니다.
	09	현금 할인을 받을 수 있기 때문에 저는 노점에서 쇼핑하는 걸 좋아하죠.
	10	신용카드밖에 없어서 ATM에 가서 현금을 인출했어요.
	11	타 은행의 ATM을 이용하면 수수료가 부과되기 때문에 제 거래 은행의 ATM만 이용합니다.
	12	집으로 돌아오는 길에 지하철을 탔죠.
	13	지하철 내에서는 물건을 거의 안 사는 편이지만 면도기가 싸길래 하나 구입했어요.
	14	만족스러웠습니다.

제한시간 **2**분

Step 2 한 문장 끊어 말하기 ☺

01	🔊	After getting an enormous bill, * I decided to spend less money.
02	🔊	I decided to do * some window shopping * at the mall.
03	🔊	I just wanted to walk around, * but the sales clerk asked * if I needed any help.
04	🔊	I said no, * but she kept following me.
05	🔊	It was annoying.
06	🔊	I couldn't stand it * and walked out of the store.
07	🔊	In addition, * I had no receipt * from my purchases, * so I couldn't get free parking.
08	🔊	I went to some street vendors.
09	🔊	I like shopping at street vendors * because I can get a cash discount.
10	🔊	I only had a credit card, * so I went to an ATM * to withdraw some cash.
11	🔊	I only use my bank's ATM * because they charge me a fee * to use another bank's ATM.
12	🔊	On my way back home, * I took the subway.
13	🔊	I hardly buy things * on the subway, * but I bought this razor * because it was cheap.
14	🔊	I was satisfied with it.

13

Step 3 **들으면서 따라 말하기** 😄

1분

After _____ an enormous _____, I decided to _____ money. I decided to do some _____ at the mall. I just wanted to _____, but the sales clerk _____ I needed _____. I said no, but she _____ me. It was _____. I couldn't _____ it and _____ of the store. In addition, I had no _____ my purchases, so I couldn't _____.

2분

I went to some _____. I like _____ street vendors because I can _____. I had a _____ card, so I went to _____ to _____ some _____. I only use my _____ ATM because they _____ me _____ to _____ another bank's ATM. _____ my _____ home, I _____ the subway. I _____ things on the subway, but I bought this _____ because it was _____. I was _____ it.

14

▶ 정답은 p.89를 확인하세요.

엄청난 금액의 고지서를 받은 이후, 저는 돈을 덜 쓰기로 했습니다. 쇼핑몰에서 윈도우 쇼핑을 하기로 했죠. 저는 그저 둘러보고만 싶었는데 매장 직원이 도움이 필요하냐고 물어보더군요. 저는 아니라고 대답했지만 그 직원은 계속 저를 따라다녔어요. 귀찮고 짜증스러웠습니다. 참을 수가 없어서 그 가게를 나와 버렸죠. 게다가 구매 영수증이 없어서 무료 주차를 이용할 수도 없었어요.

저는 노점 몇 군데에 갔습니다. 현금 할인을 받을 수 있기 때문에 저는 노점에서 쇼핑하는 걸 좋아하죠. 신용카드밖에 없어서 ATM에 가서 현금을 인출했어요. 타 은행의 ATM을 이용하면 수수료가 부과되기 때문에 제 거래 은행의 ATM만 이용합니다. 집으로 돌아오는 길에 지하철을 탔죠. 지하철 내에서는 물건을 거의 안 사는 편이지만 면도기가 싸길래 하나 구입했어요. 만족스러웠습니다.

DAY 03

2분 영어 말하기

동생과의 하루 One Day with My Brother

2분 영어 말하기 : INPUT : Day 1 + Day 3 + Day 21   🎧 Out 03-1.mp3

Step 1 우리말 보면서 듣기 🎧

01	제가 다섯 살 때 저희 부모님은 아들이 있으면 하셨어요.
02	제게는 지금 남동생이 둘 있습니다.
03	저희 집은 언제나 북적거리죠.
04	저는 동생에게 지하철에서 산 면도기를 줬어요.
05	동생은 그것을 마음에 들어 했죠.
06	우리는 술을 마시러 밖으로 나갔습니다.
07	동생은 술고래인데 하루 걸러 술을 마셔요.
08	반면에 저는 맥주 한 잔만 마셔도 취하죠.
09	술을 잘 마시고 싶지만 그럴 수가 없습니다.
10	우리는 함께 소주 한 병만 마셨지만 제 얼굴은 빨갛게 변했어요.
11	우리는 산책을 하려고 공원에 갔죠.
12	공원에는 정원과 조각상 몇 점, 그리고 호수가 있었어요.
13	공원에 큰 놀이터가 있었습니다.
14	그곳에는 미끄럼틀과 그네, 정글짐이 있었고요.
15	우리는 한 시간 가량 걷다가 벤치에 앉았어요.
16	동생은 새들에게 모이를 주기 시작했죠.
17	한 2분쯤 지나자 우리가 있는 곳에 새떼가 몰려 왔어요.
18	제가 불안해서 우리는 그 공원에서 나오고 말았습니다.

좌측: ⏱ 1분 / 술고래인 남동생 / ⏱ 2분 / 공원에 있다 새들에게 놀라다

16

제한시간 **2**분

Step 2 한 문장 끊어 말하기

01	When I was five, * my parents wanted to have a baby boy.
02	I now have two brothers.
03	It is always crowded * in my house.
04	I gave my younger brother * the razor I bought * on the subway.
05	He liked it.
06	We went out * to have a drink.
07	My brother drinks like a fish * and he drinks * every other day.
08	On the other hand, * I get drunk * after only a glass of beer.
09	I want to drink well * but I just can't.
10	We only had one bottle of soju together * but my face turned red.
11	We went to the park * to take a walk.
12	In the park, * we could see a garden, * some statues, * and a lake.
13	There was a big playground * at the park.
14	It had slides, * swings, * and a jungle gym.
15	We walked * for about an hour * and sat on a bench.
16	My brother started to feed some birds.
17	About two minutes later, * a flock of birds came * to where we were.
18	I felt nervous * so we left the park.

1분

_____ _____, my parents wanted to _____

a _____ . I _____ two brothers. It is always

_____ my house. I gave my _____ brother the razor I

_____ the subway. He _____ it. We _____ _____ to

have _____ . My brother drinks _____

and he drinks every _____ . On _____ _____,

I _____ drunk after _____ beer. I

want to drink _____ but I just _____ . We _____ had one bottle

_____ soju together but my face _____ .

2분

We went to the park _____ take _____ . In the park, we

could _____ a _____, some _____, and _____ lake. There

was a big _____ at the park. It had _____, _____, and a jungle

gym. We _____ about an hour and _____ a

bench. My brother _____ to _____ some birds. _____ two

minutes _____, _____ of birds came to _____ we

were. I _____ so we _____ the park.

▶ 정답은 p.90을 확인하세요.

제가 다섯 살 때 저희 부모님은 아들이 있으면 하셨어요. 제게는 지금 남동생이 둘 있습니다. 저희 집은 언제나 북적거리죠. 저는 동생에게 지하철에서 산 면도기를 줬어요. 동생은 그것을 마음에 들어 했죠. 우리는 술을 마시러 밖으로 나갔습니다. 동생은 술고래인데 하루 걸러 술을 마셔요. 반면에 저는 맥주 한 잔만 마셔도 취하죠. 술을 잘 마시고 싶지만 그럴 수가 없습니다. 우리는 함께 소주 한 병만 마셨지만 제 얼굴은 빨갛게 변했어요.

우리는 산책을 하려고 공원에 갔죠. 공원에는 정원과 조각상 몇 점, 그리고 호수가 있었어요. 공원에 큰 놀이터가 있었습니다. 그곳에는 미끄럼틀과 그네, 정글짐이 있었고요. 우리는 한 시간 가량 걷다가 벤치에 앉았어요. 동생은 새들에게 모이를 주기 시작했죠. 한 2분쯤 지나자 우리가 있는 곳에 새떼가 몰려 왔어요. 제가 불안해서 우리는 그 공원에서 나오고 말았습니다.

DAY
04

2분 영어 말하기

다이어트와 자판기 Diets & Vending Machines

2분 영어 말하기 : **INPUT** : Day 4 + Day 21 + Day 33

🎧 Out 04-1.mp3

Step 1 우리말 보면서 듣기 🎧

1분	01	지난달에 저는 거의 매일 공원에 갔어요.
	02	살을 빼려고 결심해서 음식을 조금만 먹고 공원에서 규칙적으로 운동을 했죠.
	03	저는 매일 달리기 시작했습니다.
야식 때문에 실패한 내 다이어트	04	공원에는 다른 운동 기구들도 있었어요.
	05	그래서 달리기를 한 후에는 운동 기구들을 이용했죠.
	06	하지만 저는 밤늦게 먹는 것을 무척 좋아합니다.
	07	야식을 꽤 자주 먹었죠.
	08	전혀 살을 빼지 못하고 말았습니다.
2분	09	하루는 운동을 하고 나자 날씨가 찌는 듯이 더웠고 전 목이 많이 말랐어요.
	10	자판기를 발견하고서 시원한 소다 음료를 하나 마시려고 했죠.
	11	동전을 몇 개 넣었는데 자판기가 제 동전들을 먹어버리고 말았습니다.
내 성질을 돋운 건방진 자판기	12	화가 나서 자판기를 발로 찼어요.
	13	자판기가 동전을 뱉어내더군요.
	14	어쨌든 자판기에서 콜라는 품절이었습니다.
	15	공원에 식수대가 있었지만 저는 그 물을 먹고 탈이 날까 봐 걱정이 됐죠.
	16	그래서 그냥 집에 올 때까지 참았습니다.

20

제한시간 **2**분

> **Step 2** **한 문장 끊어 말하기** 👄

01	🔊 Last month, ＊ I went to the park ＊ almost every day.
02	🔊 I decided to lose weight ＊ so I ate small portions of food ＊ and exercised at the park regularly.
03	🔊 I started to run every day.
04	🔊 The park also has some exercise machines.
05	🔊 So I used the machines ＊ after running.
06	🔊 However, ＊ I love to eat ＊ late at night.
07	🔊 I ate late-night snacks ＊ quite often.
08	🔊 I failed to lose any weight.
09	🔊 One day, ＊ after exercising, ＊ the weather was boiling hot ＊ and I was so thirsty.
10	🔊 I found a vending machine ＊ and tried to get a cold soda.
11	🔊 I put some coins in, ＊ but the vending machine ate my coins.
12	🔊 I was upset ＊ and gave it a kick.
13	🔊 It spat out my coins.
14	🔊 The vending machine ＊ was out of Coke ＊ anyway.
15	🔊 There was a water fountain ＊ in the park ＊ but I was worried ＊ about getting sick from the water.
16	🔊 So I just waited ＊ until I got home.

21

1분

_____ month, I went _____ the park _____ every day. I decided to _____ _____ so I _____ small _____ of food and exercised at the park _____. I started to _____ _____ _____ _____. The park also has some _____ _____. So I used the machines _____ running. However, I love to eat _____ _____ _____. I ate late-night _____ _____ _____. I _____ _____ lose any weight.

2분

_____ day, after _____, the _____ was _____ hot and I was so _____. I _____ a _____ machine and tried to _____ a cold _____. I _____ some coins _____, but the _____ machine _____ my _____. I was _____ and _____ _____. It _____ my coins. _____ machine was _____ _____ _____ anyway. There was a water _____ in the park but I was _____ about _____ _____ _____ the water. So I just _____ _____ I _____ home.

▶ 정답은 p.91을 확인하세요.

지난달에 저는 거의 매일 공원에 갔어요. 살을 빼려고 결심해서 음식을 조금만 먹고 공원에서 규칙적으로 운동을 했죠. 저는 매일 달리기 시작했습니다. 공원에는 다른 운동 기구들도 있었어요. 그래서 달리기를 한 후에는 운동 기구들을 이용했죠. 하지만 저는 밤늦게 먹는 것을 무척 좋아합니다. 야식을 꽤 자주 먹었죠. 전혀 살을 빼지 못하고 말았습니다.

하루는 운동을 하고 나자 날씨가 찌는 듯이 더웠고 전 목이 많이 말랐어요. 자판기를 발견하고서 시원한 소다 음료를 하나 마시려고 했죠. 동전을 몇 개 넣었는데 자판기가 제 동전들을 먹어버리고 말았습니다. 화가 나서 자판기를 발로 찼어요. 자판기가 동전을 뱉어내더군요. 어쨌든 자판기에서 콜라는 품절이었습니다. 공원에 식수대가 있었지만 저는 그 물을 먹고 탈이 날까 봐 걱정이 됐죠. 그래서 그냥 집에 올 때까지 참았습니다.

DAY
05

2분 영어 말하기

일요일에 하는 일 On Sunday

2분 영어 말하기 : INPUT : Day 7 + Day 13 + Day 35

🎧 Out 05-1.mp3

Step 1 **우리말 보면서 듣기** 👂

1분 목욕탕에 가다	01	전 목욕탕에 가는 걸 좋아해서 달리기를 하고 난 후 동네 목욕탕에 갑니다.
	02	그곳에 갈 때면 항상 갈아입을 속옷을 챙겨서 가죠.
	03	다이어트 중이기 때문에 체중을 재보았어요.
	04	몸무게를 재기 전에 옷을 다 벗어서 사물함에 넣었습니다.
	05	목욕하는 동안 사물함 열쇠를 손목에 두르고 있었죠.
	06	온탕이 너무 뜨거워 들어갈 수가 없어서 저는 욕탕에 발과 다리만 담갔어요.
	07	목욕을 한 후에 집으로 돌아왔습니다.
2분 일요일 저녁, 가족과 함께 식사하다	08	집에 돌아왔을 때, 엄마는 설거지를 하고 계셨죠.
	09	엄마를 도와드리고 싶어서 청소기를 돌리고 바닥에 걸레질도 했습니다.
	10	제가 엄마를 도와드리는 동안 남동생은 쓰레기를 내다 버렸어요.
	11	아빠는 꽃에 물 주는 일만 하시고는 당신이 엄마를 도와줬다고 말했습니다.
	12	집안일을 한 후 우리는 모여서 함께 저녁을 먹었죠.
	13	모두가 무척 바쁘기 때문에 주중에는 거의 서로의 얼굴을 볼 수가 없어요.
	14	그래서 우리 가족은 항상 일요일 저녁에 가족 저녁식사를 하죠.
	15	저녁을 먹으면서 서로의 일상에 관해 알아갑니다.

24

제한시간 **2**분

Step 2 한 문장 끊어 말하기 😋

01 I like to go to a public bath, * so I go to one * in my neighborhood * after running.

02 When I go there, * I always bring a change of underwear.

03 Since I was on a diet, * I checked my weight.

04 I took all my clothes off * and put them in a locker * before weighing myself.

05 I wore the locker key * around my wrist * while bathing.

06 The hot tubs were too hot * for me to go in, * so I dipped * my feet and legs into a tub.

07 After bathing, * I went back home.

08 When I got home, * my mom was doing the dishes.

09 I wanted to help her * so I vacuumed * and mopped the floor.

10 While I was helping her, * my brother took out the garbage.

11 My dad only watered the flowers * and he said * he helped Mom.

12 After doing house chores, * we gathered around * and had dinner.

13 Everyone is so busy * that we barely see each other * during the week.

14 So we always have family dinner * on Sunday night.

15 We catch up on each other's lives * over dinner.

1분

I like to go to a _____ _____ , so I _____ one _____ my neighborhood _____ . When I go there, I always _____ a _____ of _____ . Since I was _____ , I _____ my weight. I _____ all my clothes _____ and put them _____ a _____ before _____ . I _____ the locker key _____ my _____ while _____ . The _____ were too hot _____ me to _____ , so I _____ my feet and legs _____ . After bathing, I _____ home.

2분

When I _____ home, my mom was _____ _____ . I _____ to help her so I _____ and _____ the floor. While I was _____ her, my brother _____ _____ . My dad only _____ _____ and he said he _____ Mom. After _____ house _____ , we _____ and had dinner. _____ is so busy that we _____ _____ each other _____ _____ _____ . So we always have _____ Sunday night. We _____ _____ each other's lives _____ dinner.

▶ 정답은 p.92를 확인하세요.

전 목욕탕에 가는 걸 좋아해서 달리기를 하고 난 후 동네 목욕탕에 갑니다. 그곳에 갈 때면 항상 갈아입을 속옷을 챙겨서 가죠. 다이어트 중이기 때문에 체중을 재보았어요. 몸무게를 재기 전에 옷을 다 벗어서 사물함에 넣었습니다. 목욕하는 동안 사물함 열쇠를 손목에 두르고 있었죠. 온탕이 너무 뜨거워 들어갈 수가 없어서 저는 욕탕에 발과 다리만 담갔어요. 목욕을 한 후에 집으로 돌아왔습니다.

집에 돌아왔을 때, 엄마는 설거지를 하고 계셨죠. 엄마를 도와드리고 싶어서 청소기를 돌리고 바닥에 걸레질도 했습니다. 제가 엄마를 도와드리는 동안 남동생은 쓰레기를 내다 버렸어요. 아빠는 꽃에 물 주는 일만 하시고는 당신이 엄마를 도와줬다고 말했습니다. 집안일을 한 후 우리는 모여서 함께 저녁을 먹었죠. 모두가 무척 바쁘기 때문에 주중에는 거의 서로의 얼굴을 볼 수가 없어요. 그래서 우리 가족은 항상 일요일 저녁에 가족 저녁식사를 하죠. 저녁을 먹으면서 서로의 일상에 관해 알아갑니다.

DAY 06

2분 영어 말하기
유흥 Entertainment

2분 영어 말하기 : INPUT : Day 3 + Day 23

Out 06-1.mp3

	Step 1	우리말 보면서 듣기

	01	지난 주말에 저는 친구들과 함께 놀이공원에 갔어요.
1분	02	가격이 더 저렴하기 때문에 저는 일일 이용권을 끊었죠.
	03	저는 새로운 롤러코스터를 탔어요.
	04	그걸 타려고 줄을 서서 한 시간 기다렸는데 정작 탄 시간은 고작 30초였습니다.
비 때문에 망친 놀이공원	05	제가 지금까지 타 본 것 중에서 가장 짜릿한 롤러코스터였어요.
	06	그것을 타고 난 후 저는 속이 메슥거렸습니다.
	07	갑자기 비가 내리기 시작했어요.
	08	전 놀이기구를 몇 개밖에 타지 못했죠.
	09	우리는 매우 실망해서 노래방에 가기로 했어요.
2분	10	저는 스트레스를 풀기 위해 노래 부르는 것을 좋아해요.
	11	그 노래방에 꽤 자주 가기 때문에 노래방 주인이 공짜로 시간을 추가해 주었죠.
	12	우리는 춤추고 탬버린을 쳤습니다.
노래방에서 스트레스 훨훨!	13	그런데 제 친구가 노래를 시작하더니 그만두려고 하지를 않았어요.
	14	친구의 노래가 흥겹지 않았습니다.
	15	모두들 서로 이야기 중이었습니다.
	16	전 더 이상 참을 수가 없어서 노래를 꺼버렸죠.
	17	계속 되게 크게 소리 지르며 노래를 불러서 다음 날 아침 제 목소리가 쉬고 말았어요.

제한시간 **2**분

Step 2 한 문장 끊어 말하기

01	🔊	Last weekend, * I went to an amusement park * with my friends.
02	🔊	I bought a daily ticket * because it was cheaper.
03	🔊	I went on a new roller coaster.
04	🔊	I waited in line * for an hour * to go on the ride, * but the ride was only 30 seconds long.
05	🔊	It was the most hair-raising roller coaster * I have ever gone on.
06	🔊	I felt nauseous * after the ride.
07	🔊	It suddenly started * to rain.
08	🔊	I could only go on a few rides.
09	🔊	We were so disappointed * that we decided to go to a singing room.
10	🔊	I like to sing * to release stress.
11	🔊	Since I go to the singing room * quite often, * the owner gave us some extra time * for free.
12	🔊	We were dancing * and playing the tambourine.
13	🔊	However, * my friend started to sing * and he wouldn't stop.
14	🔊	It was not enjoyable.
15	🔊	Everyone was talking.
16	🔊	I couldn't stand it anymore * so I just turned the song off.
17	🔊	The next morning * my voice was gone * because I kept singing so loudly.

1분

Last weekend, I _____ to _____ _____ park with my friends. I
_____ a _____ ticket because it was _____ . I _____
a new _____ . I _____ _____ an hour
to go _____ _____ , but the ride was only 30 _____
. It was the _____ roller coaster I have _____
_____ . I felt _____ after the ride. It _____ started to
_____ . I could only go on _____ _____ _____ . We were so
_____ that we _____ _____ to a singing room.

2분

I like to sing to _____ _____ . _____ I go to the singing room
_____ _____ , the _____ gave us some _____ _____
for _____ . We _____ dancing and _____ _____ _____ .
However, my friend _____ to sing and he _____ _____ . It was
not _____ . Everyone was _____ . I couldn't _____ it _____ so
I just _____ _____ _____ . _____ _____ _____
my voice _____ _____ because I kept _____ so _____ .

▶ 정답은 p.92를 확인하세요.

지난 주말에 저는 친구들과 함께 놀이공원에 갔어요. 가격이 더 저렴하기 때문에 저는 일일 이용권을 끊었죠. 저는 새로운 롤러코스터를 탔어요. 그걸 타려고 줄을 서서 한 시간 기다렸는데 정작 탄 시간은 고작 30초였습니다. 제가 지금까지 타 본 것 중에서 가장 짜릿한 롤러코스터였어요. 그것을 타고 난 후 저는 속이 메슥거렸습니다. 갑자기 비가 내리기 시작했어요. 전 놀이기구를 몇 개밖에 타지 못했죠. 우리는 매우 실망해서 노래방에 가기로 했어요.

저는 스트레스를 풀기 위해 노래 부르는 것을 좋아해요. 그 노래방에 꽤 자주 가기 때문에 노래방 주인이 공짜로 시간을 추가해 주었죠. 우리는 춤추고 탬버린을 쳤습니다. 그런데 제 친구가 노래를 시작하더니 그만두려고 하지를 않았어요. 친구의 노래가 흥겹지 않았습니다. 모두들 서로 이야기 중이었습니다. 전 더 이상 참을 수가 없어서 노래를 꺼버렸죠. 계속 되게 크게 소리 지르며 노래를 불러서 다음 날 아침 제 목소리가 쉬고 말았어요.

2분 영어 말하기
이번 주말에 This Weekend

2분 영어 말하기 : **INPUT** : Day 5 + Day 10 + Day 14

🎧 Out 07-1.mp3

Step 1 우리말 보면서 듣기 🎧

1분

간만에 맛본
독서의 여유

01	저는 독서와 글쓰기를 좋아합니다.
02	조용하고 편안한 장소에 있을 때 독서를 하기 때문에 주로 제 방에서 책을 읽죠.
03	책을 읽으면 멋진 아이디어들이 떠오릅니다.
04	제 생각에 독서가 상상력 증진에 도움이 되는 것 같더라고요.
05	일전에 서점에서 책을 빠르게 훑어보던 중이었어요.
06	제 마음에 드는 문구를 발견하고 그 책을 구매했죠.
07	심지어 할인 중이어서 기분이 좋았어요.
08	이번 주에는 여유로운 주말을 보내고 싶어서 집에서 그 책을 읽기로 했습니다.

2분

친구와의 약속을
깜박하다

09	흥미로운 소설책을 읽고 나서 저는 독후감을 썼습니다.
10	문제는 제가 책을 읽는 동안 친구와 저녁 먹기로 한 약속을 완전히 잊어버렸다는 거예요.
11	주중에는 피곤하기 때문에 전 약속을 주말에만 잡습니다.
12	잘 잊어버리기 때문에 심지어 그것을 적어 두기까지 했죠.
13	제 휴대전화는 꺼져 있었고 저는 그 친구를 바람맞혔어요.
14	친구에게 너무나 미안한 마음이 들었습니다.
15	친구에게 전화했지만 친구는 매우 화가 난 목소리였죠.
16	저는 무서웠습니다.

제한시간 **2**분

Step 2 한 문장 끊어 말하기 😊

01	🔊 I like to read and write.
02	🔊 I read books * when I am in a quiet and comfortable place, * so I usually read books * in my room.
03	🔊 When I read, * great ideas come to me.
04	🔊 I think * reading helps the imagination grow.
05	🔊 I was at the bookstore * the other day * and was having a quick look * through this book.
06	🔊 I found a quote * that I liked * so I bought the book.
07	🔊 It was even on sale * so I felt good.
08	🔊 This week, * I wanted to have a relaxing weekend * so I decided to read the book * at home.
09	🔊 After reading the interesting novel, * I wrote a book report on it.
10	🔊 The problem was * that I totally forgot * about having dinner with my friend * while reading the book.
11	🔊 I make plans * only for the weekend * because I am tired * during the weekdays.
12	🔊 I even wrote it down * because I easily forget things.
13	🔊 My phone was dead * and I stood her up.
14	🔊 I felt so sorry for her.
15	🔊 I called her * but she sounded really mad.
16	🔊 I was scared.

Step 3 들으면서 따라 말하기 😁

1분

I like to _____ and _____. I read books when I am _____ _____ and _____ place, so I usually read books _____. _____ I read, great _____. I think reading _____. I was at the bookstore _____ and was having _____ this book. I found _____ so I bought the book. It was _____ so I _____. This week, I wanted to have _____ so I _____ read the book _____ home.

2분

_____ reading the _____, I wrote _____. The _____ was that I totally _____ having _____ with my friend _____ the book. I _____ the weekend because I _____ _____ the _____. I even _____ because I _____ things. My phone was _____ and I _____ her _____. I _____ so sorry _____ her. I _____ her but she _____ really _____. I was _____.

▶ 정답은 p.93을 확인하세요.

저는 독서와 글쓰기를 좋아합니다. 조용하고 편안한 장소에 있을 때 독서를 하기 때문에 주로 제 방에서 책을 읽죠. 책을 읽으면 멋진 아이디어들이 떠오릅니다. 제 생각에 독서가 상상력 증진에 도움이 되는 것 같더라고요. 일전에 서점에서 책을 빠르게 훑어보던 중이었어요. 제 마음에 드는 문구를 발견하고 그 책을 구매했죠. 심지어 할인 중이어서 기분이 좋았어요. 이번 주에는 여유로운 주말을 보내고 싶어서 집에서 그 책을 읽기로 했습니다.

흥미로운 소설책을 읽고 나서 저는 독후감을 썼습니다. 문제는 제가 책을 읽는 동안 친구와 저녁 먹기로 한 약속을 완전히 잊어버렸다는 거예요. 주중에는 피곤하기 때문에 전 약속을 주말에만 잡습니다. 잘 잊어버리기 때문에 심지어 그것을 적어 두기까지 했죠. 제 휴대전화는 꺼져 있었고 저는 그 친구를 바람맞혔어요. 친구에게 너무나 미안한 마음이 들었습니다. 친구에게 전화했지만 친구는 매우 화가 난 목소리였죠. 저는 무서웠습니다.

DAY 08

2분 영어 말하기

어느 여름날 밤 One Summer Night

2분 영어 말하기 : INPUT : Day 12 + Day 22 + Day 24

🎧 Out 08-1.mp3

		Step 1 우리말 보면서 듣기 🎧
	01	친구와 통화한 후, 저는 잠자리에 들었습니다.
	02	최근 들어 날씨가 매우 덥네요.
	03	며칠 전에는 더위를 먹어 실제로 아프기도 했어요.
1분	04	하지만 일교차가 커서 밤에는 꽤 쌀쌀하죠.
모기 때문에 망쳐버린 내 소중한 잠	05	저는 모기에 잘 물리는 편이라 모기를 싫어합니다.
	06	지난밤에는 모기 때문에 잠을 잘 수가 없었어요.
	07	잠귀가 밝은 편이어서 저는 그냥 침대에서 나와 TV를 봤습니다.
	08	TV를 보고 있는데 남동생 방에서 동생이 코고는 소리가 들렸어요.
	09	동생은 잘 때 이도 가는 것 같습니다.
2분	10	저는 TV를 끄고 다시 방으로 돌아왔어요.
	11	여전히 잠들 수가 없었습니다.
휴대폰으로 영화를 보다	12	그래서 제 휴대전화로 영화를 한 편 봤어요.
	13	휴대전화에 영화를 받아놓지 않아서 유튜브에서 영화를 봤죠.
	14	이번 달에는 인터넷 데이터를 너무 많이 써서 엄청난 액수의 청구서를 받을 것 같네요.

제한시간 **2**분

Step 2 한 문장 끊어 말하기 😊

01 🔊 After talking to a friend, * I went to bed.

02 🔊 Recently, * it has been really hot.

03 🔊 I actually got sick * from the heat * a few days ago.

04 🔊 However, * there is a wide temperature range, * so it is quite chilly * at night.

05 🔊 I hate mosquitoes * because I get easily bitten by them.

06 🔊 I couldn't sleep last night * because of the mosquitoes.

07 🔊 I am a light sleeper * so I just got out of bed * and watched TV.

08 🔊 When I was watching TV, * I could hear my brother snoring * from his room.

09 🔊 I think * he also grinds his teeth * in his sleep.

10 🔊 I turned off the TV * and came back to my room.

11 🔊 I still couldn't fall asleep.

12 🔊 So I watched a movie * on my phone.

13 🔊 Since I hadn't downloaded any movies * on my phone, * I just watched a movie * on YouTube.

14 🔊 I think * I will end up * receiving an enormous bill * this month * because I used too much data * for the Internet.

After _____ a friend, I _____ bed. _____,
it has been really _____. I actually _____ the
_____ a few days ago. However, there is _____
_____, so it is _____ at night. I hate _____ because
I _____ easily _____ them. I _____ sleep last night
_____ the _____. I am a _____ so I just
_____ and watched _____. _____ I
was watching TV, I could _____ my _____ his
room. I think he also _____ his sleep.

I _____ the TV and _____ my room.
I _____ couldn't _____. So I watched a movie _____
my _____. Since I _____ any movies _____ my
phone, I just _____ a movie _____ YouTube. I think I will _____
_____ an _____ this month because I used too
_____ the Internet.

▶ 정답은 p.94를 확인하세요.

친구와 통화한 후, 저는 잠자리에 들었습니다. 최근 들어 날씨가 매우 덥네요. 며칠 전에는 더위를 먹어 실제로 아프기도 했어요. 하지만 일교차가 커서 밤에는 꽤 쌀쌀하죠. 저는 모기에 잘 물리는 편이라 모기를 싫어합니다. 지난밤에는 모기 때문에 잠을 잘 수가 없었어요. 잠귀가 밝은 편이어서 저는 그냥 침대에서 나와 TV를 봤습니다. TV를 보고 있는데 남동생 방에서 동생이 코고는 소리가 들렸어요. 동생은 잘 때 이도 가는 것 같습니다.

저는 TV를 끄고 다시 방으로 돌아왔어요. 여전히 잠들 수가 없었습니다. 그래서 제 휴대전화로 영화를 한 편 봤어요. 휴대전화에 영화를 받아놓지 않아서 유튜브에서 영화를 봤죠. 이번 달에는 인터넷 데이터를 너무 많이 써서 엄청난 액수의 청구서를 받을 것 같네요.

DAY 09

2분 영어 말하기

피곤했던 하루 A Tiring Day

2분 영어 말하기 : **INPUT** : Day 29 + Day 34

🎧 Out 09-1.mp3

Step 1 **우리말 보면서 듣기** 👂👂

1분 동생의 형편없는 운전 실력	01	남동생은 운전면허를 따고 싶어 했어요.
	02	동생은 지난달에 시험을 보았고 필기 시험과 기술 시험, 도로 주행 시험까지 모두 한 번에 붙었죠.
	03	저는 동생이 자랑스러웠습니다.
	04	오늘 동생이 엄마 차로 저를 데리고 나갔습니다.
	05	그 차를 타는 게 조금은 긴장되었죠.
	06	동생은 미숙한 운전 실력 탓에 계속해서 브레이크를 밟았다가 떼었다가 했습니다.
	07	또 턴을 할 때 깜박이 켜는 것을 잊어버렸죠.
	08	우린 가벼운 사고가 날 뻔했습니다.
	09	저는 차에서 내리고 싶었어요.
2분 산 넘어 산, 주유소에서도 헤매다	10	우리는 집에 가기 전에 주유소에 갔습니다.
	11	동생은 기름 탱크가 차 어느 쪽에 있는지도 몰라서 반대 방향으로 차를 댔죠.
	12	북적거리는 주유소에서 차 방향을 바꾸는 것이 짜증스러웠습니다.
	13	주유를 한 후 주유소에서 무료로 휴지 한 팩을 줬어요.
	14	그것 때문에 기분이 좀 나아졌죠.
	15	집에 와서 제 방 어항의 물을 갈아주고 잠자리에 들었습니다.
	16	무척이나 피곤한 하루였어요.

제한시간 **2**분

Step 2 한 문장 끊어 말하기 👄

01	🔊	My brother wanted * to get a driver's license.
02	🔊	He took the test * last month * and he passed the written test, * the skill test, * and the driving test * all on his first try.
03	🔊	I was proud of him.
04	🔊	He took me out today * with my mom's car.
05	🔊	I was a bit nervous * to get in the car.
06	🔊	He kept stepping on and off the brake * because of his poor driving skills.
07	🔊	He also forgot to turn on the blinker * when he made a turn.
08	🔊	We almost got into a minor accident.
09	🔊	I wanted to get out.
10	🔊	We went to the gas station * before we went home.
11	🔊	My brother didn't know * which side of the car * the tank was on * and he pulled up * on the wrong side.
12	🔊	It was frustrating * to switch sides * at the busy gas station.
13	🔊	After pumping gas, * they gave us a pack of tissues * for free.
14	🔊	It made me feel better.
15	🔊	When I got home, * I changed the water in the fishbowl * in my room * and went to bed.
16	🔊	It was a very tiring day.

1분

My brother _____ to _____ a _____ license. He _____
_____ last month and he _____ the _____ test, the
_____ test, and the _____ test all _____
_____. I was _____ of him. He _____ _____ today
with my mom's car. I was a bit _____ to _____ _____ the car.
He kept _____ _____ and _____ the brake because of his
_____ skills. He also forgot to _____
_____ when he _____ a turn. We almost _____ _____
_____ minor accident. I wanted to _____ _____ .

2분

We went to the _____ _____ before we _____ _____ . My
brother didn't know _____ _____ of the car the _____ _____
_____ and he _____ _____ _____ _____ wrong side.
It was _____ to _____ _____ at the busy gas station. After
_____ _____ , they gave us a _____ of tissues _____ .
It made me _____ _____ . When I _____ home, I _____ the
water in the _____ in my room and _____ _____ bed. It was a
_____ _____ day.

▶ 정답은 p.95를 확인하세요.

남동생은 운전면허를 따고 싶어 했어요. 동생은 지난달에 시험을 보았고 필기 시험과 기술 시험, 도로 주행 시험까지 모두 한 번에 붙었죠. 저는 동생이 자랑스러웠습니다. 오늘 동생이 엄마 차로 저를 데리고 나갔습니다. 그 차를 타는 게 조금은 긴장되었죠. 동생은 미숙한 운전 실력 탓에 계속해서 브레이크를 밟았다가 떼었다가 했습니다. 또 턴을 할 때 깜박이 켜는 것을 잊어버렸죠. 우린 가벼운 사고가 날 뻔했습니다. 저는 차에서 내리고 싶었어요.

우리는 집에 가기 전에 주유소에 갔습니다. 동생은 기름 탱크가 차 어느 쪽에 있는지도 몰라서 반대 방향으로 차를 댔죠. 북적거리는 주유소에서 차 방향을 바꾸는 것이 짜증스러웠습니다. 주유를 한 후 주유소에서 무료로 휴지 한 팩을 줬어요. 그것 때문에 기분이 좀 나아졌죠. 집에 와서 제 방 어항의 물을 갈아주고 잠자리에 들었습니다. 무척이나 피곤한 하루였어요.

2분 영어 말하기
온라인 세상 Online World

2분 영어 말하기 : **INPUT** : Day 15 + Day 18

🎧 Out 10-1.mp3

Step 1 우리말 보면서 듣기 🎧

	01	아침에 일어나서 맨 처음에 하는 일은 컴퓨터를 켜는 거죠.
	02	저는 먼저 이메일을 확인합니다.
	03	고객들과 주로 이메일로 이야기를 나누거든요.
1분 지긋지긋한 스팸 메일	04	한번은 아이디와 비밀번호를 완전히 잊어버려서 이메일을 하나도 확인할 수 없던 적이 있었어요.
	05	제가 너무 바보 같은 기분이 들더군요.
	06	오늘 아침에 이메일을 한 통 받았는데 발신자가 누구인지 알 수가 없었습니다.
	07	스팸 메일인 것 같아서 삭제했죠.
	08	하지만 알고 보니 그 메일은 친구에게서 온 것이었습니다.
	09	저는 대출업체와 성인 사이트에서 스팸 메일을 너무 많이 받습니다.
	10	정말 귀찮습니다.
2분 컴퓨터 뒤에 숨은 이상한 사람들	11	저는 최근에 온라인 독서모임에 가입했어요.
	12	우리는 한 달에 한 번 모이는 정기 모임을 갖습니다.
	13	독서 토론 중에 계속 자기 목소리를 높이는 한 회원이 있었어요.
	14	사람들이 자기 의견에 동의하지 않으면 그는 심지어 사람들에게 욕을 하기도 했습니다.
	15	모임 운영자는 결국 그 사람을 모임에서 강퇴시키고 말았죠.

제한시간 2분

Step 2 한 문장 끊어 말하기

01 When I wake up * in the morning, * the first thing I do * is turn on the computer.

02 I first check my emails.

03 I usually talk to my clients * through email.

04 I once totally forgot * my ID and password, * so I couldn't check any of my emails.

05 I felt so stupid.

06 I received an email * this morning * but didn't know * who the sender was.

07 I thought * it was a spam mail * so I deleted it.

08 However, * it turned out * that the email was from a friend.

09 I get too many spam mails * from loan services * and adult websites.

10 They are so annoying.

11 I recently joined an online book club.

12 We have a regular get-together * where we meet up * once a month.

13 There was a member of the book club * who constantly raised his voice * during the book discussion.

14 When some people didn't agree * with his opinions, * he even cursed at them.

15 The club manager ended up * kicking him * out of the club.

45

1분

When I _____ the morning, the _____
I do is _____ the computer. I _____ my emails.
I usually _____ to my _____ email. I _____ totally
_____ my ID and password, so I _____ any of
emails. I felt so _____. I _____ an email _____ morning but
didn't know _____ the _____. I _____ it was a
_____ mail so I _____ it. However, it _____ that the
email _____ friend. I get too _____
mails _____ services and _____ websites. They are so
_____.

2분

I recently _____ an online book _____. We have a _____
_____ where we _____ a month. There was
a _____ the book club who constantly _____
_____ during the book _____. When _____ people didn't
_____ his _____, he even _____ them.
The club manager _____ him _____
the club.

▶ 정답은 p.95를 확인하세요.

아침에 일어나서 맨 처음에 하는 일은 컴퓨터를 켜는 거죠. 저는 먼저 이메일을 확인합니다. 고객들과 주로 이메일로 이야기를 나누거든요. 한번은 아이디와 비밀번호를 완전히 잊어버려서 이메일을 하나도 확인할 수 없던 적이 있었어요. 제가 너무 바보 같은 기분이 들더군요. 오늘 아침에 이메일을 한 통 받았는데 발신자가 누구인지 알 수가 없었습니다. 스팸 메일인 것 같아서 삭제했죠. 하지만 알고 보니 그 메일은 친구에게서 온 것이었습니다. 저는 대출업체와 성인 사이트에서 스팸 메일을 너무 많이 받습니다. 정말 귀찮습니다.

저는 최근에 온라인 독서모임에 가입했어요. 우리는 한 달에 한 번 모이는 정기 모임을 갖습니다. 독서 토론 중에 계속 자기 목소리를 높이는 한 회원이 있었어요. 사람들이 자기 의견에 동의하지 않으면 그는 심지어 사람들에게 욕을 하기도 했습니다. 모임 운영자는 결국 그 사람을 모임에서 강퇴시키고 말았죠.

DAY
11

2분 영어 말하기
패스트푸드점과 헬스클럽 Fast Food Restaurants & Gyms

2분 영어 말하기 : INPUT : Day 17 + Day 39   🎧 Out 11-1.mp3

Step 1 **우리말 보면서 듣기** 🎧

⏱ 1분 값싸고 리필 가능한 패스트푸드점	01	인터넷을 몇 시간 한 후에 전 점심을 먹으러 패스트푸드점에 갔어요.
	02	맥도날드에 가면 전 항상 세트 메뉴를 시킵니다.
	03	치즈버거, 콜라, 감자튀김이 5,000원이죠.
	04	감자튀김을 양파링이나 콘샐러드로 바꿀 수도 있어요.
	05	맥도날드에서는 오전 11시부터 오후 2시까지 런치 메뉴를 50% 할인된 가격에 제공합니다.
	06	소다 음료를 무료로 리필해 주기도 해요.
	07	아주 좋습니다.
⏱ 2분 우리 동네 헬스클럽	08	점심을 먹은 후 저는 헬스클럽에 갔어요.
	09	한 달 전부터 헬스클럽에 다니기 시작했죠.
	10	우리 동네에 새로 생긴 헬스클럽입니다.
	11	이 동네의 다른 헬스클럽보다 조금 더 비싸기는 하지만 이곳에는 한증막과 건식 사우나가 있죠.
	12	헬스클럽에 처음 가입했을 때는 개인 트레이너와 운동하고 싶었지만 한 달에 30만 원을 내야 했습니다.
	13	그럴 형편이 안 돼서 포기했어요.
	14	헬스클럽에서 운동하면 좋은 점 중의 하나는 어떤 날씨에서도 운동을 할 수 있다는 점인 것 같습니다.

제한시간 **2**분

Step 2 한 문장 끊어 말하기 👄

01	🔊 After surfing the Internet * for a few hours, * I went to a fast food restaurant * to have lunch.
02	🔊 When I go to McDonald's, * I always order a combo meal.
03	🔊 It is 5,000 won for a cheeseburger, * a Coke, * and French fries.
04	🔊 I can switch fries * to onion rings or corn salad.
05	🔊 McDonald's offers the lunch menu * at 50% off * from 11:00 a.m. to 2 p.m.
06	🔊 They also give free soft drink refills.
07	🔊 It is great.
08	🔊 After lunch, * I went to the gym.
09	🔊 I started to go to the gym * a month ago.
10	🔊 It is a brand-new gym * in my neighborhood.
11	🔊 Although it is a bit more expensive * than other gyms * in the area, * it has both steam and dry saunas.
12	🔊 When I first joined the gym, * I wanted to work out * with a personal trainer, * but I had to pay * 300,000 won per month.
13	🔊 I couldn't afford that, * so I gave up.
14	🔊 I think * one of the best things * about working out at a gym * is that I can work out * in any weather condition.

49

After .... the Internet .... few ...., I went to a

.... to have lunch. When I go to McDonald's,

I always .... a .... meal. It is 5,000 won ....

cheeseburger, a ...., and French fries. I can .... fries

.... onion rings .... corn salad. McDonald's .... the

lunch menu .... 50% .... from 11:00 a.m. .... 2 p.m.

They also give .... soft drink .... It is ....

After lunch, I .... the gym. I started to go to ....

.... a .... It is a .... gym in my ....

Although it is a .... more .... than other gyms

.... area, it has both .... and dry .... When I

.... the gym, I wanted to .... with a .... trainer,

but I .... pay 300,000 won .... month. I couldn't

.... that, so I .... I think .... the best

.... about .... at a gym is .... I can work out

.... condition.

▶ 정답은 p.96을 확인하세요.

인터넷을 몇 시간 한 후에 전 점심을 먹으러 패스트푸드점에 갔어요. 맥도날드에 가면 전 항상 세트 메뉴를 시킵니다. 치즈버거, 콜라, 감자튀김이 5,000원이죠. 감자튀김을 양파링이나 콘샐러드로 바꿀 수도 있어요. 맥도날드에서는 오전 11시부터 오후 2시까지 런치 메뉴를 50% 할인된 가격에 제공합니다. 소다 음료를 무료로 리필해 주기도 해요. 아주 좋습니다.

점심을 먹은 후 저는 헬스클럽에 갔어요. 한 달 전부터 헬스클럽에 다니기 시작했죠. 우리 동네에 새로 생긴 헬스클럽입니다. 이 동네의 다른 헬스클럽보다 조금 더 비싸기는 하지만 이곳에는 한증막과 건식 사우나가 있죠. 헬스클럽에 처음 가입했을 때는 개인 트레이너와 운동하고 싶었지만 한 달에 30만 원을 내야 했습니다. 그럴 형편이 안 돼서 포기했어요. 헬스클럽에서 운동하면 좋은 점 중의 하나는 어떤 날씨에서도 운동을 할 수 있다는 점인 것 같습니다.

DAY 12

2분 영어 말하기
편의점에서 At the Convenience Store

2분 영어 말하기 : INPUT : Day 19

🎧 Out 12-1.mp3

Step 1 **우리말 보면서 듣기** 🎧

1분

종종 애용하는
편의점

01	헬스클럽에서 집에 가는 길에 편의점에 들렀어요.
02	24시간 열기 때문에 편의점을 이용하는 것이 좋습니다.
03	편의점에서는 주로 스낵, 음료, 세면용품, 문구류, 즉석 식품을 팔죠.
04	저는 종종 주먹밥과 컵라면을 삽니다.
05	건강에는 안 좋을 수도 있지만 맛은 매우 좋죠.
06	운동한 후라 너무 더워서 맥주를 마시기로 했습니다.

2분

편의점에서
우연히 친구를
만나다

07	편의점 밖에 탁자가 하나 있어서 저는 거기에 앉아 맥주와 과자를 먹고 있었죠.
08	갑자기 비가 내리기 시작했습니다.
09	저는 가게 안으로 다시 들어가 우산을 하나 샀습니다.
10	계산대에서 우산 값을 내고 있는데 우연히 친구를 만났어요.
11	그 친구는 담배 한 갑을 사려고 온 거였죠.
12	담배는 계산대 뒤편에 놓고 팔기 때문에 고객들은 계산원에게 담배를 달라고 부탁해야 합니다.
13	그래서 그 친구는 제가 계산을 다 마칠 때까지 기다려야 했어요.

제한시간 **2**분

Step 2 한 문장 끊어 말하기 👄

01   🔊 On my way home * from the gym, * I stopped by a convenience store.

02   🔊 I like to use the convenience stores * because they are open 24 hours.

03   🔊 They mainly sell snacks, * beverages, * toiletries, * stationery, * and instant food.

04   🔊 I often buy Korean rice balls * and instant cup noodles.

05   🔊 They might not be good * for my health * but they certainly taste good.

06   🔊 I was so hot * after working out * that I decided to have some beers.

07   🔊 There was a table * outside the convenience store, * so I sat there * and had beers and snacks.

08   🔊 It suddenly started to rain.

09   🔊 I went back into the store * and bought an umbrella.

10   🔊 When I was at the cashier * paying for the umbrella, * I ran into a friend.

11   🔊 He came to buy a pack of cigarettes.

12   🔊 Cigarettes are sold behind the counter * where customers would have to * ask the cashier for them.

13   🔊 So he had to wait * until I was done paying.

53

1분

_____ my way _____ _____ the gym, I stopped _____ a convenience store. I like to _____ the convenience stores _____ they _____ 24 hours. They _____ sell snacks, _____, _____, _____ and instant food. I _____ _____ Korean rice balls and instant cup noodles. They _____ _____ _____ good _____ my _____ but they _____ taste good. I was so _____ _____ out that I _____ _____ have some beers.

2분

_____ was a table _____ the convenience store, so I _____ _____ and _____ beers and snacks. It _____ started to _____. I _____ _____ the store and bought an _____. When I was _____ the _____ _____ for the umbrella, I _____ _____ a friend. He _____ to buy _____ _____ of cigarettes. Cigarettes are _____ _____ _____ where customers would _____ _____ ask the _____ _____. So he had to _____ _____ I was _____ paying.

▶ 정답은 p.97을 확인하세요.

헬스클럽에서 집에 가는 길에 편의점에 들렀어요. 24시간 열기 때문에 편의점을 이용하는 것이 좋습니다. 편의점에서는 주로 스낵, 음료, 세면용품, 문구류, 즉석 식품을 팔죠. 저는 종종 주먹밥과 컵라면을 삽니다. 건강에는 안 좋을 수도 있지만 맛은 매우 좋죠. 운동한 후라 너무 더워서 맥주를 마시기로 했습니다.

편의점 밖에 탁자가 하나 있어서 저는 거기에 앉아 맥주와 과자를 먹고 있었죠. 갑자기 비가 내리기 시작했습니다. 저는 가게 안으로 다시 들어가 우산을 하나 샀습니다. 계산대에서 우산 값을 내고 있는데 우연히 친구를 만났어요. 그 친구는 담배 한 갑을 사려고 온 거였죠. 담배는 계산대 뒤편에 놓고 팔기 때문에 고객들은 계산원에게 담배를 달라고 부탁해야 합니다. 그래서 그 친구는 제가 계산을 다 마칠 때까지 기다려야 했어요.

55

2분 영어 말하기
집안일과 다이어트 Housework & Diet

2분 영어 말하기 : **INPUT** : Day 4 + Day 13 + Day 35

🎧 Out 13-1.mp3

Step 1 **우리말 보면서 듣기** 🎧

⏱ 1분	01	저녁에 집에 돌아오니 엄마는 저녁으로 스테이크와 해산물 파스타를 요리하고 계셨어요.
	02	집안은 해산물 냄새로 가득 찼죠.
집안일도 척척 하는 나	03	그래서 저는 집안의 모든 창문을 다 열고 환기를 시켰어요.
	04	엄마가 요리하고 있는 동안 저는 빨래를 하기로 했죠.
	05	옷들을 다 세탁기에 넣었고 빨래가 다 되자 건조대에 널었어요.
⏱ 2분	06	엄마가 요리를 마치자 우리는 모두 모여서 푸짐한 저녁을 먹었죠.
	07	남동생은 다이어트 중이라 함께 먹지 않았습니다.
끼니를 거르면서 하는 다이어트의 결말	08	동생은 끼니를 거르며 살을 빼려고 하지만 그게 효과가 있을 것 같지는 않아요.
	09	제 생각에 동생은 술을 너무 많이 마십니다.
	10	동생이 진정 살을 빼고 싶다면 첫 번째로 해야 하는 게 술을 끊는 거예요.
	11	제 친구 중 하나는 일주일 동안 안 먹고 3킬로를 뺐죠.
	12	하지만 일주일 뒤에 그 친구는 몸무게가 더 늘어나고 말았어요.

제한시간 **2**분

Step 2 한 문장 끊어 말하기

01	When I got home * in the evening, * my mom was cooking * steak and seafood pasta * for dinner.
02	The house was filled * with the smell of seafood.
03	So I opened every window * in the house * and let the air out.
04	While my mom was cooking, * I decided to do the laundry.
05	I put all the clothes * in a washing machine * and when it was done, * I put them on the drying rack.
06	When my mom was done cooking, * we all gathered around * and had a great dinner.
07	My brother is on a diet * so he didn't join us.
08	He is trying to lose weight * by skipping meals * but I don't think * that will work.
09	I think * he drinks too much.
10	If he really wants to lose weight, * the first thing * he should do * is quit drinking.
11	One of my friends didn't eat * for a week * and lost 3 kg.
12	However, * a week later, * she gained even more weight.

1분

When I .... home .... evening, my mom was
.... steak and seafood pasta .... The house was
.... the smell of seafood. So I .... every ....
in the house and .... the .... my mom
was cooking, I decided to .... I .... all
the clothes .... and when it ....
..............., I put them .... the ....

2분

When my mom .... cooking, we all ....
and .... a great dinner. My brother is ....
so he didn't .... us. He is trying to ....
.... meals but I don't think that .... I think he
.... too .... If he really .... lose weight, the
.... he should do is .... One of my friends
didn't eat .... and .... 3 kg. However,
a week .... , she .... even .... weight.

58

▶ 정답은 p.98을 확인하세요.

저녁에 집에 돌아오니 엄마는 저녁으로 스테이크와 해산물 파스타를 요리하고 계셨어요. 집안은 해산물 냄새로 가득 찼죠. 그래서 저는 집안의 모든 창문을 다 열고 환기를 시켰어요. 엄마가 요리하고 있는 동안 저는 빨래를 하기로 했죠. 옷들을 다 세탁기에 넣었고 빨래가 다 되자 건조대에 널었어요.

엄마가 요리를 마치자 우리는 모두 모여서 푸짐한 저녁을 먹었죠. 남동생은 다이어트 중이라 함께 먹지 않았습니다. 동생은 끼니를 거르며 살을 빼려고 하지만 그게 효과가 있을 것 같지는 않아요. 제 생각에 동생은 술을 너무 많이 마십니다. 동생이 진정 살을 빼고 싶다면 첫 번째로 해야 하는 게 술을 끊는 거예요. 제 친구 중 하나는 일주일 동안 안 먹고 3킬로를 뺐죠. 하지만 일주일 뒤에 그 친구는 몸무게가 더 늘어나고 말았어요.

DAY 14

2분 영어 말하기
공원과 자전거 Park & Bicycle

2분 영어 말하기 : INPUT : Day 21 + Day 32

♫ Out 14-1.mp3

Step 1 우리말 보면서 듣기 👂

1분 우리 동네에 있는 공원	01	저는 조용한 동네에 사는데 그곳에 공원이 하나 있습니다.
	02	공원은 우리 집에서 걸어서 20분이죠.
	03	우리는 주로 주말에 공원에서 산책하거나 커피 한 잔을 들고 벤치에 앉아 있어요.
	04	어제 점심을 먹은 후, 저는 남동생을 데리고 동네에 있는 공원에 갔죠.
	05	우리는 자전거 두 대를 빌려서 몇 시간 동안 탔습니다.
	06	재미있었어요.
	07	하지만 갑자기 비가 내려서 우리는 몸이 젖었죠.
	08	일기예보가 틀릴 때는 짜증이 나요.
2분 아픔으로 남은 자전거	09	자전거를 처음 배울 때는 균형을 잡기가 힘들었습니다.
	10	아버지가 뒤에서 제 자전거를 잡아주셔야 했죠.
	11	처음에는 보조바퀴가 달린 자전거가 있었는데 한 달 후에 아버지께서 그걸 떼어 버리셨어요.
	12	저는 열여덟 살 생일 선물로 자전거를 받았습니다.
	13	자전거가 아주 마음에 들었어요.
	14	하루는 지하철역 근처에 자전거를 세워 놓았는데 누군가가 훔쳐갔습니다.
	15	저는 일주일 동안 울었어요.

제한시간 **2**분

Step 2 한 문장 끊어 말하기 👄

01	🔊	I live in a quiet neighborhood * and there is a park * in the area.
02	🔊	It is a 20-minute walk * from my house.
03	🔊	We usually take a walk * at the park * on the weekends * or sit on a bench * with a cup of coffee.
04	🔊	After lunch yesterday, * I took my brother * to the park * in my neighborhood.
05	🔊	We rented two bicycles * and rode them * for a few hours.
06	🔊	It was enjoyable.
07	🔊	However, * it suddenly rained * and we got wet.
08	🔊	It is frustrating * when the weather forecast is wrong.
09	🔊	When I first learned * how to ride a bike, * it was hard * to keep my balance.
10	🔊	My dad had to hold my bike * from the back.
11	🔊	I first had * a bike with training wheels * but a month later, * my dad took the training wheels off.
12	🔊	I got a bike * for my 18th birthday present.
13	🔊	I really liked it.
14	🔊	I parked my bike * near the subway station * one day, * but someone stole it.
15	🔊	I cried for a week.

1분

I live _____ a _____ neighborhood and there is a park _____ _____. It is a 20-minute _____ my house. We usually _____ at the park _____ the _____ or _____ a bench _____ a cup of coffee. After lunch yesterday, I _____ my brother _____ the park _____ my neighborhood. We _____ two bicycles and _____ them for a _____. It was _____. However, it suddenly _____ and we _____ _____. It is _____ when the _____ is _____.

2분

When I first learned _____ _____ a bike, it was hard to _____ _____ _____. My dad had to _____ my bike _____ _____. I _____ had a bike _____ but a month _____, my dad _____ the training wheels _____. I _____ a bike _____ my 18th birthday _____. I really _____ it. I _____ my bike _____ the subway station _____ _____, but someone _____ it. I _____ _____ a week.

▶ 정답은 p.98을 확인하세요.

저는 조용한 동네에 사는데 그곳에 공원이 하나 있습니다. 공원은 우리 집에서 걸어서 20분이죠. 우리는 주로 주말에 공원에서 산책하거나 커피 한 잔을 들고 벤치에 앉아 있어요. 어제 점심을 먹은 후, 저는 남동생을 데리고 동네에 있는 공원에 갔죠. 우리는 자전거 두 대를 빌려서 몇 시간 동안 탔습니다. 재미있었어요. 하지만 갑자기 비가 내려서 우리는 몸이 젖었죠. 일기예보가 틀릴 때는 짜증이 나요.

자전거를 처음 배울 때는 균형을 잡기가 힘들었습니다. 아버지가 뒤에서 제 자전거를 잡아주셔야 했죠. 처음에는 보조바퀴가 달린 자전거가 있었는데 한 달 후에 아버지께서 그걸 떼어 버리셨어요. 저는 열여덟 살 생일 선물로 자전거를 받았습니다. 자전거가 아주 마음에 들었어요. 하루는 지하철역 근처에 자전거를 세워 놓았는데 누군가가 훔쳐갔습니다. 저는 일주일 동안 울었어요.

DAY 15

운수 나쁜 날 An Unlucky Day

2분 영어 말하기 : INPUT : Day 26 + Day 27

🎧 Out 15-1.mp3

Step 1 **우리말 보면서 듣기** 🎧

1분	01	친구 Kim이 오늘 영화를 보러 가자고 했어요.
	02	저는 주로 평이 좋은 영화를 고르는 편이죠.
영화 보다 기분이 다운되다	03	우리는 좀비 영화를 보러 갔는데 영화가 너무 잔인해서 전 참을 수가 없었어요.
	04	결국 영화 중간에 우리는 극장을 나와 버렸습니다.
	05	그 영화 때문에 기분이 다운되었죠.
	06	우리는 맛있는 것을 먹으면서 기분을 달래기로 했습니다.
	07	우리는 그 동네에 있는 우리가 가장 좋아하는 중국집에 갔어요.
2분	08	전 그곳에 갈 때마다 뭘 먹을지 정하는 데 시간이 아주 오래 걸립니다.
	09	짜장면과 짬뽕 사이에서 결정을 내릴 수가 없어요.
음식에서 머리카락이 나오다	10	그래서 저는 Kim에게 둘 다 주문하라고 했고 우리는 나눠 먹었죠.
	11	음식을 거의 다 먹어갈 때쯤 제 음식에서 머리카락을 하나 발견했습니다.
	12	속이 역겨웠어요.
	13	그 식당 직원들이 매우 친절하고 고객에게 어떻게 해야 하는지도 알고 있지만, 전 그곳에 다시는 안 가게 될 것 같습니다.

64

제한시간 **2**분

Step 2 한 문장 끊어 말하기 🗣

01	🔊	My friend Kim asked me * to go to see a movie today.
02	🔊	I usually pick a movie * that has great reviews.
03	🔊	We went to see this zombie movie * but it was so cruel * that I couldn't stand it.
04	🔊	We ended up leaving the theater * in the middle of it.
05	🔊	The movie had put me in a bad mood.
06	🔊	We decided to eat something delicious * to make ourselves feel better.
07	🔊	We went to our favorite Chinese restaurant * in the neighborhood.
08	🔊	Whenever I go there, * it takes forever * for me to decide * what to eat.
09	🔊	I can't decide * between black bean sauce noodles * and seafood noodle soup.
10	🔊	So I asked Kim * to order both of them * and we shared it.
11	🔊	When we were almost done with our food, * I found a hair in my food.
12	🔊	It was gross.
13	🔊	The staff at the restaurant is so kind * and they know how to treat customers, * but I don't think * I will go back there again.

— end —

Step 3 들으면서 따라 말하기 😃

 1분

My friend Kim _____ to _____ to see a movie today. I usually _____ a movie that _____ great _____. We _____ this zombie movie but it _____ so _____ that I couldn't stand it. We _____ the theater in _____. The movie had _____ me _____ mood. We decided to eat _____ to make _____ feel _____. We went to our _____ Chinese restaurant _____ neighborhood.

2분

_____ I go there, it _____ forever _____ decide _____ to eat. I can't _____ black bean sauce noodles _____ seafood noodle soup. So I asked Kim to _____ both of them and we _____ it. When we were _____ our food, I _____ in my food. It was _____. The _____ the restaurant is so _____ and they _____ customers, but I _____ think I will _____ again.

▶ 정답은 p.99를 확인하세요.

친구 Kim이 오늘 영화를 보러 가자고 했어요. 저는 주로 평이 좋은 영화를 고르는 편이죠. 우리는 좀비 영화를 보러 갔는데 영화가 너무 잔인해서 전 참을 수가 없었어요. 결국 영화 중간에 우리는 극장을 나와 버렸습니다. 그 영화 때문에 기분이 다운되었죠. 우리는 맛있는 것을 먹으면서 기분을 달래기로 했습니다. 우리는 그 동네에 있는 우리가 가장 좋아하는 중국집에 갔어요.

전 그곳에 갈 때마다 뭘 먹을지 정하는 데 시간이 아주 오래 걸립니다. 짜장면과 짬뽕 사이에서 결정을 내릴 수가 없어요. 그래서 저는 Kim에게 둘 다 주문하라고 했고 우리는 나눠 먹었죠. 음식을 거의 다 먹어갈 때쯤 제 음식에서 머리카락을 하나 발견했습니다. 속이 역겨웠어요. 그 식당 직원들이 매우 친절하고 고객에게 어떻게 해야 하는지도 알고 있지만, 전 그곳에 다시는 안 가게 될 것 같습니다.

DAY 16

2분 영어 말하기
여행 Travel

2분 영어 말하기 : **INPUT** : Day 9 + Day 37 + Day 40

🎧 Out 16-1.mp3

Step 1 우리말 보면서 듣기 🎧

-1분-

바가지 요금 때문에 기분 상하다

01	마지막으로 휴가를 갔을 때는 부산으로 갔습니다.
02	이 도시는 우리나라 남쪽에 위치해 있어요.
03	온라인으로 검색해 보고 괜찮은 관광지들을 찾아냈죠.
04	저는 바닷가에 가려고 택시를 탔습니다.
05	택시기사에게 목적지를 말하자 시내에서는 단거리 승객을 태우지 않는다고 하는 거예요.
06	내리려고 하자 그분은 그냥 태워다 주겠다고 하셨습니다.
07	제 손에 지도가 들려 있었지만 택시기사는 멀리 돌아서 갔어요.
08	제게 요금을 많이 청구했죠.
09	화가 났습니다.

-2분-

여행에서 남는 건 사진뿐!

10	바닷가에 도착하니 그곳은 매우 아름다웠고 저는 기분이 한결 나아졌어요.
11	Kim과 저는 바닷가에서 사진을 많이 찍었죠.
12	Kim은 사진에서 참 예쁘게 나옵니다.
13	반면에 저는 사진이 잘 받지 않아요.
14	Kim은 사진 찍을 때 손을 떠는 경향이 있어서 제가 나온 사진 대부분이 다 흔들렸어요.
15	저는 사진 몇 장을 지웠죠.
16	그 친구는 사진을 정말 잘 못 찍습니다.
17	저는 예쁜 사진을 찍을 때면 SNS에 올려서 친구들과 공유해요.
18	인터넷에 사진을 올리기 전에 항상 포토샵으로 보정 작업을 하죠.
19	포토샵을 하면 사진이 훨씬 더 괜찮아 보입니다.

제한시간 **2**분

Step 2 한 문장 끊어 말하기

01 🔊 The last time * I went on a vacation, * I went to Busan.

02 🔊 The city is located * in the very south of the country.

03 🔊 I looked online * and found some good tourist places.

04 🔊 I took a cab * to go to this beach.

05 🔊 When I told the driver my destination, * he said * he doesn't usually take passengers * for short-distance rides * in the city.

06 🔊 I was going to get out * but he said * he would just go.

07 🔊 I had a map in my hand * but the cab driver took * a longer way around.

08 🔊 He charged me a lot.

09 🔊 I was upset.

10 🔊 When I got to the beach, * it was beautiful * and I felt much better.

11 🔊 My friend Kim and I * took a lot of pictures * at the beach.

12 🔊 Kim looks so pretty in pictures.

13 🔊 On the other hand, * I am not very photogenic.

14 🔊 Kim tends to tremble * when taking a picture, * so most of the pictures * that I was in * were all blurry.

15 🔊 I deleted some of them.

16 🔊 She is such a bad photographer.

17 🔊 Whenever I take a good picture, * I post it on social media * to share with my friends.

18 🔊 I always retouch my pictures * with Photoshop * before I post them on the Internet.

19 🔊 The pictures look much better * with Photoshop.

1분

The last time I _____ vacation, I went to Busan.
The city _____ the very south of the _____. I
_____ and found some good _____. I
_____ to go to this beach. When I _____ the driver my
_____, he said he doesn't usually _____ for
_____ in the city. I was going to _____ but he said he
_____ just _____. I had a map _____ but
the cab driver _____ way _____. He
_____ a lot. I was _____.

2분

When I _____ the beach, it was _____ and I _____
much _____. My friend Kim and _____ a lot of pictures
_____ beach. Kim _____ so pretty _____.
On the _____, I am not very _____. Kim _____ to
_____ when _____ a picture, so _____ the pictures
that I was _____ were all _____. I _____ some of _____. She
is _____ a bad _____. _____ I take a good picture, I _____
it _____ social media to _____ with my friends. I always _____
my pictures with Photoshop _____ I _____ them _____ the
_____. The pictures _____ much _____ Photoshop.

▶ 정답은 p.100을 확인하세요.

마지막으로 휴가를 갔을 때는 부산으로 갔습니다. 이 도시는 우리나라 남쪽에 위치해 있어요. 온라인으로 검색해 보고 괜찮은 관광지들을 찾아냈죠. 저는 바닷가에 가려고 택시를 탔습니다. 택시기사에게 목적지를 말하자 시내에서는 단거리 승객을 태우지 않는다고 하는 거예요. 내리려고 하자 그분은 그냥 태워다 주겠다고 하셨습니다. 제 손에 지도가 들려 있었지만 택시기사는 멀리 돌아서 갔어요. 제게 요금을 많이 청구했죠. 화가 났습니다.

바닷가에 도착하니 그곳은 매우 아름다웠고 저는 기분이 한결 나아졌어요. Kim과 저는 바닷가에서 사진을 많이 찍었죠. Kim은 사진에서 참 예쁘게 나옵니다. 반면에 저는 사진이 잘 받지 않아요. Kim은 사진 찍을 때 손을 떠는 경향이 있어서 제가 나온 사진 대부분이 다 흔들렸어요. 저는 사진 몇 장을 지웠죠. 그 친구는 사진을 정말 잘 못 찍습니다. 저는 예쁜 사진을 찍을 때면 SNS에 올려서 친구들과 공유해요. 인터넷에 사진을 올리기 전에 항상 포토샵으로 보정 작업을 하죠. 포토샵을 하면 사진이 훨씬 더 괜찮아 보입니다.

DAY
17

2분 영어 말하기
머피의 법칙 Murphy's Law

2분 영어 말하기 : **INPUT** : Day 16 + Day 36

🎧 Out 17-1.mp3

	01	다음 날, 우리는 지하철을 타기로 했습니다.
	02	표 개찰구에서 교통카드를 찍고 안으로 들어갔죠.
	03	매우 편리했습니다.
	04	지하철을 타기 위해 줄을 서서 기다렸어요.
1분	05	지하철이 도착했고 그 안은 만원이었죠.
	06	우리는 열차 안으로 몸을 구겨 넣었지만 이 열차는 반대 방향으로 가는 것이었습니다.
지하철 탑승 수난기	07	세 정거장쯤 지나고서 우리는 이 사실을 알아차렸고 열차에서 내렸죠.
	08	제대로 된 열차에 타고 난 뒤, 저는 굉장히 피곤해졌고 꾸벅꾸벅 졸기 시작했어요.
	09	Kim이 저를 깨웠을 때 우리는 이미 내릴 정거장을 지난 상태였습니다.
	10	열차에서 내리자마자 저는 가방을 자리에 두고 내렸다는 걸 깨달았어요.
	11	분실물 센터에 바로 전화를 했고 한 시간쯤 후에 가방을 찾을 수 있었죠.
	12	가장 피곤한 지하철 경험이었습니다.
	13	우리는 목적지에 도착하자 지하철역 근처의 동네 커피숍에 갔습니다.
	14	스타벅스의 반값도 안 되는 가격이었어요.
2분	15	커피숍에서 함께 공부하고 있는 많은 학생들을 봤죠.
	16	커피숍에 갈 때마다 저는 아메리카노나 마키아토를 고릅니다.
커피숍에선 주문한 것과 다른 음료가…	17	제 기분에 따라 달라지는 거죠.
	18	우리는 주문을 하고 기다렸지만 벨이 울리지 않았어요.
	19	제가 카운터로 가 보았더니 그곳에서 다른 음료를 주었습니다.
	20	화가 났어요.
	21	그들은 미안하다며 사과했고 제게 쿠키 하나를 무료로 주었죠.

제한시간 **2**분

Step 2 한 문장 끊어 말하기 😛

01	🔊	The next day, ＊ we decided to take the subway.
02	🔊	We scanned the transportation card ＊ at the ticket gate ＊ and went inside.
03	🔊	It was very convenient.
04	🔊	We waited in line ＊ to get on the train.
05	🔊	The train arrived ＊ and it was packed.
06	🔊	We squeezed into the train, ＊ but it was going ＊ in the opposite direction.
07	🔊	We realized it ＊ about three stops later ＊ and got off the train.
08	🔊	After getting on the right train, ＊ I felt so tired ＊ and started to doze off.
09	🔊	When Kim woke me up, ＊ we had already missed our stop.
10	🔊	As soon as we got off the train, ＊ I realized ＊ that I had left my bag on my seat.
11	🔊	I called the lost and found right away ＊ and about an hour later, ＊ I could get my bag.
12	🔊	It was ＊ the most tiring subway experience ever.
13	🔊	When we got to the destination, ＊ we went to a local coffee shop ＊ near the subway station.
14	🔊	They were less than half ＊ the price of Starbucks.
15	🔊	I saw many students studying together ＊ at the coffee shop.
16	🔊	Whenever I go to a coffee shop, ＊ I choose ＊ either an Americano or macchiato.
17	🔊	It depends on my mood.
18	🔊	We ordered and waited ＊ but our buzzer never rang.
19	🔊	When I went up to the counter, ＊ they gave me the wrong drink.
20	🔊	I got mad.
21	🔊	They apologized ＊ and gave me a free cookie.

1분

The _____ , we decided to _____ the subway. We _____ the transportation _____ at the _____ and went _____ . It was very _____ . We _____ to _____ the train. The train _____ and it was _____ .
We _____ the train, but it was going _____ . We _____ it about three stops _____ and _____ the train. After _____ the _____ train, I _____ so tired and started to _____ . When Kim _____ , we had already _____ our _____ . As _____ we _____ the train, I _____ that I had _____ my bag on my _____ . I called the _____ and _____ away and about an hour _____ , I could _____ my bag. It was the most _____ subway _____ .

2분

When we _____ the _____ , we went to a _____ coffee shop _____ the subway station. They were _____ than the _____ Starbucks. I _____ many _____ together at the coffee shop. _____ I go to a coffee shop, I _____ either an Americano or macchiato. It _____ on my _____ .
We _____ and _____ but our buzzer _____ . When I _____ to the counter, they _____ me the _____ drink. I _____ mad. They _____ and _____ me a _____ cookie.

▶ 정답은 p.101을 확인하세요.

다음 날, 우리는 지하철을 타기로 했습니다. 표 개찰구에서 교통카드를 찍고 안으로 들어갔죠. 매우 편리했습니다. 지하철을 타기 위해 줄을 서서 기다렸어요. 지하철이 도착했고 그 안은 만원이었죠. 우리는 열차 안으로 몸을 구겨 넣었지만 이 열차는 반대 방향으로 가는 것이었습니다. 세 정거장쯤 지나고서 우리는 이 사실을 알아차렸고 열차에서 내렸죠. 제대로 된 열차에 타고 난 뒤, 저는 굉장히 피곤해졌고 꾸벅꾸벅 졸기 시작했어요. Kim이 저를 깨웠을 때 우리는 이미 내릴 정거장을 지난 상태였습니다. 열차에서 내리자마자 저는 가방을 자리에 두고 내렸다는 걸 깨달았어요. 분실물 센터에 바로 전화를 했고 한 시간쯤 후에 가방을 찾을 수 있었죠. 가장 피곤한 지하철 경험이었습니다.

우리는 목적지에 도착하자 지하철역 근처의 동네 커피숍에 갔습니다. 스타벅스의 반값도 안 되는 가격이었어요. 커피숍에서 함께 공부하고 있는 많은 학생들을 봤죠. 커피숍에 갈 때마다 저는 아메리카노나 마키아토를 고릅니다. 제 기분에 따라 달라지는 거죠. 우리는 주문을 하고 기다렸지만 벨이 울리지 않았어요. 제가 카운터로 가 보았더니 그곳에서 다른 음료를 주었습니다. 화가 났어요. 그들은 미안하다며 사과했고 제게 쿠키 하나를 무료로 주었죠.

DAY 18

2분 영어 말하기
고난의 연속 Endless Bad Luck

2분 영어 말하기 : **INPUT** : Day 21 + Day 32 + Day 33

🎧 Out 18-1.mp3

Step 1 우리말 보면서 듣기 🎧

01	커피를 다 마시고 나자 우리는 공원으로 향했고 거기서 자전거 두 대를 빌렸어요.
02	우리는 언덕을 오르기로 했습니다.
03	제가 대여한 자전거는 10단 기어가 있었어요.
04	그래서 자전거를 1단 기어에 놓았지만 체인이 계속 풀리는 거였어요.
05	자전거를 타고 언덕을 올라가는데 엄청 애를 써야 했습니다.
06	빠른 속도로 내리막길을 내려올 때는 자전거 사고가 날 뻔했죠.
07	아이 하나가 어디서 갑자기 튀어나와서 바로 제 앞으로 달려들었어요.
08	전 아이를 피하려고 하다 자전거에서 떨어졌습니다.
09	조금 긁히고 멍이 들었죠.

아찔했던
자전거 사고

1분

10	자전거를 탄 후 우리는 목이 말랐고 공원에 있는 자판기 한 대를 발견했어요.
11	전 5천 원짜리밖에 없었는데 자판기는 천 원짜리까지만 받았습니다.
12	다행히도 Kim에게 천 원짜리 몇 장이 있어서 저는 커피 한 잔을 뽑았어요.
13	커피를 마시려고 하는데 컵에 뭔가 있는 것을 보고 버렸습니다.
14	Kim이 제게 캔 음료를 마시라고 해서 저는 콜라 버튼을 눌렀죠.
15	Kim은 천 원짜리 지폐를 한 장 넣었고 300원을 잔돈으로 받아야 했어요.
16	하지만 잔돈이 나오지 않는 것이었습니다.
17	우린 고객 서비스 센터에 전화할 수도 있었지만 문제가 해결되려면 10분 넘게 걸릴 듯했죠.
18	우리는 전화를 하지 않기로 하고 300원을 포기했습니다.

이젠 자판기까지
속을 썩이네

2분

제한시간 **2**분

Step 2 한 문장 끊어 말하기 👄

01 🔊 When we were done drinking coffee, * we headed to the park * and rented two bikes there.

02 🔊 We decided to go up a hill.

03 🔊 The bicycle I rented * had 10 gears.

04 🔊 So I put the bike into 1st gear * but the chain kept coming off.

05 🔊 I had to put so much effort * into getting my bike up the hill.

06 🔊 When I was riding downhill * at high speeds, * I almost got into a bike accident.

07 🔊 A kid came out of nowhere * and ran right in front of me.

08 🔊 I tried to avoid him * but then I fell off my bike.

09 🔊 I got some cuts and bruises.

10 🔊 After riding our bikes, * we were thirsty * and found a vending machine * at the park.

11 🔊 I only had a 5,000 won bill * but the vending machine only accepted * up to 1,000 won bills.

12 🔊 Fortunately, * Kim had some 1,000 won bills, * so I got a cup of coffee.

13 🔊 When I tried to drink it, * I saw something in the cup * and threw it away.

14 🔊 Kim told me * to get a canned drink, * so I pushed the Coke button.

15 🔊 Kim put in a 1,000 won bill * and she was supposed to get * 300 won in change.

16 🔊 However, * it didn't give her the change.

17 🔊 We could have called * the customer service center * but it would have taken * more than 10 minutes * to solve the problem.

18 🔊 We decided not to call * and gave up 300 won.

Step 3 들으면서 따라 말하기 😄

- 1분 -

When we were _____ coffee, we _____ to the park and _____ two bikes there. We _____ to _____ a hill. The bicycle _____ had 10 _____. So I _____ the bike _____ 1st gear but the chain _____. I had to _____ so much _____ my bike _____ the hill. When I was riding _____ speeds, I almost _____ bike accident. A kid _____ nowhere and ran right _____ of me. I tried to _____ him but then I _____ my _____. I got some _____ and _____.

- 2분 -

After _____ our bikes, we were _____ and _____ a machine at the park. I _____ had a 5,000 won _____ but the vending machine only _____ 1,000 won _____. _____, Kim had some 1,000 won bills, so I _____ a _____ coffee. When I _____ drink it, I saw _____ the cup and _____ it _____. Kim told me to _____ a _____, so I _____ the Coke _____. Kim _____ a 1,000 won bill and she _____ to _____ 300 won in _____. However, it didn't _____ her the _____. We _____ called the customer _____ center but it would have _____ than 10 minutes to _____ the _____. We decided _____ to _____ and _____ 300 won.

▶ 정답은 p.102를 확인하세요.

커피를 다 마시고 나자 우리는 공원으로 향했고 거기서 자전거 두 대를 빌렸어요. 우리는 언덕을 오르기로 했습니다. 제가 대여한 자전거는 10단 기어가 있었어요. 그래서 자전거를 1단 기어에 놓았지만 체인이 계속 풀리는 거였어요. 자전거를 타고 언덕을 올라가는데 엄청 애를 써야 했습니다. 빠른 속도로 내리막길을 내려올 때는 자전거 사고가 날 뻔했죠. 아이 하나가 어디서 갑자기 튀어나와서 바로 제 앞으로 달려들었어요. 전 아이를 피하려고 하다 자전거에서 떨어졌습니다. 조금 긁히고 멍이 들었죠.

자전거를 탄 후 우리는 목이 말랐고 공원에 있는 자판기 한 대를 발견했어요. 전 5천 원짜리밖에 없었는데 자판기는 천 원짜리까지만 받았습니다. 다행히도 Kim에게 천 원짜리 몇 장이 있어서 저는 커피 한 잔을 뽑았어요. 커피를 마시려고 하는데 컵에 뭔가 있는 것을 보고 버렸습니다. Kim이 제게 캔 음료를 마시라고 해서 저는 콜라 버튼을 눌렀죠. Kim은 천 원짜리 지폐를 한 장 넣었고 300원을 잔돈으로 받아야 했어요. 하지만 잔돈이 나오지 않는 것이었습니다. 우린 고객 서비스 센터에 전화할 수도 있었지만 문제가 해결되려면 10분 넘게 걸릴 듯했죠. 우리는 전화를 하지 않기로 하고 300원을 포기했습니다.

2분 영어 말하기
고생 끝에 낙 A Light at the End of the Tunnel

2분 영어 말하기 : **INPUT** : Day 7 + Day 8

🎧 Out 19-1.mp3

Step 1 우리말 보면서 듣기 🎧

· 1분 ·

피곤한 버스 탑승

01	우리는 공원을 떠나 호텔로 돌아가려고 버스를 탔습니다.
02	우리는 30분 넘게 버스를 기다렸죠.
03	결국 만원 버스가 왔지만 버스 기사는 우리를 그냥 지나쳤어요.
04	화가 났지만 다음 버스가 오기를 기다릴 수밖에 없었습니다.
05	버스가 왔을 때 버스 앞문 쪽에 사람이 너무 많아서 전 뒷문으로 가서 탔어요.
06	하지만 제 교통카드에 돈이 충분히 없었죠.
07	Kim이 또 돈을 내줬습니다.
08	앉을 자리가 없었는데 버스가 급정거했을 때 손잡이를 안 잡고 있어서 저는 넘어질 뻔했어요.
09	결국 타고 가는 내내 계속 서 있었죠.
10	매우 피곤했어요.
11	내릴 때 다른 버스로 무료 환승하기 위해 Kim이 교통카드를 찍었습니다.

· 2분 ·

목욕으로 친구와
더 가까워지다

12	호텔에 돌아왔을 때 우리 둘 다 지쳐 있었어요.
13	그래서 우리는 호텔 근처에 있는 목욕탕에 가기로 했죠.
14	목욕탕에 가면 저는 보통 30분 간 온탕에 들어갔다가 그 다음에 때를 밀기 시작합니다.
15	저는 먼저 샤워를 하고 욕탕에 들어가 앉았죠.
16	몇몇 아이들이 물방울을 튀기며 물속으로 뛰어 들어왔는데 조금 성가셨어요.
17	Kim과 저는 서로의 등을 밀어주었습니다.
18	전 우리가 서로 더 가까워진 듯한 기분이 들었어요.

강의 및 훈련 MP3

제한시간 **2**분

Step 2 한 문장 끊어 말하기 ⟷

01	We left the park * and took the bus * to go back to the hotel.
02	We waited for the bus * for more than half an hour.
03	A packed bus eventually came * but the driver just passed us by.
04	We were upset * but we just had to wait * for the next bus to arrive.
05	When the bus came, * there were so many people * near the front door * that I went to the back door * and got on.
06	However, * I didn't have enough money * on my transit card.
07	Kim paid for me * once again.
08	There was no seat available * and I almost fell * when the bus made a sudden stop * because I wasn't holding onto a strap.
09	I ended up standing * through the whole ride.
10	It was very tiring.
11	When we were getting off, * Kim scanned her transit card * to get a free transfer * to another bus.
12	When we got to the hotel, * we were both exhausted.
13	So we decided to go * to the public bath * near the hotel.
14	When I am at a public bath, * I usually go into a hot tub * for 30 minutes * and then start scrubbing.
15	I showered first * and then went in the tub * and sat down.
16	Some little kids jumped into the water * with a splash, * and it was a bit annoying.
17	Kim and I scrubbed each other's back.
18	I felt * like we became closer to each other.

We _____ the park and _____ the bus to _____ the hotel. We _____ the bus for more than _____ an hour. A _____ bus eventually _____ but the driver just _____. We were _____ but we just to _____ the next bus _____. When the bus _____, there _____ so many people _____ the _____ that I went to the _____ and _____. However, I didn't _____ money _____ my transit card. Kim _____ me once again. There was _____ seat _____ and I _____ when the bus _____ a sudden _____ because I wasn't _____ a _____. I _____ up standing _____. It was very _____. When we were _____, Kim _____ her transit card to get a free _____ bus.

When we _____ the hotel, we were _____. So we _____ to go to the _____ bath _____ the hotel. When I am _____ a public bath, I usually _____ a hot tub _____ 30 minutes and then _____. I _____ first and then went in _____ and _____ down. Some little kids _____ the water _____ a _____, and it was a bit _____. Kim and I _____ each _____. I _____ we _____ _____ each other.

▶ 정답은 p.103을 확인하세요.

우리는 공원을 떠나 호텔로 돌아가려고 버스를 탔습니다. 우리는 30분 넘게 버스를 기다렸죠. 결국 만원 버스가 왔지만 버스 기사는 우리를 그냥 지나쳤어요. 화가 났지만 다음 버스가 오기를 기다릴 수밖에 없었습니다. 버스가 왔을 때 버스 앞문 쪽에 사람이 너무 많아서 전 뒷문으로 가서 탔어요. 하지만 제 교통카드에 돈이 충분히 없었죠. Kim이 또 돈을 내줬습니다. 앉을 자리가 없었는데 버스가 급정거했을 때 손잡이를 안 잡고 있어서 저는 넘어질 뻔했어요. 결국 타고 가는 내내 계속 서 있었죠. 매우 피곤했어요. 내릴 때 다른 버스로 무료 환승하기 위해 Kim이 교통카드를 찍었습니다.

호텔에 돌아왔을 때 우리 둘 다 지쳐 있었어요. 그래서 우리는 호텔 근처에 있는 목욕탕에 가기로 했죠. 목욕탕에 가면 저는 보통 30분 간 온탕에 들어갔다가 그 다음에 때를 밀기 시작합니다. 저는 먼저 샤워를 하고 욕탕에 들어가 앉았죠. 몇몇 아이들이 물방울을 튀기며 물속으로 뛰어 들어왔는데 조금 성가셨어요. Kim과 저는 서로의 등을 밀어주었습니다. 전 우리가 서로 더 가까워진 듯한 기분이 들었어요.

DAY 20

휴가 후 집으로 On My Way Home from Vacation

2분 영어 말하기 : **INPUT** : Day 6 + Day 22 + Day 30 + Day 34

🎧 Out 20-1.mp3

Step 1 **우리말 보면서 듣기** 🎧

	01	부산에서의 휴가는 편안했고, 완전히 기분 전환이 되었죠.
	02	버스 터미널에 도착했을 때 남동생이 저를 데리러 나왔습니다.
	03	동생은 폭우가 내려 주말 동안 우리 동네 길에 홍수가 났다고 말했어요.
1분	04	여전히 비가 내리고 있어서 동생은 자동차 헤드라이트를 켰죠.
교통사고가 날 뻔하다	05	헤드라이트를 켜면 보통은 길에 있는 사람을 보기가 힘들어서 우리는 더욱 주의를 기울였어요.
	06	동생이 한번은 차선을 바꾸려고 했어요.
	07	왼쪽에 차가 없길래 동생이 차선을 바꿨는데 뒤에 오던 차가 우리에게 경적을 울렸습니다.
	08	백미러로 그 차를 보지 못한 거였고 아주 위험했던 거였지요.
2분	09	연료 부족 신호가 떠서 우리는 주유소에 갔다가 집으로 가기로 했어요.
	10	비가 그쳐서 우리는 무료 세차를 받았죠.
주차는 언제나 후진 주차가 진리!	11	집에 도착하자 동생은 후진 주차를 했습니다.
	12	우리 동네는 주차 공간이 충분하지가 않아서 밤늦게 주차할 곳을 찾는 것이 힘들어요.
	13	동네 사람들 모두 좋고 친절한데 몇몇 주민들은 종종 주차 문제로 싸우기도 합니다.

제한시간 **2**분

Step 2 한 문장 끊어 말하기 👄

01 🔊 My vacation to Busan was relaxing * and I felt totally refreshed.

02 🔊 When I got to the bus terminal, * my brother came to pick me up.

03 🔊 He said * heavy rain flooded streets * in my town * on the weekend.

04 🔊 It was still raining * so he turned on the headlights.

05 🔊 It is usually hard * to see a person * on the road * when the headlights are on, * so we paid careful attention.

06 🔊 My brother once tried to change lanes.

07 🔊 There was no car to his left * so he changed lanes * but the car behind us honked at us.

08 🔊 We didn't see the car * through the mirror * and it was very dangerous.

09 🔊 The low gas signal came up * so we decided to go to the gas station * and then go home.

10 🔊 It stopped raining * so we got the car washed * for free.

11 🔊 When we got home, * my brother parked backwards.

12 🔊 There are not enough parking spaces * in my neighborhood, * so it is difficult to find a spot * when you try to park * late at night.

13 🔊 My neighbors are all nice and kind * but some neighbors often argue over parking.

부산에서의 휴가는 편안했고, 완전히 기분 전환이 되었죠. 버스 터미널에 도착했을 때 남동생이 저를 데리러 나왔습니다. 동생은 폭우가 내려 주말 동안 우리 동네 길에 홍수가 났다고 말했어요. 여전히 비가 내리고 있어서 동생은 자동차 헤드라이트를 켰죠. 헤드라이트를 켜면 보통은 길에 있는 사람을 보기가 힘들어서 우리는 더욱 주의를 기울였어요. 동생이 한번은 차선을 바꾸려고 했어요. 왼쪽에 차가 없길래 동생이 차선을 바꿨는데 뒤에 오던 차가 우리에게 경적을 울렸습니다. 백미러로 그 차를 보지 못한 거였고 아주 위험했던 거였지요.

연료 부족 신호가 떠서 우리는 주유소에 갔다가 집으로 가기로 했어요. 비가 그쳐서 우리는 무료 세차를 받았죠. 집에 도착하자 동생은 후진 주차를 했습니다. 우리 동네는 주차 공간이 충분하지가 않아서 밤늦게 주차할 곳을 찾는 것이 힘들어요. 동네 사람들 모두 좋고 친절한데 몇몇 주민들은 종종 주차 문제로 싸우기도 합니다.

2-min
Speaking

{ OUTPUT }
스크립트와 표현 정리
Check the Scripts & Useful Expressions

OUTPUT 파트의 DAY별 훈련 Step 1 ~ Step 4에 해당하는 2분 영어 말하기 스크립트와 표현 해설입니다. STEP 3(들으면서 따라 말하기) 빈칸에 들어갈 표현들은 스크립트에 밑줄로 표시했습니다. 헷갈리거나 막히는 표현은 없었는지 확인해 보세요.

When I **was in** middle school, I **used** to be **addicted** to computer games.
I often **stayed up** all night **playing** computer **games**. **At** that time, I only
thought about games. My school **grades** were really bad and I **failed**
almost **every** test. When I **started** high school, I **decided** to study **hard**.
I **don't play** computer games **anymore**.

□ be in middle school 중학교에 다니다 □ used to do 예전에는 ~했다 ▶현재는 하지 않는다 것을 강조하는
표현 □ be addicted to ~에 중독되다 □ stay up all night 밤을 새우다 □ school grades 학교 성적

Recently, I **started** to play games **on** my smartphone. My **favorite**
smartphone game **is called** Candy Crush Saga. I usually **play it** when I
am on the bus or on the train. I need to **carry** my smartphone **charger**
around because the battery **dies** so **quickly**. **Last** month, I played the
game **too often** and used **too much** data. I **ended up** receiving
an enormous **bill** this month.

□ on my smartphone 내 스마트폰으로 □ favorite 제일 좋아하는 □ be on the bus 버스를 타고 가
다 ▶움직이는 버스를 타고 간다고 할 때는 on을 사용하며, 단순히 버스 안에 있다고 할 때는 in을 사용합니다. □ carry
around ~을 가지고 다니다 □ smartphone charger 스마트폰 충전기

After **getting** an enormous **bill**, I decided to **spend less** money. I decided
to do some **window shopping** at the mall. I just wanted to **walk around**,
but the sales clerk **asked if** I needed **any help**. I said no, but she **kept**
following me. It was **annoying**. I couldn't **stand** it and **walked out** of the
store. In addition, I had no **receipt from** my purchases, so I couldn't **get**
free parking.

□ enormous (액수가) 엄청난 □ bill 청구서 □ window shopping 아이쇼핑 ▶영어에는 eye
shopping이라는 표현은 없습니다. □ sales clerk 판매 점원 □ couldn't stand it 그것을 견딜 수 없었다
□ receipt[risíːt] 영수증 □ purchase 구매 □ free parking 무료 주차

I went to some **street vendors**. I like **shopping at** street vendors because I can **get a cash discount**. I **only** had a **credit** card, so I went to **an ATM** to **withdraw** some **cash**. I only use my **bank's** ATM because they **charge** me **a fee** to **use** another bank's ATM. **On** my **way back** home, I **took** the subway. I **hardly buy** things on the subway, but I bought this **razor** because it was **cheap**. I was **satisfied with** it.

□ street vendor 노점상 □ get a cash discount 현금 할인을 받다 □ withdraw (돈을) 인출하다
□ fee 수수료 □ on my way back home 집으로 돌아가는 길에 □ took the subway 지하철을 탔다
□ hardly 거의 ~하지 않는 □ razor 면도기 □ be satisfied with ~에 만족하다

| DAY 03 | 동생과의 하루 One Day with My Brother   p.18

When I was five, my parents wanted to **have** a **baby boy**. I **now have** two brothers. It is always **crowded in** my house. I gave my **younger** brother the razor I **bought on** the subway. He **liked** it. We **went out** to have **a drink**. My brother drinks **like a fish** and he drinks every **other day**. On **the other hand**, I **get** drunk after **only a glass of** beer. I want to drink **well** but I just **can't**. We **only** had one bottle **of** soju together but my face **turned red**.

□ baby boy 남자 아기 □ have a baby boy 남자 아이를 낳다 □ younger brother 남동생 □ the razor I bought on the subway 내가 지하철에서 산 면도기 ▶razor와 I 사이에는 관계대명사 목적격이 생략되어 있으며, I 이하는 the razor를 꾸며 줍니다. □ drink like a fish 물고기처럼 술을 마신다, 즉 '술고래이다' □ every other day 하루 걸러

We went to the park **to** take **a walk**. In the park, we could **see** a **garden**, some **statues**, and **a** lake. There was a big **playground** at the park. It had **slides**, **swings**, and a jungle gym. We **walked for** about an hour and **sat on** a bench. My brother **started** to **feed** some birds. **About** two minutes **later, a flock** of birds came to **where** we were. I **felt nervous** so we **left** the park.

| DAY 04 | 다이어트와 자판기 Diets & Vending Machines p.22

Last month, I went **to** the park **almost** every day. I decided to **lose weight** so I **ate** small **portions** of food and exercised at the park **regularly**. I started to **run every day**. The park also has some **exercise machines**. So I used the machines **after** running. However, I love to eat **late at night**. I ate late-night **snacks quite often**. I **failed to** lose any weight.

☐ almost every day 거의 매일 ☐ lose weight 살을 빼다 ☐ small portions of food 소량의 음식 ☐ regularly 규칙적으로 ☐ exercise machine 운동 기구 ☐ eat late at night 밤에 야식을 먹다 ☐ late-night snacks 야식 ☐ quite often 상당히 자주

One day, after **exercising**, the **weather** was **boiling** hot and I was so **thirsty**. I **found** a **vending** machine and tried to **get** a cold **soda**. I **put** some coins **in**, but the **vending** machine **ate** my **coins**. I was **upset** and **gave it a kick**. It **spat out** my coins. **The vending** machine was **out of Coke** anyway. There was a water **fountain** in the park but I was **worried** about **getting sick from** the water. So I just **waited until** I **got** home.

☐ boiling hot 찌는 듯이 더운 ☐ thirsty 목마른 ☐ vending machine 자판기 ☐ soda 소다수, 탄산음료 ☐ put in ~을 집어넣다 ☐ give A a kick A를 발로 차다 ☐ spat out 뱉어냈다 ▶spat은 spit의 과거형 ☐ be out of ~이 떨어지다 ☐ water fountain 식수대

I like to go to a **public bath**, so I **go to** one **in** my neighborhood **after running**. When I go there, I always **bring** a **change** of **underwear**. Since I was **on a diet**, I **checked** my weight. I **took** all my clothes **off** and put them **in** a **locker** before **weighing myself**. I **wore** the locker key **around** my **wrist** while **bathing**. The **hot tubs** were too hot **for** me to **go in**, so I **dipped** my feet and legs **into a tub**. After bathing, I **went back** home.

☐ public bath 대중목욕탕, 공중목욕탕 ☐ change of underwear 갈아입을 속옷 ☐ be on a diet 다이어트 중이다 ☐ take off ~을 벗다 ☐ weigh oneself 자신의 몸무게를 재다 ☐ wrist 손목 ☐ bathe[beið] 목욕하다 ☐ hot tub 온탕 ☐ dip 담그다

When I **got** home, my mom was **doing the dishes**. I **wanted** to help her so I **vacuumed** and **mopped** the floor. While I was **helping** her, my brother **took out the garbage**. My dad only **watered the flowers** and he said he **helped** Mom. After **doing** house **chores**, we **gathered around** and had dinner. **Everyone** is so busy that we **barely see** each other **during the week**. So we always have **family dinner on** Sunday night. We **catch up on** each other's lives **over** dinner.

☐ do the dishes 설거지를 하다 ☐ vacuum 진공청소기로 청소하다 ☐ mop 대걸레로 닦다 ☐ take out 내 가다 ☐ garbage (음식물) 쓰레기 ☐ water ~에 물을 주다 ☐ chore (집안)일 ☐ gather around 모이다 ☐ barely 거의 ~하지 않는 ☐ catch up on (소식이나 정보 등을) 알아내다 ☐ over dinner 저녁을 먹으며

Last weekend, I **went** to **an amusement** park with my friends. I **bought** a **daily** ticket because it was **cheaper**. I **went on** a new **roller coaster**. I **waited in line for** an hour to go **on the ride**, but the ride was only 30 **seconds long**. It was the **most hair-raising** roller coaster I have **ever gone on**. I felt **nauseous** after the ride. It **suddenly** started to **rain**. I could only go on **a few rides**. We were so **disappointed** that we **decided to go** to a singing room.

□ amusement park 놀이공원 □ roller coaster 롤러코스터 □ wait in line 줄을 서서 기다리다
□ ride 놀이기구 □ hair-raising 머리카락이 쭈뼛해질 정도로 무섭고 흥분되는 □ nauseous[nɔ́:ʃəs] 토할 것
같은 □ be disappointed 실망하다

I like to sing to **release stress**. **Since** I go to the singing room **quite often**, the **owner** gave us some **extra time** for **free**. We **were** dancing and **playing the tambourine**. However, my friend **started** to sing and he **wouldn't stop**. It was not **enjoyable**. Everyone was **talking**. I couldn't **stand** it **anymore** so I just **turned the song off**. **The next morning** my voice **was gone** because I kept **singing** so **loudly**.

□ release stress 스트레스를 풀다 □ quite often 상당히 자주 □ extra time 추가 시간 □ for free
무료로 □ play the tambourine 탬버린을 치다 ▶'악기를 연주한다'는 말은 〈play the + 악기〉로 표현합니다.
□ turn off 끄다

I like to **read** and **write**. I read books when I am **in a quiet** and **comfortable** place, so I usually read books **in my room**. **When** I read, great **ideas come to me**. I think reading **helps the imagination grow**. I was at the bookstore **the other day** and was having **a quick look through** this book. I found **a quote that I liked** so I bought the book. It was **even on sale** so I **felt good**. This week, I wanted to have **a relaxing weekend** so I **decided to** read the book **at** home.

□ comfortable 편안한 □ A come to me A가 내 머리에 떠오르다 ▶A가 3인칭 단수이고 문장의 시제가 현재
일 경우엔 come 뒤에 -s를 붙입니다. □ imagination 상상 □ the other day 일전에 □ have a look
through ~을 훑어보다 □ quote 인용구 □ be on sale 세일 중이다 □ relaxing weekend 느긋하게
쉬는 주말

After reading the **interesting novel**, I wrote **a book report on it**. The **problem** was that I totally **forgot about** having **dinner** with my friend **while reading** the book. I **make plans only for** the weekend because I **am tired during** the **weekdays**. I even **wrote it down** because I **easily forget** things. My phone was **dead** and I **stood** her **up**. I **felt** so sorry **for** her. I **called** her but she **sounded** really **mad**. I was **scared**.

☐ novel 소설 ☐ book report 독후감 ☐ totally 완전히 ☐ make plans 약속을 잡다 ☐ write down 적어 두다 ☐ be dead (전화기 등이) 꺼져 있다 ☐ stand up ~를 바람맞히다 ☐ mad 화난 ☐ be scared 무섭다

| DAY 08 | 어느 여름날 밤 One Summer Night   p.38

After **talking to** a friend, I **went to** bed. **Recently**, it has been really **hot**. I actually **got sick from** the **heat** a few days ago. However, there is **a wide temperature range**, so it is **quite chilly** at night. I hate **mosquitoes** because I **get** easily **bitten by** them. I **couldn't** sleep last night **because of** the **mosquitoes**. I am a **light sleeper** so I just **got out of bed** and watched **TV**. **When** I was watching TV, I could **hear** my **brother snoring from** his room. I think he also **grinds his teeth in** his sleep.

☐ go to bed 잠자리에 들다 ☐ get sick from the heat 더위를 먹다 ☐ temperature range 일교차 ☐ chilly 쌀쌀한 ☐ mosquito 모기 ☐ get bitten 물리다 ▶bite - bit - bitten ☐ light sleeper 잠귀 밝은 사람 ☐ snore 코를 골다 ☐ grind one's teeth 이를 갈다

I **turned off** the TV and **came back to** my room. I **still** couldn't **fall asleep**. So I watched a movie **on my phone**. Since I **hadn't downloaded** any movies **on** my phone, I just **watched** a movie **on** YouTube. I think I will **end up receiving** an **enormous bill** this month because I used too **much data for** the Internet.

☐ turn off the TV 텔레비전을 끄다 ☐ still 아직도 ☐ fall asleep 잠이 들다 ☐ on my phone 내 전화로 ☐ download 내려받다 ☐ end up -ing 결국 ~하게 되다 ☐ enormous (금액이) 엄청난 ☐ bill 청구서

My brother **wanted** to **get** a **driver's** license. He **took the test** last month and he **passed** the **written** test, the **skill** test, and the **driving** test all **on his first try**. I was **proud** of him. He **took me out** today with my mom's car. I was a bit **nervous** to **get in** the car. He kept **stepping on** and **off** the brake because of his **poor driving** skills. He also forgot to **turn on the blinker** when he **made** a turn. We almost **got into a** minor accident. I wanted to **get out**.

- [ ] get a driver's license 운전면허증을 따다 [ ] take a test 시험을 보다 [ ] written test 필기 시험
- [ ] driving test 도로 주행 시험 [ ] take someone out 누구를 데리고 나가다 [ ] a bit 조금 [ ] nervous 불안한 [ ] get in (소형 차량에) 타다 [ ] step on and off the brake 브레이크를 밟았다 뗐다 하다 [ ] blinker 자동차 깜빡이, 방향 지시등 [ ] get into an accident 사고가 나다 [ ] get out (소형 차량에서) 내리다

We went to the **gas station** before we **went home**. My brother didn't know **which side** of the car the **tank was on** and he **pulled up on the** wrong side. It was **frustrating** to **switch sides** at the busy gas station. After **pumping gas**, they gave us a **pack** of tissues **for free**. It made me **feel better**. When I **got** home, I **changed** the water in the **fishbowl** in my room and **went to** bed. It was a **very tiring** day.

- [ ] gas station 주유소 [ ] which side of the car the tank was on 차의 어느 편에 기름 탱크가 있는지
- [ ] pull up 차를 대다 [ ] on the wrong side 반대편으로 [ ] switch sides 방향을 바꾸다 [ ] pump (기름 등을) 넣다 [ ] fishbowl 어항

When I **wake up in** the morning, the **first thing** I do is **turn on** the computer. I **first check** my emails. I usually **talk** to my **clients through** email. I **once** totally **forgot** my ID and password, so I **couldn't check** any of **my** emails. I felt so **stupid**. I **received** an email **this** morning but didn't know **who** the **sender was**. I **thought** it was a **spam** mail so I **deleted** it. However, it **turned out** that the email **was from a** friend. I get too **many spam** mails **from loan** services and **adult** websites. They are so **annoying**.

□ the first thing I do 내가 맨 먼저 하는 일 □ turn on the computer 컴퓨터를 켜다 □ once 한번은
□ password 암호, 비밀번호 □ stupid 어리석은, 바보 같은 □ sender 발신자 □ delete 삭제하다
□ turn out 결국 ~임이 밝혀지다 □ loan service 대출업체 □ adult website 성인 사이트

I recently **joined** an online book **club**. We have a **regular get-together** where we **meet up once** a month. There was a **member of** the book club who constantly **raised his voice** during the book **discussion**. When **some** people didn't **agree with** his **opinions**, he even **cursed at** them. The club manager **ended up kicking** him **out of** the club.

□ online book club 온라인 독서모임 □ get-together 모임, 회합 □ meet up 만나다 □ once a month 한 달에 한 번 □ constantly 끊임없이, 계속 □ raise one's voice 자신의 목소리를 높이다
□ curse at ~에게 욕을 하다 □ kick A out of B A를 B에서 쫓아내다

| DAY 11 | 패스트푸드점과 헬스클럽 Fast Food Restaurants & Gyms   p.50

After **surfing** the Internet **for a** few **hours**, I went to a **fast food restaurant** to have lunch. When I go to McDonald's, I always **order** a **combo** meal. It is 5,000 won **for a** cheeseburger, a **Coke**, and French fries. I can **switch** fries **to** onion rings **or** corn salad. McDonald's **offers** the lunch menu **at** 50% **off** from 11:00 a.m. **to** 2 p.m. They also give **free** soft drink **refills**. It is **great**.

□ surf the Internet 인터넷 서핑을 하다 □ fast food restaurant 패스트푸드 식당 □ combo meal 세트 메뉴 □ French fries 감자튀김 □ offer A at ~% off A를 ~% 할인된 가격에 제공하다 ▶ at 50% off는 '50% 할인하여'라는 의미입니다. □ free 무료의

After lunch, I **went to** the gym. I started to go to **the gym a month ago**. It is a **brand-new** gym in my **neighborhood**. Although it is a **bit** more **expensive** than other gyms **in the** area, it has both **steam** and dry **saunas**. When I **first joined** the gym, I wanted to **work out** with a **personal** trainer, but I **had to** pay 300,000 won **per** month. I couldn't **afford** that, so I **gave up**. I think **one of** the best **things** about **working out** at a gym is **that** I can work out **in any weather** condition.

96

| DAY 12 | 편의점에서 At the Convenience Store   p.54

On my way **home from** the gym, I stopped **by** a convenience store. I like
to **use** the convenience stores **because** they **are open** 24 hours. They
mainly sell snacks, **beverages**, **toiletries**, **stationery**, and instant food.
I **often buy** Korean rice balls and instant cup noodles. They **might not
be** good **for** my **health** but they **certainly** taste good. I was so **hot after
working** out that I **decided to** have some beers.

☐ stop by ~에 들르다 ☐ be open 24 hours 하루 24시간 문을 열다 ☐ mainly 주로 ☐ beverage 음
료수 ☐ toiletries 세면도구. 세면용품 ☐ stationery 문구류 ☐ Korean rice ball 주먹밥 ☐ instant
cup noodles 컵라면 ☐ be good for ~에 좋다 ☐ taste good 맛이 좋다 ☐ have some beers
맥주를 마시다

There was a table **outside** the convenience store, so I **sat there** and
had beers and snacks. It **suddenly** started to **rain**. I **went back into** the
store and bought an **umbrella**. When I was **at** the **cashier paying** for
the umbrella, I **ran into** a friend. He **came** to buy **a pack** of cigarettes.
Cigarettes are **sold behind the counter** where customers would **have to**
ask the **cashier for them**. So he had to **wait until** I was **done** paying.

☐ outside ~의 밖에 ☐ suddenly 갑자기 ☐ start to do ~하기 시작하다 ☐ go back into + 장소 ~
안으로 다시 들어가다 ☐ umbrella 우산 ☐ cashier 계산대 직원 ☐ run into ~를 우연히 만나다 ▶run - ran
- run ☐ a pack of cigarettes 담배 한 갑 ☐ ask someone for something 누구에게 무엇을 달라고
요청하다 ☐ be done -ing ~하기를 끝내다

When I **got** home **in the** evening, my mom was **cooking** steak and seafood pasta **for dinner**. The house was **filled with** the smell of seafood. So I **opened** every **window** in the house and **let** the **air out**. **While** my mom was cooking, I decided to **do the laundry**. I **put** all the clothes **in a washing machine** and when it **was done**, I put them **on** the **drying rack**.

☐ get home 집에 도착하다 ☐ cook (불을 이용하여) 요리하다 ☐ seafood 해산물 ☐ be filled with ~으로 가득하다 ☐ let the air out 환기시키다 ☐ do the laundry 빨래하다 ☐ washing machine 세탁기 ☐ be done 끝나다 ☐ drying rack 건조대

When my mom **was done** cooking, we all **gathered around** and **had** a great dinner. My brother is **on a diet** so he didn't **join** us. He is trying to **lose weight by skipping** meals but I don't think that **will work**. I think he **drinks** too **much**. If he really **wants to** lose weight, the **first thing** he should do is **quit drinking**. One of my friends didn't eat **for a week** and **lost** 3 kg. However, a week **later**, she **gained** even **more** weight.

☐ be done -ing ~하는 것을 끝내다 ☐ gather around 모이다 ☐ lose weight 살을 빼다 ☐ skip meals 식사를 거르다 ☐ work 효과가 있다 ☐ the first thing he should do 그가 해야 되는 첫번째 일 ▶thing과 he 사이에는 관계대명사 목적격이 생략되어 있으며, he 이하가 the first thing을 꾸며 줍니다. ☐ quit drinking 술을 끊다

I live **in** a **quiet** neighborhood and there is a park **in the area**. It is a 20-minute **walk from** my house. We usually **take a walk** at the park **on** the **weekends** or **sit on** a bench **with** a cup of coffee. After lunch yesterday, I **took** my brother **to** the park **in** my neighborhood. We **rented** two bicycles and **rode** them for a **few hours**. It was **enjoyable**. However, it suddenly **rained** and we **got wet**. It is **frustrating** when the **weather forecast** is **wrong**.

☐ quiet neighborhood 조용한 동네 ☐ take a walk 산책하다 ☐ take A to B A를 B에 데리고 가다 ☐ rent (사용료를 내고) 빌리다 ☐ enjoyable 즐거운 ☐ get wet 몸이 젖다 ☐ frustrating 짜증 나는 ☐ weather forecast 일기예보

When I first learned **how to ride** a bike, it was hard to **keep my balance**. My dad had to **hold** my bike **from the back**. I **first** had a bike **with training wheels** but a month **later**, my dad **took** the training wheels **off**. I **got** a bike **for** my 18th birthday **present**. I really **liked** it. I **parked** my bike **near** the subway station **one day**, but someone **stole** it. I **cried for** a week.

☐ learn how to ride a bike 자전거를 타는 법을 배우다 ☐ keep one's balance 균형을 유지하다 ☐ from the back 뒤에서 ☐ training wheel 보조바퀴 ☐ take off ~을 떼어내다 ☐ present 선물 ☐ park 세워놓다 ☐ stole 훔쳐갔다 ▸steal - stole - stolen

| DAY 15 | 운수 나쁜 날 An Unlucky Day | p.66 |

My friend Kim **asked me** to **go** to see a movie today. I usually **pick** a movie that **has** great **reviews**. We **went to see** this zombie movie but it **was** so **cruel** that I couldn't **stand it**. We **ended up leaving** the theater in **the middle of it**. The movie had **put** me **in a bad** mood. We decided to eat **something delicious** to make **ourselves** feel **better**. We went to our **favorite** Chinese restaurant **in the** neighborhood.

☐ go to see a movie 영화를 보러 가다 ☐ pick 고르다 ☐ review 평, 후기 ☐ a movie that has great reviews 평이 좋은 영화 ▸that은 관계대명사 주격으로, that 이하가 a movie를 꾸며 줍니다. ☐ cruel 잔인한 ☐ stand 견디다, 참다 ☐ in the middle of ~ (한창) ~인 도중에 ☐ delicious 진짜 맛있는

Whenever I go there, it **takes** forever **for me to** decide **what** to eat. I can't **decide between** black bean sauce noodles **and** seafood noodle soup. So I asked Kim to **order** both of them and we **shared** it. When we were **almost done with** our food, I **found a hair** in my food. It was **gross**. The **staff at** the restaurant is so **kind** and they **know how to treat** customers, but I **don't** think I will **go back there** again.

99

□ take forever 영원히 걸린다. 즉 '정말 오래 걸린다' □ decide what to eat 무엇을 먹을지 결정하다 □ black bean sauce noodles 짜장면 □ seafood noodle soup 짬뽕 □ share 나누다 □ be done with ~을 끝내다 □ gross 역겨운 □ treat 대하다 □ customer 고객

The last time I **went on a** vacation, I went to Busan. The city **is located in** the very south of the **country**. I **looked online** and found some good **tourist places**. I **took a cab** to go to this beach. When I **told** the driver my **destination**, he said he doesn't usually **take passengers** for **short-distance rides** in the city. I was going to **get out** but he said he **would** just **go**. I had a map **in my hand** but the cab driver **took a longer** way **around**. He **charged me** a lot. I was **upset**.

□ go on a vacation 휴가를 가다 □ be located in ~에 위치해 있다 □ tourist place 관광지 □ take a cab 택시를 타다 □ destination 목적지 □ passenger 승객 □ get out (택시 등 소형차에서) 내리다 □ cab driver 택시기사 □ take a longer way around 더 먼 길을 돌아서 가다

When I **got to** the beach, it was **beautiful** and I **felt** much **better**. My friend Kim and **I took** a lot of pictures **at the** beach. Kim **looks** so pretty **in pictures**. On the **other hand**, I am not very **photogenic**. Kim **tends** to **tremble** when **taking** a picture, so **most of** the pictures that I was **in** were all **blurry**. I **deleted** some of **them**. She is **such** a bad **photographer**. **Whenever** I take a good picture, I **post** it **on** social media to **share** with my friends. I always **retouch** my pictures with Photoshop **before** I **post** them **on the Internet**. The pictures **look** much **better with** Photoshop.

□ take a picture 사진을 찍다 □ on the other hand 반면에 □ photogenic 사진이 잘 받는, 사진이 잘 나오는 □ tremble 떨다 □ blurry 흐릿한 □ delete 삭제하다 □ post 게재하다, 올리다 □ social media 소셜 미디어 ▶우리가 SNS라고 하는 것을 영어권에서는 social media라고 합니다. □ retouch 보정하다

The **next day**, we decided to **take** the subway. We **scanned** the transportation **card** at the **ticket gate** and went **inside**. It was very **convenient**. We **waited in line** to **get on** the train. The train **arrived** and it was **packed**. We **squeezed into** the train, but it was going **in the opposite direction**. We **realized** it about three stops **later** and **got off** the train. After **getting on** the **right** train, I **felt** so tired and started to **doze off**. When Kim **woke me up**, we had already **missed** our **stop**. As **soon as** we **got off** the train, I **realized** that I had **left** my bag **on** my **seat**. I called the **lost** and **found right** away and about an hour **later**, I could **get** my bag. It was the most **tiring** subway **experience ever**.

....

☐ scan 스캔하다, 찍다 ☐ transportation card 교통카드 ☐ ticket gate 개찰구 ☐ wait in line 줄을 서서 기다리다 ☐ get on (버스, 지하철 등 큰 차량에) 타다 ☐ be packed 만원이다, 꽉 들어차다 ☐ squeeze into 비집고 들어가다 ☐ in the opposite direction 반대 방향으로 ☐ get off (버스, 지하철 등 큰 차량에서) 내리다 ☐ doze off 졸다

When we **got to** the **destination**, we went to a **local** coffee shop **near** the subway station. They were **less** than **half** the **price of** Starbucks. I **saw** many **students studying** together at the coffee shop. **Whenever** I go to a coffee shop, I **choose** either an Americano or macchiato. It **depends** on my **mood**. We **ordered** and **waited** but our buzzer **never rang**. When I **went up** to the counter, they **gave** me the **wrong** drink. I **got** mad. They **apologized** and **gave** me a **free** cookie.

....

☐ destination 목적지 ☐ choose A either or B A나 B를 고르다 ☐ depend on ~에 따라 다르다 ☐ buzzer 버저 ☐ ring 울리다 ▶ring - rang - rung ☐ get mad 화가 나다 ▶mad는 '미친'이라는 뜻 외에도 '화난, 성난'이란 의미로도 잘 쓰입니다. ☐ apologize 사과하다 ☐ free cookie 무료 쿠키

When we were **done drinking** coffee, we **headed** to the park and **rented** two bikes there. We **decided** to **go up** a hill. The bicycle **I rented** had 10 **gears**. So I **put** the bike **into** 1st gear but the chain **kept coming off**. I had to **put** so much **effort into getting** my bike **up** the hill. When I was riding **downhill at high** speeds, I almost **got into a** bike accident. A kid **came out of** nowhere and ran right **in front** of me. I tried to **avoid** him but then I **fell off** my **bike**. I got some **cuts** and **bruises**.

☐ be done with -ing ~하는 것을 끝내다 ☐ head to ~로 향하다 ☐ rent (사용료 등을 지불하고) 빌리다 ☐ keep -ing 계속 ~하다 ☐ come off 빠지다 ☐ get into an accident 사고를 당하다 ☐ come out of nowhere 난데없이 나타나다 ☐ avoid 피하다 ☐ fall off ~에서 떨어지다 ▶fall - fell - fallen

After **riding** our bikes, we were **thirsty** and **found** a **vending** machine at the park. I **only** had a 5,000 won **bill** but the vending machine only **accepted up to** 1,000 won **bills**. **Fortunately**, Kim had some 1,000 won bills, so I **got** a **cup of** coffee. When I **tried to** drink it, I saw **something in** the cup and **threw** it **away**. Kim told me to **get** a **canned drink**, so I **pushed** the Coke **button**. Kim **put in** a 1,000 won bill and she **was supposed** to **get** 300 won in **change**. However, it didn't **give** her the **change**. We **could have** called the customer **service** center but it would have **taken more** than 10 minutes to **solve** the **problem**. We decided **not** to **call** and **gave up** 300 won.

☐ thirsty 목마른 ☐ vending machine 자판기 ☐ bill 지폐 ☐ accept up to + 수치 ~까지 받아들이다 ☐ fortunately 다행히 ☐ throw away 버리다 ▶throw - threw - thrown ☐ canned drink 캔 음료, 깡통에 든 음료 ☐ put in 넣다 ☐ change 잔돈

102

We **left** the park and **took** the bus to **go back to** the hotel. We **waited for** the bus for more than **half** an hour. A **packed** bus eventually **came** but the driver just **passed us by**. We were **upset** but we just **had** to **wait for** the next bus **to arrive**. When the bus **came**, there **were** so many people **near** the **front door** that I went to the **back door** and **got on**. However, I didn't **have enough** money **on** my transit card. Kim **paid for** me once again. There was **no** seat **available** and I **almost fell** when the bus **made** a sudden **stop** because I wasn't **holding onto** a **strap**. I **ended** up standing **through the whole ride**. It was very **tiring**. When we were **getting off**, Kim **scanned** her transit card to get a free **transfer to another** bus.

☐ wait for ~을 기다리다 ☐ packed 만원인 ☐ eventually 결국 ☐ pass by 지나치다 ☐ transit card 교통카드 ☐ make a sudden stop 급정거하다 ☐ hold onto ~을 꽉 잡다 ☐ strap 손잡이 ☐ end up -ing 결국 ~하게 되다 ☐ through the whole ride 타고 가는 내내 ☐ get off 내리다 ☐ free transfer 무료 환승

When we **got to** the hotel, we were **both exhausted**. So we **decided** to go to the **public** bath **near** the hotel. When I am **at** a public bath, I usually **go into** a hot tub **for** 30 minutes and then **start scrubbing**. I **showered** first and then went in **the tub** and **sat** down. Some little kids **jumped into** the water **with** a **splash**, and it was a bit **annoying**. Kim and I **scrubbed** each **other's back**. I **felt like** we **became closer to** each other.

☐ get to the hotel 그 호텔에 도착하다 ☐ exhausted 매우 지친 ☐ public bath 공중목욕탕, 대중목욕탕 ☐ hot tub 온탕 ☐ scrub 때를 밀다 ☐ with a splash 첨벙거리며 ☐ annoying 짜증 나는 ☐ scrub each other's back 서로 상대의 등을 밀어주다 ☐ become closer to each other 서로 더욱 가까워지다

My **vacation to** Busan was **relaxing** and I felt totally **refreshed**. When I **got to** the bus terminal, my brother **came** to **pick me up**. He said **heavy** rain **flooded** streets in my town **on the weekend**. It was **still** raining so he **turned on** the **headlights**. It is usually **hard to see** a person **on** the road when the **headlights** are **on**, so we **paid careful attention**. My brother **once** tried to **change lanes**. There was no car **to his left** so he **changed lanes** but the car **behind us honked at** us. We **didn't** see the car **through** the **mirror** and it was very **dangerous**.

....

☐ pick up 차를 갖고 와 태워주다 ☐ heavy rain 폭우 ☐ flood 물에 잠기게 하다 ☐ turn on (전등 등을) 켜다 ☐ be on (전등 등이) 켜 있다 ☐ pay careful attention 세심하게 주의를 기울이다 ☐ once 한번은 ☐ change lanes 차선을 바꾸다 ☐ honk at ~에게 경적을 울리다

The **low** gas **signal came up** so we decided to go to the **gas station** and then go home. It **stopped raining** so we **got** the car **washed** for free. When we got home, my brother **parked backwards**. There are **not enough** parking **spaces** in my neighborhood, so it is **difficult** to **find** a **spot** when you try to **park late at night**. My **neighbors** are all nice and **kind** but some **neighbors** often **argue over parking**.

....

☐ low gas signal 기름이 떨어져간다는 신호 ☐ gas station 주유소 ☐ for free 무료로 ☐ park backwards 후진 주차하다 ☐ parking space 주차 공간 ☐ park late at night 밤늦게 주차하다 ☐ argue over parking 주차 문제로 말다툼하다